BBC
看俄罗斯
铁血之国千年史

［英］马丁·西克史密斯 著
张婷婷 王玮 译

重慶出版集团 重慶出版社

RUSSIA: a 1000-year chronicle of the wild east
Copyright © 2011 by Martin Sixsmith.
This edition arranged with Ebury Publishing through Big Apple Agency,Inc.
Labuan,Malaysia.
Simplified Chinese edition copyright © 2017 Beijing Insight Books Co.,Ltd.
All rights reserved.

版贸核渝字（2017）第 065 号
图书在版编目（CIP）数据

BBC 看俄罗斯：铁血之国千年史 /（英）马丁·西克史密斯著；张婷婷，王玮译.
—重庆：重庆出版社，2018.2
书名原文：RUSSIA: a 1000-year chronicle of the wild east

ISBN 978-7-229-12298-0

Ⅰ.①B… Ⅱ.①马…②张…③王… Ⅲ.①俄罗斯
—历史 Ⅳ.①K512.0

中国版本图书馆 CIP 数据核字（2017）第 111412 号

BBC 看俄罗斯：铁血之国千年史
BBC KAN ELUOSI：TIEXUE ZHIGUO QIANNIANSHI
［英］马丁·西克史密斯 著
张婷婷 王 玮 译

策　　划：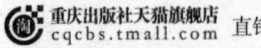华章同人
出版监制：伍　志　徐宪江
责任编辑：徐宪江
特约编辑：王福振
营销编辑：张　宁　初　晨
责任印制：杨　宁
封面设计：张　茜

重庆出版集团
重庆出版社 出版
（重庆市南岸区南滨路 162 号 1 幢）
河北文盛印刷有限公司　印刷
重庆出版集团图书发行有限公司　发行
邮购电话：010-85869375/76/77 转 810
重庆出版社天猫旗舰店
cqcbs.tmall.com　直销
全国新华书店经销

开本：710mm×1000mm　1/16　印张：26.25　字数：460 千
2018 年 2 月第 1 版　2022 年 9 月第 5 次印刷
定价：59.80 元

如有印装问题，请致电 023-61520678

版权所有，侵权必究

目录 Contents

前言和致谢 / I

引言 / III

第一章　基辅和民主雏形 / 001

第二章　俄罗斯帝国和扩张运动 / 035

第三章　革命的兴起 / 097

第四章　狂热年代 / 171

第五章　战战兢兢的民主党人 / 289

大事年表 / 378

前言和致谢

乔治·马戛尔尼在1917年写道:"俄罗斯不再是遥远星空中发着微光的一点星火,而是宇宙中不容忽视的一个伟大星球,它的运行影响着周围星球的轨迹。"俄罗斯的确有这样的影响力。对这个伟大国度研究得越深入,对它的故事写得越多,我越不能自拔地被它吸引。

BBC系列之《BBC看俄罗斯——铁血之国千年史》的制作小组给了我莫大的帮助。在此,我要向亚当、安娜·富勒和尼尔·加德纳表示我最诚挚的谢意。感谢杰弗里·霍斯金为我审稿,感谢唐·墨菲帮我指正写作中的错误。我还要感谢我的儿子,感谢他不知疲倦地帮助我做调查研究。还有我的妻子玛丽,感谢她对我这样一个常常没时间陪她的丈夫一如既往地理解和支持。

感谢康提尼允许我引用《普京的石油》中的句子,感谢麦克米伦让我引用《利特维年科事件:预知死亡的真实故事》中的材料,以及西蒙与舒斯允许我引用《莫斯科政变:苏联体制的终结》里的段落。

写于伦敦,2011.3

引言

1825年十二月党人起义后，俄罗斯诗人丘特切夫写道：

> 不羁的命运之手，
> 此时带您至此，
> 让您领略这狂欢一刻！
> 让您见证人类的魄力！
> 您如置身天堂，
> 从上帝的圣杯中，
> 啜饮长生之美酒。

1991年8月19日，星期一的早晨，我突然明白了诗人想表达的感受。

过去三年，我一直做BBC驻莫斯科的通讯记者，我感受到不寻常的事就要发生。但是当消息传来时，我却一时心跳停止。那天广播和电视播放了这样的新闻：以副总统亚纳耶夫为首的十几位苏共党政领导组成的"国家紧急委员会"，发起对戈尔巴乔夫"反党亡苏阴谋"的反击。广播员说："苏联重整旗鼓，大展雄风的时刻到了，由于戈尔巴乔夫身体状况不佳，'国家紧急委员会'将接管他的职务。"

强硬派发起的政变正在紧锣密鼓地进行。我记得我冲到街上，看到一队队坦克沿着宽阔的大道向克里姆林宫进发。戈尔巴乔夫被软禁，政变领导人现在就要接管国家事务。这样的场景真令人忐忑不安。

但是接下来的几天，局势发生了变化。俄国的普通民众挡在路当中，不让坦克车过去。因为坚决地捍卫民主，一些人被枪杀，一些人被碾成齑粉。戈尔巴乔夫被软禁，俄罗斯总统叶利钦从后面爬上坦克车，用实际行动抗议可耻的政变。两天两夜，叶利钦坚守"白宫"，静待政变者的袭击。8月发生的这一戏剧性事件解决了苏联改革派和强硬派的矛盾。在公众一致谴责的舆论压力下，强硬派屈服了。政变失败，其领导人被抓，苏联解体。

如果想梳理清俄罗斯过去20年的历史演变，我们就必须对俄罗斯千年的历史有个正确的认识。有人认为俄罗斯是欧洲的原始状态。这种观点颠倒了主次。俄罗斯向往西方的民主、法制，但同时俄罗斯民族骨子里有种对无上权力的崇拜，有种与生俱来的占有欲。

俄罗斯的历史总逃不开专制铁腕统治。虽然这样给俄罗斯的历史下结论也许有些武断，但是我不得不说，这样的结论在俄罗斯历史上一次又一次地被验证。从最早的统治者留里克和奥列格，到伊凡雷帝和彼得大帝，他们一次次地宣称：俄国地域辽阔，权力下放根本不适合。只有实行中央集权的专制制度才能将俄国人紧紧凝聚在一起，才能维持各民族间的基本秩序。这一论调，从十八九世纪的沙皇到21世纪的普京，都曾说过。

丘吉尔曾经无奈地评说俄国变幻莫测的形势，就像"包裹在重重迷雾中的一个谜"。这也是不想费脑筋理解这个复杂大国的西方人普遍的看法。但是一旦我们抓住俄罗斯历史的规律，我们就能理解它风云变幻的行为。它是东西方思想不断冲突的产物，这种碰撞困扰了几个世纪的艺术家、作家、政治家以及思想家。

亚历山大·勃洛克曾经痛苦地思考"我们是西塞亚人，还是亚洲人"这个问题。他谈到俄罗斯努力地维护西方的文化价值观，但是西方人却觉得俄罗斯人骨子里的野蛮本性，和西方人不符。

> 是的，我们是西塞亚人！
> 我们也是亚洲人，
> 有着斜睨的眼神，
> 透出贪婪的目光！
> ……我们也是顺从的仆人，

在中西方斡旋，
在蒙古和欧洲间纠结！
时而欢腾如野马驰骋，
时而忧郁似酒入愁肠，
俄罗斯就是凝望世界的斯芬克斯，
爱恨交织，难分难解。
巴黎的林荫大道，
威尼斯的小桥流水，
柠檬园的果香，
科隆若隐若现的纪念碑。
透过蛮荒的灌木丛，
想着镜中的东方面孔，
默默在西方的宴会上，
退居一隅，半晌无言。

　　从许多俄罗斯人脸上，我们可以看到东西方交融的痕迹，如列宁典型的东方细眼睛。到底俄罗斯属于西方世界，还是东方的成分更多？到底是拥抱西方式的自由民主，还是实行蒙古金帐汗国的专制统治？很多人都觉得这是一个解不开的谜。人们普遍感到：俄罗斯位于欧洲却不属于欧洲。

　　写作这部书的主要目的就是将我1991年目睹的事件放在历史的大背景下分析探讨，着重指出俄罗斯历史上的一个个转折点，那些"不羁的命运"将它在东西方世界推来推去的时刻。

　　我不想做什么价值判断，也不想老套地说，在当时的情况下，这样的选择更合适。但是我想知道：为什么在历史的转折点上，俄罗斯做了这样的选择？是什么原因让它做了这样的选择？有没有一瞬间它可能就走上了另一条路？暂且抛去当代权威的论断，俄罗斯可不可能融入西方人的世界？

第一章

基辅和民主雏形

第一章

一

拂晓时分，我抵达了诺夫哥罗德。这班从莫斯科北上彼得堡的高速列车是夕发朝至的卧铺车。头5个小时在昏睡中不知不觉过去了。车子一转到路况不好的诺夫哥罗德支线上，就开始颠簸起来，剧烈的震动生生将我从睡梦中拽起来。我只好穿戴好，啜着俄罗斯红茶，圆睁双眼静待终点站的到达。清晨6时整，我出了诺夫哥罗德车站，走进清新的晨雾里。

此时的诺夫哥罗德城还在沉睡中，我便让司机拉我到沃尔霍夫河的另一端——大诺夫哥罗德。世世代代的商人在这个古集市进行实物交易，散市后便聚集到白墙蓝顶的教堂做祈祷。而此时的古集市，一片静谧，一片冷清，呼出的热气都看得清。河对岸，一轮满月在诺夫哥罗德城克里姆林宫（译者注："克里姆林宫"并非莫斯科专利。凡是旧日王公们"带城墙的城堡"，都叫克里姆林宫。）的城墙上浮起，构成欧洲最无懈可击，最超凡脱俗的一大景观——中世纪的红色城墙根植在绿油油的河岸，上方依稀可见索菲亚大教堂那高耸的金顶。

9世纪中叶，那时的诺夫哥罗德城还不叫俄罗斯，它是作为北边的波罗的海到南边的拜占庭帝国商道上的一个中转站。当时斯拉夫部落定居于此，为了争夺统治权而暗暗较劲。就在骨肉相残不可避免之际，各部落的首领达成了共识。在那个武力至上的年代，这次事件有着重大意义。

"那时，法律尚未诞生，"俄罗斯《原初编年史》中记载，"各部落势力争相露头，矛盾渐渐激化，战争接二连三地爆发。他们最终意识到情况不能再这样持续下去，于是达成共识：'让我们推选出一位首领，以法律的名义为我们主持公道吧'。"诺夫哥罗德在9世纪发生的一系列事件，一定程度上解释了为何在以后几个世纪里，这座城市能依法治理，人们更容易安抚——与其发动内战，人民更愿意在外来中立统治者的领导下达成共识。

所以，这些斯拉夫部落和其他部落的人漂洋过海来到了维京人的地盘，那时的维京人被叫作"罗斯人"（就像其他的群落被称作瑞典人、诺曼底人或盎格鲁人一样）。他们对罗斯人说："我们的疆土辽阔富饶，却没有法度。来做我们的首领吧，来治理我们的部落吧！"他们最终找到了三位罗斯兄弟作为首领候选人，最年长的留里克来到了诺夫哥罗德，俄罗斯一名正是由他而来。

这是一段荡气回肠的故事，无数俄罗斯人都是听着这个故事长大的。然而和俄国历史上的很多事件一样，对于这个故事的来龙去脉、细枝末节，俄罗斯人却往往各执一词。记载留里克的到来以及那整个时代的唯一可靠史料是《原初编年史》。这部书只是编年体系列丛书的一部分，而这套丛书大部分是由后来的僧侣们陆续写成的。故事扣人心弦，诗意盎然，令人回味不已，其真实性自然值得商榷。留里克或许确有其人，抑或只是凭空虚构，再或者是那些统治过俄罗斯的维京王子们的结合体。

然而，俄罗斯的历史绝非仅限于这些事实。历史上的真人真事杂糅于浪漫的传奇故事里，亦真亦幻，像部历史神话，塑成了俄罗斯这个民族的特性。和其他民族一样，俄罗斯人对自己的历史也有一个大概的了解，我的一些受过良好教育的朋友甚至也能费力地想起一些重要的日期。然而，他们一定会记得862这个年份，正是在这一年，留里克王子来到这里，建立了俄罗斯。[①]

诺夫哥罗德时间7时整。

克里姆林宫渐渐从睡梦中醒来，我沿着河上的人行桥一路漫步下去，一直走到巍巍的木门处。木门里，历史建筑群鳞次栉比，美轮美奂，众星拱月般环绕着7世纪建造的富丽堂皇的大教堂。草坪中央矗立着诺夫哥罗德的千禧年纪念碑。纪念碑建于1862年（俄罗斯巨大变革的一个时期），一个身披铠甲，头戴北欧民族头盔的骑士铜像俯视众生，铜像底座标有862这个年份。几个世纪以来，人们指点着铜像告诉孩子这就是维京人留里克。我随机询问了一些路人，他们众口一词地告诉我：留里克的到来标志着这个国家的诞生。

[①] 罗斯国由基辅（今乌克兰首都）周围的许多独立的小公国组成，后来形成了今天的俄罗斯和乌克兰。对于谁才是古罗斯国的真正继承者，两国争论至今。那个时期是没有俄罗斯、俄罗斯民族特性这一类的说法。虽然"罗斯国"这个称号听起来拗口，却能最好地指代那个时期的国家。

"在我看来，留里克在我国历史上有着举足轻重的地位，他缔造了俄罗斯第一个王朝，是俄罗斯第一个沙皇。"语言学的学生斯维特拉娜如是说。"毫无疑问，留里克是个非常重要的人物，他统一了各国，成立了我们这个国家，"艾利克斯附和道，"在他来之前，这里还不过是几个分散的部落；在他走后，却留下了一个国家！"玛莎进一步补充说："留里克建立了俄罗斯，组成了政府，为我国的整个体系打下了根基……他是罗斯王朝的第一人。所以说，他不仅仅是这个国家的领袖，更是这个国家的象征。"

这样的说法，不胜枚举。它们很好地向我们展示了浪漫的历史传奇已深深扎根在人们的思维里，真相倒无足轻重了。留里克及其后裔统治的地方充其量也就只是众部落中的一个小小部落群，也许几个世纪过去了这个部落群也没有什么太大改变。若是说这个部落群就是一个国家，那未免太过牵强。然而，真相也罢，假象也罢，远赴重洋邀请留里克来到这里用法律治理战乱不断的部落，至少证明了一点——这里的人们渴望采用中央集权的制度来实现各部落的和平，平息部落间的动乱。多少个世纪过去了，这种思维模式渐渐融入俄罗斯人的血液里，成为他们的潜在心理。"国家"一词在俄罗斯人的语言里有着不同的含义，它与全民认可的执法公正的政府组织大相径庭。相反的，它有点像旧时的王国，听凭独裁统治者发号施令。若说正是这种思维模式在若干年后造就了俄罗斯，也未尝不可。

早在公元862年，我们就可以窥见两种意识倾向的萌芽，这两种倾向此消彼长，轮番主导着接下来的1,100多年的国家命运：一方面人们渴望专制统治；另一方面人们对君权神授统治者既无条件服从又同他们商议事务，随时要积极参与政事，又时时刻刻做好让步的准备。近年来，这种看似民主的思潮在诺夫哥罗德城（而非莫斯科）以让人瞠目结舌的形式上演着。

由于有关这一时期的唯一记载在《原初编年史》中，于是我不远千里来到了位于圣彼得堡的俄罗斯国家图书馆，那里还有着幸存下来的《原初编年史》的最早副本。图书馆面貌一如往昔，30年前，我做学生时来过这里，那时还没有机会像现在这样一睹上锁的珍贵史料。《原初编年史》是一代代无名僧侣毕生的心血。几个世纪以来这些僧侣们屈居在小小一室，伴着微弱烛光，一笔笔刻下这个国家的历史。图书管理员手戴白手套，为我翻开那一页页古朴华美的《诺夫哥罗德编年史》。这两部编年史展示了早期罗斯国的全部景象。

拜读着这些珍贵史料，我仿佛看到了维京移民（编年体中称瓦良格人）如何在那里定居下来，如何进行统治并和当地人通婚的。留里克的后裔为自己取了俄罗斯名字——奥莱格、伊戈尔、思薇雅陶斯拉维等——但他们对战场厮杀的欲望有增无减。罗斯国在南部与拜占庭帝国毗邻，当时的拜占庭帝国定都君士坦丁堡（今伊斯坦布尔），居民信仰基督教，讲希腊语。史学家记载，留里克的后人埃斯库德和迪尔曾率远征军包围君士坦丁堡，在博斯普鲁斯海峡，屠杀了很多基督徒。

手稿的后半部分向我们解释了罗斯人被贴上凶狠残暴的恶名的原因。"那些被抓来的俘虏，"文中写道，"不是身首异处，就是遭受大刑；不是饮弹而亡，就是葬身大海。"文中半带戏谑地总结说："罗斯人就像吊儿郎当的士兵那样，眼都不眨一下就将希腊人踢进了痛苦的深渊。"

然而，编年史记载，罗斯异教徒却忽视了一股毁灭性力量：

拜占庭公爵整夜整夜地在圣母大教堂为战事祈福。他一边唱着赞歌，一边小心翼翼地将圣母的祭衣裙边浸入海水。风平浪静的海面霎时刮起了狂风，海浪滚滚，汹涌而来，击散了罗斯异教徒的战船。风暴挟着战船朝海岸席卷而去，瞬间将其拍得粉碎。罗斯人在这一战中几乎全军覆没。

9世纪后期，俄罗斯历史上出现两大主要思潮：一是专制统治倾向，二是激进的军事扩张欲望。君士坦丁堡人神共愤的溃败引出了第三大思潮。起初，罗斯人只想着将君士坦丁堡洗劫一空。谁想到，他们第一次接触宗教，就被迷得晕头转向。从长远来看，此战对罗斯人产生了深远的影响。

埃斯库德和迪尔出发远征拜占庭，最终却让他们在半路上找到了未来的首都。

在第聂伯河航行途中，他们发现山上有个小镇。于是询问当地人这个小镇由谁统治。那里的居民答道："这个城市是由三兄弟建造的，不过他们早已不在了。我们是这三兄弟的后人，定居于此，受哈扎尔部落管辖。"埃斯库德和迪尔于是就驻扎在这个小镇，移民于此，而后占领了这个地方……

这个小镇就是基辅,很可能就是以三兄弟中大哥基辅的名字命名的。关于基辅的故事也许只是胡编乱造,就像艾尔弗雷德大帝烤糊了饼,被不明其身份的农妇骂的故事一样,不能信以为真。然而基辅地处第聂伯河中游,占据着南北贸易之路关口的战略性位置。其地理位置使得基辅成为俄罗斯的心脏。公元882年,留里克的继任者——大王子奥雷格夺取了基辅,并建都于此。后来的无数作家、作曲家以这一事件为题材创作了大量的经典作品。这些作品,当今俄罗斯的孩子们都烂熟于心——他们能大段大段地背诵经典诗篇,让我们自叹弗如,惭愧不已——普希金的《智者奥雷格之歌》就是这样一部经典,孩子们朗诵得既诚惶诚恐却又自信从容[①]:

> 智者奥雷格,策马出营帐;
> 身先为士卒,战马彰其威。
> 杀敌何骁勇,荣耀岂旁落;
> 凯旋任驰骋,幕僚友人随。
> 或嬉山林间,或行水穷处;
> 雨打笑益浓,影过土留香。
> 风暴有时歇,波澜无尽时;
> 回首并肩战,一曲怎得诉。

登上诗中描述的那流水环绕的山林,我恍悟智者奥雷格定都基辅的原因。虽然现在苏维埃二战英雄纪念碑居于贝瑞斯托夫山顶,高耸入云,但仍不难想象奥雷格策马登顶,鸟瞰绿树成荫的第聂伯河岸时心中所感。基辅的地理位置实在是得天独厚,这里易守难攻,四面一览无余,沃土绵延千里,森林资源丰富,建屋造船尤为便利,更重要的是,直通第聂伯河及其支流。

接下来的4个世纪,基辅成为罗斯国的中心,这预告了一个黄金时代的到来。奥雷格王子携大臣及随从从诺夫哥罗德迁都基辅,对内巩固城池,对外派遣远征军将周围蠢蠢欲动的游牧部落一举扫平。

史料记载,公元911年,奥雷格率八万将士,两千战船顺第聂伯河而下,

[①] 就像弗拉基米尔·普京2008年就职总理后在新闻发布会上的表现。

再度围攻君士坦丁堡。这次出征，可谓大获全胜。罗斯军队刚刚到达，希腊人就吓得手足无措，慌忙派使者来求和。罗斯人不战而胜，要求希腊人对罗斯大公及继任者俯首称臣，并年年向罗斯国纳贡。希腊人无一言抗议，唯唯诺诺地接受所有条款。于是奥雷格将盾牌钉在拜占庭的木质城墙上，宣告罗斯国的胜利。事实上，盛气凌人的罗斯人同意退兵是为了在贸易条约上攫取最大利益，其中包括基辅商人每年可以在拜占庭居住6个月之久。

与其说奥雷格热衷于军事征服，倒不如说他素来注重贸易往来。这次战争协议为基辅未来的繁荣打下了坚实的基础。每年6月，基辅船队就会浩浩荡荡地南下经商，载满了毛皮、蜂蜡、蜂蜜和奴隶。拜占庭后来的大公曾经怀着敬畏又不解的心情这样记录道：

> 每年6月，成群结队的罗斯人撑着独木舟从基辅顺流而下，沿途极为凶险，巨石星罗棋布，暗礁无处不在，瀑布声震耳欲聋，水流湍急，惊涛拍岸，船只随时都可能被巨浪吞噬。然而这些罗斯人遇到大瀑布，就肩扛独木舟，拎着货物，用锁链将奴隶绑成一队，步行六七里直到涉过激流。这期间还会遭到佩切涅格部落人的突袭。一路上，跋涉的辛苦不说，他们还要担惊受怕，九死一生。到了圣格里高利岛，罗斯人在神圣的大橡树周围举行异教徒仪式，宰杀小公鸡，抽签抓阄以取悦他们信仰的神明。

回国途中，罗斯商人带回了各种手工制品，如红酒、丝绸、珠宝和琉璃器皿等。表面看来，似乎就是善于经商的国家在和邻国互通有无，一派祥和。实际上，他们的生活中却潜伏着许多危险因素：一、罗斯国主要是草原地形，没有自然屏障以抵御外来侵略，佩切涅格部落和其他游牧民族蠢蠢欲动，成为罗斯国一个长期隐患；二、罗斯国贩卖到拜占庭的奴隶很有可能是两国小规模战争中抓到的俘虏，可以想见罗斯国也有同样多的将士被俘获或者被屠杀；三、他们独具特色的异教信仰说明了他们常常受自然灾害的威胁。靠天吃饭的性质促使他们膜拜神树，向风神、雷神、太阳神献祭，以平息众神的怒火。罗斯国经历了一个个动荡不安、危机四伏的时期。了不起的是，它幸存了下来，并更加兴旺繁荣。

当罗斯商人的足迹遍布世界的各个角落时，罗斯军队也四处征战，扩大其疆域。若干世纪后，在小小的基辅，一个世上最大的帝国赫然耸现，西临波罗的海，东抵太平洋，南至中亚的绿洲，北达北冰洋。直至今日，苏联解体后的俄罗斯仍然横跨九个时区，拥有100多个民族，150余种方言。

俄罗斯，这个幅员辽阔的大国，长久以来都面临着内忧外患。外部侵略、内部分裂攸关生死，这使得基辅罗斯自建国初始，就致力于统一国内各个公国，建立一个独立政府来管辖全国。

二

关于古罗斯国唯一可考的史料就是《原初编年史》，很多记载距事件的发生已经有几个世纪之久。"这是一个很久远的故事，为我们讲述俄罗斯的起源，基辅的第一任统治者以及俄罗斯的第一个王朝"。然而，要人们相信《原初编年史》的记载，就得对史料背后的记录者有更多的了解。绝大多数的史料记录者湮没在时间的长河里，留不下一丝痕迹。就连最著名的编著者，我们所知的也不过是他们当时的身份地位，几个可能的日期，他们写作的地点，仅此而已。

为了找到有关史学家内斯特的相关信息，我来到了彼切尔洞窟修道院。听完我的询问，门口的老妇人不慌不忙地答道："内斯特啊，他在基辅洞穴修道院里的圣安东尼洞窟。穿过教堂，往山那边走，有座白色建筑，你到了那儿再问问。"内斯特死于1114年，距今好几百年了，可见这里的人对他还是相当熟悉的。我走出修道院，经过18世纪富丽堂皇的钟楼（位于金门中心），走下陡峭的小路。彼切尔洞窟修道院一千年前建立伊始，就成了东正教的圣地。而在当时，它不过是一个或数个小洞窟，作为拜占庭僧侣传教的一个据点。多少个世纪以后，它已扩展成一个建筑群，而且被列入了世界文化遗产。

到了老妇人所说的白色建筑，就有人引我穿过小小的门廊，下到窄窄的隧道。有位老太太递给我一根点着的蜡烛，说了句："拿着这个，你会用得到的。"她说的没错。地下阶梯的尽头连着蜿蜒曲折的隧道，像兔子洞窟一样又低又窄，低得我时时碰头，窄得仅能容下肩膀。这里伸手不见五指，隧道中死一般静寂。想到只能靠手上渐渐变短的蜡烛摸索前进，我心里就一阵发慌。一路上，我摸索着前进，不时会看见横着的隧道里烛光摇曳，擎着蜡烛的身影或进或退。我注意到洞壁上有一个个凹进的壁龛，不禁俯身细瞧。玻璃顶的棺材里躺着一个僧人，干枯的手从绿色绸缎寿衣下探出。每隔几米就会有这样一个棺椁，每个棺椁中都躺着这样一个圆寂的僧人。我刚刚适应这种怪异的景象，突然一道亮光闪过我眼前，照亮了整个洞壁，一个低沉的声音念念有词，从烛光后传来："我主保佑，大慈大悲的上帝，救苦救难的圣父……"我依稀看到这是个瘦小的老妇人，一次次深俯下身子叩拜。她手拿块布，敏捷地从一个壁龛冲向下一个壁龛，擦拭棺材的玻璃盖，无限崇敬地亲吻盖着圣体的棺盖，而后像来时那样，转瞬间消失了踪影。突然间又会冒出一道亮光，又一个狂热地祈祷着，念念有词，深俯下去叩拜，无限虔诚地亲吻。看惯宗教仪式的我，对着这些狂热的基督信徒也不禁愕然。这种仪式里有点中世纪的味道，大概从洞窟建成伊始，这种气息就延续至今。

走到四个通道的交叉口时，我碰到了一个东正教教士，于是向他询问史学家内斯特的墓穴所在。教士朝一个通道点头示意，道："内斯特就在左边的通道尽头。"

我终于找到了内斯特的壁龛，一眼望进去，他和圣安东尼洞窟中被封入永恒黑暗的另外123位僧人并无二致。然而第一次亲眼见到内斯特本人静静地躺在玻璃棺中，想到的就是他写下了俄罗斯那段神秘的历史，那时的感觉是很奇异的。尽管内斯特的记录并不十分详尽，其中的观点也并非不含偏见，但是他填补了那个历史时期的空白。我们无从知道内斯特的生平、个人经历、情感历程以及他的写作动机，但是这次拜访拉近了我与他灵魂的距离，拉近了我与那个时代的距离。更为重要的是，我对那个时期信徒对宗教的狂热、痴迷、虔诚有了更深的了解——信徒要按照规定的仪式做祈祷，赎罪过，行跪拜，容不得一丝纰漏。言语礼节上稍有差池便会遭永恒诅咒，致万劫不复。

也许是走得太急，蜡烛被风吹灭了。慌乱恐惧中，我紧紧跟在一个念念有词的妇女身后，巴望她能带我走出洞窟。谢天谢地，我又能重见天日。

这个时期充斥着对宗教的笃信，对世界末日降临的恐惧以及人人自危的气息，内斯特就是在这样的时代氛围中编纂（更确切说是创作）《原初编年史》。那时距留里克来到罗斯已过了200多年，基辅罗斯的疆域已扩张了不少。通过经济入侵、军事侵略，罗斯国已经南至黑海，东抵伏尔加河，西部与波兰、立陶宛毗邻。然而，斯拉夫部落联邦仍然处在不断的动乱中。在维京统治者后裔的统治下，时时有分崩离析的危机。罗斯国内部有分歧，外部有虎视眈眈的邻邦伺机而动，内忧外患，国家危在旦夕。不团结起来，罗斯国只有死路一条。

在这种情势下，政府的宣传布道渗进了《原初编年史》。从事史书编纂的内斯特和其他僧侣深知自己的利益和罗斯统治者的利益相互关联，密不可分。基督教此时正和当地的异教神（橡树神、土神、风神、雷神）暗暗较劲，希冀取而代之。所以很有可能，《原初编年史》这一时期会大力推广主权至上的思想，拥护基辅首领的统治并且将基督教视为稳定团结各部落的一股力量。

基督教于公元988年被引入罗斯，内斯特将这一事件归功于基辅大公弗拉基米尔，称这一举动为国家的统一、王朝的巩固迈出了至关重要的一步。基辅大公确定希腊正教为国教，塑造了罗斯国人的民族认同，影响至今。然而，这与《原初编年史》的记载大有出入。

弗拉基米尔是个实用主义者，引进希腊正教只是基于政治利益。弗拉基米尔佯装要发动战争，向各邻国派出使节，想要看看哪种宗教是罗斯新信仰的最好选择。使者视察了信仰伊斯兰教的奥斯曼帝国，信犹太教的哈扎尔，信仰天主教的德意志以及信仰东正教的希腊。《原初编年史》把弗拉基米尔选定基督教看成一种精神顿悟：

> 使者视察各国回来后，这样报告道："我们到伊斯兰教堂，看到人们被鬼神附身似地坐下、鞠躬，愁眉苦脸的，毫无快乐可言；之后我们又到了德意志，参观了他们的宗教仪式，也没有什么让人惊叹回味的；而当我们踏进希腊人恢宏壮丽的大厦，真是分不清这是人间还是天堂。这里富丽堂皇，美不胜收，世所罕见，任何语言都显得苍白无力。那种美，永世难忘，此刻方知人间确有真神。"

显而易见，内斯特的叙述太过浪漫化，有失公允。除了宗教本身的魅力外，弗拉基米尔选择希腊正教很大程度上基于希腊人年年进贡货物，并给予贸易优惠。

罗斯国自此成了希腊正教在最东边的据点。信仰希腊正教对罗斯国影响深远，之后的历史证明，基督教有着强大的凝聚力，在统一罗斯国上起了不小的作用。

基辅市中心，圣米歇尔修道院外面，矗立着一座白色大理石纪念碑，这是为纪念两兄弟圣西里尔与圣默多狄。他们9世纪初生于希腊古城塞萨洛尼基，中年时到东欧传播基督教。他们在传教的同时，也传播了希腊字母。当时的斯拉夫人操多种方言，也没有书写的习惯。要想向他们传授《圣经》的教义，兄弟俩创造了一种规范的书面语。直至今日，对比俄罗斯文（又称西里尔文）和希腊文，人们可以看出两者惊人的相似。新创立的字母表起初应用在古斯拉夫语中（教士和学者使用的语言），后来演变成俄罗斯的地方语，到了19世纪初期（普希金时代）已经成为俄罗斯辉煌文明的一部分。

俄罗斯语在塑造这个国家的民族认同上起到了至关重要的作用。若干世纪后，俄罗斯人已经视俄罗斯语及其文学为国粹。当1917年，他们被布尔什维克人驱除出境时，许多人安慰自己，"他们可以占领我们的国家，却夺不走我们的母语"。诗人科瓦廖夫1922年挥别祖国时写道，"我只带走8卷普希金诗集，但是它们代表的却是整个俄国"。

新的宗教信仰和书写文字，让俄罗斯成为基督教王国的一员，也让世界听到了俄罗斯的声音。公元988年，弗拉基米尔娶拜占庭公主为妻，从而为这次宗教融合画下圆满句号。然而他坚持俄罗斯宗教独立于希腊母教之外。这种独立绵延几个世纪，赋予俄罗斯人一种独立的宗教使命感，俄罗斯人于是对改革热情高涨。1453年拜占庭帝国灭亡后，这种改革热情有增无减，并在以后几十年以不同形式展现出来。不过，无论以何种形式展现，这种热情根植于一种信念——俄罗斯人的血液中流淌着某种与众不同的精神力量，你可以把它称为基督教精神，抑或农民的集体主义，再或者是共产主义精神。似乎将改革推行到世界的每一个角落就是俄罗斯人的使命。

公元988年，向基督教世界倾斜似乎意味着暂时摆脱亚洲国家（位于罗斯国东部边界）的影响。我们会发现，俄罗斯试图融进西方世界的进程并非一帆风顺。而眼下，弗拉基米尔成功地巩固了与欧洲国家的关系，并且引进许多新的社会价值观念。《原初编年史》充斥着对本国文化影响的溢美之词：

> 弗拉基米尔下令推倒异教偶像，在原地建立教堂……天堂里充满欢声笑语，大家庆贺那么多的灵魂得到了拯救，魔鬼大恸道："呜呼哀哉，可怜我永失乐园！"这时公爵将乞丐穷人都邀到皇宫里，尽情吃喝玩乐，并送给他们食物饮料、金银珠宝。那些来不了皇宫的人，公爵就用一辆辆马车满载着面包、鱼、肉、蜂蜜酒、淡啤酒等，给他们送去。

即使除去《原初编年史》中的夸大成分，信仰基督教的基辅人也会以较为人性的方式进行统治——如果这不能称之为民主，至少是一种比较开放公正的统治方式。经济上，与西方国家的贸易往来蒸蒸日上，罗斯国商人出国经商，德国、丹麦、亚美尼亚以及希腊的商人也涌进了罗斯国。弗拉基米尔对内加强法治，对外减少对邻国的军事侵略。

弗拉基米尔害怕惩处强盗土匪会触怒上帝，所以对他们听之任之。于是国内强盗土匪肆虐，无所顾忌地行凶作恶。大主教一再向大公保证，说他是接受上帝洗礼，派到人世来主持正义的，绝不会触怒上帝的，大公才下令惩治为非作歹者……但是他始终坚持走法律程序处决他们。

"走法律程序"这种说法的确很有吸引力。它是对君王绝对权力的一种潜在削弱，认可法律条例意味着王子犯法与庶民同罪。

10世纪是专制君主实行独裁统治的时期，他们用高压政治和强大的军事力量治理国家。即使在最发达的国家，要实现民主也远非可能。然而，基辅罗斯坚持"走法律程序"，似乎给人这样的错觉：冠冕堂皇的法治指日可待。事实上，之后的俄罗斯政府并没有沿着依法治国的方向走下去。

弗拉基米尔在民间被视为传奇，被歌颂成国家的"红太阳"，可是直到1015年他死后才被封圣。尽管如此，他却做了件极不明智的事。他将王子们派到12个公国，权力不分大小，这为王储之争埋下了隐患。1019年，他的两个儿子鲍里斯和格列布死于王位之争。他们因为不愿以暴制暴，被尊称为俄罗斯最早的殉道者。史学家内斯特记载，两人早已知晓他们的兄弟斯维亚托波尔克想要除掉他们，然而为了避免争夺王位会引发内战的问题，他们放弃了抵抗，甘愿成为牺牲者。

斯维亚托波尔克暗地里布置人刺杀鲍里斯。刺杀那天，已知死期将至的鲍里斯正在做晚祷，看到刺客时，他从坐垫上站起，唱道："上帝啊！请赐我力量经受这一切，因为那是我的亲弟弟啊……"然后他便和衣躺在床上，任刺客像野兽般向他扑来，将长矛一次次刺进他的胸膛。鲍里斯就这样加入了殉道者的行列，成为圣人和预言家中的一员。格列布也同样成了殉道者，在天国里享受无限的荣耀……他们成了光荣的殉道者、高尚的代祷者，让我们为他们欢呼歌唱吧！让我们祈求上帝，但愿活着的王子能够和睦相处，再不要同室操戈！

鲍里斯和格列布的自我牺牲让我们看到了基督徒的谦卑，看到了为国捐躯的赤血丹心。后一点在内斯特看来尤其重要，"但愿活着的王子能够和睦相处，"内斯特说，"但愿他们能学习鲍里斯和格列布的精神。""苟利国家生死以，岂因祸福避趋之"。他用春秋笔法来讲述这个故事，有着很深的用意。内斯特写这个故事时，事件已过了70年，国家陷入内部纷争中。所以有必要宣扬一种价值观——自我牺牲最终会得到国家的认可。这种价值观贯穿了俄国的历史。

内斯特的记述有粉饰政治，为特权阶级服务的嫌疑。他改编甚至创造了鲍里斯和格列布的典故，使其符合俄罗斯对死亡的标准——在苦难中得到救赎，同时也宣扬了国家的团结统一高于一切。其实这则传奇故事还有更深远的意义：一是为俄罗斯增添了一段独特的历史；二是暗示这个国家是受上帝庇佑的。

然而，从眼前来说，鲍里斯和格列布是白白牺牲了：骨肉相残的悲剧还是无可避免地上演了。王位之争造成了国家分裂，带来了毁灭性的后果，最终导致了基辅国的灭亡。

三

随着罗斯国将首都从诺夫哥罗德迁到基辅,权力中心也从北部转移到了南部。基辅统治者自称"大公",以示与其他公国首领的不同。各公国的首领都要朝拜大公,这显示了大公地位的至高无上。这种尊卑分明的安排极为高妙,公国首领若受到不公待遇,嫌怨也罢,谋反也罢,都只针对大公一人,而不会牵连无辜,从而避免了上演手足相残的悲剧。虽说13世纪罗斯国的衰亡与国内的争权夺势以及内部分裂不无关系,但是弗拉基米尔死后的两百年间(也就是十一二世纪),罗斯国文化高度发展,达到了自由主义社会的水准。

尽管时时有政治分裂的隐患,基辅罗斯的中期仍然算是一个辉煌的时期。这时候专制统治与民主参与相辅相成,特别是在诺夫哥罗德,国家法制远远领先于其他欧洲国家。所以,我决定出发,亲眼见证一下这一时期的民主程度。

在克里姆林宫圣索菲亚大教堂附近,我找到公民定期集会商讨国事的地方。河对岸的贸易区紧邻圣尼古拉大教堂,那里是商人举行集会的地方。这两个地方又叫"卫奇",在古俄罗斯语中指"畅所欲言"。卫奇钟响起,钟声悠扬,节奏独特,宣告了集会的开始。

我迫不及待地想一睹卫奇钟的真面目。突然,圣索菲亚大教堂的钟楼上响起了钟声,浑厚天成,华美雍容。我举目望去,只见大大小小、各式各样的钟以不同的姿态在空中摇荡,令人眼花缭乱,目不暇接。敲钟人穿梭于钟楼四面没有栏杆的高高拱门里,极其娴熟地拽开长绳,轻撞钟锤。很显然,钟声在诺夫哥罗德文化中是很重要的一部分,克里姆林宫的一个官员似乎很想向我解说一下钟声的文化意义。导游领我到了一个钟楼,一排排的古钟,屹立在那,每个都有一人高。导游介绍说这些古钟很早以前就被搁置在这里,快被人遗忘了。我很好奇它们到底闲在这里多久了,导游笑了笑,引我到了"瘟疫警世钟"前,说:"自从1437年,这口钟就弃之不用了。"

遗憾的是,我没有找到卫奇钟。导游面色凝重地对我说:"你知道吗?卫奇钟被莫斯科人偷走了。他们并不像我们这样爱好民主。他们认为卫奇钟代表着自由，就偷走了它，仿佛这样他们的国家就文明起来了。他们一贯就是如此。"

我抱歉地笑笑，导游还是一脸的沉重。"你知道，诺夫哥罗德还没被莫斯科占领前，公民有多大的权力吗？"他问道，"那时他们参与诺夫哥罗德的政事，能决定公爵的任免！人们可以选举市级官员，甚至可以废黜大公，另选新主！"

我试图指出，享有这些权利的人只是一家的成年男子、女子，一无所有的人是没资格参与政事的，但导游对此不屑一顾。"你看看历史记载，就会知道，"他说，"卫奇集会包括来自各个阶层的代表。可考的文件显示，大主教、地方行政长官、人民代表、贵族、中产阶级、商人甚至社会底层的纳税黑人，他们都能参与政事。你难道不认为这是一项非常了不起的成就吗？这是当时任何地方都无法比拟的。我们是民主的典范，卫奇集会使各项条款正式生效，它也决定是开战还是议和。官员的选举，公国公爵的确立也离不开卫奇集会。不仅如此，它还能确立税收，处理外交关系，甚至作为法庭解决公共纠纷。你知道吗，1136年，人民受够了亚罗波尔克二世·弗拉基米罗维奇的统治，联合起来试图推翻他。你不觉得很振奋人心吗？后来，大公和公民就开始共同执政，而且以后的大公不能住在城内，而要住在城外，以示对民意的服从。"

虽然导游刻意夸大了诺夫哥罗德的民主程度，但是我不得不承认他说的大致不错。基辅和普斯科夫也有类似的集会。"顺便说一声，"他临别时建议，"你不妨到国家博物馆来看一下桦树皮经卷。"

早在20世纪50年代，在诺夫哥罗德外围建造居民楼的工人们惊奇地发现了一批保存完好的桦树皮经卷。这批经卷埋在东欧平原的泥炭底土里，时间可追溯到11世纪。考古学家在这个地点发掘出了成百上千块桦树皮，它们有400多年的历史跨度。

我在国家博物馆看到了一部分桦树皮经卷。它们从政府公告到商人的货单再到日常生活的流水账不等，这为我们提供了11到15世纪诺夫哥罗德在文学和文化发展上的翔实资料。我也读到了少男少女互传的情书、讨债信、线条画甚至还有考试小抄。"我爱你，你也爱我，为什么不能长相厮守？"一个女子在信中写道。"你还欠我的钱没还，速速派你仆人送来……"一人警告道。我最喜欢的是一个小男孩绘的线条画：一人双手举过头顶，每只手六个手指，画周围的文字错误百出。专家说，这幅画的作者是个叫奥菲姆的七岁小孩，画中的人指天发誓，那是在向朋友借钱。

11世纪到过诺夫哥罗德的人都说，那里男女平等，女性的地位在市区事务中举足轻重。那时已经有健全的排水系统，加固的铺木道路——导游自豪地说，这要比巴黎早200多年，比伦敦早500多年。

桦树皮经卷也向我们展示了这儿高度健全的审判体系，包括陪审团以及仲裁机构。与其施加体罚，法庭更倾向于罚款。基辅的一些法律案例在现在看来，也是相当先进的。比如说，商人雇了工人后，临时毁约，合约在法律上仍有约束力，所以雇主要赔违约金。再比如，雇主通过中介雇佣员工，中介公司没能按时发薪，这时雇员有权要求雇主赔付。当然了，那时的法律和现代社会的民主还相差很远，不过诺夫哥罗德让我们看到了俄罗斯法制的雏形。

在俄罗斯历史上，有很多转折点，基辅罗斯时期就是其中之一。倘若基辅的法制模式能够发展下去，倘若专制力量没有占了上风，今天的俄罗斯将会是另一番模样。然而法制社会的模式没能在基辅罗斯发展下去。甚至在基辅罗斯最鼎盛的时期，也饱受内忧外患之扰。

尽管说基辅大公是名义上的最高统治者，国家的实权却掌握在拥有独立军队的公国公爵手中。然而他们手中的也不是绝对权力，因为不论是在处理内部事务还是在对外御敌上，他们都像一盘散沙，团结不起来。这种内部凝聚力极差的现实是罗斯国的致命弱点。这种各自为王的状态让罗斯国陷入上百年的政治倾轧，而且蠢蠢欲动的敌国对这一弱点也了如指掌。

1241年，条顿骑士团（以军纪严明著称的普鲁士十字军）在罗斯国西北边境发动了闪电战。这一突袭让罗斯人极为震惊，在若干世纪后对俄罗斯人心理的塑造都有很大的影响。条顿骑士对宣扬天主教有着无比执着的决心，无所畏惧。信仰东正教的罗斯人对这种政教的双重统治很是畏惧。在采邑主教赫尔曼（拥有政、教双重权力的主教）的率领下，骑士团突袭并占领了普斯科夫。1242年，他们在塔图一战中大败诺夫哥罗德军队，开始向诺夫哥罗德城进发。20岁的亚历山大·涅夫斯基（诺夫哥罗德国王）在城西部的湖区迎战。诺夫哥罗德的文明命运未卜。

几个世纪后，在电影《亚历山大·涅夫斯基》中，谢尔盖·爱森斯坦捕捉到了这次战役的惊慌失措、极端恐怖：罗斯军队死伤惨重，却依然挣扎着与强大的德意志军队抗争到底。我们看着涅夫斯基聚拢残部，冲进敌军，佯装逃跑，将敌军引诱到楚德湖薄薄的冰面上，冰面上的激战扣人心弦，最终德意志骑兵掉入了冰凉刺骨的湖水中，罗斯兵取得了胜利。谢尔盖·爱森斯坦从俄罗斯的《原初编年史》中摘录了这个传奇故事，并将涅夫斯基的足智多谋刻画得栩栩如生：

> 罗斯兵斗志高昂，胸中满是对上战场杀敌的饥渴，他们高呼："全能的君主啊，今天就是我们为你效忠的时刻！"太阳升起的时候，两军交战，敌军冲入我方军队。楚德河黑压压一片，密不透风。激战时，兵戎相见，长矛断裂声，刀剑相击声，响彻云端，瞬间血染冰面，流血漂橹。过了不多时，冰面开始塌陷……上帝的天兵天将显现在天边，助我们的公爵取得胜利……这事千真万确，有人亲眼见过……

史书的记载者显然很愿意相信上帝与他们同在。"有人亲眼见过"这样的话表明俄罗斯的现在和未来不仅充满了真人真事，更充满了浪漫传奇，当今的时代自然也不例外。[①]

涅夫斯基在1242年的赫赫战绩，实际上是被无限夸大了。那不过是次小小的胜仗，是基辅罗斯最后的天鹅之歌，根本不能扭转大局。不久后，强大的敌军就从南部进攻，消灭了罗斯。

12世纪，俄罗斯南部边界上的游牧民族实力渐渐增强，野心也日益膨胀。刚开始只不过在边界不定时地发动突袭，现在快要威胁到俄罗斯的腹地。绝大部分俄罗斯人生活在性命不保的恐惧中。佩切涅格人、鞑靼人以及异教徒

---

① 《亚历山大·涅夫斯基》就是很好的明证。这部影片制作于1938年，那时莫斯科还没和纳粹德国签订互不侵犯条约，希特勒还被视为未来的敌人。所以影片被指控怀有反德情绪，以及刻意煽动俄罗斯的爱国主义情绪。这部电影的剧作家和导演在斯大林的催促下完稿，付印，匆匆改编成电影，可是电影却不能公映。在被封杀两年后，也就是1941年德国入侵俄罗斯时，这部影片才重见天日，成为反纳粹的一个强有力的代表。

部落常常到边疆城镇烧杀抢掠，劫走俄罗斯人当人质或是当奴隶任意贩卖。乌克兰的字面意思就是"边缘上的国家"，俄罗斯四面都没有自然屏障，实在让人头疼。边界外险象环生的大草原，以及草原上潜伏的危险势力成了俄罗斯人永远的噩梦。

罗斯公国的公爵们清楚他们需要和衷共济、同仇敌忾，只是多年的敌对让他们彼此交恶，互不相让。早在楚德河之战前50年，诺夫哥罗德—谢韦尔斯克南部边界受到鞑靼人的骚扰劫掠，公爵伊戈尔试图联合罗斯其他公爵进行远征，却最终以失败告终。伊戈尔一怒之下，带领自己的一小队人与敌军以死相搏，勇则勇矣，却无异于以卵击石。然而就像在英国，英雄主义备受推崇一样，在俄罗斯，他的英勇之举，他的悲剧命运也广为传颂。他的事迹在抒情史诗《伊戈尔在战中》得到了永恒：

> 伊戈尔凝视夕阳良久，缓缓回身对着跟随他的士兵说："兄弟们，与其沦为鱼肉，任人宰割，我们为什么不揭竿而起，与敌人拼个鱼死网破？让我们跨上快马，与敌军厮杀到鞑靼草原的尽头。兄弟们，让我们一起为了俄罗斯流尽最后一滴血！"

《伊戈尔在战中》是俄罗斯文学上的第一首伟大的抒情史诗，是俄罗斯口头文学的砥柱之作。那富于节奏感、铿锵有力的诗句，那奇特的、惊心动魄的景象深深地刻在每个孩童的心里，它作为宣扬爱国主义的代表作被人们长久地吟诵。然而，这首抒情诗远非庆祝大军凯旋之作，相反，它传达的是国内四分五裂、国将不国的红色警告：

> 同胞们看哪！公国的公爵们各不相让，冲突不断，基辅国痛苦地呻吟着，看着他们将百姓推向痛苦的深渊，看着他们这样断送了国家的前程。俄罗斯处处可闻乌鸦不祥的鸣叫，那巨大的黑色羽翼笼罩在顿河上空。公爵们仍在为小利小义争得面红耳赤，揎拳捋袖地叫嚷，"这个是我的，那个也是我的"，浑然不觉敌军已经逼到了家门口。

《伊戈尔在战中》的手稿在1795年被发现，自那时起便有人声称那并非真迹，所以手稿的创作年代以及真实性一直众说纷纭。这首抒情史诗描写生动逼真，引用的文献史料翔实，笔者认为这可能是见过或是参与过这场战争的人写的。整首诗似乎都在传达这样一种根植于心的信息：国家渐渐式微，敌人虎视眈眈，边疆无天然屏障，容不得一丝疏忽懈怠。所以俄罗斯人要在一个中央集权的政府下同仇敌忾，一致对外，不然就只能亡国。这也在一方面解释了西方人所不理解的舍己为公精神——国家的利益、集体的荣耀永远是第一位的。俄国人可以为报效国家，不计代价地和敌人同归于尽，可以因为国家弱小而在军事上更具攻击性，可以以国家的名义铲除政敌，而无人有任何异议。

在俄罗斯，文学、音乐、艺术以及电影受到普遍的认可，达到百花齐放、百家争鸣的程度。尽管在有些时期遭到过审查、压制，艺术却仍然给人们提供了一个畅所欲言的平台。这也让我们更好地理解俄罗斯的历史——俄罗斯文化的主题一直是以国家为中心，折射出国家民族认同，并促进民族认同的塑造。

可悲的是，《伊戈尔在战中》这样光辉耀眼的抒情史诗也不过是黑暗中的一豆亮光，亮光消失后，留下的是数年的漫漫长夜。如一盘散沙的罗斯国结束了，正如《伊戈尔在战中》叙述者所担心的那样。之后200年，俄罗斯文化萎靡不振，《伊戈尔在战中》歌咏的那种精神只能尘封在古老的记忆中。而蒙古大军正从地平线上黑压压地逼近。

四

《图画展览会》（莫杰斯特·穆索尔斯基的钢琴组曲）在《基辅的城门》这个部分达到了高潮，之后法国作曲家莫里斯·拉威尔、艾默生（20世纪70年代激进摇滚乐队歌手）等将其改编为管弦乐。实际上，基辅的城门并非真实存在，而只是穆索尔斯基新亡的朋友一幅画作中的书房。但这丝毫不影响旅游者在基辅导游的带领下去参观。只是旅游者实际参观的是基辅的金门，建于11世纪，木石结构，基辅防御城墙的一部分。

金门位于乌克兰国家歌剧院外，城墙现已荡然无存，门扇门楼只是作为装饰，像中国的长城一样，不再作为防御工程。在1240年，基辅市民可是把它作为抵御外敌的最后屏障。1237年到1240年，成吉思汗之孙拔都汗率领蒙古大军（当地人称鞑靼人）几乎征服了整个基辅罗斯。罗斯国的史书记载，拔都汗占领梁赞（前苏联西部城市，在莫斯科东南），手段极其残忍：

> 万恶的拔都汗……采用火攻、攻城槌以及钩梯，攻陷了这座城市。在圣母升天大教堂，鞑靼人抓住了公主阿格莉皮娜，将她和其他公主都剁成了肉酱。大主教和牧师被活活烧死，教堂被付之一炬，男男女女，老老少少不是葬身刀下，就是溺死水中。我们的圣坛上溅满了鲜血，我们圣洁的城市，不可估价的财富，以及那无与伦比的美丽，顷刻也化为乌有。偌大的城市，没留下一个活口。父不必怜子，子无需悼父，俱饮干了生命的苦酒，共赴黄泉。

攻陷梁赞后，拔都汗又向弗拉基米尔（古罗斯弗拉基米尔——苏兹达里公国的古都）、科洛姆纳、切尔尼科夫以及莫斯科的小城发起了进攻。到了1240年，蒙古大军已经逼近了罗斯国首都基辅。站在金门旧时的瞭望台（政府现已重建好），你可以想象，蒙古大军压境，在城市四围安营扎寨，而基辅只有一千左右的士兵，目之所及皆是成千上万的敌军，乌压压的帐篷，他们心中该是怎样的胆战心惊，心如死灰。虽然蒙古首领出人意料地派使者劝降，但是基辅人拒绝了。短短七天的猛烈攻击，蒙古人攻下了基辅，洪水般涌进，将死亡和毁灭带到基辅的每个角落。

惊慌失措的罗斯人拥到大教堂（坐落于基辅老城宫殿）寻求庇护。这座教堂，用石头建筑成，是用来存放弗拉基米尔大公及其妻室儿女的灵柩的，并不能承受那么多避难者的重量。所以上层楼板坍塌了，成百上千的人被活活压死。而幸存下来的人被围攻过来的蒙古士兵活活烧死①。夜幕降临的时候，基辅却一片火光，亮如白昼。5万无辜百姓，幸存的不足2000人。基辅罗斯的文明之星陨落了，悠久的文化中断了，已成雏形的民主胎死腹中，对法治的尊重，对公民价值观的包容都成了过往云烟。

1245年，教皇特使从基辅走过，让我们得以窥见基辅满目疮痍的图景：

> 当我们经过这个城市，触目皆是累累尸骨，白得瘆人……蒙古异教徒在罗斯大肆杀戮，几乎将罗斯国夷为平地。曾经，基辅幅员辽阔，人口众多，如今有人烟的住所不及200，而里面的幸存者还受着惨无人道的奴役。

蒙古人冷酷无情，杀人如麻，也正是因为这一点，他们才能征服亚洲，将势力范围延伸到东欧的大部分土地。他们的战争策略是全面战争结合闪电战及突袭战。由于战线太长，蒙古所有的资源几乎都花在了军事作战上，蒙古不像个国家，倒像个运作不停的战争机器。

蒙古军队占领了太过辽阔的土地，分不出足够的人手来治理，于是就在罗斯国公爵中扶持傀儡统治者，向他们征收很重的税收，要他们俯首称臣，行几近奴颜婢膝之礼仪。稍不称意，蒙古可汗即可随意任免。被传唤来的公爵在可汗面前要行五体投地之礼，不愿行此屈辱之礼者就会被就地处决。

蒙古国的奴役（1240—1480）持续了240年之久，这期间罗斯国的经济遭到了极大的破坏，发展也严重受阻。罗斯国的第一位史学家认为蒙古的统治割断了罗斯国和西方世界的联系，切断了基辅国原本正常发展的商业关系和文化纽带，罗斯国陷入了暗无天日的隔离中。

---

① 大教堂的废墟在基辅还能见到，隐在锈迹斑斑的围栏后，愈见凄切。

蒙古入侵前，我们还是一个开明的社会，法律、习俗以及政治体制结构丝毫不逊于最发达的欧洲大国……可是200多年的奴役将我们变成了什么样……当欧洲各国向启蒙运动冲刺时，我们却止步不前……以前的统治者还政于民，是那样的民主。但是蒙古的野蛮奴役将我们与欧洲生生隔开，只能眼睁睁地看着欧洲各国尽享知识、自由和文明的滋养。

与欧洲的隔离使得罗斯国错过了文艺复兴运动，国家的进程推迟了至少200年。可以说，在社会文化价值观上，罗斯国将永远无法迎头赶上。激进的政治哲学家彼得·恰达耶夫（俄国知识分子之父卡拉姆津的同辈人），把蒙古的占领定义为罗斯国与欧洲国家分道扬镳的开端。

我国的历史在蒙昧落后、相互厮杀中发端，后来受到野蛮异族的压迫蹂躏，他们的价值观深深地毒害了我们的统治者。与人文社会的隔离，使我们在对责任的理解，对公平法制的看法上与其他国家大相径庭。西欧蓬勃发展的新思想渗不进这压抑窒息的空气，打不开这奴役的枷锁。

然而，并不是所有的人都是这样看待蒙古的统治。罗斯人实行蒙古的政治体制，起初是被迫接受，后来从内心认可，这被称作斯德哥尔摩症候群症（被劫持人质对劫持者产生好感并同情、宽容他）。如果说刚开始公爵见蒙古可汗的叩头礼是出于被迫，但当公爵要求其属下也行叩头礼，这就不能不说是公爵的自愿行为了。叩头礼后来成为罗斯国宫廷礼仪的一部分，并持续了400多年。公爵们争相为蒙古可汗卖力效忠，压榨百姓，心甘情愿地和蒙古狼狈为奸。一些公爵还学会了鞑靼语。他们对蒙古的专制统治与军事化政策倍加推崇，这对罗斯国的未来发展有很大的影响。卡拉姆津曾这样描述蒙古价值对罗斯的同化。

1237年，成吉思汗的孙子拔都率军征服罗斯，在东欧平原上建立了强大的金帐汗国。众公爵双膝跪地，爬到可汗前聆听指示。在鞑靼汗的默许下，他们对百姓更加残酷，全没了以往政治自由时的仁慈谦逊……以往的社会秩序渐渐打乱，传统观点也一点点被连根拔起，真正的独裁统治登上了历史舞台。

卡拉姆津把蒙古统治时期看作罗斯国的一个重要转折点，从脆弱的刚刚萌芽的民主制过渡到更持久更成功的专制制度。蒙古总督以及傀儡公爵废除了基辅罗斯的议会（如当时在诺夫哥罗德、浦斯可夫和基辅的卫奇集会），自行决定开战、议和，制定税法、兵役法，任免各级官员。公平正义成了独裁者的手中玩物，各种严酷刑罚随之引进。诺夫哥罗德等地的公民参与、法律权威成了一纸空文，代之以绝对的、不容訾议的独裁统治。

罗斯国的历史学家对独裁制是利是弊这一问题，争论不休。普遍的观点是蒙古统治是罗斯的灾难，采纳绝对的专制制度是罗斯最大的不幸。然而罗斯的国家主义者不这样看。卡拉姆津就是专制制度的坚决拥护者，罗斯各公国的长期不和曾经断送了罗斯，而专制制度却使得罗斯国政治上统一，国力上强盛，总体上利大于弊。

> 拔都汗的侵略带给罗斯的是毁灭、死亡和奴役，这种巨大的国难谁也不能否认……但是"祸兮，福之所伏"。带来毁灭的同时，也带来了统一。假使罗斯的公爵们能早先建立专制，实现统一，那再好不过，可是200多年来，他们也没能实现专制统一。这样的各不相让、骨肉相残再持续100多年，怕是罗斯国那时命数已尽。我们的宗教信仰，我们百姓的存活又从何谈起？因此，可以说莫斯科未来的成就是蒙古汗赐予的。

面对蒙古的压迫，不和的公爵也会暂时放下彼此间的嫌隙，同仇敌忾，这是事实。中央集权的专制制度在蒙古统治结束后仍然保留了下来，这也是事实。在亡国灭族的隐患中，专制统一的力量不可或缺。蒙古统治期结束后，专制已经成了理所当然的默认制度。

基辅罗斯这一时期是决定国家命运走向的第一个转折期，它既可能走向民主社会公民参政的道路，也可能走向中央集权的独裁统治道路。

秋日的一个雨天，我走在顿河边泥泞的小路上。在图拉（前苏联西部城市）东南部，我和身穿锁子甲，威风凛凛的罗斯兵团警觉地四处守望着，以防敌方骑兵的突袭。可以想象,此时此刻罗斯士兵心里该是怎样的紧张。他们有的握剑,有的持矛,有的还威胁性地挥舞着狼牙棒。然而前方传来消息敌军人数远远超过我军,而且对俘虏格杀勿论。

在库利科沃泥泞的草原上,我参加了一年一度的库里科沃战役重演。这是第一次,罗斯人鼓起勇气,联合起来反对蒙古统治者。1380年,莫斯科等几个公国拒绝进贡,蒙古就派遣远征军,要给他们点颜色看看。在以往,各公爵只会忙于守卫自己的公国。而现在,20个公爵第一次联手,并推选29岁的莫斯科公爵季米特里·伊凡诺维奇为主帅。季米特里两年前就与蒙古军交过手。这次在他的带领下,罗斯军队跨过顿河,在我此时所在的林地上摆开了阵势。

蒙古军从南部突袭。直至今日,我们还可以听到马蹄声近,罗斯士兵交换彼此惊恐的眼神,许多人明显有了老态,身体也虚浮起来,似乎不适合冲锋上阵。但是,季米特里是个军事奇才,他选择在地形险峻、树木繁茂的地点作战,一来可以拖住敌方骑兵,二来使敌军作战的灵活性大大下降。

库利科沃战役发生在1380年9月8日,战争激烈而持久。6万罗斯兵,10万蒙古兵厮杀了4个多小时。《原初编年史》记载,罗斯兵的尸体遍布在战场上,乌压压一片,顿河霎时成了血河。

> 季米特里高呼:"俄罗斯的兄弟们!马麦汗的大军正在逼近我们,他们要抢去俄罗斯王宫的称号,他们要焚烧我们的城市,他们要抢走我们的粮食,他们要抢走你们的妻子和女儿。让我们冲上去吧!为家乡的土地而战,为自己的辽阔的牧场,为我们的家庭、女人和田地,为了自己的荣誉而不惜流血牺牲吧!"……季米特里向顿河飞奔去……公爵们亦跟着冲了上去,罗斯军的刀剑如暴雨般砸到鞑靼人的头盔上;马蹄翻飞,鞑靼人尸骨遍野。两军从山上打到山下,厮杀声,号角声不绝于耳。电闪雷鸣,铠甲熠熠,旗帜翻飞,见之闻之,皆心惊肉跳……蒙古兵终于抵挡不住,纷纷败逃,罗斯人取得了胜利。战场上一片胜利的凯歌,号角嘹亮,锣鼓喧天。季米特里大败了蒙古军,荣耀永归罗斯,永归上帝。

库利科沃战役被视为基督教对伊斯兰教的胜利(早在14世纪,蒙古就信仰伊斯兰教）。在古战场上竖着一个90英尺高的柱子，它上面挂了一个镀金十字架。（我还注意到，许多的演员在战役重演结束后穿上了罗斯国种族主义团体的T恤衫）。重新回到1380年，基督教和国家主义思潮成了塑造罗斯国民性的重要力量。在罗斯国民间传说中，库利科沃成了罗斯国从分裂到统一的见证者（尽管其他公国也加入对蒙古的战争）。顿河一战为季米特里赢得了"顿斯科依"的称号（意思是顿河的主人），也把维护基督教，对抗异教势力当成了罗斯人的崇高使命。500年后，伟大的象征主义诗人亚历山大·勃洛克将这一战役看成"发令枪"，说它扣响了两种价值的千年冲突，对罗斯人的历史认知也起到了很大的推进作用。

　　啊！罗斯，我亲爱的祖国，我挚爱的妻！
　　前路漫漫，却不再迷茫，
　　鞑靼的奴役像古老的箭矢，
　　深刺我心。
　　穿越草原压抑千年的呐喊，
　　穿越你千年的渴望，
　　啊！罗斯！……
　　硝烟漫漫，望不到边际。
　　可汗仗剑，身侧圣旗搅着阳光……
　　战争没有终点，
　　几多热血抛洒，几番宫阙成土，
　　只换得片刻的宁静。

　　库利科沃战役有三个非常重要的意义：一、这是对抗蒙古入侵者的第一次胜利，它大大增加了罗斯民族的自豪感；二、让罗斯人确信与其相互争斗，不如同仇敌忾；三、将基督教看成团结国民的一种重要力量。

　　1380年的这次战役打破了蒙古兵不可战胜的神话，却并没有结束蒙古的统治。之后的100年，罗斯人虽然不情不愿，满腔愤恨，还是继续年年向蒙古进贡。唯一不同的是，一种宗教神话，一种泛罗斯意识（即众志成城，一致对外）将各个公国团结了起来。基辅不再是罗斯的领头羊，莫斯科开始登上历史舞台，并取而代之。

五

克里姆林宫有四座城门，中央教堂广场上有六座美轮美奂的教堂，穹顶金碧辉煌，正面白得耀眼。莫斯科就是从这些城堡逐步发展起来的。克里姆林，俄语意为城堡、要塞，在14世纪初期首次使用，莫斯科的崛起、兴盛与其优越的地理位置密不可分。克里姆林宫的教堂是伊凡一世下令修建的。也正是他，将莫斯科从一个小小的公国崛起成莫斯科大公国(中世纪一个以莫斯科为中心的封建国家)的首都。伊凡一世（统治时期1325—1340），外号"卡利塔"（钱包），此人富于谋略，狡猾而残忍，为达到自己的目的不择手段。他的投机钻营为莫斯科也为自己赢得了巨大的财富与显赫的地位。

伊凡一世的墓穴放在中央的天使教堂，墓石上有黄铜装饰，陵墓后面是长长一排后来的沙皇陵墓，蔚为壮观。伊凡一世想必很喜欢自己陵墓的浮华俗丽。他生前是那样爱财，不惜对蒙古可汗极尽奴颜婢膝之能事，甚至毛遂自荐代蒙古人在罗斯征税。他还不愧是溜须拍马第一人，不惜自请帮蒙古人剿灭本国的起义者。这一切为他带来了权势地位，在他40岁生日那天，他奏请蒙古可汗封他为大公，成了罗斯国最瞩目的统治者。

在去教堂的路上，我驻足在克里姆林高高的城门前，尽情地欣赏这叹为观止的美景。很难想象，14世纪前它还只是罗斯众多城镇中不起眼的落后乡镇，在基辅、诺夫哥罗德、弗拉基米尔面前黯然失色，而如今，城市不断扩张，高楼大厦拔地而起，交通一片繁忙，工厂烟囱浓烟滚滚。莫斯科在很短的时间内实现了从默默无闻到赫赫有名的惊人蜕变，这让伊凡一世彪炳千古，也让其后世子孙引以为傲。

伊凡一世最狡诈的事就是对东正教的殷勤奉承。《原初编年史》记载，1325年伊凡一世说服四面楚歌的大主教彼得从基辅，途径弗拉基米尔，来到莫斯科。这给莫斯科披上了宗教权威的外衣，莫斯科实际成了政治、宗教中心。

伊凡一世赢得了大主教彼得的好感，彼得劝说他用石头建造了乌斯平斯基大教堂，说："孩子，你若听我一言，建成圣母大教堂，并让我能有个安身之地，你将获得至高的荣耀，你的子孙后代也会永承恩泽。莫斯科将成为教会之首，受众城膜拜，受万世敬仰。"

安德烈·塔可夫斯基1969年拍摄的影片《安德烈·鲁勃廖夫》生动地展现了宗教信仰对罗斯人的巨大影响。14世纪俄罗斯圣像画家鲁勃廖夫，出生于伊凡一世时期，在蒙古统治的白色恐怖下，依然保持对艺术的执着追求。鲁勃廖夫每一时期的作品，在影片中都得到了完美的呈现，影片向观众传达了一种古老的信念：艺术家应当承担近似上帝的使命。艺术创造不是自我表达或自我实现，而是一种精神性存在，是以自我牺牲创造另一种现实。这也正是塔可夫斯基想要表达的主题。影片也让我们明白了为何拥有世俗权威的人还要费力争夺宗教影响力。沙皇是上帝的代言人这种观念对巩固统治极为有利，所以得到了伊凡一世后的莫斯科大公的极力宣扬。数个世纪以来，罗斯的宗教信仰成了专制统治者坐稳天下的重要后盾。

影片中有一幕是这样的，蒙古人折磨罗斯牧师，解散罗斯教堂，场面触目惊心。而在占领罗斯以后，这种有组织的宗教干预热潮就消退下去了。俄罗斯东正教成了被压迫民众的强大凝聚力，一种泛俄罗斯民族认同在蒙古统治时期日渐凸显。民心由大公转向了沙皇。我记得20世纪70年代我在俄罗斯求学时，苏联对宗教礼仪的重视和以往并无二致。他们认为这使得他们不同于其他国家的共产主义者。塔可夫斯基的影片中也存在这种不屈不挠的对立情绪，所以被禁播也不足为怪。

15世纪后，伊凡一世的继任者们都是务实派，在他们的领导下，莫斯科突飞猛进地发展起来。他们不怕和蒙古人正面交锋，1380年的库利科沃战役就是明证。之后他们变被动为主动，和蒙古打了好几场仗，收复了大片土地。只要对莫斯科有利，事无大小，他们都不遗余力去做。

1453年，拜占庭帝国为土耳其所灭，莫斯科大公国成了东正教的最后阵地，直面日益扩张的土耳其帝国。这个新崛起的莫斯科大公国把保护文明果实，抗击异教徒当作上帝赋予的神圣使命。两种宗教的对撞，凶险万分，是机遇也是挑战，关乎着荣誉，也关乎着历史的走向。莫斯科逢凶化吉，在这次危机中，确定了其政治和宗教上的领导地位。

这时期，一则预言"白头巾传奇"在民间广为流传，引起过不小的骚动。很可能，这是政府为政治宣传造势。莫斯科大公国与东正教合则相生，分则两败，这则预言就宣称莫斯科将会成为"第三帝国"，成为上帝在世间的代理人。

> 第一帝国古罗马与基督的教义相背……第二帝国君士坦丁堡在统治者残暴的统治下自取灭亡了。在罗斯的土地上将诞生第三帝国，圣灵的荣光将永远照耀……所有的基督徒将团结在罗斯国周围，天国的桂冠将赐予罗斯沙皇。上帝授命罗斯为各国之首，感化那些异教君主。赐名罗斯国"雷帝恩特"（无上荣光的意思），永承福泽。罗斯将成为史上最伟大的第三帝国。

如此一来，莫斯科获得了不容置喙的宗教权威，再加上自伊凡一世以来近一个世纪累积的巨大财富，莫斯科在1480年甩掉蒙古统治的枷锁后，迅速强大起来。短短几十年后，莫斯科统治者改尊号为"沙皇"，取代了以前的"大公"称号，并把自己看成罗斯国的唯一君主，实行专制统治。

其实，第三帝国这种称法很欠考虑。蒙古的撤离使得大权悬空，公爵们为此跃跃欲试，各不相让。在西边，立陶宛与波兰结成同盟，日益强大起来，开始侵吞罗斯的西部领土。在北边，诺夫哥罗德地处偏僻，因此受蒙古统治的影响不大，基辅罗斯的半民主价值观保留了下来，而且经济贸易也获得了长足的发展。所以说，如果莫斯科想要巩固其领导地位，它就不得不一一解决这些问题。

让我们先看看诺夫哥罗德面临的形势，莫斯科传来的消息让他们坐立不安，不断有谣言称战争正在逼近。1470年夏天，卫奇钟敲响，紧急集会召开，讨论迫在眉睫的危机。不得不做决定的时候到了，诺夫哥罗德要么臣服于莫斯科的统治，要么进行艰苦卓绝、胜负难料的抗争。然而，诺夫哥罗德一直以来就是安安分分地经商，军队久不操练，战斗力大大下降，无论如何都不能和伊凡三世率领的莫斯科军队相抗衡。那么，唯一的办法就只能和莫斯科的另一敌国立陶宛签订军事政治条约，结成盟国。

卫奇集会上的讨论激烈异常。和立陶宛结盟意味着放弃本国的独立，甚至还要放弃信仰东正教的自由。1385年，立陶宛和波兰结盟后，就接受了罗马天主教，所以诺夫哥罗德要想获得立陶宛的支持，就不得不皈依天主教。天主教被东正教信众戏称为"拉丁教"，要皈依这种他们看不上的宗教，可以想见卫奇集会上该是怎样人声鼎沸。民众很快分成两大阵营，一方主张臣服于莫斯科的统治；另一方坚持要和波兰、立陶宛结成同盟。最终，第二阵营以微弱的优势胜出，诺夫哥罗德决心邀请波兰和立陶宛国王前来统治。这一决定极为大胆，如果得以实现，一个强大的反莫斯科阵营就产生了，就能将莫斯科拒之门外，而且很有可能主宰罗斯的未来。罗斯的历史将会改写，诺夫哥罗德将会成为首都，而天主教就会取代东正教成为国教。

但是同盟尚未形成，消息就走漏到了莫斯科，伊凡三世听闻，怒不可遏，挥师讨伐。1471年7月，莫斯科军队到了诺夫哥罗德城郊，在谢敦河大败诺夫哥罗德军队。

刚开始，伊凡三世试图和诺夫哥罗德公爵达成休战协议。然而诺夫哥罗德不屈不挠的抵抗以及和立陶宛的继续联络，让伊凡三世大为恼火。伊凡三世决心给他们点厉害尝尝，于是下令军队占领了诺夫哥罗德，实行莫斯科的法律制度。诺夫哥罗德的历史走向就此扭转，刚刚萌芽的民主制度也就此夭折。

《诺夫哥罗德编年史》用批判的眼光记载了自1016年以来450多年的历史，毫不客气地指出了政府的不足，官员的玩忽职守。但是涉及外来军队威胁到公国的利益时，就会站在本公国的角度评说事件。然而，1471年后，史书的语气出现了很明显的扭转。很显然，史书已经成为莫斯科大公的唇舌。伊凡三世已经派人接管诺夫哥罗德，1471年的两军交战自然会是另一种版本：竭力维护莫斯科的政治利益，提升其公众形象。

公元1471年，莫斯科大公伊凡三世率军攻打诺夫哥罗德，借以惩治它的不法行为，以及勾结立陶宛的谋逆行径……伊凡大公素以刚正不阿著称，而那些狡猾奸诈的人们却拒绝臣服。那些诺夫哥罗德人愚昧无知，却又骄矜跋扈，拒不接受莫斯科人的领导……他们背离了正道，在一意孤行中踏上了无知的邪路，竟想着和立陶宛狼狈为奸，还要皈依天主教，实在令人羞愤不已……莫斯科大公几次三番派遣使者让他们安分守己，不要滋生事端。然而他们却不知悔改，令伊凡三世深为痛心……伊凡三世最终忍无可忍，下令讨伐诺夫哥罗德……

在伊凡三世和其继任者的强权下,《诺夫哥罗德编年史》详尽地记述了莫斯科大公如何苦口婆心地劝说诺夫哥罗德人不要一错再错。倾向莫斯科人的史学家说,伊凡三世最后忍无可忍了,才不得不教训一下这些背叛者:

> 诺夫哥罗德人冥顽不灵的抵抗,倨傲不逊的态度以及皈依拉丁教(天主教)的举动大大激怒了莫斯科大公。伊凡三世挥师讨伐,势如破竹,硝烟漫漫,刀砍剑刺,很快攻下了诺夫哥罗德。就像《圣经》中预言的"战车隆隆,战马嘶鸣,大地一时都颤抖起来",同样的预言在空中回响,警诫那些诺夫哥罗德人背叛基督,作恶多端会是怎样的下场。

这样的描述写了一页又一页,把伊凡三世百般劝说诺夫哥罗德写得令人动容。《诺夫哥罗德编年史》读起来像是对扩张侵略行为的一再申辩。然而,众所周知,史书是胜利者的赞歌①。

诺夫哥罗德臣服后,伊凡三世开始在那里实行莫斯科的政治制度。为了表现他的政治决心,伊凡三世拆毁了卫奇钟,也击垮了民众参与的政治体制,剥夺了民众的合法权利,使民主社会的构想破灭了。罗斯走到了历史上的又一个转折点:自此以后,正如伊凡三世所言,诺夫哥罗德步上了新的轨道。

在伊凡三世及其继任者的领导下,现代俄国开始登上历史舞台。旧时内讧不断的公国或被莫斯科收购,或被征服,统一于莫斯科大公的专制领导下。莫斯科开始在国际事务中占据一席之地,并积极与各个强国建立外交关系。

大权在握的伊凡三世开始实行军事扩张战略。在他统治期间,俄国的领地扩张了两倍,他也因此被称为"俄国开疆拓土第一人"。之后军事扩张的狂潮,日益白热化,一直持续到20世纪才消退。梁赞等地被吞并,浦斯科夫及其传统的卫奇议会、民主制度也在1510年断送在莫斯科军队手中。西部的立

---

① 在我去诺夫哥罗德国家博物馆参阅桦树皮经卷时,一个历史学家告诉我有关这一事件的另一个版本。她说诺夫哥罗德从未想过和立陶宛结盟,更未想过和别国联合攻打莫斯科。通敌叛国只是莫斯科强加给诺夫哥罗德的莫须有之罪,只是发动战争的借口,战争无论怎样都会发生的。

陶宛在莫斯科军队的步步紧逼下,退回到100年前的领地范围内。

俄国后来成为世界上面积最大的国家,这要归功于它向东部的军事扩张。不过,自15世纪以来的东部扩张,使得俄国开始思考民族认知问题。与诺夫哥罗德不同,莫斯科的政治制度大体上类似亚洲国家——从蒙古金帐汗国承袭了中央集权的军事化制度。然而基辅罗斯的民主制度却似乎承袭于欧洲,这不得不让人忧虑俄国该如何定位自己。虽说君主专制已经根深蒂固,基辅罗斯时期仍然作为浪漫的黄金时期长存于俄国人的记忆里。这种分裂的国民性初露端倪,在以后几个世纪里,中西方价值难以调和的僵持局面还将持续上演。

第二章

俄罗斯帝国和扩张运动

一

在罗斯国历史上，伊凡四世就是残酷无情、专制强权的代名词。伊凡四世·瓦西里耶维奇（名字的意思是令人畏惧，而不是现代意义上的可怕狠厉），又被称为伊凡雷帝，伊凡三世之孙，生于1530年，3岁时父亡继位。由于年幼，继位后14年来，他眼看着并隐忍着外戚和特权贵族摄政。少年的伊凡备尝冷落屈辱，对于越俎代庖的人耿耿于怀。随着年岁的增长，伊凡四世变得内向，暴躁，动辄大发脾气、恶言相向。他对敌人和竞争对手的凶残冷酷成了他的历史标签。

若说伊凡四世是斯大林最喜欢的历史人物，大概没人会觉得奇怪。二战快结束时，前苏联导演谢尔盖·爱森斯坦想要拍一部有关伊凡四世的影片，他被斯大林传唤到克里姆林宫聆听一次开机动员讲话。斯大林一向妙语连珠，名言警句不断，所以他的这次谈话被如实记录了下来，供后世观摩。

谈话中不乏令人捧腹大笑的精彩部分。斯大林认为自己有责任就影片拍摄制作给爱森斯坦一些忠告。比如说斯大林嫌以前影片中伊凡四世的胡子太长太翘，"爱森斯坦保证拍摄时会将伊凡四世的胡子改过来"。笔记这样记录道。但对于斯大林的其他忠告，爱森斯坦接受得就不那么爽快了。可以想象暮色渐深，在克里姆林宫，莫洛托夫、安德烈·日丹诺夫以及斯大林本人和他轮番谈话，他额上渐渐渗出了细密的冷汗。

斯大林：你研究过俄国的历史没有？

爱森斯坦：略微知道一点……

斯大林：什么？略微知道一点！我知道的倒还有些……看你把伊凡四世写得孱弱不堪、优柔寡断的，活像哈姆雷特，什么人都可以对他颐指气使、吆来喝去的……伊凡雷帝可是个顶天立地、富于谋略的大公。国家的利益他谨记于心，不敢有丝毫大意。异族部落是休想到俄国分一杯羹的……他是个有远见卓识的沙皇，也是个民族主义者……你影片中的伊凡雷帝简直就是对他本人的歪曲、丑化和亵渎。

日丹诺夫：你把伊凡雷帝拍得神经兮兮的，这怎么成？

斯大林：你拍的伊凡雷帝不符合当时的历史背景。比如说，伊凡四世是不可能吻妻子那么久的，在当时这是不合规矩礼仪的……

莫洛托夫：伊凡四世可能言语刻薄，行事冷酷，但还不至于此……

斯大林：伊凡雷帝为人凶残这无可否认，但你要找出他这样做的缘由啊。

莫洛托夫：你要告诉观众压迫剥削是无奈之举，是为了国家更大的利益的无奈之举……

斯大林：伊凡四世没有手刃仇敌是他最大的错误。倘若他将仇敌斩草除根，就永绝了后患，将来也就不会悔恨不已，抱憾终身了。就是那一时的妇人之仁，养虎遗患，害他得不到清净……看来还是当断则断的好……

爱森斯坦影片中的伊凡四世明显带有斯大林的影子，通话记录表明斯大林对此也心知肚明。影片的后半部分把伊凡雷帝刻画得足智多谋，坚毅果敢，不受制于人，也不把行刺谋杀放在心上。有一幕，伊凡四世在克里姆林宫将亲弟弟刺死。但这却是为了维护俄国的利益，为了巩固君主专制制度，为了避免国家分裂。斯大林觉得应该把伊凡雷帝刻画得更铁腕些。这样的铁腕政策在与德国纳粹的生死决战中也是不可或缺的。

爱森斯坦收集了零散的史料，参阅了伊凡四世的智囊团人员的文章，最终将伊凡四世在1547年加冕时的演说解读成只有统治者拥有至高无上的权力，只有国家实现专制统治，俄罗斯的生存才有保障。

莫斯科开历史先河，改尊号为"沙皇"。沙皇俄国结束了特权贵族暗地争斗的局面，实现了俄国的统一。此外还组建了军队，保卫国家。只有铁腕沙皇才能救国家于危亡，只有专制强权才能御敌于外。

上面的一席话是否是伊凡四世亲口所说，我们不得而知。但是其中宣扬的独裁思想却是伊凡四世以及他的继任者身体力行的。爱森斯坦在影片中，让伊凡四世对着大屏幕说出了这样一番慷慨激昂的话，直接针对16世纪的俄国以及20世纪的苏联。

看看我们的国家现在成了什么模样！遍体鳞伤，体无完肤。我们拥有那么多长江大河——伏尔加河、德维纳河、沃尔霍夫河，但是又有什么用呢？它们的入海口处却掌握在敌军的手里。他们将土地从我们手中夺取，我们又怎能坐以待毙，任其宰割。从今天起，我就是这个国家独一无二的绝对领袖，我要用高压政策统治这个国家。没有高压统治的国家就像脱了缰绳的野马。幅员辽阔，资源丰富的泱泱大国，没有了法律制度，就像一盘散沙。只有绝对的独裁统治才能拯救俄国，才能免于亡国的命运。看吧！鞑靼人、波兰人还有利沃尼亚人正虎视眈眈地看着我们。合则生，分则亡啊！

伊凡四世统治时期的俄国，危机四伏——西面有立陶宛、波兰；北面有瑞典；南面东面有信仰伊斯兰教的国家。它们无不对俄国心存觊觎，伺机而动。在伊凡四世统治初期，他也尝试过建立中央议会和地区议会。然而战争绵延不断，独裁统治是莫斯科生存下来的唯一希望。

到了16世纪50年代，俄国的唯一盟国就是英国。伊凡四世写给英国女王伊丽莎白一世的信读来更像情书。英国只是为伊凡四世提供枪支弹药，伊凡四世却不仅慷慨地给英国许多贸易特权，还在克里姆林宫内为英国商人和外交人员建造了奢华的大使馆。英国大使贾尔斯·弗莱彻在其专著《论联邦俄国》中记录下了俄国沙皇如何权倾天下，无人敢谏的。

他们的政治是彻彻底底的独裁专制！伊凡四世对一切都随心所欲，为所欲为，在他看来，一切都是天经地义的。制定或废除法律，任免地方法官，处决、赦免民众都不过是自己一念之间的事。他可以对所有人呼之即来挥之即去。

德国旅行家兼作家拜伦·冯·赫伯斯坦在《莫斯科纪事》中写得更为尖刻，俄国曾经离西方民主那样接近，而现在却背道而驰，渐行渐远。转变之大令人不可思议。

> 俄国统治下的人们毫无自由民主可言，沙皇掌握着生杀予夺的大权……普天之下莫非王土，率土之滨莫非王臣。沙皇命令一下，议官或唯唯诺诺，或噤若寒蝉。可以说，沙皇是上帝派来的统治者，也是刽子手。

不过，赫伯斯坦的看法也不全是对的。众所周知，15世纪俄罗斯在伊凡三世的统治下实现了国家的统一。然而还是有些公国的公爵不满于伊凡的专制统治，密谋造反。在影片中，观众可以看到沙皇是如何铲除异己，平息叛乱的。

> 我们要将所有叛国者斩首示众，毫不留情。煽动叛国者与叛国者同样罪不可赦……我们将与叛国者斗争到底。我不再相信任何人，人人都形迹可疑、居心叵测……我会一举粉碎特权贵族阶级，没收他们的领地，奖励给对我忠心耿耿之人。

伊凡四世对敌人展开了疯狂的打击报复。世世代代的分封制被废除，这相当于拔掉了公爵们的根基。领土的分配褫夺皆在沙皇一念之间，特权贵族不再参与政事的讨论，非宗教人员包括贵族在内都要一辈子效忠沙皇，服兵役也成为公民的义务。沙皇拥有着国家的绝对统治权。

然而伊凡四世生性多疑，饱受被害臆想症的折磨。盛怒之下，他亲手杀了自己的儿子；妻子死去，他迁怒于特权贵族；为了铲除异己，获取情报，实行惩戒，他设立了"军统"——俄国第一个机密的特工组织。他怀疑诺夫哥罗德和立陶宛相勾结，就派特工残害了数千人。

有段时期，伊凡雷帝对贵族阶级不服管制大为恼火，加之他生性多疑，就成立特务组织，对异己者大肆绞杀，一时人人自危。伊凡雷帝为人凶残，喜怒无常，然而他的恐怖统治却甚合斯大林的心意，受到斯大林的大力推崇。

在克里姆林宫和爱森斯坦的私谈中，斯大林指责爱森斯坦不该对"军统"组织横加指责，应该将这一组织改称为"进步军"，并视其总司令为英雄。

实际上，对于伊凡四世的残暴统治连他的亲信也大为心寒。他的密友——安德烈·柯布斯基将军逃到了立陶宛。就像被驱逐的托洛茨基（斯大林的亲信）最终和斯大林分道扬镳，柯布斯基从国外写信也曾口诛笔伐这位昔日共事的战友：

沙皇亲启，陛下承受天命，本该福泽天下，彪炳千古，却背道而驰，恐遗臭万年。臣不忍见陛下一错再错，以致万劫不复，还望陛下尚存最后的良知，及时收手……臣自问对陛下丹心一片，天地可鉴，不期兔死狗烹，陛下竟以怨报德，手刃功臣。我为陛下抛洒的无辜热血，将向上帝控诉您的罪行。

和斯大林不同，伊凡四世竟然写了回信。昔日的好友，今日的仇敌，可以想见来往的信件该是怎样惹人好奇。柯布斯基身在国外，有恃无恐，在信中大肆批判伊凡的统治野蛮专横，残酷无情，并盛赞自己所在的国家自由民主，一派祥和。伊凡四世回信，轻蔑不屑之情流露在字里行间，民主协商的政治模式在俄国这样一个泱泱大国根本就是无稽之谈，行不通的。

上帝面前的罪人，目无法纪的狂徒……卖国求荣的走狗！上帝授意朕监管政事，非是尔等，何须尔等指手画脚、说三道四……君主专政也是上帝的意愿，能够统治俄国的不是贵族，不是大公，而只能是朕，这才是正道……多党参与的民主统治不过是妇人之见。人们再强大再勇猛，但若像一盘散沙，不能团结起来，也不过羸弱如妇人。俄国由朕来统治，奖赏惩戒谁，自然由朕做主，他人岂容置喙……沙皇的统治本来就是铁腕统治。人们若不心生敬畏，怎能老实本分地过活？

伊凡雷帝在人们印象中是个两眼通红，脾气暴躁，神经有点错乱的沙皇。在晚年，他酗酒，发酒疯，生活穷困潦倒，为了让修道院收留自己，苦苦忏悔哀求。大限将至时，他还几次向伊丽莎白女王求婚，还要求在伦敦寻求政治避难。伊丽莎白女王对他的要求置之不理，这大大惹恼了他，他去信辱骂，丝毫不顾及外交后果："我恨不得在你的皇宫，向你脸上吐唾沫！"贸易上的小小摩擦，也让伊凡怒不可遏，于是一股脑的把怨气全发泄在圣洁的女王身上：

> 要不是以为你在这个国家还有点地位，我以前才不屑写信给你。现在看来，这个国家你也不过毫无实权，做不了主……看看你，到现在还嫁不出去，像个老处女……莫斯科离了英国的东西照样好好的……

然而伊凡雷帝也不是一无是处。他将争斗不断、四分五裂的俄国统一起来，并且大大拓展了俄国的疆域，移民到有着不同宗教信仰的国家。他还征服了喀山省的蒙古鞑靼人，为未来的俄罗斯帝国打下了根基：在未来300年间，俄国以每天50平方米的速度扩张着，到了1914年，俄国国土面积已达850万平方英里（等于2,203万平方公里），超过全世界面积的1/7，成了拥有多个民族、多种语言的大国。

在1584年伊凡四世驾崩之时，俄国的特权贵族已经没有实权，俄国步上了中央集权的专制道路。在英国，《自由大宪章》也许限制了君王的权利，却开启了英国的立宪政体；而在俄国，沙皇仍然拥有绝对的无限的权力。

一直以来，俄国人都深受内忧外患之苦，所以能够心甘情愿地接受沙皇的专制统治。哪怕公民的私人财产被充公，哪怕农民要被束缚在土地上，世代做农奴，哪怕城镇社区要纳税，服兵役，无条件服从上级下达的命令，只要是国家需要，他们都毫无怨言。这种舍小家为大家的集体主义精神成为俄国民族文化的一部分，成为国家正常运转的精神保障，也为后来形成主流的集体主义道德观打下了坚实的基础。

19世纪的史学家写道："莫斯科以国家的名义将社会财富聚拢起来，使得公民几乎没有任何私人财产。"大敌当前，国家要自我防卫，要排除万难以求生存，国家的利益至高无上，个人的利益当然居于次要地位。专制制度的拥护者，俄国知识分子之父卡拉姆津在《俄罗斯历史》一书中写道："俄国没有亡国，反而繁盛起来，这要归功于专制独裁制度。"18世纪驻俄国的英国大使乔治·马戛尔尼在《俄罗斯纪事》中褒贬参半地评论道："独裁统治造就了俄国今天的伟大，也导致了俄国在民主道德上的落后。"

伊凡四世统治期间，特权贵族的权力被大大削弱，权力集中到了专制君主的手中，面对压迫剥削，人们只能逆来顺受。沙皇直接统治臣民，中间没有独立的中介组织，没有民主权力，没有法律手段。教堂眼睁睁看着财产被没收，教会的影响力在减弱，却也无计可施。这种社会模式成了俄国改革路上的一大障碍，使得俄国与西欧国家在民主道路上渐行渐远，也为这个国家未来几个世纪的发展定下了基调。

二

伊凡雷帝去世后，鲍里斯·戈都诺夫继位。他的故事被俄国作曲家穆索尔斯基创作出4幕歌剧而广为流传。这部歌剧和亚历山大·谢尔盖耶维奇·普希金的同名历史剧为我们讲述了俄国"大动乱时期"（1598—1613）发生的事情。大约1600年，俄国沙皇鲍里斯原来是伊凡雷帝的大臣，他谋杀了应该继承王位的伊凡雷帝的儿子季米特里，强迫人民拥戴自己当皇帝。之后饥荒、叛乱、经济危机、外族入侵接踵而来，几近摧毁这个国家。穆索尔斯基的歌剧，普希金的历史剧都淋漓尽致地再现了鲍里斯·戈都诺夫备受良心折磨的心理过程，让人不禁想起莎士比亚创作的悲剧如《麦克白》：

> 国内，贵族阶级密谋造反。国外，立陶宛人虎视眈眈，伺机而动。整个国家弥漫着不祥的气息……饥荒、瘟疫、恐惧、废墟，国家一派没落的景象。瘟疫肆虐，人们流离失所，如野兽般四处游荡。俄国贫病交加，饿殍遍野，呻吟声、哀号声不忍卒听。这是上帝降下灾祸，来惩罚我犯下的罪孽。一切一切的灾祸，都是我的报应。处处都有咒骂我、诅咒我的声音……处处都可以看到那个死在我手上的孩子！

鲍里斯·戈都诺夫谋杀了伊凡四世的儿子，篡夺了王位，结束了留里克一脉的统治，也造成了政治权力真空，这为以后的灾难埋下了隐患。这种说法穆索尔斯基和普希金都深信不疑。但是也许鲍里斯·戈都诺夫是无辜的，也许伊凡四世的儿子并非死于非命，人们只是无法相信眼前的灾难，迫切地想找出一个罪人来解释这一切——3年的自然灾害，6月飞雪的反常现象，接连不断的农民起义，席卷而来的可怕瘟疫。巨大的伤亡，毁灭性的打击引发了恐慌，也引发了世界末日的预言。饥肠辘辘的难民攻占了莫斯科，指责鲍里斯·戈都诺夫篡夺王位，以致触怒了上帝：

倘若伊凡四世之子从坟墓中爬出，向你索命，"我亲爱的子民，我忠实的奴仆，你们在哪里啊？我是被人谋杀的，我死得好冤啊，你们要为我报仇，要将害我的人绳之以法，要他亲自向我赎罪。"你又如何良心得安？

戈都诺夫怎么也不会想到，他的噩梦竟然在现实中重演。在公众一片慌乱的时刻，一群狡诈之徒登上了历史舞台，宣称自己是伊凡雷帝之子，是王位的真正继任者。但是没有一人解释得清皇子如何从坟墓中重生。纵然如此，在民众对当时统治强烈不满的狂潮下，他们竟然赢得了大多数人的拥护。伪季米特里们迎合了大众的心思，宣称真正的沙皇受到过上帝洗礼，是上帝在世间的代理人，绝不会任由俄国神圣的土地陷入这般境地而坐视不管——所以毫无疑问，戈都诺夫是篡位者。

俄国的敌人洞悉到了这一绝佳机会。波兰和立陶宛扶植了一个名叫雷尔曼（"伪季米特里"者中的一个）的年轻僧人，给他配备了3,000士兵。1604年，雷尔曼向莫斯科进军，途中收编了成千上万的支持者，这些人之所以愿意跟随雷尔曼或是不满于当时的统治，或是认为戈都诺夫谋朝篡位。当他们抵达莫斯科时，戈都诺夫心脏病发，一命呜呼。伪季米特里顺利攻入克里姆林宫，并于1605年被封为沙皇。之后伪季米特里娶了波兰公主，波兰—立陶宛的军队于是顺理成章地驻守在克里姆林宫，俄国的宗教随后也从东正教转为了天主教。

伪季米特里在俄国的统治时间很短，而且国家在这一时期动荡不断。1606年，伪季米特里死后，其他冒充者是你方唱罢我登场，整整7年俄国就处在风雨飘摇之中，国运堪忧。最后俄国的大权落到了波兰国王的手中，又一个外族统治的时代拉开了序幕。

然而，1612年，两位民族英雄将俄国从外族手中挽救回来。他们的纪念碑位于克里姆林宫的圣巴西尔大教堂。如今莫斯科人走过他们的纪念碑也许看都不会看一眼，但是没有他们的武装抗争，今天的俄国可能还是波兰和立陶宛的殖民地，可能还信仰着天主教。他们的名字——库兹马·米宁和波兹哈斯基不应被人们遗忘。波兹哈斯基是俄国的王子，曾在战场上与波兰人短兵相接，而库兹马·米宁就是诺夫哥罗德市再普通不过的俄国肉贩。

当库兹马·米宁听闻俄国落入波兰人的手中时，他心中的爱国热情熊熊燃烧。他发动了为国募捐活动，并宣誓力驱波兰人，死守俄国。俄国东正教主教杰摩根大力支持他，并号召俄国的各个城市的领导者，道："让我们团结起来，为了同一个目标……让所有的基督徒组成爱的大家庭。让我们为了莫斯科的解放流干最后一滴血，敌人一日不撤退，我们一日不罢休！"杰摩根公开谴责波兰人对俄国的宗教奴化行径，对俄国人的英勇抗战大为褒扬。他视死如归的抗战呼吁，激怒了当时的占领者，最后被施以酷刑，活活饿死。

1612年腊月，漫天飞雪，米宁和波兹哈斯基抵达莫斯科边界，他们身后是衣衫褴褛、东倒西歪的士兵。两位军事天才，出神入化地调遣这些临时拼凑起来的民兵，竟然将波兰军队围困在克里姆林宫，从而解救了俄国。受困的波兰兵，外无援兵，内无充足粮草，出现了屠狗以食，甚至人吃人的现象。他们最终向俄国人投降，只求能放他们安全回国。

俄国人接受了求和。而当那些疲惫不堪、步履蹒跚的波兰士兵从莫斯科红场脚下的克里姆林宫门鱼贯而出时，俄军发动了突袭。波兰人被全部歼灭，无一活口。这就是那个时代的野蛮残暴行径，这就是那个时代被爱国热情冲昏了头的人们的所作所为。1612年米宁和波兹哈斯基的胜利告诉我们：俄国已经能够脱离沙皇，自主地采取行动。大敌当前，共同的宗教信仰，国家兴亡、匹夫有责的爱国情感再一次将俄国人紧紧地团结在一起。

然而，取得胜利后人们做的第一件事却是树立君王的威信，确定君王的合法性。

伊凡雷帝和他的智障儿子费多尔（鲍里斯·戈都诺夫的傀儡）代表的留里克时代已经永远地结束了。俄国人现在热切地呼唤新时代的到来。1613年，政治上的权力真空引来无数人为之厮杀。大动乱时期，无论是备受良心折磨的戈都诺夫，还是乘虚而入的波兰侵略者，都带给俄国极大的伤害，都大大亵渎了至高无上的皇权。所以贵族阶级举行了缙绅会议来推选出一个强大的沙皇，带领俄国抗击周边的敌国。

在俄国的贵族中，罗曼诺夫一族与王室甚有关联，伊凡雷帝的皇后就是他们家族的人。罗曼诺夫家族惯于坐山观虎斗。大动乱时期，贵族们斗得两败俱伤，他们却保存实力，坐收渔翁之利。他们的精明狡黠使得后来的罗曼诺夫王朝能统治俄国长达300多年，直到1917年的十月革命。缙绅会议上，有多名沙皇候选人，其中包括瑞典国王卡尔·菲利普。最终罗曼诺夫家族的米哈伊尔摘得了沙皇桂冠。虽然他年仅17岁，但他是伊凡雷帝的侄子，看到他，人们就不自觉地想起那个军事实力强大，经济秩序井然的美好时代。

一个新时代的开启，也许就是一种新的政治制度的开始。缙绅会议上的贵族们满可以抓住时机，在国家政治中要得一个席位。如果他们真的这样要求，俄国现在怕是另一种面貌了。

然而，他们没有。他们都认同沙皇应该拥有无可訾议的绝对权力：绝对的统治者，不受任何的牵制，用强权保障国家的安全。数百年来的专制统治，本可以在这个千载难逢的场合动摇瓦解，却就这样被人们心甘情愿地放弃了。民主参与式的政治制度，公民的个人权利都比不上国家的统一和安定重要，这是贵族阶级的想法，也是俄国全体民众的想法。民主法治不符合俄国国情，专制制度才是正确选择。事实证明，1613年缙绅会议选择了专制制度是明智的。

米哈伊尔·罗曼诺夫加冕时，时局还是相当的动荡。虽说波兰侵略者已经被驱逐出莫斯科，但在俄国郊区，哥萨克骑兵、雇佣兵以及土匪强盗烧杀劫掠，无所不为，搅得民不安生。沙皇都是在荷枪实弹的军队护送下完成加冕仪式的。

和戈都诺夫不同的是，新沙皇备受百姓爱戴。民间流传着许多他的传奇故事，当然不排除这是罗曼诺夫家族一手编造的。其中最有名的就是伊凡·苏萨宁的事迹。故事向我们展示了米哈伊尔如何深得民心，人们又是如何大敌当前，万众一心的。这个故事在200年后被格林卡改编成歌剧《伊凡·苏萨宁》(为沙皇献身)，得以流传千古。主人公苏萨宁无意间听到了波兰人的阴谋：波兰人打算派大军行刺米哈伊尔沙皇。情势紧迫，苏萨宁是唯一可以救沙皇的人。他派自己的侄子去通风报信，而自己就佯称给波兰人带路。他把波兰人带到了俄国的森林深处，那里白雪皑皑，了无人烟，最终和波兰人一起葬身在冰雪之下。这个故事的寓意不言自明——国将不存，毛将焉附，所以牺牲小我、成就大我是每个子民义不容辞的责任。

在11世纪基辅罗斯时期，鲍里斯和格列布兄弟俩为了避免同室操戈、国家不宁，宁愿放弃王位，甚至自己的生命。这种舍小家为大家的牺牲精神在苏萨宁的故事里表露无遗。类似的事迹一直延续到了20世纪，前苏联游击队员迈特威·库兹明冒着生命危险，将纳粹巡逻队引进了埋伏圈。国家的利益高于一切，这种观念深深铭刻在每个俄国人的心中。一方面，它促进了20世纪的共产主义思想的发展，加强了民族凝聚力；另一方面，它导致了二战时苏联红军为了取得胜利，不惜牺牲那么多人的生命。而且战后，为了军事建设，不惜以牺牲经济文明为代价。

布尔什维克人（即共产党人）起初并不知道利用苏萨宁的传奇故事为其政治目的服务。他们还曾因为里面颂扬沙皇而禁止上演格林卡的歌剧《伊凡·苏萨宁》(为沙皇献身)。但是之后他们发现故事中宣扬的集体主义，对统治大有用处，就开始推广这部歌剧。最终的合唱"自豪吧，祖国！我们为您而骄傲！"是俄国国歌的前身，成为后来苏联红军的必唱曲目。

> 俄罗斯，我们神圣的祖国，
> 俄罗斯，我们可爱的家园。
> 坚强的意志，巨大的荣耀，
> 是你亘古不变的财宝！
> 自豪吧，我们自由的祖国，
> 各民族亲如一家，
> 各联盟世代相传，
> 先辈们赐我们以智慧！
> 自豪吧，祖国！
> 我们为您而骄傲！

1612年11月4日，米宁和波兹哈斯基赶走了波兰人，统一了俄国。2005年俄罗斯总统普京将这个日子定为俄罗斯民族统一日，取代了原来的12月7日（纪念红军胜利日）。无怪乎，这个节日被俄国国家主义者曲解利用。他们把俄罗斯民族的统一理解成了所有斯拉夫人（东斯拉夫人、西斯拉夫人、南斯拉夫人）的统一。国家统一党热烈欢迎这一新节日的确立，"1612年，我们的敌人是波兰人和立陶宛人，而如今他们是北约中的一员，成了俄罗斯土地上一个自信的少数民族"。

然而这种观念是对历史的误读。早在1612年，这些少数民族就已经被俄国同化，和俄国并肩作战，不分彼此了。那时的俄国已经扩展到古斯拉夫领土范围以外，成为名副其实的多民族帝国。讽刺的是，为俄国提供大量财富，支撑俄国渡过一次次难关的都不是俄国的核心城市，而是北部的森林带，亚洲南部的农业带，西伯利亚的矿产带。可以想见，俄国与俄罗斯帝国的关系，土著斯拉夫人口与扩大的多民族人口的关系直接决定了俄国这个国家的未来定位。

三

西伯利亚幅员辽阔，一望无际，我早有耳闻，可是真的到了这里，还是不禁被深深地震撼到。在俄国人眼里，西伯利亚人无论是在语言上还是在文化上都是异类，他们身上那种处变不惊、沉着稳重、胸怀宽广的特质让他们与众不同。我记得在丹尼斯·马祖耶夫（西伯利亚钢琴家）上台为3,000人表演前的几分钟，我从他那深邃的眼睛里竟找寻不到一丝的紧张不安。马祖耶夫身材魁梧，强有力的手指敲打在琴键上，是那样的慷慨激昂，振奋人心，同行们称他为"钢琴毁灭者"。然而演奏时，他脸上是那样的平静，像一泓清泉，波澜不起。西伯利亚地势险峻，风光旖旎，这里的人们生活却极其艰苦。这里美则美矣，苦则甚苦，西伯利亚人因此养成了恬淡寡欲、吃苦耐劳、心静如水的性格。

站在乌拉尔山脉的东部边缘，眼前的景色一眼望不到边际。黄绿相间的大草原向四周延伸，将地平线幻化成依稀可见的弧线。冬天这里为冰雪覆盖，白茫茫一片。这样空旷苍凉的地方孕育了无数关乎自由，关乎梦想的传奇故事。经历过伊凡雷帝的残酷奴役，经历过大动乱时期的白色恐怖和无所依怙，人们向东逃亡，终于在自由的西伯利亚找到了真正的解脱，新鲜的空气，还有那久违的自由。俄语中的"自由"也含有"意愿"和"独立"的意思。在这片野性的土地上，"自由"这个词渐渐有了更丰富的内涵——原始野性，反复无常，不为人知。若干年后，西伯利亚成了流放地、劳改所，成了人们眼中的宁古塔。西伯利亚可为天堂，可成地狱，却永远为强者敞开怀抱，将弱者拒之门外。

16世纪，哥萨克头目叶麦克率领哥萨克人越过乌拉尔山岭挺向西伯利亚地区，开拓新资源。这一事件引领了向西伯利亚迁移的热潮。叶麦克的事迹在俄国民间叙事诗以及俄国民谣中都广为流传：

越过伏尔加，越过卡马河，

> 自由的哥萨克人永垂不朽。
>
> 他们的领袖叶麦克向同伴低语,
>
> 顶天立地的哥萨克人,我的同胞,
>
> 夏去冬来,何处是我们的栖身之所?
>
> 是蜷缩在伏尔加,像窃贼般见不得天日?
>
> 还是突袭喀山,与沙皇叫板?
>
> 可是沙皇派军四万,我们如何招架?
>
> 我们要另觅出路,另觅出路,
>
> 跟我走吧,兄弟们,
>
> 让我们向西伯利亚挺进。

像那个年代的很多人一样,叶麦克也逃亡到了西伯利亚。然而他们不甘受人驱使,想要做自己的主人(哥萨克的意思就是自由人),而这茫茫的西伯利亚大草原就是他们的王国。因为他们抢劫了沙皇的商队,他们和沙皇结下了仇怨。

西伯利亚是俄国犯罪分子和强盗土匪的流放地。未开发的土地一眼望不到边际,所以莫斯科并不介意到底谁移民到那。伊凡雷帝就曾特许富商史特罗加诺夫家族越过乌拉尔山以东扩张,并允许其拥有私人军队开发西伯利亚,还允许其租赁20年。然而,伊凡雷帝以为的"无人之地"实际上是蒙古金帐汗国后人的领地。

俄国殖民者迫切需要武装力量将西伯利亚的土著人赶走。叶麦克于是很快纠集一小队哥萨克人,深入西伯利亚腹地,用枪击和炮轰吓坏了土著居民,并将西伯利亚的蒙古军队屠杀一空。这一仗一直打到了冬天,叶麦克弹尽粮绝,又与祖国相隔甚远。在这种情况下,他派使者越过乌拉尔山带信给沙皇说,他已经攻占了西伯利亚。信中他为以前的错事懊悔不已,情愿以死谢罪。如果皇恩浩荡,赦免他的罪过,他一定将西伯利亚恭敬奉上。就是这封信不仅解了他的燃眉之急,而且让他的名字永载史册。

果不其然,伊凡雷帝不仅赦免了叶麦克,而且授予他西伯利亚大公的封号,赐他上等白银铠甲,并派兵支援。不幸的是,不久后的一次突击战,叶麦克被蒙古军追击到了额尔齐斯河支流。涉水时,华贵的银质铠甲却将他拖坠入河底，导致他一命呜呼。

> 只不过是湾浅浅的溪流，我亲爱的同胞，
> 那里却孕育了一个自由而骄傲的民族，
> 孕育了人们的儿子叶麦克。
> 当他最后长眠于此，
> 溪流呜咽，似是悲叹，似是抚慰。

西伯利亚很快被攻下，成为莫斯科巨大的资源库。濒临崩溃的俄国经济重又焕发了生机，俄国一跃成为经济强国。而这一切，叶麦克无缘看到了。西伯利亚的金矿、煤矿、铁矿和森林资源以及丰富的油气储量是俄国成为超级强国的重要保障。然而，伊丽莎白一世的大使贾尔斯莱彻，却不无偏颇地说，西伯利亚的第一贡献是毛皮。

> 俄国的土特产种类多，储量大，不仅可以满足国内的需求，还能出口到国外。最重要的土特产就是各种毛皮。俄国天气寒冷，居住不易，然而上帝却并未苛待那里的居民，赐给他们丰富的毛皮资源，以抵御严寒。主要的毛皮种类有黑狐皮、貂皮、白鼬皮、海狸皮、红狐皮、白狐皮、灰松鼠皮等，有种大型水鼠的皮还带有麝香的气味。毛皮资源如此丰富，无怪乎俄国人整个冬天都裹着毛皮，而且能够出口到土耳其、波斯、保加利亚以及一些信仰基督教的国家，赚得四五十万卢布。

十六七世纪，毛皮几乎起到了黄金的作用，在国际市场中交易流通，以货易货，创造了巨大的财富。像19世纪出现了淘金热一样，那时西伯利亚兴起了皮毛热。许多人满怀着希望，不远千里涌向西伯利亚。到1648年，他们的足迹已经跨越了整个俄罗斯，一直到了太平洋的边缘。曾经像美国西部那样荒凉，鲜有人烟，西伯利亚这片人迹罕至的边疆地带一下子变成了人们理想中的黄金国。直至今日，南西伯利亚这块处女地仍然让人联想起引人入胜的冒险故事和浪漫传奇。

莫斯科的军事扩张不光是为了攫取物质财富，还是为了获得某种安全保障。经历过无数次的外族侵略，俄国人心中的不安全感与日俱增。他们的边界线过长，又过于脆弱，加之没有海洋山峦等自然防御屏障，所以他们选择向四周不断地疯狂扩张，似乎只有将欧亚腹地纳入囊中才稍稍心安。从苏联对于东欧缓冲国的牢牢掌控不难看出，这种极度的不安全感直至今日也没有消除。

乌拉尔山以东，一望无垠的西伯利亚让俄国人难以掌控。然而俄国人却想方设法地同化当地土著居民，或是军事打压，或是贸易往来，或是征收赋税，再或是攫取自然资源。种种手段促成了一个多民族、多语种的俄罗斯帝国的诞生。

不过，西伯利亚留给人的不只是令人向往的一面，还有令人望而却步的一面。在肖斯塔科维奇创作的歌剧《莫桑斯克的马克白夫人》中，被流放西伯利亚的罪人在路上呻吟哀叹自己的命运，让人不得不对流放之路心生畏惧，而这样的流放之路一走就是400多年。

> 山一程水一程，望断前路无寻处，
> 夕阳落暑气退，但闻锁链锒铛声。
> 汗如雨血如注，道旁白骨无人收，
> 新鬼冤旧鬼哭，惶惶终日何时休。

列维坦的名画《弗拉基米尔卡》紧紧抓住了这种情感。荒凉萧瑟中，一条小道在大草原上蜿蜒到地平线尽头，没有歪歪斜斜的身影，但你我却能感知那一代代流放之人在小道上留下的足迹。这里本没有路，走的人多了，便成了路。

西伯利亚代表着无限的机遇和财富，也代表着无尽的囚禁和折磨。沙皇和以后的苏联领导人把它看作惩治政敌的最好去处。列宁、斯大林等都曾因触怒专制统治者，流放于此，在厚厚的雪道上留下过他们的足迹。罗曼诺夫王朝初期曾将罪犯流放到边疆，命令他们把守要塞，将功折罪。沙皇统治时期的流放地只是局限在小城镇（如列宁流放时还允许其带猎枪和大量书籍）。然而到了20世纪30年代，西伯利亚建设了密密麻麻的劳改所，主要用来关押政敌。即使犯人侥幸逃出来，等待他的也只是饿死山泽的结果。

在秋明市（前苏联西西伯利亚城市）外围120英里处，我找到了林木掩映下的巴泽诺夫劳改所遗址，这里断壁颓垣，荞麦弥望，不复当年境况。右边林地有个大坑，宽一英里，深一英里，这是数以万计的犯人在采挖石棉时留下的痕迹。今天的采矿技术先进了，然而死于肺病的人数还是居高不下。我只在这个坑前站了一会，就感到不适。而在20世纪四五十年代，劳改所里的犯人不得不在毫无保护措施的情况下，用锄用铲劳作。关于劳改所的工作，有这样让人震惊的记录：这儿关押了7,000多名男犯人、600多名女犯人，他们必须在石棉开采场做苦工，挖井架，进行地理勘测，筑路，修建铁路交通设施以及建设劳改所等。

档案记载，这些年来在劳改所关押的有特罗费莫夫上校，约金中校、菲尼莫诺夫中校等。斯大林死后不到两个月，也就是1953年4月29日，巴泽诺夫劳改所终于关闭。文献记载，特罗费莫夫上校是因病辞职的，但是具体病情并未明说。他和他的狱友在劳改所以及出狱后的健康状况也没有一字记录。

20世纪90年代，当时集中营的很多内幕被披露了，然而今天当一些纪念组织想要继续披露这些内幕时，却受到俄国政府的强加干涉。西伯利亚人终究摆脱不了自己的过去。无论是20世纪的劳改所历史，还是更早些时候的流放历史都潜移默化地影响着他们的生活，成为他们血液的一部分。西伯利亚诗人叶夫图申科（流放人的后代），用他娓娓动听的自传式叙事诗向我们勾勒出了自由与流放之间模糊不清的界限：

> 漂泊异乡非吾愿，君意难违奈若何，
> 他乡好比晚娘亲，终不能及故乡情。
> 其中甘苦寸心知，旁人何能解分毫，
> 待到攥土于掌心，初嗅泥土气清新。
> 待到儿女水中戏，欢声笑语耳不绝，
> 恍悟物我不相离，鱼水情深自当然。
> 从容担起人生事，潦倒困顿亦无悔，
> 譬如蜗牛落草间，摊上斧斤落如雨。

薄命本是无怨尤，生之不易何必絮。

面朝黄土背朝天，汗如雨下为哪般。

信知食黍非硕鼠，硕鼠原来是禾黍。

自16世纪占领第一个殖民地以来，莫斯科花了许多年才在俄罗斯帝国确立了自己举足轻重的地位。诗人叶夫图申科的祖先流放到西伯利亚时，那里还处于原始状态。许多流放者隐居在密林深处，淡出人们的视野。他们不满沙皇统治，受不了沉重的赋税，起义之心早已有之，而西伯利亚针叶林地正好是他们韬光养晦、谋图再起的绝佳之地。其中的一支后来发展壮大，吸引了上百万的追随者，成为俄国历史上的一股重要势力。

在一个大雨滂沱的日子，我沿着坑坑洼洼的煤渣小路向叶卡捷琳堡（乌拉尔山东坡一个有着100万居民的城市）走去。我此行是为了寻找耶稣降生的圣所。在运动场和小诊所的掩映下，我终于找到了那座教堂。轻叩木门，一个神情严肃的牧师为我开了门，他个子高高的，黑色胡子一直拖坠到法衣上，长长的头发熨帖地梳于脑后，虽然只有39岁，但是看起来却像50多岁的人。他自我介绍说是帕维尔神父，并拒绝和我握手。他解释说教会没有握手的习俗。当我向他询问旧礼仪派教徒的事情（指17世纪抵制莫斯科牧首，脱离俄罗斯正教会的教徒），他面色凝重地说："我们这里不称旧礼仪派，我们才是正统的教会，唯一的教会。"

旧礼仪派教徒的历史可追溯到17世纪50年代，他们的祖先不满莫斯科国教，与教会决裂，逃到了西伯利亚。经历了几个世纪的宗教迫害，他们仍不改初衷。那些清教徒，宁愿忍受流放之苦，也不愿背叛自己的信仰。数百万人卷入了这场宗教分裂风波，起先只是抗议国教对礼拜仪式的改革——如何在胸前画十字，如何跪拜，念几遍"哈利路亚"，后来演变成宗教和政治的一场权利较量。

旧礼仪派认为国教将人分成三六九等是对宗教信仰的亵渎，他们坚信神父的任免，教会的运作是教会内部的事，沙皇无权干预。他们誓死捍卫自己的信仰，数以万计的人宁愿被活活烧死也不低头臣服。

旧礼仪派被贴上异教徒的标签，逐出了俄国正教会，一时群情激昂，众怒难平，起义迫在眉睫。在诺夫哥罗德里的一个激进神父佩特罗夫的一席话道出了人们共同的心声：

> 让这些繁文缛节见鬼去吧……将我踢出教会，我才不在乎呢！这些道貌岸然的教士，谁稀罕与之为伍？往我身上倒脏水，对我百般辱骂，你以为能伤得了我？说句上不了台面的大实话，那些诬蔑之语只配给我擦屁股。

学生时代的我们，超爱读佩特罗夫的自传，他骂人骂得那么酣畅淋漓，入木三分，令人直呼过瘾。他那俄国人语不惊人死不休的骂法，不避黄话，不拐弯抹角。自传里就有很多黄段子，还有骂对手"屎粪糊脸的法利赛人""该遭雷劈火焚的报应"诸如此类的话语。如今重读他的自传，我越发觉得他的自传令人拍案叫绝，他的为人更是让人钦佩不已。当沙皇阿力克塞和国教主教尼康勾结在一起，镇压其他教派时，佩特罗夫自然不能幸免，连带家人都被流放西伯利亚。在他的自传中，他记下了14年来在冰屋里被囚禁的日日夜夜。大限将至之时（他于1682年被活活烧死），他反思着世俗权威，冥想着精神信仰，忍受着内心的巨大痛苦，在对自己的质疑，对上帝的质疑中找到了最终的出路。

> 当鞭子狠狠抽打在我的身上，我不觉得疼痛，因为我的祈祷上帝听得见。而当我躺在这里，万千思绪涌上心头，五内翻江倒海般地剧痛。啊！我挚爱的上帝，为何你忍心看他们这样抽打我？当我满身罪孽投靠你时，你都不忍苛责我。而现在我到底做了什么错事，你这般惩罚我……呜呼哀哉！让我一个人承受所有的罪过吧！为何连累我的女儿贫困潦倒，我的妻儿长眠在这人间地狱？我到底该做些什么，上帝求你告诉我！如果信仰上帝是种错，我愿意一错再错。只要我亲爱的主与我同在，再不幸的命运我也能接受……以赛亚、亚伯拉罕等因为捍卫上帝而身被火刑，天国的大门永远为他们而开……那么在熊熊的火光面前，你怕了吗？打起精神，高昂起头颅，莫要害怕！你也许会两股战战，但是进了熔炉，痛苦很快就会过去……当我们不复存在，我说过的话会常存在人们的记忆里，我

们将在天国里得到永生……我不知道如何忍受现在的一切，但我明白我不曾让主蒙羞，我明白上帝会了解我的一片忠心。我现在将自己的性命交给主，交给我唯一的主……

当我走进旧礼仪派教堂时，我原以为帕维尔神父应该是现代版的佩特罗夫。然而他讲起自己的经历来却客观中肯，不带个人感情：共产主义者曾把这座教堂改成博物馆，他四处奔走终于还原了教堂的本来面貌；他和两个牧师组织了礼拜会，并说服当地的圣像画家修复了教堂中的圣像。然而当我问起他们和东正教（俄国国教）的关系是不是变好了时，他眉头紧蹙着说："我们怎么可能和他们处好关系呢？他们背叛了耶稣的教义。"见我一副不解的神情，帕维尔神父慷慨激昂长篇大论起来："我们是唯一坚持基督教义的教堂，只有我们才能获得上帝的拯救。他们怎么能用三个手指在胸前画十字呢，这不是太荒谬了吗？耶稣基督早就教过我们，画十字应该用两个手指……"

帕维尔神父滔滔不绝地讲时，我想到了几个世纪的无情杀戮和深重苦难，想到穆索尔斯基的歌剧《霍宛斯基党人之乱》中人们的冲天怒火。我实在不能理解，胸前画十字用两个指头和用三个指头，"哈利路亚"唱三遍和唱两遍有那么大的差别吗？至于舞枪弄剑，杀个你死我活吗？毫无疑问，对于那些从小就被灌输不同宗教教义的教众来说，这些宗教仪式关乎死后是上天堂还是下地狱的问题。我不觉想起一个妇女仅仅因为小跑着穿过基辅修道院洞窟就被处以死刑。17世纪后，这种疯狂的宗教迫害渐渐引发了人们对政府的强烈不满。

佩特罗夫死后两个月，新沙皇登基。俄国的形势不容乐观，一系列棘手的问题摆在沙皇面前，等待他处理：旧礼仪派难以平息的怒火；俄国正教会阳奉阴违的态度；专制沙皇和被压迫人民难以调和的矛盾；幅员太过辽阔，难以掌控的俄国局势以及俄国南部不断滋事的敌国。危机四伏的国内外形势迫使新沙皇不得不早早进行改革。

四

《狂欢节结束了》这首流行歌曲，也许那个时代的人还依稀记得。它曾经占据1965年英国热门歌曲排行榜的首位，主唱是探索者乐队，名气与同时代的滚石乐队和甲壳虫乐队不相上下。这首歌唱出了恋爱时心里直打鼓的忐忑，许下了至死不渝的爱情誓言。这首曲调悠扬、难以忘怀的歌翻唱于俄罗斯的一首民歌《斯捷潘·拉辛》。原歌曲强劲有力，字字铿锵，讲述的是顿河边的哥萨克人暴力血腥的故事：主人公拉辛驾帆远航，跨越里海去劫掠财物，还绑架了一位波斯公主。当他想强娶公主时，同伴取笑他太一厢情愿，自作多情。恼羞成怒下，他大臂一挥，将公主甩出了船舱，可怜的公主就这样香消玉殒。

民歌中的血案可能子虚乌有，然而斯捷潘·拉辛这个人却是真实存在的。1670年，他在顿河边的哥萨克腹地发动起义，反抗沙皇的统治。在向俄国北部进军的途中，收编了数以万计的跟随者，其中有受到严酷剥削的农民，有游牧部落，还有不满俄国正教会的宗教反叛者。对于俄国现状的强烈不满将他们紧紧凝聚到了一起。拉辛自立为王，承诺推翻剥削人的政治体制，人人自由平等。起义军势如破竹，接连攻下了萨拉托夫、萨马拉、阿斯特拉罕等重要城市，莫斯科人一下子乱作一团，一筹莫展。每攻下一个城市拉辛就下命令处死当地的贵族和政府官员，并开仓放粮救济百姓。拉辛和俄国人民约法三章，承诺推翻沙皇，解放人们，废除阶级特权，从而赢得了人们的大力支持。到秋天时，起义军就扩大到20万，以迅雷不及掩耳之势向莫斯科猛扑。

俄国社会矛盾不是一天两天的事情，统治者与被统治者的差距日益扩大，外国移民和下层人们的生活苦不堪言，内战就像地下的野火迟早会爆发的。拉辛的起义正顺应了民意。所以当他最后在红场被绞死，并被五马分尸时，所有的人满面戚容，不顾政府的命令，以无声的抗议表达自己的悲愤。三个世纪后，俄国著名诗人叶甫根尼·叶夫图申科还写诗《斯捷潘·拉辛行刑》来纪念这一事件。

我的同胞，你们为何不庆祝这一刻，

为何不摘下帽子，掷向空中，载歌载舞？

红场一片死寂，风吹过，似在呜咽。

丧钟三鸣，人们脱帽默哀，怒火在心中翻涌，

断头台上，热血尚温，

孤零零的头颅左右摇摆，宛如生时。

沙哑的声音从喉间传来，

"我的鲜血终不算白流……"

突然一阵狂笑，在空中回响，

那是拉辛胜利的笑声，

无情嘲讽着伪善的沙皇。

拉辛被处死后的11个年头，俄国处在一片动荡中。到了1682年，9岁的新沙皇彼得一世（又称彼得大帝）即位。在摄政大臣和外戚的权力拉锯战中，彼得一世做了15年的傀儡。他不得不和同父异母的弱智兄弟伊凡共同执政，不得不眼睁睁地看着最好的朋友惨死在自己面前。俄国改革刻不容缓，这是彼得从小的信念。1696年，彼得一世掌握了大权，许多棘手的问题摆在他眼前：拉辛的残部，俄国正教会和旧礼仪教派的敌对关系，中央政府和人民的隔膜疏离以及滞后的农奴制度。

彼得大帝体格高大（身高两米多），智力超群。他精力充沛，意志坚强，是俄国历史上最具影响力的统治者。他对俄国社会的改革、权利的调整，只有列宁能与之相较一二。彼得大帝改革了俄国的政治制度，组建了俄国历史上第一个行政部门，确立新首都，将俄国历法与世界各国接轨。此外，他还建设了现代海陆军，以抵御外部侵略。一个走向灭亡的国家在彼得大帝的治理下一跃成为野心勃勃的欧洲强国。当英国、西班牙和葡萄牙忙于拓展自己的殖民地时，俄国也不甘人后，迎头赶上。

一直以来，彼得大帝被誉为"西方化的俄国人"。他是伟大的现代主义者，为俄国打开了通向西方世界的大门，将俄国从亚洲化的进程中拉了过来。事实上，这样的说法有失偏颇。不过欧洲积极进取的民主化思想在他童年时代就扎下了根，对他的性格塑造产生了极为深远的影响。帕特里克·戈登的

回忆录很有说服力地记录了彼得大帝的西化思想的形成过程。（戈登是一位爱国的苏格兰士兵，在一次政变中曾救过彼得，后来被任命为沙皇禁卫军的一级上将，所以对彼得比较了解。）戈登写道，彼得年轻时，求知若渴，尊重知识分子，并不遗余力地将先进的知识引进到俄国。他自己每天早起晚睡，日理万机之余还不忘学习。但戈登也指出，彼得并不是一味学习的书呆子，他对学习外的事情也抱有极大的兴趣。

  彼得大帝生性幽默乐观，率性而为。他最喜欢和大伙在一起，斗斗嘴，开开玩笑，乐此不疲……他不喜欢禁卫军贴身保护自己……也不喜欢各种繁文缛节。他希望周围人说话都直来直去，不要闪烁其词，含沙射影的……他很乐于和大家一同分享快乐的时光。不办公的时间，比如晚上，他会尽兴地玩乐，大家畅饮美酒，谈天说地，总是尽欢方散。

戈登的女婿亚历山大是彼得大帝的老师之一。他把西方的观念灌输给了小彼得，彼得喜欢狂欢宴饮也是受他的影响。亚历山大常常夸彼得大帝天分高，有灵气，并把彼得看作英国最热心最友好的朋友，"那些熟悉俄国的行政制度和军事政策的人，那些见证彼得在俄国进行改革的人，都对彼得大帝赞不绝口，对这个曾经蒙昧野蛮的民族发生的巨变交口称赞"。

西方的思想听来高雅玄妙，然而彼得却没有因此变得高高在上，目中无人。他一直是个性情中人，有着平常人的喜怒哀乐和世俗气息。所以说，因为对美酒同样痴迷，英国的亚历山大和彼得大帝成了莫逆之交，是再正常不过的事了。

  刚到俄国，亚历山大就受邀参加一场婚礼，俄国的名门望族、青年才俊都齐聚一堂……有几个年轻人喝高了，就极不和善地数说外国人的不是，对苏格兰人更是强加诬蔑。亚历山大心中的爱国热情翻腾着……对着旁边的人就是一拳，那人太阳穴上中了一招，脚跟不稳，摔倒在地。不过，他很快爬起来，和另外五个人跟亚历山大扭打起来，想好好教训这个出头鸟。然而亚历山大可不是好惹的，他的拳头又快又狠又准,把对方打得鼻青脸肿,几周后还不敢出门……亚历山大以寡敌众,大胜而归。这事第二天就传到彼得大帝的耳中,小人添油加醋的一说,对亚历山大有多不利可想而知。亚历山大很快收到传唤,心里也战战兢兢,两腿发颤。及至进了皇宫,彼得大帝一脸威严地质问他为何无故闹事,处罚他是否合情合理。亚历山大就把那晚的情形原原本本地说了一遍,并为惹沙皇不快而懊悔。沙皇耐心听完这一切后说:"你一个人把他们五个都打了,也算给他们点教训了。你呢,无故受他们诬蔑,我自会还你公道的。"即刻封亚历山大为少校,并亲手送上印信。这样的结局,是亚历山大的对手怎么也想不到的。

彼得大帝一生都是一个嗜酒如命、热衷饮宴的人。他有聪明睿智的一面,又有纵情酒色的一面。他和他的亲密随从组建了一个小丑傻瓜喜乐酒友会,类似地狱火俱乐部,大家纵情吃喝,不拘礼节地嘲讽宗教。像莎士比亚笔下的哈尔王子,他可以在人群中纵情声色,也可以坚持自己的目标,不达目的誓不罢休,更可以接受命运的安排,不怨天尤人。他可以忍受和自己弱智的弟弟共同执政14年,这是他的委曲求全的一面。他23岁时掌握大权,自封为"彼得一世,彼得大帝,俄罗斯独一无二的独裁者",这体现了他野心勃勃、不容小觑的一面。

彼得大帝的私人房间保留于圣彼得堡的爱尔米塔什博物馆,现已重新修缮。当我被引领到房间时,它的狭小大大出乎我的意料。一个体格高大的人蜗居在这个小房间里,不会感到压抑吗?于是有人猜想彼得大帝可能患上了广场恐惧症。因为害怕人多的地方,所以只有在自己小小的空间里才感到安全。彼得的确反感人多的地方,紧张痛苦时会头脑抽搐,有时还会像癫痫发作似的突然就瘫倒在地。可是彼得也喜欢大海,有时间就喜欢待在船上。这样看来上述的猜想似乎又说不通。可能的解释是彼得大帝让人把房间建得像船上的小房间。他曾经热衷于研究军事,系统地学过木工和航海技术,能够自己造出一条船。他的房间里不仅有地图、地球仪、海上航行图,墙上还挂了162个各式各样的凿子,还真像个工作间。

他的起居室和卧室里摆放的家具大部分是英国生产的。彼得大帝是怎样弄到这些家具的？这还要从他的求知欲、意志力和进取心（这些品质特点对他决定国内外政策有着很大的影响）说起。1697年，受戈登和其他几位西方导师的影响，24岁的彼得决定扮成商船上的船员，微服私访西欧各国。他带了很多皇室近卫军，不得不说他的微服私访声势足够浩大。不过这次巡访让他获得了西欧发达国家管理政府和军事的第一手资料。他在荷兰的一家造船厂干了4个月，到过伦敦，拜访过剑桥和曼彻斯特大学。回国后，他就像个现代摇滚歌手一样将自己的私人房间翻了个底朝天。不过，他显然不怎么喜欢曼彻斯特人。尽管如此，他还是从对方身上学到了城市建筑的不少知识。在他6年后着手建设圣彼得堡时，这些知识派上了很大用场。

彼得在格林威治的英国造船厂住了下来，并成为那里的签约普通木匠，如饥似渴地学习英国世界顶尖的造船技术。船长约翰·佩里是彼得很喜欢的一个造船专家，他曾这样评价彼得："彼得向英国造船专家讨教，同他们交流。造船专家于是毫无保留地给他看自己的图纸，告诉他按照一定比例造船的技术，以及参照图纸设计模型，建造不同外形的船的方法。这些都让彼得大为着迷。彼得还随时随地实践自己学来的知识。"商人的商船，皇家的海军军舰都是他运用所学知识的大好地方。格林威治的一位造船工说："沙皇事必躬亲，和造船厂的工人一样卖力工作。"船长约翰·佩里对彼得也是赞赏有加：

> 他大部分的时间都花在战事、造船和航海上。木匠的工具他经常不离手。他在荷兰造船厂工作过，也在德特福造船厂（格林威治的比邻）工作过。你可以在铁匠铺，也可以在造枪厂看到他的身影，不过他并不是去那里进行什么艺术上或机械上的贸易，他只是单纯地喜欢看看而已。

回国后，彼得大兴俄国海军建设，提出了一系列建设方案。随他回国的还有一批英国工程师，他们被委以重任，负责彻底改革俄国的造船业。约翰·佩里就是其中之一，能帮助沙皇完成他的伟大计划在佩里看来是件引以为傲的事。

随沙皇回国的英国工程师被委以重任。俄国原先的造船师大部分被炒了鱿鱼，留下的要么负责完成原先未完工的造船工程，要么负责协助英国工程师。沙皇下命令，以后的军舰完全按照英国的军舰样式建造。

在佩里和他的工作团队的帮助下，俄国从原来仅几艘落伍的海军军舰配备一跃成为拥有300艘世界一流战舰的军事强国。这一杰出政绩让彼得达到了两个长期的战略目标：一是在与瑞典旷日持久的战争中，确立了俄国在北边的波罗的海的统治地位；二是在南边的黑海第一次获得了立足之地。一直以来的内陆国家，现在向着和世界接轨的俄罗斯帝国迈出了突破性的一步[①]。

彼得在西方旅居的日子让他明白一个道理：要成功，就得改革。俄国想要维持在世界的霸主地位，就必须解决好俄国内部问题。彼得认为既然西方的现代化技术可以振兴俄国的军事，那么也可以用来处理公民社会中出现的问题。

1703年，彼得大帝决定迁都圣彼得堡（该地名是以圣彼得命名，并非以彼得大帝命名）。圣彼得堡位于芬兰湾的最深处，为大涅瓦河和小涅瓦河汇聚的三角洲地带。在18世纪初，这里还是一片沼泽，周围荒无人烟。所以这一重大决定让所有人大为吃惊，并遭到了很多人的极力反对。彼得大帝的大胆决定充满了俄国人对革新和冒险的渴求，这种渴求激励了一代代俄国人，其中就有俄国最伟大的作家普希金。他的叙事长诗《青铜骑士》，开篇就像写给圣彼得堡的优雅情书，"北国的明珠"光芒远盖过老迈、东方化的莫斯科：

……我爱你，彼得兴建的城，
我爱你，那朴实无华的面容。
涅瓦河的流水多么充沛，
水花翻飞在大理石的两岸……
百年的时光流逝，
不忍伤及你那年轻的容颜，

---

① 彼得的司令官戴恩·维达斯·白令奉命巡视西伯利亚东海岸。他最后在阿拉斯加登陆，50英里开外的白令海峡就是以他命名的。第一次，欧洲最东边和最西边的海上航线开拓者在这里相遇。那个时候动物毛皮还是重要的贸易商品，阿拉斯加上等的海獭皮让俄国人垂涎不已。很快这里就成了俄国的殖民地。再后来，大家都知道了，美国以少得可怜的700万美元将阿拉斯加从俄国手里买了过来。

你成了北国的明珠和奇迹。
依稀你从幽暗的树林走来，
依稀你从恐怖的沼泽升起，
当你容光焕发地出现，
让人眼前一亮。
昔日风华绝代的莫斯科，
也黯然失色，
褪下皇后的华服，
拜服在你的脚下。

  圣彼得堡人一直坚信，他们的城市与众不同，有着独到的魅力。20世纪70年代中期，我到圣彼得堡求学，发现那里的一切都大得不可思议：林荫大道长得没有尽头，广场也相当宏大；黑夜落幕，永昼节登场，整个城市笼罩在一片梦幻缥缈的唯美氛围中——现在你大概明白了彼得为之神魂颠倒的原因了吧。圣彼得堡作为面对欧洲世界的窗口，将一个崭新的俄国推到了世人的眼前。蒙古的剥削统治给俄国带来了深深的阴影，在蒙古的奴役枷锁下，莫斯科将自己封闭起来，盲目排外：外国人被贴上潜在敌人的标签；克里姆林宫将一些欧洲思想摒弃在外。

  而彼得决定摈弃这一切故步自封的思想。目光狭隘的莫斯科就像是寡居的老太后，终将让位于开放的新式都城。莫斯科代表着过去，它只能让人想起伊凡雷帝的统治、大动荡时期以及久远的东方式专制统治。而圣彼得堡引领着未来，是彼得口中"从黑暗跨向光明的一大步"。一批批意大利和法国建筑师投入到恢宏壮丽的石宫建设中，俄国的贵族也大批地向新首都迁移。

  俄国将成为一个欧洲大国，这是显而易见的事了。俄国的执政理念、管理模式都在向欧洲靠拢。压迫剥削、独裁专制的时代一去不复返了，公平法制或者民主政治的时代是不是就要来临了呢？

  新都圣彼得堡的建设过程令人们对彼得大帝的改革产生了怀疑。这里沼泽遍布，大量的奴隶不得不用成箱成箱的石头投入沼泽来造陆地，圣彼得堡的辉煌崛起是踩在无数人的尸体上的。沼泽里危险重重，稍不留意就会丧命，加之天寒地冻，粮草不足，疾病肆虐，俄国人大批大批地死去。彼得大帝看在眼里，痛在心上。可是他以大局为重，死伤再大也不能就此半途而废。即使口口声声说俄国要变成现代化的文明社会，彼得大帝一意孤行的做法也完全是独裁式的，没有丝毫民主的影子。俄国著名诗人普希金（民主主义者、自由主义者）对这一点再清楚不过了，所以《青铜骑士》结尾对彼得大帝的赞扬带着一丝畏惧的色彩：

> 海边的城市在他的手中兴起，
> 他是命运的主宰，
> 是睥睨万物的帝王。
> 但见他静静坐在迷雾中，
> 强大的气场令人望而却步。
> 远处的战马腾跃长嘶，
> 似从火中降生，
> 骄傲的战马，是谁将你降服？
> 是谁任你驰骋？
> 是谁驭你征战？
> ——啊，是命运之主；
> 啊，是彼得大帝……
> 你手握铁缰，缚住古老的俄国，
> 将它掷于你的脚下。

这些读来苦涩的诗句，被一代代的俄国人熟记于心。普希金这首诗与其说是在赞扬青铜骑士，不如说是在斥责它所代表的彼得大帝。这塑雕像矗立在十二月党人广场的大理石巨座上，战马前蹄垂直腾空，气吞山河，游客在它蹄下都显得渺小起来。彼得大帝安坐在马上，两眼炯炯有神，手指前方，似乎随时策马冲天而去。青铜骑士成了圣彼得堡的标志，成了彼得大帝的化身以及他所代表的一切。

普希金对彼得大帝的态度颇为暧昧，对俄国普遍的专制制度也含糊其词。他笔下的尤金是俄国普通大众中的一员，是个典型的小人物。彼得大帝的狂妄自大、独断专行给人们带来了深重的灾难。尤金倍受其苦，愤懑填于胸，

造反的心都有了。从他对着马上的彼得大帝雕像挥拳头,我们可以看出他内心的怒火和无可奈何的绝望:

> 在雕塑的底座下,
> 可怜的尤金着了魔似的,
> 转了一圈又一圈。
> 他的目光炽热地凝望着那张脸,
> 那个统治着半个世界的人,
> 怒火在心中燃烧,
> 热血在血管沸腾。
> 他像和谁赌气似的,
> 在高傲的雕像前定住了脚,
> 双拳紧握,咬牙切齿……
> 只见他并足而立,侧目而视,
> 愤愤地嘀咕:
> "哎呀,你这好不晓事的匠人,
> 造出这么个惊世之作……
> 哎呀,小心看我的!"
> 之后,他拔腿就跑,
> 他看到威武的沙皇,
> 眼中喷出了怒火,
> 怎能不落荒而逃?

尤金没命地狂奔,像后面有恶鬼追赶似的。恍惚间似闻彼得策马追击,马蹄嘚嘚地响在鹅卵石铺就的广场和街道上,声如震雷。内心的巨大恐惧和绝望驱使着尤金跑遍了整个圣彼得堡。彼得大帝复仇暴君的形象无情地摧毁了俄国人的希望,让他们彻底地寒心。然而普希金对彼得大帝的丰功伟绩是发自内心的赞赏和仰慕,圣彼得堡无与伦比的美丽是彼得的墓志铭。向现代化的西方世界靠拢,将俄国改造成现代化的俄罗斯帝国,彼得大帝功不可没。虽说彼得大帝独断专行、铁腕无情,然而不这样无以对抗国内对改革的严重怀疑和坚决抵制，无以推行俄国现代化所亟须的激进改革工程。

在圣彼得堡的修道院博物馆，我有了一个重大的发现。那是9月份一个清冷的星期一，我在教堂助理牧师的引导下，见到了18世纪的服饰储藏室。各种各样的特制制服令人眼花缭乱：都是各色的丝绸缎子、彩色穗带、各式肩章。这些服饰可是有着严格的等级分类的，文武官员各个等级都有明确的服饰规格。不仅在服饰上有区别，不同官衔的人有着不同的权利，享受着不同的特权，连对他们的称呼也各不相同。对于高级官员如一等或二等文官，称呼为"至高无上的阁下"，而对于外省的秘书则称为"长官或大人"。据统计俄国的官衔等级细分下来有262级，当时的俄国对官衔进行了大规模的正规化、编制化的划分。

这样的烦琐的文官制度并不是为了形式而形式。彼得大帝这样做自有他的道理。他明白俄国迫切需要的是秩序和安全感。几个世纪以来，俄国的统治是沙皇一人说了算，天威难测，人们活得战战兢兢，如履薄冰。没有政府机构在沙皇和人们之间调和斡旋。人员的任用或靠贿赂，或走后门，抑或是裙带关系。沙皇将土地或者经济产业赐给亲朋好友以及亲信宠臣，虽然没有发给他们俸禄，却给予他们绝对的权利来治理经营，从中获利。实际上，沙皇的这种"给养"做法等同于支持官员无限制地剥削俄国人民。贪污腐败、苛政重税、冤假错案自然在所难免。官吏榨取民脂民膏，毫无节制，阶级矛盾尖锐，人民暴动一触即发。

彼得大帝是第一个认识到这个问题的沙皇。俄国的政治体制已经失了民心。俄国人民过够了鱼肉般任人宰割、不得自主的生活，纷纷揭竿而起。斯捷潘·季莫费耶维奇·拉辛为首的人民起义，以及旧礼仪教派的宗教叛乱就是最好的例子。对于俄国现在的局势，彼得大帝决定要从头到脚彻彻底底重建俄国的政治体制。他开始组建自己设想的"常规国家"的政治体制：一切都有法可依，依法执政，政府部门做好沙皇和民众间的调和工作，农业税也按合理的标准征收。彼得大帝改革的目标就是实现民众和国家的利益绑在一起，用怀柔政策取代高压政策，化民众心中的满腔仇恨为炽烈的爱国热情和民族认同，以挽回民心。

彼得大帝废除了过去的任免体制、世袭制度，削弱了大贵族的特权，并且确立了新的民主政治价值体系。

无论是修道院博物馆里各色制服，还是对不同官位的人员的称号，都体现了彼得大帝在政治上等级森严的职能划分。彼得颁布的"职能表"，将文武官员分成14个不同的等级，所有的官员不管门第出身，都要从最低一级做起，靠功绩晋升。这就杜绝了官员间的互相帮衬，斩断了所谓的裙带关系。贵族也不得不接受新的公务员体制，靠政绩和德政取得一席之地。

彼得大帝对于正规政府的构想是消除滥用职权、贪污腐败之风气。即便是统治者也不能随心所欲、肆意妄为，诸事都有一定的法律制约。通过法制使俄国达到稳步发展、富国强兵的目的。

彼得大帝的改革是个伟大的壮举。平民百姓也有可能进入俄国的精英管理体系。虽然他们要从最底层的十四品官做起，但是他们不再因为卑微的出身而被拒绝在高高的门槛之外。凭借着对沙皇的忠心以及勤勤恳恳的工作，他们一级级往上爬，直到高官显位。

需要指出的是，彼得大帝实施的并非民主政治。俄国民众既不能改变政治决策，也不能影响到政府官员的遴选。决策权还是牢牢掌握在沙皇的手中。不过彼得大帝向人们灌输了这样的观念——俄国的政治决策依法实施、公平合理关乎每个人的切身利益。实际上，这不过是从彼得大帝自身的利益出发而做出的决定，因为旧时的贪污腐败、滥用职权让俄国陷入了崩溃的边缘，改革的实施已经刻不容缓。

因此可以说，彼得大帝实施改革正是为了维持国家的安稳，为了强化专制的沙皇制度，他需要改革掉所有对沙皇专制制度不利的因素以及可能的隐患。这种以变化求安稳的悖论，在亚历山大二世的改革中存在过，在尼古拉二世的改革中也不稀奇。

可以想象，彼得大帝的改革受到了旧体制拥护者的强烈抵制。其中，西化改革受到的阻力最大。彼得大帝下令所有的贵族都要着西式服饰，学说法语，剪掉俄罗斯式的大胡子。很多人对此置之不理。于是彼得大帝颁布了"胡子税"，所有留长发、大胡子，着俄国民族服饰的人都得依法换发改型。这事引发了一场民众与沙皇的意志较量，法国作家让·胡塞曾这样描写这一啼笑皆非的事件：

  一直以来，俄国人以自己的美髯为傲。他们精心地保养，舍不得修剪丝毫，让胡须自然地垂于胸前，飘飘然地煞是潇洒……然而沙皇下令除教士与佃农外，一切人等想留胡子就要每年缴纳一百卢布，平民百姓每人交纳一个戈比(一卢布等于一百戈比)。城门口有卫兵专门负责收取"胡子税"。胡子的去留尚不能做主，这让俄国人们倍感屈辱。沙皇的做法简直是对他们信仰的亵渎，是无法原谅的罪过……在服饰上，俄国人一直是东方式的，长长的袍子一直拖曳到地上。而彼得大帝却下令这种着装从此不允许出现，所有的贵族成员必须穿法国式样的轻便服饰……俄国各个城门上都悬挂着新式服装的样式，法令规定除佃农外的所有人必须严格按此样式装扮，违者双膝跪地，膝盖以下的衣衫由门卫当场割掉……俄国的便帽、遮阳帽为英式发型所取代，先前的内衣也换成了胸衣和短裙……彼得大帝自己以身作则，为俄国民众树立了榜样。

如果说在胡子和服饰上的改革代表着人们意识形态的转换，那么彼得大帝在各方面的改革就大大改变了人们的思维模式。义务教育开始实施，贵族子女、公司职员以及官员都要学习代数几何；他还派遣贵族子女留学海外，像他当年一样学习西方的知识技术；在许多欧洲大国的首都都有俄国的外交事务所，国外的专家来俄国学习工作也受到热烈的欢迎。外来者抢占了俄国人的工作，引得俄国民众羡慕嫉妒恨，然而彼得大帝立场坚定。对西方世界的大门已经打开，欧洲的文明之光一泻而入。

彼得大帝更为大胆的举措就是削弱教会势力。他废除了牧首的职位，将正教会的事务交由神职人员委员会处理，而自己掌握委员会的大权[1]。此外，50岁以下的不能落发为僧，教会的资金来源渐渐要仰仗俄国政府拨款，非教会学校渐渐受到青睐。

彼得大帝还强化了中央集权的政治制度，自封俄国大帝。他把俄国崛起为强大的俄罗斯帝国作为自己的使命，至今这种使命还埋在俄罗斯人的心底。他成功地把俄国带上了西方国家的路子，崛起成强大的帝国，却也同时牺牲了俄国正教会的利益，让俄国人没了国家认同感。

---

[1] 委员会主席由彼得大帝选派的非神职人员担任。

对于改革路上的绊脚石，彼得大帝总是毫不留情地一一铲除：皇家警卫队叛变，他一怒之下处死了千人，自己也参加了杀戮行动，叛乱者的尸首被悬吊在街头；因为对儿子起了疑心，竟狠下心对儿子扬起了鞭子，最后竟斩首示众；妻子、妹妹和情人也被他幽禁在修道院里，寂寞余生。

1708年，人们对彼得大帝西化改革和宗教改革的不满达到了白热化程度，民众的起义终于爆发了。这让人想到先前的斯捷潘·拉辛农民起义，不过这次是因为人们受不了彼得大帝的改革，他们仍然忠于正教会，仍然坚持统治者君权神授的思想，仍然想维持过去的保守的生活方式。农民起义军的头领鼓动民众说，彼得大帝不信基督教，应该把他赶下台来。起义军遭到了彼得大帝的残酷镇压和大肆屠杀。和彼得大帝原来宣扬的走民主道路、法律途径截然相反，这些起义军受到了非人的待遇。起义的人被束缚在土地上，成为农奴。农奴制成为俄国脖颈上的铁链，又延续了一个半世纪。

彼得大帝到底是个专制暴君还是个改革先驱，这让人很难回答。在很多方面，他两者都是：他用极不民主的方式引进西方的民主思想和行为标准；他高度赞赏西方的价值观念，可是统治起来却是典型的东方式的专制独裁；他追求的是功效而非民主，所以他反对议会参与制（1688年的光荣革命和权利法案后，英国就实行了议会参与制）。他深知社会的矛盾激化到不可收拾的地步，农民起义就是明证，他想通过改革控制住局面，同时又不愿损害自己专制权力。

不可否认的是，彼得大帝统治时期让人们看到了专制制度的优越之处。1721年，在《精神约束》一文中，彼得大帝的大主教明明白白地写道，人类生性自私好斗，所以需要专制的铁腕来辖制他们天生的滋事倾向，控制混乱的局面。文中写道，俄国人就需要专制统治制度。别的制度，不足以维持国家的统一，不能够促进俄国的繁荣发展，所以采用专制制度是最好不过的选择。不过，有些思想家并不这么认为。他们重提了基辅罗斯时期就存在的问题：边界线长，防守不易；敌国觊觎之心已久；内忧外患下专制制度是最好的选择。上述的观念在接下来的几个世纪里一直影响着俄国人对专制制度的看法。

五

1725年2月8日，彼得大帝与世长辞。死前的几个星期，他一直饱受尿毒症的折磨，医生给他做手术，排出了四品脱（约1.89升）感染了的尿液。然而坏疽扩散到了膀胱，彼得大帝不久就受尽病痛折磨而死，享年52岁。他统治俄国40多年，将俄国从一个濒临灭亡的内陆国转变成一个不断扩张的世界大国。他是那么看重功绩，他留下的俄国却在混乱的泥淖中挣扎。他规定君王有权决定王位的继任者，自己却恰恰没有做到这一点。

这使得俄国在之后的30年间，王位的候选人都卷入了权力争夺、宫廷政变的漩涡。1730年，彼得大帝的侄女安娜继位。贵族中较有威望的一些人要她签订一些条约，要求她在征税、确定国库开支、采取任何军事行动以及任用高等官员前必须征得贵族委员会的同意。这种想法和西欧的制度不谋而合，比如说英国就有《权利法案》以限制君主的权利。倘若当时安娜接受了这一提议，那么俄国变成君主立宪制的国家，甚至是西方的议会民主制国家将是早晚的事。然而历史是不容假设的。

安娜回绝了这一提议，在皇家禁卫军的帮助下，她坚决维护旧的独裁体制。在她统治期间，她花了大量的时间羞辱、流放、处决那些反对她的人。

10年后的1741年，彼得大帝的女儿叶丽莎维塔也借助军事力量，夺得了王位。故事是这样的，叶丽莎维塔突然出现在圣彼得堡的仁斯基军团总部。她身穿金属护胸甲，挥舞着银制十字架，以不容置疑的语气问俄国的军队到底为谁效忠。据说，她这样慷慨陈词，"听着，我的同胞们，我是彼得大帝的女儿！你们曾经为我父亲浴血奋战，尽心效忠，那么现在你们应该为我效忠……在你们命定的君王和篡夺我王位的恶棍中，你们仔细想想应该选择谁。"叶丽莎维塔说得义正词严，不容置疑，深深地打动了军团团长。他们立即跟随叶丽莎维塔向俄国冬宫进发，逮捕了临时替补的幼年沙皇以及拥护他的人，将叶丽莎维塔推上了沙皇的宝座。

同样是通过非法律程序坐上王位，安娜统治粗暴强硬，没有商量的余地，而叶丽莎维塔的统治较为缓和，懂得让步。叶丽莎维塔承诺统治期间不处死一人，她的确履行了自己的诺言。在她的顾问伊凡和彼得·舒瓦洛夫的提议下，叶丽莎维塔恢复了基本的法律。一些法律对沙皇的权力具有永久约束力，这样沙皇就不能对贵族的反对声音置之不理了。相关的委员会也组织了起来，负责保障公民的财产权以及处理一些提议，比如说贵族只接受贵族陪审团的审讯，国家重要政策需要征询贵族委员会的意见。但是，在权力共享问题上，女皇还是避而不谈。自由改革最终得到重视，与另外一个杰出女性的努力是分不开的。

凯瑟琳大帝又称叶卡捷琳娜二世·阿列克谢耶芙娜大帝，原名索菲娅·奥古丝妲·弗蕾德丽卡，1729年5月2日出生于普鲁士斯德丁（今波兰什切青波罗的海海港）。1743年，在普鲁士人腓特烈二世的邀请下，这位年轻的德国公主随母亲到了圣彼得堡。那时她才不过14岁，对国外的生活一无所知。腓特烈二世邀请她来自有他的用意，他知道俄国女皇叶丽莎维塔膝下无子，也知道女皇想要为自己的侄子也就是未来的王位继承者彼得三世挑选妻子。他希望在他精心的安排下，索菲娅能够赢得女皇的欢心。这样一来，就可以巩固自己在普鲁士的地位，扩大自己在俄国宫廷的影响力。

在他的精心安排下，索菲娅和女皇彼此都有好感。1744年，原本信仰路德教的索菲娅改信俄国正教，更名叶卡捷琳娜（或凯瑟琳）。凯瑟琳很快学会了俄语，虽然带有德国口音。在她后来的回忆录中，她承认那时她会用任何手段，做任何事，只要能登上俄国皇位。

1745年8月，皇室婚礼就决定了下来，而且很快举行。那时的凯瑟琳还未满16岁，婚姻生活对她来说只是一种折磨。丈夫彼得生理上性无能，智力上不成熟，政事上没能力，性格又多疑（20世纪30年代，小道格拉斯·费尔班克拍摄的好莱坞史诗片堪称经典。其中就把彼得刻画成了一个忧郁的，有着杀人倾向的哈姆雷特，不是狂躁地大发脾气就是陷入深深的悲哀。影片的刻画和彼得的真人还是非常接近的）。凯瑟琳的日记记录下了她所受过的种种折磨：彼得对朝臣斜眼相向，把酒故意倒在来访政要的头上，极度残暴地鞭打他自己养的狗。凯瑟琳写道："我很清楚彼得根本不爱我，新婚刚刚15天，他就亲口告诉我他爱上了女皇的侍女卡尔小姐……他对我不冷不热，即便我对他再痴心一片，我们也不会幸福。为他争风吃醋又有什么意义……"

16岁的凯瑟琳能把问题想得这么透彻，的确非常不简单。经历了被自己的混蛋丈夫冷落、羞辱，忍受丈夫的残暴行为和鄙视眼光后，凯瑟琳终于决定为自己而活。聪慧的她不乏优秀的钦慕者，她何必为了这样一个丈夫守身如玉？因此，她那一段段令人目不暇接的情史成了史学家津津乐道的话题。她的情人据传有300多，伯爵萨太可夫、奥尔洛夫、叶尔莫洛夫、索波夫等就名列其中。她在回忆录中承认自己和彼得的婚姻并不美满，但他们还是养育了三个孩子，其中一个是未来的沙皇。

提到凯瑟琳女皇，人们津津乐道的却是她的情史，这对她太不公平。虽说她并不介意在朝臣中选择中意的情人，但是她的情史也并不像传说中那样荒诞离奇，大多的风流韵事都是她的政敌捕风捉影、胡编乱造的。普鲁士的腓特烈二世有厌恶女人癖。他恶意散播凯瑟琳的风流丑闻，贬低凯瑟琳的赫赫政绩。他最离谱的一句话，很多人都耳熟能详，"女人执政靠的不是英明的政策方针，而是玩弄男人的手段，靠的不是上半身，而是下半身。"

腓特烈的恶意中伤不是没有缘由的，凯瑟琳与英国和奥地利建立的亲密关系大胆而明智，但是这损害了普鲁士（凯瑟琳的祖国）的利益。腓特烈扶植凯瑟琳登上王位，原本是希望她能让俄国和普鲁士结成忠实的盟国，可是适得其反，腓特烈不由得心怀怨恨。1762年1月，女皇叶丽莎维塔驾崩，凯瑟琳的丈夫彼得三世继位。他一直积极维护普鲁士的利益，继位后就立即下令在"七年战争"中形势大好、胜利在望的俄罗斯军队停止战斗，退出所占的普鲁士土地，与普鲁士国王腓特烈二世签订和约，几乎放弃了俄国在战争中的所有利益。这一行为激起了俄国贵族和实用主义者的强烈不满。凯瑟琳抓住这一时机，联合情人奥尔洛夫，发动政变，成功夺取皇位，囚禁了彼得三世。一周后，彼得三世被凯瑟琳的守卫刺死。

自此，凯瑟琳女皇专政的时代到来了。虽然和叶丽莎维塔女皇一样凭借军事力量登上王位，但是这一点也不妨碍她成为俄国人心目中仅次于彼得大帝的一代英主。她治国有方，功绩显赫，其才干与名气闻名海内外。国内事务上，她日理万机，兢兢业业，手段灵活，富于谋略；对外事务上，她联合国际盟友，一切以俄国的利益需求为重。彼得大帝为俄国成为欧洲强国打下了基础，而凯瑟琳则为俄国的崛起立下了汗马功劳。1765年驻俄国的英国特使乔治·马戛尔尼第一次认可了凯瑟琳女皇的显著功绩：

我一生中还从未见过像凯瑟琳女皇那样政绩卓越又优雅迷人的人……俄国不再是浩瀚星空中若有若无的繁星一点，而是一个令人瞩目的伟大星球。虽然它的地位还不稳定，但是它必将影响其他一切星球的运转。

土耳其帝国日渐没落，马戛尔尼断言俄罗斯帝国将作为第二个半东方式大国取而代之。在马戛尔尼这样的西方观察者眼中，俄国辽阔得令人生畏。而俄国人自己却并不这样看，从蒙古统治时期就根深蒂固的无助感和忧患意识，让他们不得不始终保持警惕，变得越来越强大。

凯瑟琳女皇向南迅速扩张的举动原本只是为了缓和边疆危机，却不料造成了至今民族关系紧张的结局。对西方世界，她利用俄国的军事力量以及盟友关系，封锁波兰，勾结普鲁士吞并波兰。凯瑟琳大帝统治后期，波兰已经长存于波兰人们的记忆里，只能寄希望于人们炽热的爱国热情让其重生[1]。在凯瑟琳的治理下，俄国成了欧洲国家眼中望而生畏的超级大国。不过，她在俄国国内的统治地位却并不牢靠。一个没有王位继承资格的外来者，一个原本信仰路德教的普鲁士人，她很容易遭到俄国人们的反对，甚至被轰下王位。她是靠着自己的聪明智慧、不屈不挠的意志力以及充沛的精力赢得人们的尊重和支持。当俄国许多地方爆发饥荒，人们揭竿而起造反时，她没有听从地方官员的建议采取武力镇压，相反她从国库中调派救济粮，运到饥荒最严重的地区。彼得大帝折磨处决异己，凯瑟琳却沟通安抚退让。统治初期，跟随欧洲启蒙运动的民主潮流，她在俄国大刀阔斧地进行改革。

走过俄罗斯国家图书馆（位于圣彼得堡的涅夫斯基大道）那一间间藏书阁，置身于一堆堆书的海洋，宛如回到了一个古老的时代。1795年凯瑟琳大帝建造的皇家图书馆还维持着原来的样子。新古典式的室内设计优雅依旧，木制抽屉上的卡纸还贴着3,500万种图书的目录编号。地下藏书库在城市街道下蜿蜒好几英里，要从中找出一本书，还要花费数天时间。我很早以前就知道俄国国家图书馆的运作方式，近来却发现了一套新的房间，刚涂的油漆味，

---

[1] 直至今日，波兰的国歌中还残留着苏德压迫的梦魇——"只要波兰的人们还活着，波兰便不会灭亡！"我还清晰地记得苏联统治下，波兰的国歌响起，爱国热情在心中涌荡，那是怎样令人心潮澎湃。

装潢得与其他房间截然不同。图书馆馆长很自豪地告诉我，这些房间是由法国政府拨款新近翻新的。她说，这是原先的伏尔泰图书馆，目前收藏了伏尔泰生前留下的7,000本书、手稿、笔记和初稿。

伏尔泰生前的东西如何到了俄国，这背后有个很耐人寻味的故事。凯瑟琳幼年时，阅读了大量启蒙思想家的著作，比如英法德自由派哲学家的作品。登上王位后，她就决心将以前接受的启蒙思想在俄国推广开来。1764年，她下令修建修道院博物馆，用来收藏她的西方油画和书籍。她经常会在博物馆待上几天阅读有关法国哲学、革命性理论、自由和民主的著作。孟德斯鸠的《论法的精神》(1752)，标志性的宪政宣言，探讨分权而治、民主自由以及法治的长篇文字她都潜神默记。当狄德罗革命性的著作《百科全书》在法国遭禁时，她热忱地邀请他来俄国继续写作。你也许会想，在独裁专制的国家，凯瑟琳这样做不是引火上身吗？

但是凯瑟琳只听从自己的心意。她欢迎外国人来俄国投资，实行宽松的审查制度，大力普及教育。从她继位后的一年，也就是1763年起，她就和当时有名的作家和自由主义政治的倡导者伏尔泰有了密切的信件往来。"冥冥之中自有天注定，您的大作到了我的手上，自此，我便爱不释手地细读您的每一篇文章。其他人的书在我眼中都黯然失色，没有什么书能像您的大作那样让我如饥似渴，欲罢不能。"凯瑟琳在给伏尔泰的第一封信中这样写道。

凯瑟琳的溢美之词让伏尔泰也倍觉受用，伏尔泰以同样热情洋溢的信件回复。他们的书信往来持续了10多年之久。凯瑟琳领导下的俄国成了伏尔泰眼中的圣地，成了伏尔泰极力推广的启蒙思想的最好试验地。凯瑟琳为了表示支持并发扬彼得大帝的欧洲化政策，她任命伏尔泰来撰写彼得大帝的传记。伏尔泰欣然领命，成了凯瑟琳的全球公关代表。"您比北极光还夺目耀眼，您是北部国家最英明的女皇，您的才华无人能及，您的恩惠泽被万世……狄德罗和我甘愿做您世俗的传教士，发扬您的精神。我们敢说您的精神、您的事迹必将妇孺皆知，必会流芳百世。"伏尔泰夸张地如此颂扬道。

凯瑟琳是文化的庇护者、哲学的赞助者和社会改革的拥护者，是宝座上的启蒙哲学家，人们这样看她，凯瑟琳自己也深以为然。推广这样革命性的思想，非大勇者而不能为。凯瑟琳会面临各种各样的争议自不待言。

伏尔泰死后，凯瑟琳立即买下了他的所有遗物。她这样做并不是出于对伏尔泰的仰慕之情，而是因为那时凯瑟琳的政治理念有了很大的转变，两人经常意见不合，吵得不欢而散。她之所以接手伏尔泰的图书馆只是不想让两人的往来信件落入公众手中，那些信件中洋溢的自由主义情绪将会惹人嘲笑。为何原来公认的自由主义者，立志将启蒙思想传入俄国的改革者一下子变成了顽固的保守主义者？又是缘何凯瑟琳会对自己以前颂扬的思想讳莫如深？

凯瑟琳执政初期，就大刀阔斧地改革。1767年，年轻的凯瑟琳热切地想把启蒙思想付诸实践。她召开全俄罗斯立法委员会，各阶层的代表包括贵族、商人、哥萨克人和农民（非农奴）悉数到场。会议上，凯瑟琳提出颁布全新的法律，让俄国人民受到的压迫剥削和不公正待遇永远成为历史。

> 这是所有的社会公民都期望看到的……公民的人身财产受法律保护，不再受到损失后无所依怙……富人不得欺压穷人，法定的雇佣关系不再是剥削关系，而是为了共同的利益互助合作的关系……自由在于自觉去做人人都愿意做的事，而非被迫去做人人都不愿做的事。

凯瑟琳的提议宣告了法律面前人人平等的主张，摒弃了刑事处罚和酷刑。这些思想大多是孟德斯鸠的原话。这是凯瑟琳构建"民主社会"、法治国家的一次尝试。这样崇高的理想和追求却让其他欧洲君王坐立不安。凯瑟琳的指示小册子在法国立即遭到查禁，因为里面的言论具有煽动性、革命性。狄德罗兴高采烈地评论道："国家是最高的统治者，人民是国家的立法者。"这一评论后来成了美国和法国革命的宣传口号。

看起来凯瑟琳要走无人敢走的路，做第一个吃螃蟹的人。曾经被欧洲强国远远甩在后面的国家，现在要将世界引向一个光明的未来。然而大刀阔斧的改革路上不知有多少陷阱和绊子。所以走不了几步，凯瑟琳就慌忙退回到原来的路上了。

圣彼得堡的图哈罗德宫殿就是俄罗斯帝国留下的遗产之一，现在已快被人们遗忘。要是问人们知不知道图哈罗德宫殿（古希腊人称之为克里米亚），他们也许会提起它在1917年俄国革命中的作用。今天的图哈罗德宫像一滩死水，了无生机。它是独联体成员国各国议会总部，也是无权无势的小国家的清谈俱乐部。光从宫殿的构造来看，圆柱和走廊两相对称的双翼设计，宏伟壮观，中央矗立着豪华的入口大厅，与两翼建筑相连，堪称一大奇迹。中心走廊通向巨穴似的鎏金宴会厅以及先前的冬宫（现在已经成了辩论会所，但是仍被看作那个时代的一大奇迹）。诗人加夫里尔·杰尔查文曾描写过1791年4月图哈罗德宫殿的开幕庆典。3,000位俄罗斯的贵族精英观看了烟花表演、杂技、乐队演奏以及宫殿里令人眼花缭乱的霓虹灯表演。

　　一开始，你简直不敢相信自己的眼睛，以为这是某个魔术师的表演。处处都焕发着生机——草木争奇斗艳，艺术品琳琅满目。到处都是一派春景，匠心独运、鬼斧神工的杰作……圆形大厅的中央，高耸着律法颁布者凯瑟琳的雕像……

宫廷史学家佐雅指给我看开幕庆典时凯瑟琳女皇的坐处。那是宴会厅最西头突起的平台，别有一番庄严。女皇的观光台上设了两个宝座。那晚和女皇平起平坐的就是她一生的挚爱，15年来陪伴她左右的吉格利·波将金，图哈罗德宫就是为他而造。

　　我爱你，我最亲爱的伴侣。你是那样风流倜傥、幽默机智，和你在一起我忘记了世间的一切……我是如此深深地爱着你……快来到我的床前，向我表达你的爱！

朝臣中不乏凯瑟琳的情人，然而1774年2月第一次和波将金同衾而眠时，她就感觉到波将金和她的其他情人是不一样的。他们之间的情书充满着爱的火花，他向她表露此情不渝，天地可鉴，而她则热烈地回应：

　　噢！波将金先生，你向我施了什么魔法，让欧洲人眼中头脑最清楚的我也变得神魂颠倒，整日魂不守舍……凯瑟琳二世也难过情关，这多么让人难为情……我像被施了魔咒一样，不能自已……我开始胡言乱语，笔尖止不住地游走，这意乱情迷的信，纸短情长，快快飞到我的英雄手中吧……你是我心中的巨星，我挚爱的金丝雀，我眼中的雄狮……快到我的身边来，让我的柔情融化你，让你在我的无尽抚慰中安眠……没有你的爱，一分一秒也难挨。

这段情史发生时，凯瑟琳已步入不惑之年，统治俄国也有10多个年头，在当时可以说是俄国历史上权力最大的统治者之一。她想要的不只是一段绯闻，而是私生活中的爱人，政事上的参谋。她的风流韵事已成了朝臣茶余饭后的谈资，但她对此并不避讳，也不介意。英国大使罗伯特·冈宁发了份翔实的外交急件给伦敦的统治者，内容如下：

> 俄国最近又有一个值得关注的新情况，这在凯瑟琳统治的俄国是史无前例的……凯瑟琳上一个情人没有太大的用处，笼络不住女皇的心，也不能取得女皇的信任，现在已经被新的情人波将金取代。波将金身材魁梧，风度翩翩，不仅幽默机智而且能洞察人心，备受女皇青睐……他身份尊贵，却为人随和，又很会对女皇献殷勤……尽管他私生活很不检点，名声不好……但是他却可以仰仗着女皇的宠爱，爬上觊觎的高位……照目前的形势看来，女皇很可能将国家大权拱手让给波将金。

波将金个子颀长，身材健美（据说他死后，凯瑟琳塑了他的石膏像陪伴自己，聊以自慰）。不仅如此，他智力超群，极富个人魅力，做事又很有魄力。波将金还是战斗英雄，在南方战场上和土耳其军队正面交锋过。所以没过多久，他和凯瑟琳就像夫妻般生活在一起——他们很可能举行了秘密婚礼。从他们的来往信件上看，罗伯特·冈宁的推断不算言过其实：凯瑟琳在政事上完全信赖波将金。至于他们是否共同执政，俄国面临的最严重的危机可以帮我们找到答案。

1774年春，位于南乌拉尔山山麓的奥伦堡人陷入了一片混乱之中。奥伦堡是省会城市，地理位置优越，是重要的战略补给站。消息来报，哥萨克人叶米里扬·普加乔夫领导的起义大军正从南部攻入奥伦堡，大肆抢劫掠夺。起义军已经攻占了喀山、萨马拉，从伏尔加河到乌拉尔山的大片土地都在普加乔夫的掌控之下。这让人想起一个世纪前斯捷潘·季莫费耶维奇·拉辛领导的哥萨克人起义，只是这次起义引发了全国性的暴动。成千上万的农民、工人、旧礼仪教派信徒以及农奴开始反抗他们的雇主；地主被残杀，拥有的土地被没收。1793年法国大革命中的路易十六被处死的白色恐怖似乎要预先在俄国上演。但是俄国革命与法国和美国革命的不同之处在于，人们并不想寻求激进的改革，而是想维持现状。普加乔夫向人们灌输这样的理念：凯瑟琳没有资格成为俄国女皇，她将俄国拱手让给了德国，人们应该起来推翻她的统治，处死她，从德国夺回自己的国土。任何不穿俄罗斯的传统长袍，不留胡子的人都会被当作德国奸细，遭到无情屠杀。亚历山大·普希金的经典故事《船长的女儿》（1836）就发生在那个可怕的时代。普加乔夫起义不仅威胁到奥伦堡，也波及诺夫哥罗德甚至莫斯科。一时间人人自危。革命暴动一触即发，君主制的垮台只是时间问题。

> 一时间大草原上黑压压的全是骑兵。其中一人穿红衣，骑白马，手持利剑，在人群中分外显眼……他就是普加乔夫！冲锋声、厮杀声响彻云霄，叛军很快冲破了军事防线……叛军攻城略地，大肆劫掠。夜晚他们尽情狂饮，酒后的胡言乱语、吵嚷之声充斥了每个角落，附近的绞刑架下，鲜血尚温，夜风吹得绞刑架嘎吱作响，煞是吓人……普加乔夫和十数人围坐一桌，周围杯盘狼藉，酒后醉醺醺的脸，黑夜中亮闪闪的眼，让人不禁感叹：这样一个游手好闲、出入酒肆的酒鬼竟然攻下了要塞城市，撼动着俄国的根基！

凯瑟琳是幸运的，她的现任情人兼军师有主见，有智谋，是个不容小觑的人物。波将金顶住了来自彼得堡的巨大压力，坚持要凯瑟琳到莫斯科御驾亲征，以振军心。此外，他还撤掉了内讧不断的军官，派遣更加英勇的将领上前线镇压叛军。8月，普加乔夫在察里津（俄罗斯城市，伏尔加格勒的旧称）大败，9月中旬，叛军被彻底剿灭，普加乔夫被自己人出卖，移交到俄国政府接受审判。1775年1月，普加乔夫在红场被砍首示众。王室的临时危机解除了，但是叛军残部仍然是个心腹大患。

倘若普加乔夫没有在察里津大战中大败，那么位于叶卡捷琳堡的历史博物馆将会面临与奥伦堡相同的命运。博物馆的管理人给我看了叛军在当地分发的宣传册子。册子的印刷很粗糙，里面的内容宣称普加乔夫是真正的彼得三世。篡位的凯瑟琳意图除掉他，却没想到他竟然幸免于难。他这次就是要夺回属于自己的王位。

> 我就是真正的沙皇彼得三世。跟随我的人必将衣食无忧，身居显位。我的王国将为他们及其亲属留有一席之地，让他们光宗耀祖。对于那些连自己真正的统治者都不认的人，那些不愿拿起武器和我并肩作战的人，等待你们的必将是残酷的惩罚……

叛军的宣传册子指责凯瑟琳将俄国社会世俗化，将彼得三世（普加乔夫）美化为古老而神秘的俄国信仰的传承者，是基督教的倡导者和捍卫者。这一思想得到了农民和俄国大众的普遍响应。自从蒙古统治时期开始，东正教就是将俄国人团结起来，一致对外的凝聚力。而现在，一个外来者，一个路德教信徒竟然将教会的土地没收一空，把牧师当作奴仆驱使，这口气如何咽得下？普加乔夫是旧礼仪教派信徒，而数以百万的旧礼仪派信徒根本不服沙皇的统治。所以普加乔夫的事业就是他们的事业。

农民是看不懂叛军的宣传册子究竟写了什么的，就连普加乔夫和他的大多数战友也都是文盲。不过不用担心，很多中间人很乐意为他们讲解册子的内容。俄国各地的讲道台上，牧师们激情四射地为大家诵读普加乔夫宣传册上的内容。他们对凯瑟琳的统治心怀不满，恶毒地咒骂她是"魔鬼的女儿"。

普加乔夫起义让人匪夷所思。改革者无非是希望改变农民和俄国大众的命运，让他们过得更好。而他们却对改革不信任，一点也不愿接受凯瑟琳新潮的西式思想。普加乔夫叛乱的兴起证明了一点，那就是俄国大众比改革者要保守得多。既然凯瑟琳初期的改革非但没有赢得俄国大众的支持，反而失掉了民心，那么还有什么必要继续推行改革呢？自由、平等、法治的启蒙思想促成了立法委员会的成立，而现在一切都该结束了。伏尔泰、狄德罗移权于民的构想破灭了，凯瑟琳最后还是选择了旧的专制体制，最终文件明白无误地写着：所有的大权集于一人之身，那就是女皇本人。

> 俄罗斯帝国横跨32个纬度，纵横165个经度。只有所有大权集于一人之身，才能统治幅员如此辽阔的国家。权力无边，方能统治

有术。省去了女皇和民众间的各个环节，事务调度的效率就会很高，这样就能很好地弥补地域原因造成的延迟。其他的政治制度对俄国而言不仅不适用，还会威胁到俄国的稳定，甚至会导致俄国的灭亡。

俄国统治制度的基本决定因素，在上面的声明中已经再清楚不过了：俄国地域辽阔，难以统治，民主的统治方式根本就不适合；只有中央集权的铁腕统治才能将分散独立的省市凝聚起来，才能维持国家的秩序。这一理论，留里克、奥列格声明过，伊凡雷帝、彼得大帝宣扬过，大主教费欧凡·普克波维奇、瓦西里也深以为意。

既然凯瑟琳决意做俄国至高无上的统治者和独裁者，那么她又何必大费周章搞什么改革呢？这和彼得大帝实行改革是一样的道理：变则通，守则亡。凯瑟琳初登王位，根基不稳。普加乔夫叛乱让她明白，坐稳天下靠武力是远远不够的。所以，她要制定一套法律体系，设立行政机构，使女皇的权威深入人心，无人撼动。

> 追根究底，女皇掌握着所有大权，从民权到皇权。女皇和民众间的中间组织是君主立宪政府的重要部分，听从女皇的吩咐。他们就像大河的支流，专制大权通过它们分散开来，传达到下层民众……毫无疑问，这些法律条款构成了国家难以撼动的强大根基。

为了确保所谓的"权力下放"顺利实施，凯瑟琳需要拥有土地的贵族鼎力相助。1785年，凯瑟琳为他们颁发《宪章》：保障他们的财产安全以及人身自由；特许他们免受司法酷刑和各种体罚折磨；让他们无须向国家纳税，并且有权组建地方集会对当地进行统治。而作为回报，贵族必须对王室和女皇永远效忠。

> 贵族要获得荣誉称号或特权就必须对王室和女皇绝对效忠……因此，任何时候需要他们，他们就必须第一时间响应，保家卫国，哪怕要牺牲自己的生命。

凯瑟琳颁发的《宪章》中对贵族人身自由的保障被看作是一次解放运动。然而农奴等到76年后，才获得相应的人身自由。农民对贵族享有的这一特权很是羡慕嫉妒。贵族拥有的法律特权越多，农民的处境就越悲惨。上层社会和社会底层的人们的差距越来越大。一个世纪后，终于爆发了激烈的暴力对抗。

1790年，俄国具有社会良知的自由主义者亚历山大·拉吉舍夫发表了《彼得斯堡到莫斯科之旅》。这篇文章在当时备受争议，里面揭露了农奴制度弊端以及社会的不公平现象。凯瑟琳读罢，在空白处将文章批得一无是处，之后就把作者关进大牢，流放边疆。凯瑟琳统治末期，对国内的贫穷现状拒不承认，对人们遭受的苦难视若无睹。这样逃避现实，以至于俄国流传着这样一个故事：凯瑟琳到各个省市巡游，波将金就沿途建了造型悦目的假村庄，粉饰太平，以博得女皇欢心。所谓的"波将金村庄"指的就是自欺欺人、逃避现实的虚饰外表。

欧洲启蒙运动的自由主义思想，只是凯瑟琳一时心血来潮的玩物。启蒙运动引发的疯狂革命，是她始料未及的，所以不由得谈革命而色变。1793年，法国国王路易十六被叫嚣着的革命暴民推上了断头台，吓得女皇夜夜噩梦。以前对伏尔泰、狄德罗赞赏有加，倾慕不已，现在却和他们断绝了关系，避之犹恐不及。以前极力传播的启蒙思想，现在却派军队大肆镇压，讳莫如深。曾经伟大的改革者现在成了极端的保守者。

六

柴可夫斯基在埃尔伯特音乐厅的盛大演出《1812序曲》受到了听众极其热烈的欢迎。乐队宏大的气势以及乐曲末段的钟、鼓和排炮齐鸣的热烈气氛更是将演出推向了高潮。音乐家会告诉你这段序曲非常的和谐，没有丝毫的突兀之感。在柴可夫斯基技艺精湛的指挥下，序曲的各个章节衔接紧密，过渡自然。高潮部分不同旋律的激烈交锋让人们内心的各种情绪得到了充分的宣泄。

序曲以法国国歌为开场白，将观众一下子带回到拿破仑率领法国军队向东进军的场面。革命的浪潮随之传到了俄国。1789年的法国大革命搅得大西洋两岸不得安宁：欧洲的旧秩序开始动摇，北美也面临同样的动荡。无论是在英国、意大利、普鲁士，还是在奥地利和俄国，革命的燎原之势都让统治者惴惴不安，惶惶不可终日。他们镇压法国共和党人的企图失败后，共和党人的势力日渐强大起来。拿破仑一称帝就开始攻打欧洲和北美诸国。1812年，法国在拿破仑的领导下达到了鼎盛时期。随着疆域的扩大，拿破仑的野心日益膨胀，鹰隼似的目光投向了东部国家。

接着第二个主题在柴可夫斯基拿捏恰好的旋律中缓缓浮出。起先响起的是俄国国歌，曲调从如水的平静渐渐拔高，直到高涨的爱国热情填满胸臆。演奏到了高潮时，更是动用了大炮，隆隆的炮火声折射出柴可夫斯基的心之所向：法国溃不成军时，俄国笑逐颜开日。

音乐是很强大的政治武器。在音乐的国度里，拿破仑的军事侵略搅起的是俄国人内心深处最挥之不去的记忆：五个世纪过去了，蒙古的统治给俄国人留下的心理阴影依然存在。外族入侵的忧患意识已经植入每个俄国人的血液，而沦为亡国奴的历史更是他们永远的梦魇。

法国的启蒙运动在俄国有反对者，也有拥护者。很多俄国的激进分子把它看作民族解放的强有力武器，热烈欢迎它的到来。甚至凯瑟琳大帝也曾被其中的自由主义思想吸引。然而，1789年的法国大革命浇灭了女皇对启蒙思想的热情。当莫斯科被拿破仑看成新的目标，当俄国命运飘摇不定，俄国人揣起了不同政见，摒弃前嫌，团结在一起。大敌当前，国家的生存高于一切，1380年的库利科沃战争是这样，1942年的斯大林格勒保卫战亦是如此。

那么，俄国何以让自己陷入现在的窘地呢？

这要从法国还没入侵时说起。俄国本来有很多机会根除所有的隐患，却又一次次地错过。20年来，俄国眼看着法国革命的种子在国内生根发芽，四散开来，却无所作为。因为如何处理，他们没有达成一致意见。这样举棋不定、左右摇摆的后果就是危机终于在20世纪爆发，从此一发不可收拾。

1796年，凯瑟琳大帝驾崩。和猫王埃尔维斯·普雷斯利一样，女皇死在盥洗室中，这成了政敌不怀好意的笑柄。女皇死后，并不讨她欢心的儿子保罗一世继位。保罗保守偏执，目光短浅，一开始就排斥改革和启蒙思想，对母亲也是心怀积怨。所以一上台，他就废除所有的改革项目，收回贵族的所有民主自由特权，推行农奴制，加大司法惩处力度（如增加鞭笞、炮烙、穿鼻孔等酷刑）。此外，还将母亲的情人波将金的尸体掘出，扔给野狗哄抢，以此泄愤。俄国旧时的暴政统治卷土重来了。

保罗一世生性多疑，总觉得处处都有人要害他。圣彼得堡往南30英里是以前的加特契纳皇宫，那里有着保罗统治时期的一切记忆。德国纳粹分子入侵俄国，给俄国带来了巨大的灾难。迷宫式的围墙和房间现在大多已是断壁颓垣，破败不堪，但是即使这样，也足以窥见它当年的辉煌和风姿。保罗对于加特契纳皇宫的重建很重视，投入了大量人力、物力，历时良久修复、扩建加特契纳皇宫。内部的艺术品琳琅满目，家具数不胜数；此外还占用了国家公共场地搭桥开窟，建设华而不实的建筑。这里成了保罗的避难所、隐居地。躲在这方小天地里，保罗从此不受外界政治风云的影响。每天的大部分时间，他都在操练皇家近卫军，一遍又一遍，不厌其烦。从迷宫式的宫殿出来，我看到旧时的皇家近卫军正在操练，恍如隔世。后来才发现，是现代的历史爱好者在这里重演当时的情景。19世纪晚期，这里成了另一个反对改革的沙皇——亚历山大三世的避难所。这两位沙皇都避世于此，使得这里被冠上"独裁者的大本营"这一恶名。

保罗一世执政后做的第一件事就是剿灭激进分子。他在各个地区安插自己的亲信，扩充特务人手暗中搜索并铲除政敌。他还打算与法国断绝外交关系，禁止发行外文书籍报刊，禁止俄国人出境旅游。这一套命令，在苏联时期倒还行得通，在保罗一世执政时期，不免引发流血事件。1801年3月23日，心怀不满的卫队军官包围了皇宫，将保罗从私人房间揪出，威逼他即刻退位。保罗的不服从态度激怒了卫兵，在拳打脚踢、刀捅剑刺外加卡脖子的揪斗中一命呜呼。23岁的亚历山大（保罗之子）当时就在自己的卧室里，他很清楚现在正在发生着什么，却静观其变。不多时，他就被召进皇宫，卫兵告诉他，他该学着治理国家了。

亚历山大是祖母凯瑟琳抚养长大的，在他统治初期，他当然倾向于伏尔泰的自由主义思想。父亲的惨死虽不是自己一手策划，自己也难辞其咎（毕竟自己在其中持默许态度）。这给他造成了严重的心理阴影。据当时的人说，他厌恶自己的真实想法，不愿面对自己的内心，他总觉得他应该继承父亲的政治方针。祖母的自由主义思想和父亲的保守主义思想，像两股拉力，撕扯着他，让他身心俱疲。这也许就是在他统治时期，政治倾向中庸，既不太激进，又不太保守的原因。

尽管他是在极其野蛮的宫廷政变中登基的，但他并没有采用激进的方式巩固自己的统治地位。相反，他采取的是安抚民心的一些举措。受祖母的启蒙思想影响，他很排斥父亲的普鲁士式的军国主义思想。他会说很流利的英语和法语，对于英国、法国的民主进程也颇为熟悉。年轻的亚历山大继承了凯瑟琳早期组建"常规国家"的构想。公平和法治应当取代贪污腐败和高压政治，这点他也深表赞同。眼见俄国统治阶层与民众之间的差距越来越大，亚历山大担心现在不采取措施，革命迟早会爆发。

和凯瑟琳一样，亚历山大组建了政治改革委员会，成员都是那个时代最杰出的人物。米哈伊尔·斯佩兰斯基就是一个坚定的自由主义者，被誉为"俄国的伏尔泰"。他对俄国的管理体制做过很机密的评估，评估的结果只有亚历山大知晓。评估大胆地暴露了俄国的独裁统治已经式微，但还在做垂死的挣扎：

君主专制制度一直是俄国的统治方式。统治者掌握立法和执法的一切大权。君王的权力越大，民众的权利就越少。长此以往，国家退回到奴隶制时期，政治制度就变成了绝对的独裁。

斯佩兰斯基声称，凯瑟琳早期对自由主义思想的推崇也不过是一场作秀。基辅罗斯灭亡后，东方式独裁统治的根基就从未被撼动过。

凯瑟琳时期的俄国虽然期望引进欧洲先进的哲学思想，却不愿放弃专制统治的实权。我们的法律看上去冠冕堂皇，政治体系却完全是独裁式的，毫无民主可言。

斯佩兰斯基总结道，一次次的改革，最终败给了专制独裁。东方式的铁腕统治从蒙古金帐汗国时期（斯佩兰斯基嘲讽地称之为"突厥国"时期）就渗入俄国人的思想里，所以西方的民主立宪思想注定在俄国站不住脚。斯佩兰斯基不无遗憾地说，没有法律，没有公平民主，专制君主一时的心血来潮，心情的莫测变化都会扼杀创新，阻碍国家的进步，导致俄国被欧洲国家远远地甩在后面。

在独裁的政治制度下，法律只能是摆设……伴君如伴虎，天威难测，公民有履行的义务，却没有行使的权利，除非君王想要改变这一现状。现在，沙皇就是法律，他可以按自己的心意颁布法律，开庭审案，指定法官，规定他们如何审案。

斯佩兰斯基告诉亚历山大扫除历史阴霾的唯一办法就是置之死地而后生，也就是休克疗法——一夜之间将民主和分权而治的思想应用于俄国的政治体制中。具体的计划是这样的：成立地方议会，议员由民众自由选出；组织国家议会；实施分权而治；颁布宪法草案，保障民众的民主权利；还有废除国家警卫队，实现言论自由。

亚历山大赞许地听着。英国式的君主立宪制甚合他的心意，他曾对斯佩兰斯基说："等我颐养天年时，看到国家繁荣昌盛，那该是多么欣慰啊！"可是耳旁传来坚定的保守主义者的声音，这让他犹豫不决起来。陆军部长阿列谢克对亚历山大一世忠心耿耿，对军事独裁制度大力拥护。阿列谢克主义代表的就是国家警力的严重滥用。阿列谢克在亚历山大心中就像父亲一样高大。阿列谢克的话，他总是毕恭毕敬地听。

普希金曾评价说，斯佩兰斯基和阿列谢克，一个是神，一个是魔，他们左右着沙皇的行为。亚历山大虚荣又没有什么主见，很容易被别人的看法影响。这也真是俄国的不幸。祖母和父亲政见的不一，他内心的矛盾，耳边又有各执己见的两派大臣，从而造成了亚历山大事事举棋不定，再三权衡，最终一事无成的结局。

他的犹豫不决导致了改革胎死腹中。他对法国共和主义的新政权，起初是赞赏有加，后来态度来了个180度大转弯，对共和主义深恶痛绝起来。此外，1805年，他还派兵与拿破仑交战，但是短短两年后，他竟然在提尔西特和拿破仑坐下来谈判。拿破仑上台后，对欧洲各国展开了大规模的军事进攻，野心已是昭然若揭。俄国的盟友以及俄国国内的大臣向沙皇陈述利弊，强调和拿破仑合作无异于与虎谋皮，然而他根本不听，非要和拿破仑和谈。经历了在提尔西特旷日持久的谈判，以及一年后在爱尔福特（德国城市）的会谈，亚历山大觉得拿破仑是个极具魅力的人，并热情异常地宣布自己决定和以前的敌人结成盟友。

一个多世纪以后，斯大林和希特勒签订的《苏德互不侵犯条约》正是惊人相似的翻版。《提尔西特条约》将欧洲分成了两大势力范围，俄法各代表一方。然而这样的世界格局注定不会长久。果不其然，5年后，拿破仑终于露出真面目（希特勒的行为与其如出一辙），单方面撕毁和约，向俄国进军。早在保罗一世时期，因为怀疑周围人对自己怀有二心，保罗冤杀了7名陆军元帅、333名将军，俄国军事实力因此被大大削弱。这样一来，50万法国军队明显占了上风。他们一路烧杀抢掠，所向披靡。1812年9月7日，他们就攻到了莫斯科向西75英里的波罗季诺。接下来的战争，在列夫·托尔斯泰的《战争与和平》中有最经典的描述：

> 炸弹在皮埃尔几步远处炸开。只见他拍了拍身上的尘土，怯懦地笑了笑，向四周来回地张望……周围硝烟弥漫，战火在燃烧。一切都是那么陌生，那么混乱。他的视线模糊了起来。一个炮弹落在皮埃尔所在的战壕边缘，一个黑乎乎的东西从他面前闪过……他根本不知道上校已经为国捐躯了，也不知道旁边呼喊救命的士兵是个俘虏，更不知道一个士兵就在自己眼前被人捅死……一个脸色蜡黄、

体型干瘦、满身是汗的蓝色身影,挥舞着剑叫嚣着向他冲来。皮埃尔本能地伸出手卡住了那人(一个法国士兵)的脖子。那人见势丢了剑,腾出手来揪住皮埃尔的领子……这时的战场上横七竖八地躺满了阵亡将士。几个世纪后,这片战场成了农田,波罗季诺的农民在浸了鲜血的土地上年年丰收。

在这片土地上,皮埃尔体会到了战争的恐怖和残酷。而现在这里又回归到了平静。夏末一个风和日丽的日子,我开车到了波罗季诺,农民正在收割庄稼,那情景和托尔斯泰笔下描述的一模一样,只不过他们不再用牲畜耕作,而是换上了联合收割机。鸟在树上歌唱,牛在草地吃草,两三个纪念碑标出了当年重要的战场位置,博物馆里陈列着血染的军衣。一切离1812年的那场鏖战是那么的遥远。但是,拿破仑最关键最惨烈的战役就发生在这里,托尔斯泰笔下死尸相叠的场景,横七竖八的残肢,战地医院在不施麻药下为伤病员截肢的情节也发生在这里。托尔斯泰说,这片土地因为浸满了士兵的鲜血而变得肥沃,许多年后还能有很好的收成。

从战争的死亡人数上看,波罗季诺一战,俄国失败了。俄国阵亡了45,000人,而且不得不退回到莫斯科。开始的几个月,俄国不断失守,节节败退。退无可退时,俄国人终于重新燃起希望,转身与法军正面交战。俄国将领米哈伊尔·库图佐夫在波罗季诺一战中声名大噪。当时在俄国士兵间流传这样一个时髦小调:"库图佐夫将要打败法军,扭转战局喽。"托尔斯泰也把这次战役看成俄国转败为胜的关键一战:

> 此时俄国将士死伤过半,却仍然很顽强地坚持抗战,这让拿破仑的将士既肃然起敬,又心怀畏惧。俄军没能赶走敌军,没能夺回自己的国土,但是他们士气高涨,连敌军都不得不佩服。在心理战上,法国侵略军显然输了。法国侵略者像一头疯狂的野兽,在波罗季诺受了致命伤,感到自己的死期将至……他可以拼尽力气攻到莫斯科,然而不等俄国人反抗,它自己就流血而亡。

托尔斯泰认为1812年的卫国战争是个关键的转折,甚至改变了人类的命运。《战争与和平》的第二篇后记中托尔斯泰向我们解读了那场重要事件在人类历史上的意义：

> 法国军队向莫斯科进发，军队所到之处民不聊生，满目疮痍。俄国军队在节节败退的屈辱中，心中对敌军的仇恨也与日俱增。最后，俄国军队退到了莫斯科的边缘，法军随即长驱直入。法军就像受了致命伤的野兽，终于在莫斯科歇了下来，不断舔舐流血不止的伤口。这一歇就是5个多星期。突然，他们调转头，没有任何解释，没有任何条件，向自己的老巢奔去。

法国军队占领莫斯科仅仅一个月，就无条件地撤退了。而《战争与和平》向我们揭秘了改变历史走向的种种潜在力量。托尔斯泰认为，推动历史向前发展的不是所谓的将军和政客（他们的贡献是后人追封的），而是普通的老百姓、不起眼的士兵、工人和农民。《战争与和平》写的就是这些普通大众，他们的全体意志决定了历史的走向，推动了世界重大事件的发展。托尔斯泰的历史观是大众的历史观，集体主义的历史观，而非社会主义的历史观。他还提出了历史的必然性这一理论：智者像库图佐夫顺应历史潮流行事，而愚者逆历史潮流而行，妄图改变历史的走向。从拿破仑身上，我们看到不可一世的野心给人类带来了怎样毁灭性的灾难：俄国人撤离了莫斯科，并将之付之一炬。拿破仑大军守着这个空城，举目无望，又饥寒交迫。拿破仑的将军说，他目睹俄国人手持火把，穿过大街小巷，亲手将自己的城市烧成灰烬。将军在其回忆录《1812年拿破仑及其远征军的历史》中说，只有为最热诚的爱国激情所鼓舞才能下得了这种同归于尽的决心。这种破釜沉舟的决心连拿破仑都为之动容，为之击节。

> 黑魆魆的夜被火光照得亮如白昼，士兵们都在奋力扑灭大火。拿破仑此时还在酣睡，无人敢把他叫醒。不过熊熊的火光还是把他惊醒了……火光舔着众人的脸，空气也是热烘烘的，睡眼惺忪的拿破仑不觉怒从心头起。法军都已经攻入俄国腹地，俄军还是没有一丝屈服的表示，这不得不让拿破仑惊讶之余，被俄国人顽强的意志

和不屈不挠抗战到底的决心征服。他从座位上一次次站起……冲到窗户前，看大火蔓延到了哪里，嘴里惊呼："这太不可思议了！什么样的人会忍心把自己的国家烧成灰烬？处处都是火海！这究竟是怎样一个民族，性子竟然如此刚烈！他们真的不愧是斯基泰人！"

在国家危亡之秋，俄国人所体现的与敌人同归于尽的决绝，决不投降的意志力，让我们看到了亚洲人和斯基泰人的影子。这和托尔斯泰笔下文雅地讲着法语，受过欧洲文明思想熏陶的俄国贵族截然不同。拿破仑和他的远征军也许以前低估了俄国人，但是当他们从莫斯科撤退时，他们对这个民族的认识想必一定很深刻。

当法国军队从俄国的土地上狼狈撤退时，超过30万的将士已经永远长眠在这个冰天雪地的国度。有些在战争中阵亡，有些则是饿死、冻死或者染上伤寒不治而亡。大雪飘飞的冬日，法国士兵冻饿难耐，有些宰杀战马充饥，有些蜷缩进死马的身体里取暖。俄国正规军、哥萨克骑兵以及不断增多的游击队和特遣小分队的突袭也让他们防不胜防、无力招架。可以说，这是两个民族之间的战争。在保家卫国的爱国热情激荡下，俄国的每一个人都热血澎湃，胜利最终必将属于他们。

然而，让统治阶级担心的是，战场上的胜利让参战的人更加自信，也让他们不再满足于现状。起义的浪潮一波波涌起。人们要求政府给予他们一定的权利，作为他们在战争中抛洒热血的奖励：农奴想要获得自由，农民想要获得土地。人们并不是对沙皇有什么不满。实际上，沙皇仍然是他们"可亲的父亲"，拥有无上的权利，神一样的不可侵犯。可是他们希望万能的沙皇能给予他们公平和自由。这样的要求也是俄国的正规军强烈提出的。他们跨境追击拿破仑大军，一直追到法国巴黎，为国家立下了汗马功劳，这样的要求似乎不算过分吧。

1813年，俄军在莱比锡战役中大获全胜。一年后，又在法国的香榭丽舍大街举行了胜利游行。对于那些从未出过国门的俄国兵来说，这次胜仗后在巴黎的短暂逗留让他们大开眼界。俄国步兵在法国的咖啡店进进出出，并把那里变成了小酒店（在俄语中，小酒店就是一个可以畅饮啤酒的地方）。但是他们在巴黎获得的并不只是酒水。我们知道，1945年苏联红军占领德国后，看到了一个更开阔更令人向往的世界，而这是苏联的领导人不希望他们看到的。同样地，法国的自由和繁荣给他们留下了深刻的印象。这些士兵回国后不禁开始想，为什么他们的国家不能像法国一样呢。他们内心的不满情绪在发酵，对改革的渴望也日渐强烈，这种情绪很快感染了所有的俄国人，使得社会的阶级矛盾尖锐起来，最终导致了社会的巨大动荡。

不过，眼下的时局还看不到起义的苗头。亚历山大带领盟军对抗拿破仑，不仅巩固了自己的王位，也使得俄国成为欧洲世界最具影响力，最不容小觑的军事大国。年轻时的亚历山大很赞成自由主义的思想，然而经历了法国入侵，加之多疑又执拗的保守派与他唱反调，他一时也六神无主，慌了手脚。也许他始终摆脱不了父亲的死带给他的心理阴影，所以才会请教神谕，求教于自命的宗教预言家，还皈依了新教会的基督教派。新教派给他灌输了这样的思想：要想维持国家原有的秩序，阻止革命扩大化，维护基督教的崇高理想，他必须成立神圣的欧洲联盟。

亚历山大喜欢将自己的主观意愿强加到别人身上，别人稍有不从就会遭到武力制裁，这让他在人们心中成了一个彻头彻尾的暴君。他的统治给了人们改革的希望，却又用赤裸裸的残暴独裁统治亲手毁了这个希望。他的政敌两次派人刺杀他，却都没有成功。这让亚历山大坚信高压政治和铁腕统治才是俄国的唯一出路。1825年，在塔甘罗格（俄罗斯西南部重工业城市）他谋划着新一轮的镇压行动，却不料染上伤寒，暴病而亡。

亚历山大留下了一个落后保守的俄国。在晚年的反动统治时期，他建立了特务组织，暗中监视、铲除异党；他发动的战争对国民经济造成了很大的损失；他许诺推行改革，却不兑现承诺，从而引发了国民心中的不满情绪。在1825年年底亚历山大暴病不久，全国爆发了轰轰烈烈的革命。尼古拉·尼科拉索娃的史诗《俄国女人》记录下了1825年12月14日在圣彼得堡议会广场的空地上发生的事件：

> 看吧，人群向广场涌去！
> 革命军黑压压地挤满了广场，
> 仍有士兵不断挤进来，
> 千百将士高呼"万岁"。

旁观的人群看着热闹，
浑然不知悲剧就在后面。
革命军奔走呼喊"投降吧！"回答他们的是枪林弹雨。
某个不知死活的将领迎上前劝话，
愤怒的革命军将他从马背上揪了下来。
另一个对着革命军高喊：
"就此收手吧！沙皇会赦免你们的！"
话还未说完，就已一命呜呼。
主牧师呼吁革命军不要一错再错：
"跪在沙皇面前，求他宽恕吧！"
"你这老不死的，这里哪有你搅和的份，
快为我们祈祷……"
大炮缓缓驶入人们的视野，
"开炮！"沙皇一声令下，
……血腥场面就此展开。

如今的议会广场花园密布，雕像林立，从圣埃萨克大教堂一直延伸到涅瓦河畔。而在19世纪初期，这里还是阅兵场。1825年12月的一个星期一，3,000名革命军一大早就聚集在这里游行示威。革命的发起者是对法作战的俄国老兵。在1812年反对拿破仑战争中，这些俄国贵族军官参加了国外的远征，受到西欧民主思想的影响，对国内的农奴制度和专制制度极为不满。回国后，他们成立秘密的革命组织，企图按照西方的方式来改造国家。他们在俄国历史上被称为十二月党人。这次起义对以后反专制反压迫革命有着很深远的影响。

这场军事政变打着王位继承者不正统的幌子。亚历山大是长子，二弟康斯坦丁本来有可能继承王位，却私底下把王位让给了三弟尼古拉。起义军并不在乎谁是沙皇的真正继位者，而是想要在俄国废除农奴制，实现君主立宪制。美国独立战争的爆发也对他们有很大的影响，他们决心更进一步终结沙皇的统治，还地于民，实行共和制。

起义军和沙皇军队对峙了将近一整天。起义军本想拉拢圣彼得堡的守卫，可惜他们没有很好的沟通能力和领导组织能力。在间歇性的炮火攻击下，起义军时刻做好战争准备。普通民众在一旁或是好奇地观看，或是为起义军壮势。新皇尼古拉这时左右为难，不知如何处理这样的局面。他派去和谈的第一个使者，转眼就被射死了。之后他又派了一队骑兵做先锋，士气不高的骑兵在结了冰的鹅卵石路上摔了个人仰马翻。最后，眼见都到中午了，尼古拉命令炮兵部队向起义军开炮。成百上千的起义军死在枪林弹雨中，侥幸存活的被逮捕起来，交由法庭审判。近百位起义主谋被流放西伯利亚，还有5人被公开绞死。

十二月党人行刑的地方位于彼得保罗堡（在圣彼得堡）的东边要塞，是涅瓦河附近的一个很大的岛屿。现在这里已经成为旅游胜地，极适宜周日午后漫步。然而这里却有着极不光彩的过去，关押过一代代的政治犯，1826年7月13日，十二月党人起义的5个主要领导人在经过数月的审讯后，跟跄地从监狱中走出来，被带到临时搭建的木质绞刑架前（他们行刑的地方现在已经竖起了纪念碑）。周围的看客异常兴奋，将他们围了个水泄不通。他们5个人（分别是穆拉维约夫·阿波斯托尔、卡霍夫斯基、佩斯捷利、别斯图热夫·留明和激进诗人雷列耶夫）走到绞刑架台子上，将脖子套进绞索。周围鸦雀无声，人们看着穆拉维约夫·阿波斯托尔第一个行刑。绞索一点点向上拉，人们屏息凝神，突然间绳索断了，人们不觉发出一阵惊呼。在俄国，行刑时大难不死的人是可以得到赦免的。人群中于是发出赦免的呼声。与此同时，卡霍夫斯基行刑时，绳索也断了，这不得不更令人称奇。而当同样的奇迹在激进诗人雷列耶夫身上重演时，人群爆发出不可遏制的欢呼声，众口一词地请求沙皇赦免这5个人。绞刑无法继续下去了，诗人雷列耶夫唏嘘着对刽子手说："哦，多么不幸啊，我亲爱的俄国，竟然连绞死一个人都不会！"

沙皇尼古拉现在面临他登基后的第一个重大难题。他的处事方法定下了他统治的基调。诗人雷列耶夫的嘲讽显然惹恼了尼古拉。沙皇于是下令这5个起义军头子再次上绞架。这一次，无一人幸免。

和1916年爱尔兰共和派在都柏林举行反英的复活节起义一样，十二月党人起义英勇有余，智谋不足，又缺乏组织性，所以注定会失败。然而，这次起义却有着极为深远的意义。就沙皇尼古拉而言，这次起义给他敲响了警钟：俄罗斯帝国并不太平。他大肆镇压起义军却导致更多的民众投身到革命的大军中。那些被处决的起义军领袖成了未来革命者的榜样，激励着他们为自由而战。在俄国，诗人一直被视作国家的良知。普希金对十二月党人深表同情的诗句将他们塑造成自由的捍卫者，人类意愿的跟随者。

> 在遥远的西伯利亚腹地，
> 你高傲的头颅倔强地扬起，
> 你眼中的神情那么安详，
> 所有的心血不算白费，
> 高尚的思想万古长青。
> 苦难摧毁不了你的希望，
> 贫病剥夺不走你的快乐，
> 孤独消磨不掉你的斗志……
> 相信吧，快乐的日子就要来临。
> 沉重的锁链终将卸下，
> 地狱的牢房也会倾塌，
> 听吧，自由的欢声，
> 将会在门口迎接你……

尼古拉一世用独裁者的惯用伎俩极其残酷地镇压十二月党人起义。他任命令人生畏的贝肯多奥夫伯爵担任秘密警察总司令，加强特务建设，铲除异己，以极其残忍的手段镇压政治上的反动势力。尼古拉用军事化和高压化的方式统治着俄国。讽刺作家萨尔特科夫·谢德林将尼古拉统治下的俄国描述成"广袤沙漠中的一个大监牢，抬头不见万里长空，但见灰色军大衣遮天蔽日"。平民主义作家格列布·乌斯本斯基也以极其生动的手法描写了笼罩在俄国普通民众心中的白色恐怖。

尼古拉统治时期宣扬的是反西方式情绪；他企图用武力同化俄罗斯境内的各个少数民族，这促进了亲斯拉夫运动的发展。在一个世纪改革和复古的势力较量中，亲斯拉夫运动起到了很大的作用。

归根究底，尼古拉就是想回归到莫斯科大公国时期的独裁统治，给人们灌输国家至上的观念。他彻底结束了凯瑟琳大帝和亚历山大一世的自由主义改革。不仅如此，他认为凯瑟琳和亚历山大的改革给了人们太高的期望。所以当国家不够自由化，不能给予民众所希望的权利，人们就感到受了欺骗，就开始造反。亚历西斯·托克维尔（法国的政治思想家和历史学家）的《旧制度与大革命》可谓是19世纪开创性的专著，其中就简洁地阐释了亚历山大的这一想法：

> 历史告诉我们，最糟糕的政府是给了人们自由的希望，解放的许诺，就消失不见了。如果没有见到过光明的世界，憧憬过幸福的生活，那么再无法忍受的苦难也能咬咬牙吞下。可是自由主义的改革尝试像一道闪电划过黑暗的夜空，让人们意识到原来生活还可以这样精彩。世上最痛苦的事不是让人对生活彻底绝望，而是将绝望的人唤醒，让他体会到呼吸的自由，体验思想交流的快乐，让他学会思考、学会判断。那么以前没有任何自由的日子，没有任何光明的日子，即使有所改善，在他们看来也是无法忍耐的了。

托克维尔这段话是针对1789年的法国大革命有感而发的。然而他总结出的道理对俄国来说是再恰当不过的了：改革初始，即是独裁体制瓦解之时[①]。

[①] 一旦统治者通过改革给予人们一丁点好处，人们就会得寸进尺，索要更多。在19世纪的俄国、20世纪的苏联，这样的担心一直存在。所以说，吃了苦头的政府会气急败坏地禁止任何改革尝试，然后迅速退回到旧时中央集权的专制统治轨道上来。

第三章

革命的兴起

第三章

研究の方法

一

在车臣战争中阵亡的军人尸体被送回老家。这一事件为后来的政治危机埋下了隐患。鲍里斯·叶利钦将自己的治国方法称为"休克疗法"。在车臣事件中，他不顾共和党人的日渐不满，故意让危机爆发，直到局面混乱到不可收拾。

叶利钦为了避免国家分裂，发动了车臣战争。在将车臣化为废墟的同时，莫斯科也遭受了很大的破坏，重建要花一大笔费用。此外，车臣并不是唯一一个想要独立的共和国，要维持俄罗斯的统一，还有很多仗要打。

现在，政治恐怖主义的阴霾已经笼罩在莫斯科上空——拥挤的地铁上的一次爆炸造成4人死亡，多人受伤。

俄罗斯南部地区向来问题不断。从很多方面看，这是俄罗斯人一手造成的。20世纪最后20年的民族起义，至今仍不断发生在莫斯科的恐怖主义爆炸事件，都源于几个世纪以前就留下的隐患。俄罗斯南部边界一直危险重重，难以掌控，野蛮不开化。但那里资源丰富，风景优美，地理位置优越，很早以前，俄国人就用疑惧的眼光打量着这些生性凶残的游牧部落。蒙古族的入侵激起了俄国人对边疆极强的控制欲。几个世纪以来，一代代的沙皇都致力于扩大俄国的疆域，将虎视眈眈的敌国驱赶得越远越好，否则，他们不得心安。在东部，俄罗斯成功收服了西伯利亚；在北部和西部，俄罗斯占领了很多缓冲国，不过却没能阻止瑞典、普鲁士、立陶宛、法国、波兰和德国的入侵；在南部，俄罗斯的扩张行为遭到了最激烈的抵抗，并引发了至今都没能解决的问题。

16世纪，伊凡雷帝向南部展开强大的军事攻势，企图吞并南部疆域。这一举动导致了接下来的4个世纪，俄国不断受到南部地区的骚扰。他俘虏了喀山和阿斯特拉罕的可汗，却在1571年失地于克里米亚的鞑靼人，不仅莫斯科被鞑靼人占领洗劫，居民也沦为奴隶。信仰伊斯兰教的军事首领成了俄国人的梦魇，俄国南部充满了恐怖、危险和死亡的气息。

1654年，阿力克塞一世和哥萨克首领博格丹·赫梅利尼茨基签订了一项协议。协议规定乌克兰属于俄罗斯帝国。对莫斯科人来说，乌克兰回到国家的怀抱，完成了自基辅罗斯（俄罗斯的文明之源）以来的大统一。然而乌克兰人并不这样认为。本来乌克兰和俄罗斯都宣称自己是基辅罗斯的正统继承者，彼此间充满了猜疑和隐隐的敌意。被迫从属于俄罗斯帝国，这对乌克兰来说是一种屈辱，乌克兰人无不义愤填膺，对俄罗斯仇恨至极。这就为百年后的冲突埋下了隐患。

17世纪80年代，彼得大帝派兵攻打克里米亚。对方采用焦土策略（比如军队撤退时销毁一切敌军可利用之物），把俄军打得落花流水，落荒而逃。此后的百年间，俄国的南部边界国家和俄国展开了长期的拉锯战。

18世纪和19世纪早期，俄国和奥斯曼土耳其为争夺黑海北部的肥沃土地，一直征战不断。凯瑟琳大帝将位于亚速海和黑海的温水港收入囊中，此外乌克兰、克里米亚的其他领土也成了俄国的一部分。南部领土的扩张让俄国迅速崛起为世界大国，这对于增强国家自豪感，促进内讧不断的俄国实现统一也有极大的作用。

在令人叹为观止的高加索山脉，郁郁葱葱的山谷中，居住着车臣人、格鲁吉亚人、达格斯坦人以及印古什人。然而这个世外桃源般的地方，却成了厮杀惨烈的战场。19世纪初期，抗俄游击战持续了50年，牺牲了成千上万的生命，也让俄国的作家、诗人创作出大量充满暴力血腥、深重苦难和自尊自傲的诗篇。普希金的叙事诗《高加索的俘虏》对以后的作家都产生了很大的影响。

当俄国的雄鹰，
从高加索山顶飞过；
当俄国的战鼓，
敲打出血腥的鼓点；
我能否为这荣耀的时刻高歌？
为您高歌，我崇敬的英雄，
您的足迹踏遍部落的各个角落……
您是高加索引以为傲的儿子，

> 在您面前，俄国的屠刀也折了腰。
> 刀光剑影中，您越战越勇，
> 可是耀如日月的铠甲，
> 驰骋沙场的坐骑，
> 生你育你的山峦，
> 还有您挚爱的自由，
> 都不能从死神手中，
> 将您夺回。

普希金是自由的坚决捍卫者，不过诗的结尾却带有为侵略者歌功颂德的色彩。也许就连普希金，也不能对俄罗斯帝国的辉煌功绩漠然视之吧！

19世纪，亚历山大对俄国南部发动大规模进攻，任命阿力克塞·叶尔莫洛夫为司令。叶尔莫洛夫是妇孺皆知的老将，是俄国炮兵部队的司令官，还与拿破仑在战场交过锋。1816年，刚一抵达高加索，他就很快确立了格杀勿论、绝不留情的作战准则。他实行白色恐怖政策：对于敌人和叛军不经审讯即可就地处决；家属也一并连坐，不留活口；对当地妇女可随意绑架强奸。他火烧了上百万亩的森林，还振振有词地说，没有树木掩护，敌方游击队便没有藏身之处，这对俄军大大有利。这就和一个半世纪后，美国人为使用橙剂(美军在越战期间使用的化学毒物)正名如出一辙。叶尔莫洛夫说，他就是想让高加索人闻其名而色变，这要比加强什么防御工事奏效得多。

> 我就是想让我的命令比死神的召唤更让当地人畏惧……在亚洲人眼里，仁慈就是懦弱。不要说我惨无人道，我这样做才是真正的人道：对高加索人的每一次处决就意味着成百上千的俄国人免于死亡，也意味着成千上万的伊斯兰不敢叛变……

叶尔莫洛夫在格罗兹尼（现在的车臣共和国首府）建立要塞，从这里出发，讨伐车臣。他们进入村庄，就下令"绞杀人质，屠杀老弱妇孺，将村庄夷为平地"。数千车臣人被流放异乡，村庄被洗劫一空。1819年9月大地村遭难的场景，永远留在了人们的记忆里。当地人在传奇人物沙米尔的领导下，与俄军展开殊死搏斗。当所有的男丁在敌人机枪扫射下英勇就义后，妇女们拿起长矛上阵杀敌。眼见着要兵败被俘，她们纷纷将矛刺进了自己的脖颈。大地村誓死不屈的英勇行为在车臣的民谣中广为传颂：

> 醒来吧，我的勇士，
> 唤醒你的家人，唤醒你的妻子，
> 快快做完早祷，
> 村子已被重重包围。
> 一重冷森森的枪林，
> 一重明晃晃的刀网，
> 一重血淋淋的尸墙，
> 刽子手下令，
> 老弱妇孺，一个不留。
> 顷然间，
> 死尸相叠，日月失色，
> 翻开《可兰经》，
> 唱一首死亡祷告，
> 我的勇士，此刻，
> 你的灵魂将升入天堂。
> 异教徒将再也赶不上你的脚步，
> 真主安拉将拥你入怀，
> 永离苦难……
> 每一片草叶，每一块石头，
> 都记得这片土地上的苦难和狂暴，
> 你的热血染红了敌人的利剑，
> 也染红了这片土地，
> 看不到孩子满眼含泪，
> 在母亲的尸体前，
> 哀哀啼哭，
> 该算是你的幸运吧。

直至今日，提起叶尔莫洛夫，车臣人还难掩厌恶之色，恨不得寝皮食肉。他是俄国种族灭绝行径的代名词。他的凶狠残暴，在过去20年的战争中，被车臣人原封不动地施加到俄国俘虏身上。

在莫斯科对俄国南部展开军事攻势，前景大好之时，普希金也在诗中透露出对叶尔莫洛夫战事的支持。然而不是所有的人都会被爱国热情冲昏了头脑，从而不辨是非。1837年，一个有着自由主义倾向的青年卫兵长米哈伊尔·莱蒙托夫写了首文采飞扬的诗。这首诗深刻揭露并鞭挞了沙皇的虚伪，其中写道："……扼杀自由、天才和荣耀的刽子手你推我搡地挤在沙皇的宝座上，丑态毕露。"不久，这个青年卫兵长就被调到高加索的骑兵团，看似军队调派实则是变相的囚禁流放。然而在他开创性的长篇小说《当代英雄》中，莱蒙托夫间接地说，俄国就是个监牢，而原始动乱的高加索才给人以自由。

> 昨日，我到了派蒂哥斯卡……风暴来时，海浪能一下子打到屋顶上……西边的贝世图山，蓝得只有风暴散去后的最后一片云彩差可比拟。马舒克像是波斯人的蓬松帽，遮住了南边的整个地平线……再远处，山如眉黛，云环雾绕……极目远望，卡兹别克山和巍峨的厄尔布鲁斯连成一线，那白雪皑皑的山顶相互挤挨着，绘成一道银色的围巾。在这样一方清净之地，自得其乐，夫复何求？

《当代英雄》里不仅描写了高加索令人赞叹不已、遥思遐想的美景，也记录了当地人保家卫国、奋勇杀敌的场景。相较之下，那些虚荣世故、自我迷恋的俄国人显得猥琐不堪。书名本身就含有明显的嘲讽之意：如果当代真的有英雄，那也只能是高尚的夷人、车臣人以及达格斯坦人，而不会是死气沉沉、愤世嫉俗、百无一用的俄国人。莱蒙托夫这部小说间接控诉了带给人们压迫和奴役的所谓文明。

后来的托尔斯泰，笔风更加辛辣。托尔斯泰年轻时作为俄国基层军官在高加索服役。他在日记中曾写道，"俄国对高加索一战，打得既不正义也不光彩"。他最后一部作品《哈吉·穆拉特》对俄国在车臣所犯下的滔天罪行进行了道德上的谴责：

没有人提及对俄国的仇恨。所有车臣人，不论老老小小，对俄国的感情都超越了仇恨。他们不恨俄国人，因为他们根本没把他们当人看过；他们只是打心底里厌恶、不齿。他们可以理解人们为了生存下来，会狠下心来消灭田鼠、毒蜘蛛或者野狼。可是他们怎么也想不明白，俄国人究竟为什么非要将他们斩尽杀绝。

沙皇俄国在边远地区残酷镇压民族主义，留下了无穷隐患。近年来，车臣共和国注意到了这一点，并竭力避免。然而对待其他少数民族部落的时候还在重蹈沙皇俄国的覆辙。在历史上，俄国社会体制中的漏洞、不断出现的危机已经在少数民族中煽起了民族主义风潮，拉开了国家分裂的序幕。而一旦国家分裂，那对俄国将是灾难性的打击。对于20世纪初期的革命动荡，谢尔盖·维特在自己的《回忆录》中这样警示：俄国的民族断层将会威胁俄国的统一。

35%的俄国人口是不讲俄语，被俄国征服的异族人，所以一旦闹起革命，对俄国将是致命的打击。略通近代史的人都会明白，过去一个世纪的民族主义运动给各民族造成了极大的伤害。要把各民族融合为一个统一的政治体难于上青天。1905年，俄国中部势力减弱，边境城市就乘虚而入，回敬长期以来对它们的不公待遇……它们热切盼望着恰当时机，以摆脱俄国的枷锁。事情之所以会这样，还是俄国一手造成的。我们没有意识到，从彼得大帝时期，更确切地说，从凯瑟琳大帝时期起，我们已不仅仅身处俄罗斯，而是身处"俄罗斯帝国"……俄国的边境城市对于俄罗斯化政策不会永远逆来顺受。格鲁吉亚、亚美尼亚、鞑靼人都想要获得自治权，他们都希望废除人为施加在他们身上的压迫体制，废除带给他们无尽苦难的枷锁。

在企图征服南部边境地区的拉锯战中，俄国元气大伤。自基辅罗斯伊始，俄国危机不断，不是处在战乱中就是处在备战中。蒙古的统治给俄国灌输了军事化国家的运作模式：将国家的所有人力、物力都投入到备战或战争中。

许多世纪以来，在高加索和其他地方的摩擦性冲突以及战争更让俄国人深信：要时刻保持警惕，时刻做好军事防御。这种时刻备战的紧张局势不仅损害了俄国的经济发展，打乱了国家的正常秩序，而且也阻碍了社会的改革发展。一直征募新兵拖延了废奴运动的进行，严重阻碍了生产力的发展。这也让19世纪沙皇所做的种种改革努力几近白费，导致革命在不久的将来轰轰烈烈地爆发。

俄国之所以愿意付出沉重的代价以征服高加索，部分原因在于俄国想加强它在南部的防御力量。波斯、土耳其还有后来的英国都在争夺这块肥肉。奥斯曼帝国的灭亡留下了巨大的权力真空，俄国、英国都跃跃欲试。所谓的"巨变"时期通常指从大约1813年到1907年两国签订《英俄公约》的这段时期。在这之前，在中亚的霸权争夺一直蔓延到俄国本土。因为担心俄国势力会渗透到地中海，1854年英法联军在克里米亚半岛登陆，意图摧毁俄国在塞瓦斯托波尔（前苏联克里米亚半岛西南岸港口城市）的黑海舰队。喜好征战的尼古拉一世一手挑起了克里米亚战争，却在战争的关键时刻，感染上肺炎，暴病而亡，致使俄国遭到了毁灭性的打击，1856年不得已签下不平等条约，解散在黑海的海军基地。几个世纪以来，其在南部确立温水港的所有努力付诸流水，在地中海落脚的希望也化为泡影。

接二连三的灾难、战略性的失误以及沙皇权威的贬损，标志着俄国作为主要欧洲大国的时代一去不复返了。这激起了俄国公众的强烈不满，革命的暗流又开始涌动。整整一个19世纪，这种不满情绪都在酝酿发酵，终于在1917年的那场大革命中彻底地宣泄出来。

二

尼古拉·果戈理的《死魂灵》描写了一个投机钻营的骗子——六等文官乞乞科夫买卖死魂灵的故事。乞乞科夫来到某市先用一个多星期的时间打通了上至省长下至建筑技师的大小官员的关系,而后去市郊向地主们收买已经死去但尚未注销户口的农奴,准备把他们当作活的农奴抵押给监管委员会,骗取大笔押金。

"夫人,告诉我,你农庄里有多少死了的农奴……"乞乞科夫急切地说,"你可以统统卖给我。""你要买什么?"地主婆不解地问道。"死了的农奴啊。""可是你买他们做什么,我可从没做过这样的买卖……"地主婆继续说,"你该不会占我这老太婆的便宜吧,也许别的买家会出更高的价格呢……""这老太婆老糊涂了不成,"乞乞科夫小声嘀咕道,"这样跟你说吧,夫人。你以为死了的农奴能值多少钱?他们不过是一堆白骨、一撮尘土,一文不值……你说说,他们能有什么用?"乞乞科夫耐着性子劝说道。"那,那也许他们可以干农活……可能,可能在紧急情况下能派得上用场……"地主婆胡乱地辩道。

果戈理的文章看似简单实则越读越见深刻。《死魂灵》不是简单的社会批评小说。果戈理以他独有的黑色幽默以及荒诞神秘的写作手法重新塑造了俄罗斯的形象。对已死农奴的买卖揭露了沙皇式官僚统治的无能和无情,暴露了农奴制的腐朽。

《死魂灵》成书于1852年,那时俄美两国都在热火朝天地讨论农奴制的废除问题。农奴制曾是俄国的重要经济支柱,为俄国提供了大量契约劳动力以及新兵,巩固了俄国的社会结构。这是以前的沙皇迟迟不愿废除农奴制的原因之所在。

早在基辅罗斯时期（十一二世纪），奥列格的商船就顺流直下，经第聂伯河到达拜占庭帝国进行奴隶贸易。那时的奴隶可是很有价值的商品。历史学家推断，这些奴隶应该是突袭战中被抓获的俘虏，从此就失去了自由，一生为别人做牛马。到后来的十三四世纪，一些自由的农民因为负债累累，而被迫为奴。到了15世纪，就有法律明文规定和管理奴隶买卖。俄国历史上第一部成文法律文献《东斯拉夫法典》中曾将奴隶分成三类。

购买奴隶必须要有见证人，而且要到法官处登记缴费。男子若要迎娶女奴为妻，必须首先征得她主人的同意，否则，此男子也一并为奴；如果一个人愿意为主人办事，无论原先是否是自由之身，他就得终身为奴，为主人效忠；如果欠别人的几担谷子或诸如此类的债务，无力偿还或不能如约偿还，那么就要成为债主的奴隶。

实际上，很多农民愿意放弃自由，甘心为奴。俄国有一个特殊的组织——连带责任组织，专门负责督促当地人纳税，维持公共秩序，向部队输送新兵。粮食收成不好或是遇到了经济危机时，这些任务完不成。通常唯一的解决办法就是整个村庄成为大地主的私有财产。

16世纪中叶，奴隶开始被称为农奴。他们租借地主的土地，受地主的剥削。不过他们还是有一定权利的，比如他们的土地可以传给子孙。一些农奴向地主租赁土地，一些就直接为地主打工。从很多方面来看，农奴制对双方都是有利的：地主获得了持续稳定的劳动力，同时农奴也得到了栖身之所和安全保障。绝大多数地主还是很有远见的，他们懂得善待农奴就是善待自己的道理。在这种情况下，农奴制在俄国被广泛传播和接受。此外，农奴制还促使俄国人形成一种集体主义心态。这种心态在俄国占主导地位长达几个世纪。面对问题，俄国人会本能地团结起来。俄国最终扩张成一个大帝国并成功抵抗外敌的多次进攻，这和全体民众的共同努力是分不开的。然而集体主义同样也阻碍了社会的进步，当西欧开始保障公民的私有财产，赋予公民政治自由，确立法制体系时，俄国却依然在农奴体制的泥淖中挣扎。

在13世纪到15世纪时期，农民有自己的小团体，自己不需要工作太辛苦，就可以养活自己。按习俗，他们还能一年休一次假，就是在11月的圣乔治节前休假一周。秋收后，还清了欠地主的债，他们就可以挥别地主，到别处打工。因为国家的税收主要来自农奴，他们如果行踪不定，收税就比较困难了，所以16世纪末期沙皇鲍里斯·戈都诺夫下令农民不得随意迁徙。短短几十年间，农民就渐渐被束缚在土地上了。

接下来的200年间，农民的权利渐渐被剥夺，直到他们沦为地主的个人财产，可以随意买卖。彼得大帝统治时期（1682—1725），农民已经正式成为地主的私有财产，不再是土地的奴隶而是地主的奴隶，受地主压迫剥削。他们不再有任何民主权利，生活处境和美国黑奴没什么区别。

统计数据显示，在18世纪晚期，俄国在凯瑟琳大帝的统治下，农奴制达到巅峰。贵族的财富多少要看其拥有的农奴数量。彼得大帝和凯瑟琳女皇常常赏给功臣奴隶，这个赏一千，那个赏一万，数字大得惊人。1796年的人口普查显示，3,600万总人口中1,700万都是契约奴隶。奴隶主有权体罚奴隶，甚至可以将不听话的奴隶发配到西伯利亚做苦工。

农民越是被视为私有财产，一种没有情感的东西，奴隶主越是不把他们当人看，从而肆意凌辱，关于奴隶的悲惨故事就越不忍卒听。莫斯科向南20英里的特罗伊茨克郊区城郊，住着一位很富有的贵族桑缇考瓦。我此次就是专门来找寻她的旧宅。这位18世纪有名的贵族还真不好找，因为当地人一听说要找她的故居，都不肯帮忙，有些甚至扭头就走。碰了几次壁，我终于找到了帕赫拉村。远而望之，山顶有座蓝色穹顶的教堂，紧挨着教堂的是由脚手架固定的新古典式庄园，明显是新近翻新的（这里的工人悄悄告诉我，这是一个"大人物"的官邸）。田园式的庄园，却有着令人毛骨悚然的一段故事。1755年，桑缇考瓦成了这座庄园的主人，山顶的教堂也成了她的私人拥有物。这之后的整整7个年头，她肆意折磨、虐杀了100多个农奴。和当时的地主一样，她在庄园里也设有私人监狱和刑房。各种私刑，令人不寒而栗，如沸水当头浇，赤身躺烙铁，赤身浸冰水。

稍微想想，我们也能明白这定是个大家族，人脉极广，势力极大，所以农民想要举报她的罪行，无异于以卵击石，甚至会被扣上诬蔑诽谤罪，吃上官司。然而善恶到头终有报，有两个农奴历经万险，终于将状子告到了凯瑟琳大帝那里。状子里历数了桑缇考瓦的罪行，写得义愤填膺，写得凄苦万分。其中一个告御状的农奴说，桑缇考瓦说他的妻子没把地板擦干净，当着他的面，将他妻子活活抽打死。事后，桑缇考瓦威胁他，如果他胆敢告官，就等着为他妻子陪葬去吧。一行行滴血的控词，看得女皇也勃然大怒，立即下令逮捕桑缇考瓦。带着枷锁镣铐的桑缇考瓦接着就被囚禁于女修道院。虽然这样的裁决不足以消除人们心底的恨意，但是在那个时代她也算是第一个被判刑的地主。

19世纪，农奴制演变成了彻彻底底的奴隶制。如果奴隶统治被推翻，成百上千的小地主就会失去一切。所以虽然奴隶制已经快走到了尽头，还是在做垂死的挣扎。奴隶们想要公平而最终不可得，绝望之下，他们逃到了西伯利亚或是俄国南部的偏远地区，投身于哥萨克骑兵的革命事业中。

俄国的农奴没有合法的权利，有冤无处申，有苦也难言，一人仰人鼻息，世代为奴为婢，处境比美国南部的黑奴好不到哪里。然而，除了黑奴以外，美国的公民都能享受到民主自由。可是整个俄国还在农奴制的笼罩之下，还处在独裁统治、皇命就是法律的黑暗之中。

俄国的作家、艺术家和诗人再一次地展现了社会的良知。在莫斯科特列季亚科夫画廊，我看到了列宾的名画。整整一个世纪，俄国画的主要素材就是农民的生活图景。列宾给俄国画又注入了动人的情感以及潜在的宣传力量。他的名作《伏尔加河上的纤夫》就有很大的感染力。那些纤夫弓着腰，脸上写满生活的风霜，却又是那么不卑不亢，这种苦难也消磨不去的尊严，让人肃然起敬。列宾的另一幅名画《库尔斯克省的宗教行列》充满了矛盾的情感：沙皇手下的骑兵用鞭子抽打着周围的农民，身穿金色教士服的牧师扭过头不愿看。这种无言的谴责被列宾表现得如此自然，如此深刻。然而这样具有良知的画家，无疑要遭受俄国政府的各种审查。

19世纪的俄国文学充满了知识分子对农奴制的白色恐怖既无能为力，又深深自责的纠结情绪。尼古拉·涅克拉索夫、冈察洛夫、米哈伊尔·谢德林等都在文学作品中表露过这种难言的良心折磨。屠格涅夫的《猎人笔记》是对农奴高尚情操的歌颂，对贵族道德败坏生活空虚的一种暗地谴责。无论是《安娜·卡列尼娜》中的列文（以他自己为原型），还是小说《伊凡·伊里奇之死》，托尔斯泰都流露出这一主题：农民是人性和智慧的最佳代表。在托尔斯泰步入晚年时，他收到托马斯·爱迪生寄来的留声机，于是决定录下自己的论战小册子《我不能沉默不语》。这本小册子里有一篇为俄国农民而写的赞美诗。他记录下的文字，字字暴露了19世纪萦绕在俄国人心头的羞耻感。

> 今天从报纸上得知，在赫尔松（前苏联乌克兰南部港口城市），20个农民被绞死。那些农民单纯善良踏实肯干，是我们的衣食父母。他们喝的是普通的伏特加酒，住的是茅房破屋，为国服兵役却得不到国家法律的任何保障，被统治者的花言巧语欺骗却还为国家痴心一片……俄国政府对他们太不公平，太令人发指了，我实在看不下去……这样没有公道的社会，我是一分一秒也过不下去。

虽然知识分子对农民大肆美化，高唱赞歌，但是他们中很少有人真正体验过农民的生活。托尔斯泰、屠格涅夫甚至涅克拉索夫都来自士绅家庭。对于他们以及追随他们的社会改革者来说，农民是知识分子所投身的一项事业的主体，而不是需要请教，需要了解的有血有肉的群体。接受欧洲思想的上层社会与大字不识的广大民众是两个世界的人。他们之间难以逾越的鸿沟让他们无法互相理解，后来的起义军（上层社会的代表）因此也无法发动广大民众起义。不过在革命展开之前，一个划时代的事件正在酝酿：1855年，暴君尼古拉一世去世。新沙皇登基，下决心做一番大事业，纠正农奴制下令人发指的不公。

亚历山大二世在俄国一片动乱的情况下登上王位。克里米亚战争将俄国拖入民不聊生的困境。1856年，亚历山大登基后的第一件事就是签订令人倍感屈辱的巴黎和约。结束战争，他早已想好应该怎样治理俄国，应该在哪些方面进行改革。他改革了军队，采用了世界通用的兵役制，但是对于历代沙皇的侵略扩张政策却刻意回避。他开始着手建设一套新法典，给予乡村和城市自治权。1861年3月3日（他登基的第6个纪念日），亚历山大发表了《解放农奴宣言》。这一重大变革让2,300万农奴远离了水深火热的日子，获得了久违的自由。

> 上帝见证，我，亚历山大二世，全俄国的沙皇和唯一统治者，向俄国人民郑重宣布：提高农奴的生活水平是我们神圣的任务，是上帝赋予我们的使命……这一新的改革，将让农奴享受到自由民的

一切权利。贵族阶级仍保留对土地的所有权，但是土地可以永久地租借给农奴耕种；为了确保农奴有足够的土地养活自己，贵族阶级按照法律法规将可耕种的土地以及相关的设备以合约的形式转让给农奴。

解放农奴是自彼得大帝以来的又一次具有划时代意义的巨变。这次改革关系到每个人的利益，为经济建筑和社会结构提供了一个新平台，对俄国的影响长达几十年。

实际上，奴隶的解放运动很早以前就该实施了。在欧洲，农奴制可以说已经退出了历史的舞台；在美国，废除农奴制的提议已经在美联邦吵得沸沸扬扬，内战在接下来的一个月爆发。在俄国，拿破仑入侵时，农民起义就没有停止过，到了克里米亚战争时期更是达到白热化状态。那些在两次战争中都抛洒过热血的农奴更是希望他们伟大的沙皇、亲爱的国父能将土地奖赏给他们，毕竟土地就是农民的根啊！

但是改革损害了地主阶级的利益，遭到他们的强烈反对，亚历山大不得不排除万难，费力地推行改革。他劝说地主阶级，"与其等着被农奴推翻，倒不如我们直接解放奴隶"。《解放农奴宣言》中充满了要地主克制忍让的语句，这也从一个侧面显示了地主阶级对农民起义的畏惧，对可能的暴力冲突的顾虑。

> 我们希望地主能和农民达成和解，在土地分配和各自应承担的义务上达成共识……如果地主们能出于对同胞的尊重以及基督徒所具有的博爱精神，自觉废除农奴制，解放农奴，那么就等于给了农民一个美好的明天，俄国人会永远铭记你们无私奉献的壮举……所以农民和仆人要对地主言听计从，做好自己的本分……改革的道路上困难重重，我们只能祈求上帝垂怜眷顾……希望我们的国民能够以大局为重……

一开始，农民对解放宣言举双手欢迎。俄国无政府主义的代表人物克鲁泡特金在《革命者回忆录》中这样描写道：

早上我还未起床，伊万诺夫就端个茶盘冲了进来，兴奋地叫嚷着："主人，自由了！解放宣言都张贴在墙上了……人们都围着看，还把里面的内容大声地朗读出来……"几分钟后，我洗漱完毕出门，看到一个人拿着很多印好的解放宣言册子。"一大早，人们都聚在圣艾萨克大教堂朗读解放宣言，"他对我说，"好多的人……农民啊都围在那里，都听懂了宣言的意思。"我从教堂出来时，两个农民站在门口，半开玩笑似的对我说："先生，您不多待会儿啊？"这个路人说着还比画了下送客的动作。多年对自由的渴盼都凝聚在一个送客的姿势里……

克鲁泡特金一向反对沙皇的统治，然而他也不得不承认自己也深深陶醉在农奴重获自由的喜悦中了。

我们是一路飞奔回家的，大步流星地走都不足以表达我们内心的喜悦……街道上人声喧天。农民和知识分子围在皇宫前，高呼万岁。沙皇出行时，后面追赶的游行队伍拖得老长老长……啊，亚历山大，你应该在这样辉煌的一刻告别人世，留下千古英名，供万世凭吊！

然而当农民看到了近400页的宣言细则，他们的喜悦一下子成了被骗的愤怒。为了平息地主阶级的不满，亚历山大将整个改革变成了一张张空头支票。

在基督教救世主教堂（位于莫斯科）附近，我找到了那个时代的印记。一个恢宏壮观的雕像矗立在眼前，雕像高30英尺（约9.15米），周围是铜狮、喷泉以及高大的白色柱廊。这座雕像是公众集资修建的，雕像一英尺高的地方刻着这样一行字：谨以此献给亚历山大沙皇，人民的解放者！雕像的底座上印着：解放百万农奴，设立自主的地方政府，实行区域自治，结束高加索战争。此外，亚历山大还大力普及教育，引进更公正的审判体系，放宽审查制度。颇具讽刺意味的是，俄国是第一个翻译并发行马克思的《资本论》（1872年）的国家。亚历山大的改革为俄国成为民主社会和法治国家迈出了重要的一步。

然而，这只是历史的一部分。实际上，1861年的解放农奴运动并没有满足农民的需求，因为宣言不仅规定了两年的缓和执行期，而且没有给予农民盼望的土地。此外，宣言中明确规定农民的田产要按国家规定的价钱从地主手中购买。由于农奴几乎没有钱买地，国家承诺给他们80%的贷款，条件是年利息6%，农奴必须在49年内还清。这就意味着农奴不得不继续为地主卖命，而且付更多的钱还买不到原来大小的土地。即使农奴最终买到了土地，国家的贷款还是得还，这是个很重的负担。许多农民因此拒绝还贷，于是引发了和政府的正面冲突，加深了两者间的敌意。

这次的解放运动不仅没有满足人们的愿望，还激怒了绝大多数人。在亚历山大雕像的底座上我看到了令人遗憾的评论："1881年3月1日，解放运动在一次恐怖袭击中胎死腹中。"

这次恐怖袭击发生在圣彼得堡，位于冬宫到涅夫斯基大道的一段运河边（凯瑟琳运河）。那是亚历山大每周日早上的必经之路。在佩乌切斯基桥岸有段路格外狭窄，一边临着运河一边临着铁栏杆。沙皇的车驾到了这段路不得不慢下来，从熙熙攘攘的人群中挤过去。

就在这时，人群中一人向沙皇的车驾位置扔了颗炸弹。由于事出突然，大家慌作一团，互相推搡，炸弹没有击中目标，还未到沙皇车驾前就炸开了。沙皇的哥萨克护卫被炸弹炸伤，扔炸弹的人（尼古拉，民意党成员）也被炸弹的冲力弹到了铁栏上，而亚历山大却毫发无损。他走下御驾，不顾护卫的劝说，前去查看伤情。就在这个时候，另一个恐怖分子伊戈那提扔了第二颗炸弹。由于伊戈那提扔得不远，他本人即刻丧命。沙皇这次却没能幸免，被炸飞了。护卫长第一时间赶到沙皇身边。

> 我被炸弹炸飞，满身焦糊，从空中重重地摔到地上。透过硝烟的迷雾，我依稀听到沙皇的呻吟："救命！"我用尽最后的力气，挣扎着站起身，跌跌撞撞赶到沙皇身边。只见他半躺半坐，依靠在右胳膊上。我起初以为他只是受了轻伤，于是想要将他拖起来。那时我才发现，他的双腿已经没了，鲜血如喷泉般涌出。地上的伤员有20人之多，一些人费力地爬着试图将压在身上的尸体弄掉。在这浸满鲜血的雪泥里，我看到衣服的碎片、军人的肩章、佩剑，还有那触目惊心的残肢断体。

一个为俄国带来解放、自由和民主的人，却被炸断双腿，面目全非，从喉咙至下身都被撕裂，血流尽而亡，这究竟是为什么？更令人扼腕叹息的是，亚历山大在临行前几分钟签署了一份改变俄国人命运的文件。1881年3月的周日早晨，亚历山大签署的宪法草案进一步推进了20多年前的社会改革，农奴的解放稍见眉目了。

在宪法草案中，亚历山大含蓄地承认先前的改革没能满足人们对自由的渴望，从而导致了后来的社会动荡和革命暴动。所以这一次，他决心进一步在俄国推行协商民主制度。

洛里斯·梅里克夫在当时是坚持改革的部长，也是宪法的起草者之一。洛里斯·梅里克夫宪法就是以他的名字命名的。宪法中讲到"让社会参与国家政策的制定"，提议放宽审查制度，给予地方选举委员会更多的权利，其中包括地方可以选派代表参加国民大会，参与立法模式的探讨。当然，立宪制民主并不是革命的目的，但这是迈向民主的第一步。革命者刺杀了亚历山大，对革命事业有百害而无一利，革命的进程起码推迟了一代人之久。

1861年，亚历山大的初步举措已经向俄国人民表明改变是大有可能的。实际上，他的一系列措施给了人们希望，让他们期盼更广泛更快速的改革。然而亚历山大没有及时回应人们的需求。当革命暴动愈演愈烈，再实行改革为时已晚。革命的领导者、民意党的积极分子薇拉·妃格念尔深知社会大众对自由和民主的渴望。她鼓动民众说，沙皇不可能给予我们想要的一切，我们唯一的出路就是革命到底。

> 洛里斯·梅里克夫宪法只是个幌子。政府对社会制度的看法、对俄国人们的态度以及对党派的观点从未变过。统治者压迫剥削人民的本质不会变，所谓的改革只是换种说辞罢了。

薇拉·妃格念尔的花言巧语和这个世纪末的青年激进分子的论调大同小异。但是在俄国，人们就是爱听这套说辞，就是容易被煽动从而丧失理智。就是在这种所谓为革命事业献身的精神感召下，他们刺杀了亚历山大，竖起了革命的大旗，将俄国推入了革命暴动的漩涡。

三

　　哲亚伯夫死时脸上还带着笑容，而尼古拉（第一个扔炸弹的恐怖分子）被抓后，受不了严刑拷打，出卖了同伙，最后还是被强行拖到了绞刑架前。在绞架前，索菲亚吻了哲亚伯夫以及其他两个恐怖分子，却不愿给尼古拉死前最后一吻。尼古拉出卖同党的行径等同于背叛革命，为当时人所不齿……那些革命人愿意为革命献身，并觉得那是件无上光荣的事……这样的死掩盖了恐怖行为的罪恶，模糊了凶手本该有的羞耻感……革命者的英勇就义，标志着无政府主义革命（19世纪俄国的一次革命活动）达到了巅峰。

　　阿尔贝·加缪曾经记述过革命党人(1881年刺杀了亚历山大二世)行刑的过程。然而他的记述充满了矛盾的情绪。他在自己的哲学专著《叛乱者》中既表达了对谋杀行径的谴责，又表达了对革命者深深的理解。似乎政治刺杀虽说在道义上应受谴责，但是却具有历史的必然性。

　　刺杀沙皇的革命分子尼古拉是个有着棕色卷发的19岁少年。他扔的第一颗炸弹没有击中目标，被捕入狱后又出卖了同伙。可是在加缪的镜头下，这位少年注视着大屏幕，眼中充满了恐惧，他的忏悔书写得那么沉痛，让人不禁潸然泪下，他祈求能让他再多活一年，就一年而已。对这个人物，人们到底该报以同情还是予以谴责，实在难下断论。

　　和那时的大多数人一样，尼古拉也被革命的热情鼓舞，热血澎湃地投身革命事业，自请刺杀沙皇。19世纪六七十年代，这些革命党人造成的恐怖事件不下百件。人肉炸弹炸伤炸死无数路人，也牺牲了无数革命者。革命党党歌《革命之歌》高度概括了革命党人狂热的专制主义作风：

　　　　擦干眼泪，
　　　　我们已无暇为战死的同胞哭泣。
　　　　拾起他们紧握的刀枪，
　　　　接过他们坚守的旗帜，

毅然跨过他们的尸体。
为了我们共同的信仰，
再苦再难，
也决不放弃，
直到最后的胜利。

这种自杀式的炸弹袭击，狂热得失去了理智，也将人们推入了不共戴天的仇恨与报复中。

为何革命运动变得如此暴力血腥，我们还是从俄国的悠长历史中找找答案吧。在俄国古代，贵族阶层不满伊凡雷帝的统治，发动政变，篡夺王位，引发了"大动乱时期"的内战。自此军事政变、刺杀行为从未消停，沙皇的宝座也是迎来送往，不曾闲着。这样的宫斗局面一直延续到19世纪末期。不过，这种统治阶级内部的争权夺势并未动摇沙皇统治的根基。而到了亚历山大·拉吉舍夫和尼古拉·诺维科夫革命时期，革命者攻击凯瑟琳大帝的社会政策，第一次要求缩小贵族和普通大众的差距，提议废除农奴制。这当然为统治阶级所不容，革命很快被镇压，革命者也被投进了监狱。

1825年的十二月党人起义，打响了武装反对专制统治的世纪第一枪。接下来的几十年，一个新的阶级开始登上历史的舞台，他们中有学生、小职员、作家、教师，不一而足。这些知识分子都接受了相对自由民主的教育，却日渐发现国家专制制度的丑陋，日渐不满于统治者和被统治者之间的鸿沟。19世纪30年代，彼得·恰达耶夫在其著作《哲学书简》（1831）中强烈抨击了俄国的专制制度，语言尖刻辛辣。不久书就遭查禁，只秘密地在读者中手手相传——这就是后来地下出版社的雏形。

俄国的历史从野蛮落后中发源，后遭到外族统治的野蛮蹂躏。外族统治被推翻时，他们的统治理念已经被俄国统治者全盘吸收。似乎冥冥注定，我们要与世界的人文发展脱节，要与世界关于责任、公平公正以及法治的理念失之交臂。即使摆脱了蒙古统治的枷锁，西欧的文明之花也无法在专制奴役的土地上绽放。我们与世界其他国家隔绝了。当世界各国正在轰轰烈烈地重建新的制度，拥抱新的文明，我们却被蒙蔽了视听，对一切无动于衷，不断退缩进自己可悲的小窝，任自己陷入深深的奴役……很可能你会觉得我这样说过于刻薄，但是我要说，这些难以接受的话还只是俄国全部真相的冰山一角。

恰达耶夫被俄国政府视为疯子，流放边疆。他写出了《疯子的辩护》，作为对当政者的愤然反击。他的言论引发了一场激烈的意识形态大辩论。恰达耶夫主张拥护西方思想、欧洲的立宪体制以及维护社会的公平正义。他的主张得到了广大知识分子的拥护，形成了所谓的西方学派。

然而，反对这一学派的呼声也随之而来。他们主张回归到俄国的传统价值观上，譬如俄国的东正教教义、俄国民众的集体主义以及国家的传统文化。这些人被称作斯拉夫派。他们从俄国的历史和共同的使命中看到了俄国的力量所在、优势所在。在他们看来，俄国的社团组织，比如传统的农民会议要比西方的个人主义更具优势：欧洲人推崇个人主义，而俄国人更看重集体主义。斯拉夫派还是沙皇制度的拥护者。他们不是看不到沙皇和俄国民众之间的鸿沟，只是他们觉得通过协调，两者能够和谐相处。斯拉夫派的康斯坦丁·阿克萨科夫将斯拉夫派的精髓定义为集体主义：

> 集体主义就是社会各阶层有着同一种精神，同一个信仰，同一种信念，同样的价值观以及为公众谋福利的热忱之心……在集体主义的大合唱中，个人的声音没有被淹没，反而在和谐的歌声中找到了自己的共鸣。

19世纪70年代，陀思妥耶夫斯基在《作家日记》中，表达了相同的看法：

> 我们的祖国也许一片破败、混乱不堪……但是它还是像个完完整整的人一样，因为8,000万俄国人民一条心，这是欧洲其他国家都做不到的。

斯拉夫派将俄国的历史渲染成了激荡人心的浪漫画卷。他们排斥欧洲的社会价值观,遗憾彼得大帝这样的明君竟然想要引进西方思想。在他们看来,西方思想是疏远沙皇和俄国民众的万恶之源;俄国旧的宗教制度、独裁社会使人们各得其所,这才是社会稳定的法宝。他们强烈反对恰达耶夫的主张,坚持认为俄国的民族凝聚力非他国可比,极力散播古老罗斯将要拯救世界的传言。俄国诗人费奥多尔·秋切夫曾写道:"历尽沧桑的这片土地,岂是不经风雨的异国所能懂得……身穿囚衣,脊背被十字架压弯的上帝打你身边走过,为你深深祝福。"秋切夫是个仇外的民族主义者,也是个帝国主义者。他的政治文章写得极富煽动性,像是鲁德亚德·吉卜林(诺贝尔文学奖获得者)吸食安非他命的状态下写出的作品。他笔下的俄国有种宗教的神秘性(文风和陀思妥耶夫斯基的很像),虽然现在备受压迫蹂躏,却因肩负着崇高的历史使命,肩负着改变世界命运的重担而神圣起来。

> 就这样遗世独立,
> 没有谁能读懂俄国;
> 没有谁能明白它的伟大;
> 它就这样遗世独立地站着,
> 你无须多言,只需信任。

俄国的使命就是教会人类如何生存——这是19世纪斯拉夫派的教义精髓,1917年后这种说法重新流行。斯拉夫派和西方学派的论辩由来已久:俄国诞生初期,东方的独裁专制、蒙古的军事化思想就与西方的多党参与制、社会保障制度互相对立。19世纪50年代,两派终于在一点上达成了共识:改革势在必行。

总体看来,19世纪40年代那批人算得上是政治思想家和理论家。他们不愿意诉诸武力解决问题。作家亚历山大·赫尔岑、维萨里昂·别林斯基公开谴责独裁制度、农奴制以及沙皇统治,提倡欧洲的自由主义价值观。但是他们所谓的社会主义是斯拉夫派提倡的农民公社。赫尔岑曾经有句很有名的预言——俄国将为社会主义革命提供最肥沃的土壤。

革命的风暴即将来临,这是毫无疑问的。无论是革命者还是反动派都深深明白,这是一个生死存亡的问题,是萦绕心头久久不去的重大问题……俄国人也许不太知道社会主义这个词,但是他们世世代代生活的农民公社其实和社会主义并无二致……农民是俄国共和制度的捍卫者——有田同耕,有饭同食,有钱同使,无处不均匀,无从不饱暖,这就是他们的理想……俄国农民公社有着顽强的生命力,一直延续到了社会主义在欧洲大地兴起之时……为社会主义改革提供了最合适的土壤。

赫尔岑被称为"俄国社会主义之父"。他创造了"土地和自由"的理念,这后来成为俄国民粹运动的口号。然而当革命进行得轰轰烈烈,面临要不要发动群众的问题时,赫尔岑退缩了,竟然希冀俄国统治者改革沙皇制度。当希望落空,自己在国内受到排挤,赫尔岑选择了自我流放。在伦敦的帕丁顿、帕特尼,他试图通过撰写文章影响俄国的政治,自然徒劳无益。

赫尔岑那代人怀揣美好的梦想,希望以和平的方式进行社会主义改革,却被政治恐吓吓破了胆。他们反对任何形式的专制独裁,无论是沙皇专制还是革命强权。他们坚信真正的自由和发自内心的选择[①]。

40年代的人没有抓住机遇。他们理想的自由主义在短短几年,就被下代人秋风扫落叶般地丢弃了。60年代的人没有那么多顾虑,他们更愿意通过暴力手段推行改革。

屠格涅夫在小说《父与子》(1862)中,生动地刻画了新一代激进的革命分子所经历的苦痛和悔恨。小说的主人公巴扎罗夫对父辈的那种温吞作风深恶痛绝,决心与旧体制决裂。然而他最终失败了,败给了人类的亲情和关爱。

然而,对革命运动有着决定性影响的是另外一本书《怎么办?》(1863)。这本书在现代人看来拙劣又缺乏幽默感,因此很少有人读。但在当时,却影响了整整一代人的思想。《怎么办?》是车尔尼雪夫斯基在监狱里写成的,表

[①] 我记得以赛亚·柏林,一个伟大的社会主义哲学家——赫尔岑死后40年出生,我大一见他时,他年已古稀。他曾经告诉我说,如果50年代的人是凶猛的罗特韦尔狗(短毛、黑褐色的德国种警犬),那么19世纪40年代的人就是机敏的奇瓦瓦小狗(墨西哥种小狗)。他没有过多谈论革命恐怖分子,只是很紧张地问我:"你不是胡子上喷香水的革命分子,对吧?"接着他顽皮地眨眨眼,接了句,"要记得赫尔岑可是很推崇社会主义的自由恋爱观。他妻子让他去自由恋爱一番,他倒不敢了……"

面上是言情小说。这部小说的显著特色是以欢乐的情调、明朗的画面展示了新人的故事。人物新，故事新，思想新，正是俄国解放运动进入第二阶段的反映。小说中的爱情不是肉欲的情爱，而是为实现心爱女子的梦想，两位情敌携手创办合作社。

"坦白地说，"薇拉说道，"无数睿智善良的人写书告诉我们如何才能让世间充满爱，充满幸福。其中最重要的一点就是建立新的合作社……我已经建了一个合作社。在那里，所有的工人都能得到应得的报酬……这就是我的梦想。"还有什么能比实现自己一直以来的梦想更让人欢欣雀跃的吗？

《怎么办？》不是简易读物，里面充满了"随我去远方"的浪漫故事。同时，小说也传达了社会解放、女性解放思想以及投身政治斗争的理念，这在当时读者中间引起了很大反响，燃起了他们的革命激情。书中高度赞美了冷静的实用主义和思密周全的计划，这对后来的暴力革命影响很大。列宁把这本书看作布尔什维克主义的重要领路者。

陀思妥耶夫斯基年轻时热衷于社会主义运动，并因此遭到流放。之后，他的观点就发生了很大的转变。19世纪60年代的"新人"，思想过于极端，这让他开始反对革命运动。在小说《罪与罚》中，陀思妥耶夫斯基以主人公拉斯柯尔尼科夫犯罪及犯罪后受到良心和道德惩罚为主线，鞭挞了社会道德的沦丧。拉斯柯尔尼科夫是个穷苦的大学生，他憎恨社会的不公，决意改造社会。在他看来，历史由"超人"创造，"超人"什么都可以做，他们通过流血建立的秩序便是"常人"遵守的规范。他想试试自己是不是超人，杀了一个放高利贷的老太婆。但杀人后，他陷入了极度的痛苦，杀人的阴影笼罩了他的全部生活。"难道我杀了老太婆？我杀了我自己。"最后，他终于明白自己不是超人，没有权力来决定世界的秩序，于是向警方自首，在遥远的西伯利亚获得了精神的新生。在另一部小说《群魔》中，陀思妥耶夫斯基借一个老社会主义者的临终遗言道出了革命皆是骗局的主题。革命运动欺骗了整整一代人，毒害了他们的思想，把他们变得愤世嫉俗，是非不分，残暴无情。

> 我们深爱的祖国已经伤痕累累，疾病肆虐，满目狼藉，群魔乱舞。它就像一个病夫在垂死挣扎。它就像被魔鬼附身的傀儡迫切需要一个信念、一种意志来找回自己……所有的鬼怪聚拢过来，一切的污秽物、腐败物如潮水涌来……浪潮翻过高山将我们淹没，留下阵阵无望的呐喊。

《群魔》主人公的原型是俄国无政府主义者和恐怖主义者——谢尔盖·格那季耶奇·涅恰耶夫。他的不朽名著《革命者教义问答》（1869）彻底将伦理道德抛之脑后。在他看来，为了达到自己的目的，是可以不择手段的。

> 一个革命者在投身革命时，就已经甩掉了所有文明世界的束缚。什么法律、道德、社会习俗都是鬼话废话……他只知道毁灭，毁灭所有腐朽肮脏的旧秩序，这是革命最可靠最快捷的方法。现存的社会道德在他眼里犹如粪土。什么是道德？有助于革命胜利的就是道德的，任何阻碍革命进行的就是不道德的，就是十恶不赦的。

像《罪与罚》的主人公拉斯柯尔尼科夫一样，为了表示对传统道德的轻蔑不屑，涅恰耶夫故意干了件坏事。他怂恿其他革命者以莫须有的罪名谋杀了一个无辜的同志。在陀思妥耶夫斯基看来，涅恰耶夫主义代表了60年代人所具有的邪恶念头和愤世嫉俗的行为。《群魔》的主人公之一彼得·韦尔霍文斯基以涅恰耶夫为原型，这恰恰表明了作者对整个革命运动的无情谴责。

尽管有些人对革命运动极力反对，但是民意党的极端分子、刺杀亚历山大二世的嫌犯却得到了大部分民众的支持。1878年，一名28岁的妇女查苏利奇出于道德动机做出了刺杀圣彼得堡市长费奥多·列波夫的举动。她后来说，列波夫因为一个年轻的囚犯拒绝向他脱帽致敬就下令鞭打那人，这让她无法容忍。所以她闯进了列波夫的住处，极端沉着地举起了手枪。

尽管是零误点的近距离射击，列波夫市长还是侥幸躲过了，查苏利奇被当场抓获。俄国政府很快对她进行了公开审判。如果政府想要借这件事，给革命者一个警告的话，恐怕会大失所望了。为查苏利奇辩护的是位非常有名的律师，他让查苏利奇大声痛斥俄国政府的不公，说她是万般无奈之下，才以暴制暴的。这次审判成了对俄国政府的一次公开控诉。尽管被告的犯罪证据确凿，大众陪审团还是站在她这边，无罪释放了她。可见公众是明显支持革命者的。沙皇很不满意这次审判的结果，下令重审。然而查苏利奇在支持者的帮助下逃到了国外，直到1905年大革命后才回到俄国。

在辛比尔斯克（前苏联乌里扬诺夫斯克的旧称）南部的一个名叫亚历山大·乌里扬诺夫的年轻人可就没那么幸运了。他因为参与1887年民意党的一项秘密计划被处以绞刑。这成了他弟弟弗拉基米尔心中永远的痛。他之后更名列宁，为哥哥报了仇。

四

1881年3月的亚历山大二世遇刺事件，给上层社会造成了很大的恐慌。这点可以从统治精英间的私信往来中看出。康斯坦丁·波别多诺斯采夫（新皇亚历山大三世的右翼保守派顾问）多次写信给沙皇，慷慨激昂地陈述说，亚历山大二世犯的最大的错误就是实行自由主义改革，这让他付出了生命的代价。

> 陛下，俄国现在处于风雨飘摇之际。您的一举一动关乎俄国的生死存亡，也关乎您的个人安危。不要听信所谓的民意，那是塞壬女妖蛊惑人心的声音！看在上帝的份上，我亲爱的陛下，不要听信改革的谗言，不要继续走自由主义改革之路！

波别多诺斯采夫既不赞成亚历山大二世的做法，也不赞成俄国的内政部长洛里斯·梅里克夫的主张。后者起草了改革宪法，亚历山大二世遇刺的那天早上签的就是那份。

> 陛下，您若还像您父皇那样信赖那个人（洛里斯·梅里克夫），您会把国家和您自己带向毁灭的。洛里斯·梅里克夫眼里心里就只有自由化……他想把西方的自由体制引进到俄国……看在上帝的份上，我亲爱的陛下，您万万不可被他的谣言迷惑！

自由派和反革命派之间的争论并没有持续太久。目睹父亲惨死给亚历山大三世留下了很大的阴影，使得沙皇下决心接受了波别多诺斯采夫的建议，把政府中的自由派人士清扫一空。

> 不可否认……今天的会议太让我失望。洛里斯和其他人还在争执要不要继续推行改革。他们似乎非要在俄国实行代议制政府。不过大家请放心，我是绝对不会让这样的事发生的！……我绝对不能容忍通过选举组建俄国政府！

登基后短短几天，亚历山大三世就下令废除父皇的自由主义改革，还在宪法草案首页走笔疾书，道："感谢上帝，这样草率、危害国家的提案没有真正实施。整个提案太过意气用事，所幸现在被废除了。"一个月后，他向俄国民众公开表达了自己对改革的看法。

> 全体的俄国民众：先皇用自己的生命为先前的改革画上了句号，这也许是冥冥之中上帝的旨意！专制统治的神圣使命就这样落在我们的肩上……先皇承天景命，一心为民谋福利，至死不渝……这样的有道明君竟然为人类中最卑鄙无耻的恶人所害，这是天大的冤屈和罪过，也让整个俄国蒙羞。我们沉浸在巨大的恐惧和悲痛中，难以自拔。而这时，上帝的声音从天上传来要我们拿起专制的强而有力的政治武器，维护俄国的公平正义。我们要毫不动摇地坚持专制统治，这才是造福俄国人民的正确选择。

亚历山大三世的宣言被称为"沙皇宣言论不可动摇之专制统治"。这预示着俄国对代议政府制度只是蜻蜓点水般地尝试了一下，又重新回归到一成不变的独裁统治。亚历山大三世的宣言腔调和伊凡雷帝1547年加冕时极为相似（"从今天起，我就是这个国家独一无二的绝对领袖，我要用高压政策统治这个国家……幅员辽阔、资源丰富的泱泱大国，没有了法律制度，就像一盘散沙。只有绝对的独裁统治才能拯救俄国，才能免于亡国的命运……"）。在俄国，这样拥护独裁统治的论调延续了几个世纪。

保守派反对革命的运动持续了20多年，而其中波别多诺斯采夫作为保守派的中坚力量，发挥了很大的作用。这则宣言就是由波别多诺斯采夫一手撰写的，他是亚历山大三世的老师。亚历山大成年后，他则成了沙皇精神上的引导者、思想上的冷面顾问、政治上的左膀右臂。在他的影响下，俄国的审查制度日益严格，宪警势力不断扩大，成千上万的革命分子或可疑人员被流放到西伯利亚。各个乡镇都设有政府的特工组织，他们权力很大，主要负责铲除一切革命的力量。

波别多诺斯采夫让自由主义者闻风丧胆。托尔斯泰在《安娜·卡列尼娜》中把安娜的丈夫卡列宁刻画得猥琐邪恶，并对他的反动观点大肆嘲笑。这惹恼了波别多诺斯采夫，托尔斯泰很快被拉入了黑名单。然而，在保守主义者和民族主义者的眼中，波别多诺斯采夫可是他们的英雄、可亲的密友以及力挽革命狂澜拯救俄国的唯一一人。

在他备受争议的散文集《一个俄国政治家的沉思》(1898)中，波别多诺斯采夫言之凿凿地表明，俄国离不开专制制度。作为一个虔诚的基督徒，他深信人性本恶，只有独裁君主的铁腕统治才能压制住人性的贪婪和邪恶。

> 如果认为议会制政府可以保障公民的自由，那就大错特错了。专制政府的政策还有理智可言，公民都还能够理解，而议会制政府的决策可就难以捉摸了……自由民主若占了上风，就会物欲横流、社会混乱，人们失了信仰，变得野蛮暴力……长此以往，俄国就会陷入无政府的混乱局面，那时唯一的出路就是回归到独裁专制的社会。

此外，波别多诺斯采夫认为俄国疆域辽阔，民族众多，西方式的民主在俄国根本行不通。这一理由在1881年很有说服力，在今天依然如此。

> 在人口众多，民族多样，文化差异显著的国家，社会混乱、人民暴动几乎是不可避免的。俄国的国情决定了议会制的政府形式根本行不通……每个民族都想要拥有自己独立的政府，发扬自己独特的文化，谁也不愿和别的民族融合在一起。而国家又必须协调好各民族的关系，将他们组成一个和睦的大家庭……如果实行立宪制民主政治，各民族的代表都将以本民族的利益为重，那么就会和其他民族产生利益冲突。国内矛盾不断，势必会削弱国家的整体实力……民主无法解决的问题，只有专制能解决。各民族都想要民主自由，结果却只能是谁都得不到[①]。

[①] 这是苏联领导人和现在的俄罗斯领导人一直担心的。20世纪最后20年，戈尔巴乔夫的改革引发了苏联成员国(包括格鲁吉亚、波罗的海国家以及乌克兰)的民族主义热潮。俄罗斯的各少数民族也开始要求民族独立。当苏联在各成员国心中不可撼动、没有瓦解的可能时，他们一般也就接受自己的命运了。但是戈尔巴乔夫的改革让各成员国看到了苏联并不是坚不可摧的，并不是唯一的选择。于是他们纷纷要求独立。波别多诺斯采夫对俄国的分析一语中的。阿列克西·德·托克维尔后来也预言，专制制度稍一松懈，国家瓦解便不可避免。

沙皇和波别多诺斯采夫在回应俄国各民族的愿望时，都倾向于推行整齐划一的俄国化，压制方言的发展、文化的多样，给野心勃勃的民族主义者迎头打击，这些都是意料之中的事。但是这引起了很多地区（如高加索、中亚和波罗的海等地）人民的不满，埋下了民族仇恨的种子。在处理犹太人的问题上，沙皇明显受到波别多诺斯采夫排犹情绪的影响。"五月法案"规定犹太人不能在某些地区居住，不得涉足某些职业，连犹太人接受高等教育都有一定的名额限制。这一法案，搅起了在俄国长期蛰伏的排犹情绪。从亚历山大三世登基到1917年的大革命，数以万计的犹太人被屠杀，约200万被迫移民到美国。据报道，波别多诺斯采夫曾用嘲讽的语气说，犹太人可分为三股，一股丢掉了自己的宗教信仰，一股卷铺盖滚出俄国，剩下的就等着活活饿死吧！

亚历山大三世想把多民族、多语言、不同宗教信仰的俄罗斯帝国变成整齐划一的俄国。这种价值观古已有之：反对改革的沙皇尼古拉一世（1825—1855）也坚信这三大法宝——东正教、独裁制、民族主义。亚历山大对于不同政见有着近乎病态的恐惧，动辄宣布国家进入紧急状态，中止法律条款，限制公民的民主自由。所以有时候，革命活动不得不转入地下，但是无论事态如何严重，革命活动从未中断。

沙皇在位的第十年，知识分子通过"到群众中去"的活动，将社会革命的福音传到了人民心中。在莫斯科和其他大城市的周边乡村，农民惊异地看到了一群群的年轻人，有学生、书记员、商人和贵族的子女。他们来到村子里，换下光鲜亮丽的衣服，挨家挨户地敲村民的门，说是想帮村民干农活。看到这些摩登的城里人极卖力地割麦子，镰刀锄头把细嫩的手磨出了血泡，村民们觉得太滑稽好笑了。不过这些不速之客有他们的理由。他们知道不管他们投放多少炸弹，刺杀多少高官，没有俄国民众的支持，人民革命只是痴人说梦。

所以他们此行就是为了发动农民进行革命，在全国范围内策划自发的农民暴动。1861年的解放运动胎死腹中，绝大部分农民还生活在地主和政府赋税的双重压榨下。对于这样水深火热的生活，他们早已满腔怒火，此时正是革命的大好时机，所以革命者认为"到群众中去"这一活动定会受到农民的热烈欢迎，而事实却让他们大失所望。在这些年轻的理想主义者的日记和回忆录中，读者可以感受到他们心中难以言说的挫败感。亚历山大·米哈伊尔当时才21

岁，他到萨拉托夫（伏尔加河下游港市）的郊区传播革命的思想。

> 离开学校时，我书包里只带了本指导册子，剩下的就是满满的美好愿望……我和其他下乡的人碰了头，换上农民的衣服。整个夏天，我就像个苦工，睡在旷野，晒得比炭黑，被蚊子咬得全身红肿，脚都被草鞋磨出了血……

犹太学者所罗门·里昂那时也才19岁。在下乡活动中得不到农民的理解和支持，他很快就心灰意冷了。

> 农民自然不甘心被地主压榨，不愿意缴纳沉重的赋税……他们自然也同意推翻压迫剥削的政府，只是他们太谨小慎微，根本不相信我们。我根本没机会给他们说什么起义、沙皇、革命……

后来成为民意党专业恐怖分子的普拉斯科维亚，在回忆她早期的革命事业时，认为革命一开始就不顺。

> 我们苦口婆心的劝说开导换来的就是他们的不信任、不理解。他们总是说："这就是我们的命，我们生也好，死也罢，命该如此，命该如此。"所以我们说什么都是白费口舌……在他们的世界里，我们是异类，是不速之客。我们不了解他们的生活。而且我们也没有精力去了解：一天的劳作后，我们都累得发软，只想瘫下去安静地休息。

所罗门·里昂对农民完全失去了信心。和他一样，当时一同下乡的人，最终无不革命梦破，心灰意冷地回到了原来的城市。

> 农民大众太可悲，太多疑，太无可救药了。我们愿意为他们和贵族阶层做斗争，愿意争取农奴重获解放的机会，哪怕牺牲性命我们也在所不惜。可是在他们眼里，我们竟然是犯上作乱的反动派。

我们想要发动人民革命犹如沙上建屋，水中捞月，注定无果。

发动人民起义的尝试失败了。很多下乡的革命者被村里保守的长者怀疑居心不良，扭送到了警察局。成百的人被暴动的村民杀死，上千的人被逮捕。一桩桩、一件件的挫败，无不使革命党人寒心，这让他们明白农民是靠不住的。

认识到这一点，意义重大。自此，革命党人深信，革命只能由一小队人来领导。政治理论家彼得·特卡乔夫将这一观念推广开来，对后来的列宁有很大的影响。

俄国民众无力建立新共产主义国家，能完成这一重任的只有少数的革命者……人民解救不了自己。无论过去还是未来，他们都无力进行社会主义革命。只有我们，只有革命运动才能救人民于水火。时不我待，我们必须尽快实施革命计划。

五

寒冷的冬日，我穿过杂草丛生的灌木丛，向莫斯科西北方向走去。我要找的地方叫贺登广场，距克里姆林宫4英里远，就在莫斯科迪纳摩足球场路对面。四周是典型的高层住宅区，既有苏联时期的旧建筑，又有新建的体育场馆。这里静悄悄的，偶尔传来几个流浪汉醉醺醺的声音。在1896年5月中旬，这里却是人声鼎沸，水泄不通。听说为了庆贺新皇尼古拉二世加冕，这里免费供应食物和酒水，近40万莫斯科人拥到这里，共享这一盛事。

这场盛会筹办了两天。所有的摊位免费发放啤酒、香肠、馅饼、冰激凌、纪念币和水杯。露天广场上人们载歌载舞，游乐场的旋转木马前挤满了欢呼雀跃的孩子。5月18日一大早，新加冕的沙皇尼古拉和年轻美貌的妻子亚历山德拉·黑森前来问候俄国民众的消息不胫而走。人们无不欢欣鼓舞，兴奋地想往前挤。记者弗拉迪米尔亲眼所见，一道深沟将大地一分为二，人群向前拥时，惨案就发生了。（现在这条深沟已经被填平了，我只能通过弗拉迪米尔的记述依稀找到惨案发生的大致位置。）

> 人们争先恐后地向前挤，场面一时混乱得无法收拾。谩骂声、尖叫声、啼哭声，乱成了一锅粥……人群就像刹不住的潮水冲下了深沟，夹杂着惊愕声、哭喊声：从深沟底向上望，望见的是垂直的泥墙，高过人头，涌在最前面的也就随之压在了沟底……人们垂死尖叫着，用最后的力气想把孩子托举出沟外，怎奈后面的人一波波失控似的压过来，人叠人，一层两层三层，直到死神的气息笼罩了这片土地。瘀青的汗淋淋的脸，不断呕吐的人，费力的喘气声，骨头的断裂声，被人群挤压而死，死时还保持站立姿势的人……

据不完全统计，遇难的男女老少多达1,400人，终身致残的人更是数不胜数。俄国当局闻悉这一灾难后，经过激烈的讨论，决定加冕庆祝仪式正常进行。那天的新闻报道了新皇夫妇庄重地经过红场，由留着胡须的绅士护送，例如他们的英国亲戚乔治五世以及当今的迈克尔亲王（英国女王伊丽莎白二世的堂弟）。在遮阳的帐篷里，绅士穿着帅气的制服一派风流，淑女穿着曳地白裙风姿绰约。皇室的派对在裙裾翩跹、舞步轻快中极其优雅地进行。

而城外，尽管报社被禁止发表任何有关这一惨案的新闻，流言还是不胫而走。到了晚上，这一惨案的消息已经传到了莫斯科的每个角落。人们谈论着这一不幸事件，窃窃私语说这是一个不祥的预兆，新沙皇的登基也许就是种灾难。

但是无论从哪方面来说，尼古拉都不能算是个铁石心肠的人。他亲自到医院探望伤员，还捐了九万卢布给遇难人员。想想那时他才26岁，父亲肾衰竭暴亡将他推上了王位，他对政事什么经验都没有。"我该怎么办，俄国该怎么办？"他曾无助地问自己。

强硬的保守派在亚历山大三世时势力就不小，现在更是抓住一切机会向新皇灌输他们的思想：对革命的任何妥协退让都会危及沙皇的统治。所以当地方议会成员来到莫斯科表示效忠沙皇，并恳请沙皇批准将权力下放到民主选举产生的地方委员会时，尼古拉言辞激烈地一口回绝。

> 听闻有些人做着不切实际的梦，希望政府将权力下放到地方委员会，允许他们参与政事。我可以明明白白地告诉你们，我会接过我父亲的大旗，继续他未完成的事业，俄国将会坚定不移地走专制主义道路，因为这才是俄国利益所在……

尼古拉反对代议民主不是出于对历史的无知。1895年访问英国议院时，他就很细致地研究过议会制体系，还和维多利亚女王（妻子的外祖母）深入探讨了君主立宪制的好处。可是俄国革命党的爆炸、刺杀事件让他坚定了不惜一切代价抵制改革的决心。保守派的康斯坦丁·波别多诺斯采夫是先皇的左膀右臂，也是他最信赖的顾问。但是即便波别多诺斯采夫和沙皇政见一致，他自己也不得不承认尼古拉的强硬做派激起了民愤。

> 我担心沙皇的讲话引起了各界的不满。据说俄国青年和知识

分子对陛下尤为不满……也许住在偏远乡下的普通民众会支持沙皇……但是一些人的想法期望也太不切实际了——他们究竟想让陛下怎么做，恐怕只有天知道……俄国的前景令人担忧。

温和的自由主义反对派想通过制定宪法，引进西方民主。不过他们担心沙皇这样一意孤行连温和的改革都不接受，而这正中极端分子的下怀。立宪派民主领袖维克多·奥布宁斯基曾这样评论说：

> 沙皇每多一次把我们的改革愿望称为"不切实际的幻想"，我们对他的统治就少一分幻想……他的做法只能使反动力量纠合起来，只能使反动势力越来越强……他的那番话是他坠入万劫不复的第一步。在俄国民众和整个文明世界的眼中，沙皇是在自掘坟墓。

仅仅一年，先是在各个大学内爆发了学生起义，政府不得不用武力镇压，后是民意党的继承者——社会主义革命派通过刺杀手段扰乱政府秩序。被刺杀的人官位越来越高，从几十个普通官员到1902年和1904年接连两位政府内政部部长。社会主义革命派随后在俄国公报上发了篇长文，为恐怖活动辩解：刺杀是终结剥削的独裁统治的唯一手段。

> 冯·普列文（革命党人1904年刺杀的内政部部长）是摇摇欲坠的专制统治大厦的最后支柱。他用尽各种手段镇压人民，用人民的血汗钱建立警察局，扩充监狱，设立"袋鼠法庭"（指不按法律程序审判的非正规法庭）。在他的指令下，军队不是保护被剥削受压迫的劳苦大众，而是维护统治阶级的利益；工人、农民不是被打被杀，就是被流放西伯利亚。不择手段地维护苟延残喘的专制统治的结果就是，正义似乎已经从地球上消失，暗无天日的统治似乎没有尽头。但是人民的力量是不容小觑的。冯·普列文自恃有重重警卫保护，人们拿他无可奈何，然而恶贯满盈，终要为所有被冤死、饿死、折磨而死的万千工人、农民偿命。冯·普列文是专制统治的支柱，他一日不除，沙皇统治的大厦一日不倒，人们自由幸福的道路就一日不通。

一些反间谍人员打入了恐怖组织内部，结果却令人大跌眼镜。政府派去的反间谍人员恰巧是恐怖组织的卧底。他们充分利用双重间谍的身份实施了更多的刺杀行动。其中最臭名昭著的就是伊万诺·阿泽夫，他甚至除掉了他在内政部的顶头上司。更具讽刺意味的是，他在政府和恐怖组织间玩起了无间道，整整9年都没被发现。

1904年底，俄国局势动荡，政治暴动随处可见。加之经济滑坡，庄稼歉收，粮价飙升。人们的忍耐达到了极限。圣彼得堡的普提洛夫工程师罢工很快得到了其他工厂的响应。不到一个月时间，10万工人先后罢工。圣彼得堡面临前所未有的一个多事之冬——断电、缺衣、少食。

1905年1月8日，星期天，一个2万人的工人游行队伍在工会组织者乔杰·加邦神父的带领下朝冬宫（位于圣彼得堡中心）进发。他们向沙皇请愿，希望能给予长期受压迫剥削的劳动者公平公正的待遇。

陛下，所有的工人，他们的老父老母，幼儿幼女来到您的面前，请您垂怜，求您庇佑。我们终日劳作却还食不果腹，实在是无路可走了。为人牛马的委屈，我们打落牙往肚里咽……独裁专制的枷锁、朝令夕改的法律，让我们惶惶不可终日。陛下，我们已经疲惫至极，没耐心再继续这暗无天日的生活。这样的日子，这样的折磨，我们生不如死。

请愿的语气柔中带刚，折射出加邦神父的复杂情绪。他真心希望沙皇救民于水火，给工人加薪，改善他们的工作条件，赋予他们民主自由，召开国民代表大会，避免革命冲突。所以他向俄国当局表示，他们是和平请愿，和平游行：工人们举着圣像、尼古拉的画像，唱着爱国主义赞美诗，比如"天佑沙皇"。尽管如此，两方对峙还是剑拔弩张。高度紧张的守卫士兵开枪扫射，瞬间100多人永远倒了下去，长眠在白皑皑的雪地上。

俄国总理维特伯爵目睹了这场大屠杀。

从阳台看过去，浩浩荡荡一群人在奥斯特洛夫斯基大道上游行，有妇女有孩子。还没过10分钟，枪声响了起来……一颗子弹从我头顶呼啸而过；另一颗不幸射中亚历山大·吕克昂的门房。很多伤者被马车救走，人群四散奔逃，四处都是女人的尖叫声。后来我才知道，士兵们接到指令——游行队伍不得进入冬宫广场。但是很明显，这一指令，军事当局并不知情，因为俄国当局没有任何人站出来和工人谈判，和他们讲道理……士兵就这样不容分辨地开枪射击，造成上百人死亡……自此，工人彻底和沙皇及其政府一刀两断。这对革命者大为有利。

流血星期日让公众认清了沙皇政府。和游行的人一样，绝大部分俄国人把沙皇看成他们的朋友和守护者。农民更是把沙皇看成"可亲的父亲"，在心里把沙皇看得和上帝一般神圣。因为信赖，所以才去请愿，而血淋淋的大屠杀无疑是彻底的背叛。

很讽刺的是，沙皇本人并不在冬宫。他不想接受工人的请愿，所以在顾问的劝说下，暂离皇宫。（大屠杀事件后，沙皇在日记中表露了对死者的深深痛惜，但并未责怪士兵开枪。）这一事件中更为离奇的是，加邦神父在活动中玩起了两面派。据查实，他一手创办了工会，并组织了这次工会活动，但是他又和俄国的秘密警察勾结，暗中把工会活动透露给他们。社会主义革命者于是觉得他是内奸，对加邦神父的种种怀疑铺天盖地。很快就有民谣唱道，加邦神父为了离间沙皇和民众，将人们往死路上领。（"他假意和人民做朋友，"歌词中唱道，"大吼一声：同胞们为了自由冲啊！自己却逃得不见影踪！"）可是今天看来，他绝不是革命者想象的那样。维特伯爵在回忆录中很明白地表示，加邦自己在整个活动中也很被动。

政府想通过组织工会的形式，将工人纳入警察的管辖范围。俄国政府当然要选个可靠的人来安排这一切，这个人选就是加邦神父。意想不到的是，社会主义和无政府主义的思想渐渐深入人心。工人们似乎又看到了生活的希望，纷纷投入到社会主义革命事业中。加邦神父自然无力抗拒历史的潮流。实际上，他自己也被革命的激情感染。

流血星期日后，加邦神父逃到了日内瓦和伦敦。1906年，他回到俄国，想要夺回社会主义革命党的领导权。他坚决否认自己是两面派，但是仍然想说服党内人士和俄国警局握手言和。革命党人对他只有怀疑，终于在一次"革命审判"中定了他死罪，处以绞刑。

流血星期日在俄罗斯帝国（指十月革命前的帝国，通称帝俄或沙俄）引发了整整两年的动乱和罢工。工人、农民、学生、少数民族、士兵以及水手纷纷罢工以示抗议，但都遭到了俄国政府的残酷镇压。"走到群众中去"运动一度让革命党人很受挫，而流血星期日无疑是一次漂亮的逆袭。许多革命者受到政府迫害，被流放，吃尽了各种苦，但同时也恰如弗拉基米尔·伊里奇·乌里扬诺夫——也就是后来大名鼎鼎的列宁——所说，流血星期日激起了俄国人们的革命热情。

> 这次事件之前，无产阶级和政府还相安无事……可是这次事件，俄国军队屠杀了手无寸铁的工人，连妇女和小孩都不放过。士兵看着横七竖八的尸体，还得意扬扬地说："这算给你们一个教训！"1月9日的大屠杀是个历史转折点。自此，就连原来拥护沙皇的工人也倒戈相向，加入推翻沙皇统治的大军中。

沙皇和沙皇政府现在焦头烂额，国内的事情还没解决，国外的形势已是火烧眉毛了。

19世纪末，俄罗斯帝国已经西至波兰，南达阿富汗，东到符拉迪沃斯托克以及堪察加半岛。跨西伯利亚大铁路的建成更让尼古拉野心勃勃，想把满洲（中国东北的旧称）也纳入囊中。当时日本也想侵吞满洲，于是俄日就发生了冲突。国内大臣建议沙皇与日本谈判议和，沙皇却一口回绝了。这表明他很愿意挑起战争，而且俄国人觉得对日一战胜券在握。俄国总理维特伯爵曾这样写道，沙皇希望对日一战速战速决，用战争来转移国人的视线。

> 沙皇心里希望俄国采取侵略政策，可是理智却常常告诉他，这是不可取的。所以他的政策总是朝令夕改……他之所以进行远东冒险，是因为他年轻时对日本就有种莫名的厌恶感……当然，他也渴

望捷战带来的荣耀……可以说,这次战争是他一手造成的。

1904年在满洲阿瑟港(旅顺港的旧称),日军发动突袭,重创俄国海军。尼古拉情急之下,派波罗的海舰队不远18,000英里前去救援。然而俄国战舰才刚到北约克郡(英国一个地区),就发生了一桩惨案。俄国指挥官将靠近多格滩(在苏格兰北部和丹麦之间的北海浅滩)的一群拖网渔船误当成日本鱼雷艇,于是命令海军开炮。场面一时非常混乱:两艘俄国舰艇报告说被鱼雷击中,波罗季诺号战舰报告说日本海军已经登上我方战舰。混战中,四艘拖网渔船被击中,一艘被击沉,上面的三个英国人遇难。英国人听闻这一事件,举国上下义愤填膺,立刻对俄宣战。后来的调查表明,若非当时俄国兵喝得醉醺醺的,搞不清楚状况就对着自己人开炮,这次事件也不至于如此严重。

1905年5月14日,俄国舰队驶进对马海峡(位于朝鲜和日本间)。奥瑞尔号巡洋舰的工程师弗拉基米尔·克斯登科在回忆录中记下了之后发生的惨烈海战。巡洋舰年久失修,装备不全,握枪打仗的是没有接受过任何训练的农民,海军总指挥罗杰斯特文斯基又接连犯了军事大忌。俄国历史上损失最惨重的一场海战就这样不可避免地发生了。

> 我方舰队挤成僵化的一列。看到日本舰队逼近,奥瑞尔号的指挥官不听军令,打出了第一炮。敌军立即还击,迅速包围了我方舰队。俄国的苏沃洛夫号第一个被击中……随后奥瑞尔号船尾中弹,奥斯利亚号船首中弹。敌军巡洋舰用152毫米的主炮加大火力向我方射击。苏沃洛夫号和奥斯利亚号在炮火猛攻中,支离破碎。10分钟不到,奥斯利亚号就永沉海底……苏沃洛夫号也是火海一片。我的奥瑞尔号也在火海中挣扎。波罗季诺号沉没了,亚历山大三世号也沉没了……我们还在坚持抵抗,直到看到海军司令涅鲍加托夫挥白旗投降。

硝烟淡去,俄国损失了8艘战船、4艘巡洋舰,外加4,000士兵阵亡,7,000士兵被俘。而东乡平八郎海军大将指挥的日本联合舰队仅损失三艘鱼雷艇。这场海战史上最为悬殊的战役是沙皇和俄国无法释怀的耻辱。弗拉基米尔·克斯登科用笔抒发了俄国社会各层心中难以压抑的悲愤。

战场中的奋勇杀敌、英雄主义、牺牲精神最终换来了什么？是彻底的惨败。我们最好的战舰不是一个个地沉入海底，就是一艘艘在火海中挣扎。时至今日，我们才看清将我们贸然推向死亡的人，是多么令人发指！腐朽的沙皇统治、垂死挣扎的沙皇制度妄想着奇迹降临。可是却招来对马海峡的惨败。日本海军大将东乡平八郎摧毁的是沙皇制度。屈辱的惨败也是沙皇制度一手造成的。对马海峡一战是俄国历史的分界，宣告了整个独裁专制制度的最终瓦解。

对马海峡战争的惨败，很快挑起了俄国武装部队的不满情绪。在敖德萨（乌克兰西南部一个州名）南部港口，黑海舰队的海军抗议环境的恶劣、军法的严酷。苏联导演谢尔盖·爱森斯坦1925年拍摄的影片《战舰波将金号》讲述了敖德萨海军波将金号战舰起义的历史事件。分配给敖德萨的普通海军的肉腐败生蛆，士兵不满，纷纷抗议，结果遭到了俄国行刑队的恐吓。海军士兵忍不下这口恶气，发动了兵变。很多人纷纷响应。抗议浪潮很快席卷了整个敖德萨，连当地人都揭竿而起。影片中最宏大的一幕是沙皇军队在码头前的台阶上屠杀无辜市民。影片拍得十分逼真，引人入胜，影片因为具有社会煽动性被禁播，直到1954年，禁令才解除。在俄国，胜者的事迹总是被无限夸大的。革命传奇随着时间推移会变得越来越神秘，越来越具戏剧化，所以谢尔盖导演的影片还算相对真实。

但是有一点是无可否认的：对马海峡的惨败对俄国上下造成了巨大的冲击。战争消耗了大量的财力、物力、人力，丢失了大片土地，也让尼古拉二世颜面尽失。革命组织抓住这次良机，重整旗鼓。就连不问世事的诗人康斯坦丁·巴尔蒙特（象征主义者的先驱）也做了首尖刻的挽歌：

对马海峡战，血污谁来担？
硝烟弥漫处，何处见理智。
感情遮双眼，饿殍视无睹。
唯有囹圄在，猖獗刽子手。

杀人不见血，圣言如戏言。
行事畏首尾，艾艾一懦夫。
善恶终有报，诸君且静观。
褫夺民意者，民意终不容。

　　经历了流血星期日和对马海峡大败，尼古拉不得不思考独裁专制还要不要坚持。他想通过让步来平息国内的革命。他若是一上台就不那么强势，做些让步，想必不会沦落到今天的局面。然而现在说什么都为时已晚，此刻的妥协在人们看来是无奈之举，是权宜之计。革命派想，既然他们现在可以让沙皇妥协让步，那么继续革命，说不定就能推翻沙皇的统治。

六

1905年10月18日，在圣彼得堡技术学院，一个乌发深眸、留着山羊胡的年轻犹太文人跳上了讲台，对着罢工的工人，开始了激情四射的演讲：

> 同志们，统治阶级已经被我们逼到绝路了。沙皇许诺给我们自由和选举权，但是这绝不是他心甘情愿的。想想看，他刚登基不久就屠杀了那么多工人……一直到今年1月的流血星期日，他一路都是踩着人们的尸体过来的。这个坐在皇位上的人双手沾满了人们的鲜血。如果说他现在做出了让步，那也是我们争取来的。

如今，革命标语已为电子公告栏和电脑显示屏所取代。我到达阶梯教室时，学生们正聚精会神地听原子核物理学课。1905年就在这个地方，列夫·托洛茨基（苏联时期著名政治家）面对众人发表了一番重要演说：

> 同志们，如果你们当中有人相信沙皇的承诺，就随他去吧。看看你们周围，有过什么改变吗？监狱的门打开了吗？你们的战友放出来了吗？流放到西伯利亚的人回家了吗？没有，什么都没有！独裁者依旧用军队统治着我们。1月9日那场惨案中的刽子手依然是沙皇的坚强后盾。没有沙皇的命令，守卫敢无所顾忌地将枪弹射入你们的胸膛，射进你们的心脏吗……流血星期日将新生的力量扼杀在襁褓中，用军事独裁牢牢束缚住你们的手脚。

托洛茨基的这番煽动性演讲是对着圣彼得堡的工人代表委员会说的。工人代表委员会，又称苏维埃，直接从厂里的工人中选举产生，备受人们拥护。由于苏维埃与革命事业有着密不可分的渊源，20世纪最大的帝国连续70多年都被称作"苏维埃联盟"。

一代代的历史学家将第一次苏维埃会议（在圣彼得堡召开）托洛茨基的演说描绘得神乎其神。读下托洛茨基的回忆录，你会觉得流血星期日后的每次抗议罢工都是苏维埃幕后策划的。

> 十月革命后，苏维埃的重要性与日俱增。无产阶级团结在苏维埃周围，时刻准备接受任何革命行动。苏维埃在无形中把工人阶级转化成了革命军队……罢工的热潮席卷了全国，使整个俄国陷入瘫痪状态。每个罢工的工厂选出一名代表，带着信任状到苏维埃报到。苏维埃成了所有事件的总部：事件不分大小都与苏维埃有关联，每一个行动指令都从这里发出。

实际上，从伦敦流亡回国不久的托洛茨基，没有赶上早期的几次罢工行动。回国刚两个月他又被俄国政府逮捕。1905年12月3日，圣彼得堡市长德米特里·特列波夫（维拉·查苏利奇1878年刺杀的就是他的父亲）派兵剿灭苏维埃。士兵冲进了苏维埃总部，在场的人被悉数逮捕，经受审讯。托洛茨基也被逮捕，被判流放西伯利亚。幸运的是，当时守卫不严，几周后他就成功逃到了英国。而列宁1900年因谋反罪被判入狱，随后就一直流亡。一直到1905年12月才回到圣彼得堡（比托洛茨基回国还迟）。所以他幸运地躲过了政府的围剿。不过1906年，局势对革命党人非常不利，列宁不得不再次四处逃离。

这段时间苏维埃所获甚少。列宁和托洛茨基再次流亡，流亡回国后的两人彼此恶语相向，这成了1917年之前的革命常态。他们两人都曾是俄国社会民主工党成员，都投身于无产阶级革命。但是1903年在伦敦举行的第二次党代会上，工党成员因为在制定党章时发生了尖锐分歧，分成了两派：一派是孟什维克（意为"少数派"），主张依靠有广泛基础的大众组织，托洛茨基支持这一派；另一派是以列宁为首的布尔什维克（意为"多数派"），主张由少数坚定的专业人士领导革命。列宁构想的革命精英领导制度，即民主集中制最终获得了胜利，列宁成了中央领导机关成员。

1905年，苏维埃受到了严酷的镇压。这让革命党人明白将罢工和抗议集中协调起来，非常有必要。他们开始将武器分发给工人，在民众中宣传武装暴动，推翻沙皇统治。

1905年的一系列事件，从1月的流血星期日到罢工运动再到10月苏维埃的成立，都为俄国统治者敲响了丧钟。如果说，托洛茨基对反对派活动的说法言过其实，那么他把沙皇说成毫无人性的刽子手也不足为信。因为虽然政府四处逮捕革命党人，却很少判处他们死刑——官方称，1905年处死的革命党人仅仅10人，就连激进的反动派律师也声称不过26人。到了1906年，处死的革命党人超过200人。1907年超过600人。1908年起码不下1,300人。从处决的人数逐年飙升可以看出，沙皇刚开始是想和革命党人达成和解，和解不成才不得已采用武力镇压。

流血星期日发生后，尼古拉二世的应对措施充分显示了他一贯的摇摆不定。他同意惨案发生10天后会见工人代表团，可是对他们说的一席话就像他的日记一样，泄露了他并不是冷血无情精于算计的独裁者，而不过是个被惨案吓破了胆的懦夫。

> 我请你们到这里，就是想让你们亲耳听我说，也告诉你们的同伴我的真实意思……我明白你们的日子也不好过。你们也想改善自己的生活，得到公平公正的待遇……我请你们再多一点耐心，再忍耐片刻……你们表达你们的愿望和需求我可以理解，但是发动叛乱，聚众滋事就是你们的不对了……我相信你们并没有什么谋反之意，也相信你们对我还是忠心的，所以你们的罪行我就不予追究了。

尼古拉夫妇为遇难者家属捐了5万卢布。这之后不到三周，当时的莫斯科总督，沙皇的叔叔谢尔盖大公在克里姆林宫被恐怖炸弹暗杀。看到叔叔身首异处，头颅孤零零地躺在卵石路上，宫墙上满是鲜血和炸断的手指，尼古拉受到了严重惊吓。整整8年，他都未在公众面前出现过。他的妻子也变得疯疯癫癫，惶惶不可终日。他们有四个女儿，一个儿子。可是这唯一的儿子却患有血友病，一不小心就有性命之虞。这时，一个名叫拉斯普廷的人出现了。他声称能治好皇子的病，渐渐取得了沙皇夫妇的信任。（拉斯普廷是西伯利亚一个农民，经过几年流浪生活后，以曾经受过秘密医道训练的僧侣形象出现，并冒充"预言家"，到处招摇撞骗。）沙皇被他的花言巧语迷得团团转，称他是"心善虔诚质朴的俄国人……代表着民声民意"。对他的好酒好色，沙皇视而不见，还对大臣说："我一有什么烦心事、疑难问题，就喜欢找拉斯普廷说一说。听他一席话，我一下子就明朗起来，心里也平静下来了。"对于日益高涨的抗议声，对于人们的真实心声，沙皇却充耳不闻。俄国总理维特伯爵极其绝望地写道：

> 在和沙皇的正式会谈中，我提到公众对政府的态度，沙皇每每疾言厉色地吼道："民意，民意，你以为我会在乎吗？"沙皇觉得"民意"不过是知识分子的借口……"我讨厌知识分子，这个词让我恶心！我恨不得将俄国研究院从地球上连根拔除。"

和法国大革命前的路易十六一样，尼古拉面对接连不断的灾难，一时手足无措、六神无主。哪里能理清思路，按照一定的政策采取行动呢？维特伯爵试图说服沙皇，只有立即实行改革——现代化、立宪制民主、尊重民主自由——才能缓解当下的紧张局势，才能使俄国免于四分五裂。1905年8月，维特说服沙皇接受了西方的议会雏形——杜马（1917年前沙皇时代选举产生的议会）。但到了最后时刻沙皇仍坚持把杜马作为一种辅助手段，这着实让维特心寒。

> 把杜马作为一种辅助手段还真是首开先河！杜马拥有议会的所有特权，可以说它就是议会。然而它同时又只是个咨询机构，这和议会可有天渊之别！8月6日的法律名存实亡，既满足不了任何人，也无力阻止革命一波波的浪潮。

8月的改革无果而终。苏维埃成立了，全国性的大罢工迫使沙皇做出更大的让步。尼古拉的"十月宣言"（由维特一手撰写），表明沙皇勉强接受了立宪制民主，赋予杜马立法权，允许社会各阶层参与议会。

> 我，作为俄罗斯帝国的专制君主，正式宣布……俄罗斯帝国的政治动荡和骚乱让我们深为痛心……动乱不仅威胁着俄国人民的安定，也降低了俄国的凝聚力，危害国家的安全稳定。因此，我授意政府……赋予俄国民众不容侵犯的民主自由，包括个人权利、信仰

自由、言论自由、集会自由……无权无势的普通民众也可以参加杜马……所有的法律都要经过国家杜马的批准。人民代表有权监督俄国政府人员的执法行为。

1905年的十月宣言是一个飞跃。几个世纪的独裁统治一夜之间变成了立宪民主制。虽然这是温和的反对派所梦寐以求的，但是这一切来得太晚，太心不甘情不愿，已经无法再让他们满意心动。就连俄国总理维特都对这一切无动于衷了。

1903—1904年，人们渐渐接受这样的观念：只有与时俱进，顺应历史的潮流，进行自由改革，才能避免国内革命的爆发……一旦人们意识到权利和自尊要靠自己争取，他们就不会满足于现在的不公制度——少数特权阶级将自己的快乐建筑在多数人的痛苦之上。无论是统治者还是政治家，谁不明白这个道理，谁就等于为革命添砖加瓦。刚开始革命运动也许只是损及政府权威，但是革命终将轰轰烈烈地爆发，一发不可收拾。

可是就算是在1905年10月，温和的反对派——立宪民主派——仍愿意接受沙皇的让步，实行君主立宪制。只是俄国政府多年来对革命者的要求不是推诿搪塞，就是开空头支票。所以温和的反对派在党内的地位渐渐被革命派如列宁和托洛茨基取代。后者主张推翻沙皇统治。托洛茨基在回忆录中嘲讽沙皇政府的改革行为。

无产阶级革命者的一次次行动将我们变成了真正的马克思主义者……沙皇专制在我们的步步紧逼下，一时失了方寸，开始节节败退……当沙皇发布"十月宣言"时，自由主义者开始欢呼"我们胜利了！"但是我要说，"不，这只是成功的一半。沙皇仍然拥有军权，仍然可以随时收回承诺"。沙皇的宣言不过是一纸空文，就像我手上的这张纸一样承诺不了什么！今天沙皇可以给我们自由民主的保证书，明天他就可以撕毁它，就像我当众撕毁这张自由保证书一样。

托洛茨基对自由主义者不屑一顾的态度反映出革命派分成了两派——君主立宪派和社会革命派。前者希望和沙皇共同执政，实行君主立宪制，这被马克思主义社会民主派（孟什维克和布尔什维克）斥责成"走资派""资产阶级走狗"；后者要求完全推翻沙皇制度，将大权牢牢掌握在社会主义革命者手中。

1906年革命势头减弱，尼古拉又开始恢复其本来面目，背叛温和的反对派。4月23日颁布的新宪法很多地方都没有兑现他原来的承诺：宪法完全不承认国家杜马的合法性；宣布沙皇是"至高无上的专制统治者"；言论自由权多了许多附加条件；沙皇有权任命大臣，解散国家杜马。维特伯爵解释道，沙皇以前之所以同意建立议会（即国家杜马），更改宪法，完全是被1905年的革命运动吓得失去了主见。

> 沙皇目光短浅得让人匪夷所思。革命风暴来了，他开始慌了。革命势头下去了，他就有恃无恐了。所以，宪法颁布后，他还把自己当成独裁君主，认为："我想干什么就干什么，我说什么是对的就不会错。民众不明白这个道理那是因为他们是凡夫俗子，智力有限。我可是上帝钦定的统治者，岂会犯错？"所以他不是在血泊中妥协……就是在不可理喻中自鸣得意。

1906年的大选，左派占了上风。他们要求进一步推行改革（包括将土地分给农民）。尼古拉大为生气，解散了才成立73天的国家杜马，撤了维特伯爵的职，任命更为强势的彼得·斯托雷平为总理。彼得·斯托雷平同意修改选举法，支持右派。但他拒绝沙皇废除国家杜马的要求。尼古拉在给母亲的信中，表达了他对此事的强烈不满。

> 英国的代表团大老远跑来会见国家杜马的自由主义者，他们脑子是不是有问题！波提叔叔说他很抱歉，但是那些人要来他也不好阻止。这也怪不得他，错全在英国人拥有各种权利，他们可以来去自由。但我想，要是我们也派代表团到爱尔兰，祝贺他们革命运动前景大好，指不定他们会气得七窍生烟……在国家杜马上的发言，

说完不就行了吗！非得印成铅字，搞得每个人都要读读，然后不安分地起来造反吗？所有的地方都发来电报，让我干脆解散杜马得了。我觉得现在时机还不成熟。等他们闹够了，没力气折腾了，气数就尽了，也省得我费心了。

接下来的5年，斯托雷平一面继续无情地剥削统治，一面坚持改革：他引进立法程序，赋予农民更多权利，为他们争取土地；他也对反动派大肆剿杀，刽子手的套索被戏称为"斯托雷平的领带"。国内动乱平息下来，俄国的经济开始复苏：工业化和资本主义开始在俄国扎根萌芽，铁路的建成让人们过上了富足的生活，国家财政步上正轨，人民生活水平也不断提高。从1905年到一战爆发前的这段时间是俄国工业发展的黄金时期：工厂产量每年增长率达5%；圣彼得堡成了冶金业、纺织业和造船业的中心，人口数量激增；在南部，钢铁工业蓬勃发展；煤产量翻了一番；高加索的原油开采给巴库和其他州带来了滚滚财富。

但是斯托雷平的一系列努力救不了沙皇政府，也救不了自己。沙皇俄国的自由主义尝试在1911年5月的刺杀血案中宣告破产。那时，斯托雷平已经收到很多恐吓信，也经历过一次暗杀，但是他并不接受保镖的劝告，不穿防弹衣，继续在公共场合露面。就在那个星期二晚上，斯托雷平到基辅歌剧院观看柯萨科夫的歌剧《沙皇萨尔坦的故事》，幕间休息时，他和沙皇以及自己的两个女儿在私人包厢里聊天。此时剧场正厅前座有个名叫德米特里·伯格洛夫（无政府主义革命者）的人一直暗中观察他的一举一动。这个人突然走上楼，进了斯托雷平的包厢，朝斯托雷平开了两枪，一枪射中胳膊，一枪射中胸膛。目击者说，斯托雷平从座位上站起来，平静地脱下手套、夹克，查看伤口，雪白的衬衫浸透了鲜血。因为胸上中一枪，他无力地倒下，喃喃道，"为陛下而死，是我的荣幸"，用最后的力气对着尼古拉和其他皇室成员画了个十字。斯托雷平很快被送到基辅中心医院，又多活了4天。沙皇看了他好多次，据说还在病床前请求斯托雷平原谅他。这样让人疑心的话再加上沙皇阻挠对刺杀事件进行深入的司法调查，使得流言四起。有些人就说斯托雷平遇刺与革命党人无关，而是沙皇周围的保守派反对自由主义改革，派人刺杀的。又有人说刺客与沙皇秘密警察局的高层官员有联络。可惜刺客还没有接受正规审讯就被处死了。

斯托雷平被葬在了基辅洞窟修道院。他的死标志着改革的终结，俄国重又回到极端保守的状态。接下来的10年政治巨变告诉我们，改革的思想还有待深入人心。

七

　　柴可夫斯基的《1812序曲》写成时，已是拿破仑入侵俄国几十年后了。但是他在1876年的又一力作《斯拉夫进行曲》以当时的冲突为主题，激起了俄国人的民族自豪感和炽热的爱国热情。《斯拉夫进行曲》充满了柴可夫斯基式的澎湃感情，但有着很现实的目的。1876年，土耳其帝国统治巴尔干人已达四个世纪。巴尔干人开始起来反抗，他们的民族独立运动引发了泛斯拉夫主义民族运动。成千上万的俄国人自愿与塞尔维亚兄弟并肩作战，抗击奥斯曼土耳其。柴可夫斯基创作《斯拉夫进行曲》，并在慈善救济音乐会初次公演正是为了给战争筹得更多捐款。

　　19世纪70年代爆发的巴尔干危机引发了俄国和土耳其之间的全面战争——1877—1878年的俄罗斯和土耳其战争。俄土战争以塞尔维亚、保加利亚以及南斯拉夫的大部分地区获得解放而告终。俄罗斯领导的泛斯拉夫运动愈演愈烈，激起了英国和奥地利的不满（他们认为俄罗斯打着解放"斯拉夫人"的旗号在巴尔干地区争夺势力范围）。1878年的柏林会议上，他们拒不承认俄国在战争中的贡献，并且将波斯尼亚和黑塞哥维那交由维也纳管辖。这一决定导致了一起著名的刺杀事件：1914年6月波黑塞族民族主义者在萨拉热窝刺杀了奥地利费迪南大公。维也纳将这一事件归咎于塞尔维亚，而俄罗斯却全力支持它的斯拉夫盟友。几周后，各国紧锣密鼓地签订条约，结成盟友。欧洲大战即将拉开帷幕。

　　亚历山大·索尔仁尼琴的《1914年8月》（1971）对一战的看法就如同《战争与和平》对拿破仑侵略的态度——从几十个或真实或虚构的人物眼中看历史的风起云涌。战争刚开始的几周，俄国就遭到了毁灭性的溃败。从混战中的士兵的视角，我们看到：

　　　　有消息来报，克什米尔军团在莫肯镇全军覆没……败北的军队
　　仓皇乱窜，疲于奔命，毫无战斗能力……混战中，士兵都像没头苍

蝇似的惊恐地乱跑，真是一大奇观……我们来干什么……现在做什么都晚了，都没用了……沃洛特斯夫似乎没有那么茫然了。然而他看不清灾难是人难以预测的。

小说里有一处与托尔斯泰笔下的皮埃尔·别竺豪夫遥相呼应（别竺豪夫在波罗季诺战场徘徊、沉思）。但是亚历山大·索尔仁尼琴和托尔斯泰对历史的本质看法不一：托尔斯泰觉得个人改变不了历史，而索尔仁尼琴却认为在道义上人们有必要去改变历史，不论结果如何。19世纪60年代，索尔仁尼琴创作这部小说时就看出了：一战的失败，是俄国社会道义感不强的表现。如果当时俄国人决心再大点，意志力再强些，领导水平再高些，历史将会是另一种走向。所以他对托尔斯泰的宿命观颇不以为然。

> 沃洛特斯夫现在才注意到萨姆索诺夫上校心灰意冷的神情，像是被拉到屠宰场献祭的羔羊……他跌坐在马鞍上，帽子在手里荡来荡去，脸上没了平时的威严，有的只是黯然神伤、听天由命的绝望……军队总指挥的行为也很怪异。从前线退回来的逃兵他既不怪罪，也不对他们发任何命令，就随便他们去……降临在俄国第二军团的厄运，甚至说俄军面对的溃败，并不是终结，还有扭转战局的机会……在这样一个易守难攻的军事要地，他们为什么像散兵游勇似的自暴自弃，他们为什么不再拼搏一下？

1914年民族战争打响了。农民放下了阶级仇恨，工人也停止了罢工，所有人都在爱国热情的感召下团结在沙皇的周围。这是沙皇制度最后的生存机会。在彼得堡（因为彼得堡听起来像德语，当时改称彼得格勒），人群歌颂沙皇的英明，期待沙皇的领导。短短4个月就有600万人参军。

然而国内的政治争斗不断，再加上战场节节失利很快浇灭了人们的爱国热情，消磨了人们的抗战斗志。坦能堡战役和马祖里亚湖之战俄军阵亡7万将士，被俘10万人。消息传来，举国震惊。这对国人自信心的打击不亚于1905年的对马海峡战役。萨姆索诺夫上校实在无颜将俄军战败的消息禀告沙皇，于是用枪结果了自己的性命。波兰（从18世纪以来就是俄罗斯帝国的一部分）也在1915年夏被德军占领。俄军不得不从前线一路撤退，从北部的拉脱维亚撤到南部的乌克兰。

俄军可以说是乌合之众：士兵几乎没有接受过正规训练；将领也是草包装糠，没有真才实学；枪支更是稀缺，很多新招募来的士兵不得不赤手空拳上战场。安东·邓尼金上校负责西南加利西亚战场，他在回忆录中曾这样辛酸地写道：

> 我永远也不会忘记1915年的那场悲剧。没有任何枪支弹药，我们还是要上战场。血肉相搏的鏖战，是怎样的场面！所有的人都身心俱疲，因为我们在上战场的那刻就深深明白等待我们的只有死亡……德军的大炮不停歇地喷发着熊熊火焰，潜伏在战壕里的俄国士兵就这样无声无息地停止了呼吸，没有任何的反抗，因为没有反抗的资本。手中只有刺刀的我们在敌人的猛烈攻势下连吃败仗。阵亡的人数与日俱增，鲜血流成了河。日渐减少的是俄国的军队，日渐增多的是那一座座坟茔……

而国内，也面临了种种困难：粮食短缺，通货膨胀，投机倒把盛行。人们对政府的不满、对沙皇的愤恨渐渐浮出水面。1915年8月，中间派人士在国家杜马上要求废除沙皇的内阁，由议会选举出新的政府，确立合法工会，保障工人的权益，维护农民的公民权，大赦囚犯。

然而尼古拉二世还是固守着早已过时的观念——历代沙皇统治所坚持的东正教、独裁专制、民族主义。他驳回了国会议员的要求，中止了国家杜马，将大权从军事总部收回，自己指挥作战。沙皇现在是自掘坟墓，真的无可救药了。

1916年12月，俄国立宪自由派如米留可夫公开抨击沙皇、皇后以及俄国的部长。连一向支持沙皇统治的立宪自由派都开始批判沙皇，可见沙皇统治已经失去了民心，民众对沙皇已经不抱任何幻想了。

沙皇政府既没有智力，也无能力处理好当下的状况……同志们，沙皇统治已经走向末路了！人们和沙皇间的矛盾已经无法调和，上层社会和下层社会间的鸿沟已经无法弥合……谣言四起，说是最高统治阶层已经通敌卖国……一些卑鄙小人和德国勾结。为了自己能苟且偷生，出卖国家利益……国家已经被小人暗中操控，所谓的"宫廷党"在皇后的庇护下为所欲为……他们现在的所作所为是通敌卖国行径还是一时糊涂犯错，我们不得而知。但是无论出于什么原因，酿成的后果是一样的！

如米留可夫对皇后的一番人身攻击间接反映了人们对皇后已经从怀疑猜忌变成了嫌恶抵触：皇后的德国家庭背景，她对沙皇的百般讨好，她听信拉斯普廷的鬼话。她的行为明显加剧了沙皇统治的灭亡。皇后在这场皇室联姻中一直是个举足轻重的角色。尼古拉常常到前线指挥作战，据说国事都由皇后和拉斯普廷处理。有一年多的时间，俄国都是由皇后发号施令的。皇后遇事会征询上帝的旨意、上帝的神谕，而拉斯普廷这时就充分发挥了他偷天换日的忽悠功力。内阁部长经常不明原因地遭到撤职，接着皇后和她神圣的拉斯普廷短时间内任命了4个总理、5个内政部长，还有3个部长分管外交、国防和交通。邓尼金上校不满地说，"德国—拉斯普廷小集团"把沙皇哄得团团转，俄国国家体制几近瘫痪，国防形同虚设。维特伯爵也叹息道："盲目迷恋歪门邪道……皇后把沙皇也拖进了神秘主义的泥淖。"

1916年12月，右翼贵族费利克斯·尤苏波夫亲王邀请拉斯普廷来自己宫里，席间不停劝拉斯普廷饮酒，酒中加了大量氰化物。医生将毒药拿给尤苏波夫亲王时说，这些量足够毒死几个人。尤苏波夫亲王在回忆录中说，拉斯普廷是个"大魔头"，那点量只能使他昏睡罢了。

拉斯普廷站在我面前一动不动，脑袋耷拉着，眼睛直勾勾地盯着十字架。我缓缓举起手枪，打太阳穴还是射心脏呢？突然我不由自主地哆嗦了一下，胳膊有点麻。我就瞄向心脏，扣动扳机。拉斯普廷狂叫了一声，抽搐着倒在铺有熊皮的地上……医生过来检查了一下，判定拉斯普廷没气了……一时间我们心中充满了生的希望，因为我们相信除掉了拉斯普廷，沙皇制度就不会瓦解，沙皇蒙受的耻辱也被洗刷一清了……然而可怕的事发生了：拉斯普廷突然从地上一跃而起，嘴上还吐着白沫就向我冲来，十指像钢爪一般抠进我的肩头……

谋杀者最后又开了好几枪，还用铁棍在脑门上砸了好几下，才结果了拉斯普廷的性命。之后他们将尸体扔进了冰冷的运河里。但拉斯普廷的暴亡也改变不了沙皇统治的命运。前线的战况令人灰心，战争的后援也还没有着落，革命的呼声则越来越高。彼得格勒重要的军火厂工人发出公告，表达他们的不满：除非政府满足他们的要求，给予他们民主权利，分给他们土地，不然他们不会为沙皇而战。俄国的局势紧张起来，街头巷尾充满了密谋起义的窃窃私语声。

八

到了1917年,沙皇制度已经从内部瓦解了。据说二月革命是这样发生的:在圣彼得堡主道涅夫斯基大道(现在已经布满了服饰商店和豪华餐厅),罗列着很多肉铺、面包店和卖鱼的摊子。革命爆发的地点位于涅夫斯基大道的面包店和附近的街道。战争已经打了3年,国民经济崩溃,食物短缺。妇女们不得不每天排队等着买面包,还常常买不到。有些人干脆就在面包店外的路边搭个床铺,这样买面包就方便许多。1917年国际妇女节那天(2月23日),成千上万的女工自发罢工,走到街上游行抗议。同时罢工的还有排队买面包的人、普提洛夫工厂的工人。她们分好小组,到圣彼得堡的各家工厂游说,劝说他们罢工。这次的罢工运动并没有什么周密的计划。她们的要求很简单,就是给她们面包、自由与和平。到彼得格勒游玩的爱德华·摩根·赫伯特博士目睹了一场混乱游行。

> 街上混乱一片,人们像疯了一样,这该是革命的最好写照吧:妇女在活动中尤为突出,有砸铺子的,有抢劫面包店的,还有掀翻有轨电车的,有的示威者还用木块、铺路石设置路障,封锁道路。暴风雨似乎就要来了……

和俄国十七八世纪的斯捷潘·拉辛和普加乔夫农民起义一样,1917年的二月革命也是农民自发的起义。多年来,在沙皇统治下,农民没有自己的土地,工人被层层盘剥,士兵要不断上前线打仗,少数民族想要独立却终不能如愿。他们强压的怒火在食物短缺、物价飙升的情势下,终于爆发了。二月革命既没有组织性,也没有团队合作性,这让革命专家觉得不可思议。在小说《列宁在苏黎世》中,索尔仁尼琴用嘲讽的口吻写了列宁对二月革命的反应。当时列宁在瑞士避难,听说俄国爆发的二月革命后不可置信地说:"俄国发生了革命,简直是鬼扯!"然后,继续吃他的水煮牛肉,还细心拣了块大的放进口中。

彼得格勒的大街小巷每日都有游行的人，革命运动如火如荼地开展起来。在涅夫斯基大道上，警察出动了，用警棍和枪把驱逐抽打游行示威的人。许多人不幸就义。2月26日，星期天，25万人聚集在市中心。大型机械厂的工人高唱"革命万岁！"妇女们抗议食物短缺；成千上万的学生挥舞着红旗，唱着俄语版的"马赛曲"：

旧世界打个落花流水，
我们要做天下的主人。
从来就没有什么救世主，
也不靠神仙皇帝。
起来，全世界受苦的人，
起来，向着敌人冲过去，
发泄尽积压百年的仇恨。
富人们压榨我们的劳动，
从我们嘴边夺走最后一口粮。
沙皇，就像吸血鬼，
吸干我们血管中的最后一滴血。
起来，饥寒交迫的奴隶，
起来，向着恶狗强盗索命，
所有的血债要用血来还，
推翻邪恶的沙皇，
消灭万恶的罪人。
这是最后的斗争，
团结起来，到明天，
光明的日子一定会降临。

一直到下午，抗议的人群有增无减，无组织地乱作一团。士兵们决定血腥镇压暴民。这些哥萨克士兵一向是沙皇最得力的助手，杀起人来眼睛都不眨一下。一时万炮齐发，群众瞬时倒下了不下200人。硝烟散去时，已是死尸相叠，近2,000人丧命。孟什维克记者耶麦斯基目睹了一次军民冲突。在莫伊卡河附近，士兵拦截下一队示威者。

  群众大军还在向前行进。这时士兵接到命令，屈膝射击。前面的民众看到士兵摆好开枪的阵势不由得停住了脚。可是后面的人不知情，仍然继续向前行进。士兵们片刻犹豫后，端起了枪连射了两通。前面的示威者倒了下去，有些顷刻毙命。游行的人一下子慌了神，惊慌失措地各自逃命。有些被地上的血泊滑倒，有些慌忙中踩到了路边将死和已死的人。所有人脸上都写满了愤恨和忧戚。

  刚从前线打过敌人，现在却要亲手屠杀无辜百姓，士兵们自己心里也非常窝火。有些由水手组成的军队开始发动兵变。到了周日晚上，成百上千的士兵倒戈相向，和游行示威者站在了一起。几天之内，整个彼得格勒的守卫也集体兵变。他们杀掉了上面的长官，撕毁了沙皇的头像徽章，打开牢门放出了犯人，洗劫了军火库，将枪支弹药发到群众手中。即使是对沙皇忠心耿耿的哥萨克骑兵也开始投靠了革命军[①]。

  街上是暴怒的民众，国家军队又倒戈相向，彼得格勒一时陷入无政府状态。国家议会（即杜马保守的上议院）写信给尼古拉二世，提醒他保持警惕。尼古拉似乎对国家局势一点都不在意，他给妻子的信中对革命的事竟然只字未提。

  2月24日，军事总部。亲爱可人的宝贝，我现在大脑处在放空状态——没有喋喋不休的部长，没有劳心费神的难题……你电报上说奥丽加（大女儿）和小宝贝得了麻疹，我真的不敢相信，怎么会

[①] 布尔什维克工人伊凡·戈迪安可提到，这次彼得格勒的妇女再次控制了局势："她们主动包围了哥萨克骑兵的营地，对他们喊话说：'我们的丈夫和父兄都上前线杀敌，把我们留在后方忍饥挨饿，受侮辱和欺凌。你们也都有妻儿和老母，你们也都有亲人。和我们并肩作战吧！我们没什么奢望，要的只是面包与和平！'长官听到她们的一席话，立刻警惕起来，于是命令士兵冲锋。哥萨克士兵端着枪向前冲去，妇女们准备好迎击。但是，这些哥萨克兵冲进了队伍，却没有动她们一根寒毛……他们对我们微笑，有人还眨眼示意。顿时千万人异口同声地高呼'哥萨克人万岁'。"

这样呢……晚宴的时候，我接见了许多外国将领。他们对这个坏消息都深表同情……这些孩子中，尤其是阿列克谢，身子尤其不好。该给他们换个环境，好好调养一下……等我回到宫里，我们再好好谈谈这事……我很想念每晚和你们相聚的半小时。我们一家做做游戏，是多么美好而难忘。我有空会多玩玩多米诺骨牌，放松一下的。

爱你的老公
尼基

沙皇的贴身顾问此时也说不上话。国家杜马和英国大使乔治·布坎南连续几周都在劝说沙皇做出更大让步，以平息众怒。就连尼古拉的亲兄弟米哈伊尔也警告他大祸即将临头。（"沙皇专制体制已是大厦将倾。连沙皇制的忠心拥护者也觉得时局变动，沙皇制已走到末路。"）但是所有的警告劝说，在尼古拉看来都荒唐可笑，不值一提。当国家杜马主席米哈伊尔·罗江科亲自劝说沙皇，革命已经迫在眉睫，改革已经事不宜迟时，沙皇慢条斯理地说："我听到的消息可不是这样的。国家杜马要是还在这种争议性的问题上纠缠不清，我大不了解散它。"罗江科说他是为沙皇着想，沙皇挥挥手，不耐烦地说："好了好了，你不要说了。大公还等着我找他喝茶呢。"

2月27日，沙皇在军事总部收到了罗江科给他的最后一封电报。电报中罗江科绝望地写道：

形势每况愈下，现在必须采取行动。明天就来不及了。决定俄国的命运、沙皇的命运的时刻已经到了。政府无力维持大局；警卫部队也站在革命军一方；储备营的卫队正在谋划军变；士兵杀掉长官，和暴民搅在一起进行革命，现在他们正向着内政部和杜马进发。尊敬的沙皇，不要再迟疑了！俄国的军队已经暴动……俄国的毁灭，沙皇制度的瓦解已是大势所趋。

尼古拉的反应却是解散杜马，军事镇压革命。

他的行为在国会议员看来太过幼稚，所以他们根本就无视他的指令，并且派了代表团试图找沙皇理论。由于沙皇乘坐的火车在转入旁轨时出了故障，所以他们直到3月2日才和沙皇汇合。这期间，皇后一直发电报向沙皇报告首都的紧张局势，还劝说沙皇不要轻易妥协，不要签订任何协议，不要更改宪法等。然而议会代表团告诉尼古拉现在他已经没有退路了，只有拱手交出王位才能平息革命者的怒火，缓和双方的紧张局势。

听着议会代表团向他汇报那些流血冲突和暴动场面，尼古拉心里也翻江倒海起来。但是他竭力保持面无表情，仿佛一切没什么大不了的。最后尼古拉开口说："既然这关乎祖国的生死存亡，我个人没有什么不能牺牲的。我退位就是了。"

建立于1613年，横跨三个世纪的罗曼诺夫王朝，就这样结束了。4年前俄国人还轰轰烈烈地庆祝罗曼诺夫王朝建国300年，场面何其盛大。现在却转入了全新的轨道。

由于接替尼古拉的人选还没有确定，尼古拉退位的消息就暂时没有公布。本来尼古拉的儿子阿列克谢是无可争议的沙皇继承人，但是尼古拉担心儿子（患有血友病）的身体状况，坚持让自己的弟弟继位。随后沙皇退位的宣言很快起草好，递交到彼得格勒的国家杜马。

> 俄国是个多灾多难的国家。历史上外族入侵，统治俄国长达300年。但是俄国人从没有放弃过斗争。也许是天将降大任于俄国，才降下这么多灾难来考验它，磨砺它……在俄国历史的每一个紧要关头，我们都坚信天下兴亡匹夫有责，都团结在一起，共渡所有的风风雨雨……从国家的利益出发，我在和国家杜马商量过之后决定，皇位由我弟弟米哈伊尔大公继承……以后俄国的政事将全权交由米哈伊尔大公打理。他会依照人民代表制定的法律和人民共同治理俄国……俄国最忠心的子民，愿你们拥护沙皇，支持人民代表的工作。国家正面临前所未有的挑战，但是我相信只要大家和衷共济、众志成城，就一定能拨开云雾睹青天。胜利和荣耀必将属于俄国人民。愿上帝和俄国同在！

但是罗曼诺夫王朝最后的沙皇候选人不愿意统治俄国。杜马代表团人员在弗拉基米尔·纳博科夫（温和的自由派，立宪制民主党的创始人之一）的带领下劝说米哈伊尔大公继位未果，他只肯答应在局势稳定时继位。纳博科夫会很遗憾，俄国就这样和君主立宪制擦身而过。

米哈伊尔大公很气愤，哥哥竟然不同他商量一声就将王位甩给他……当他签订文件，同意在局势稳定再继位时，他有点心烦意乱，面上也讪讪的。也许他没有意识到他拒绝继位意味着什么……我常常问自己：如果当初米哈伊尔大公接受了王位，结果会不会好很多？

彼得格勒苏维埃报3月3日的新闻："尼古拉二世将王位传给米哈伊尔大公，但是米哈伊尔大公又将皇权交给了俄国人民。国家杜马一片欢腾，人们的兴奋之情溢于言表。"在彼得格勒图哈罗德宫殿，人们把尼古拉的肖像从杜马会议室的墙上撕扯下来。沙皇制度终结了。杜马代表团宣布俄国将由新的临时委员会来管理。

组成临时政府的人员有自由主义者、温和的社会主义者、立宪民主派等。他们都同意在俄国实行君主立宪制，但是他们的话并不能取信于民。临时政府的总理一职由乔杰·里沃夫担任。临时政府的部长亚历山大·伊万诺维奇·古契科夫发现总理在工会中呼声甚低，这不是个好兆头。

古契科夫正对着铁路工人发表演说，这时上来一个工会管事打断了他。"同志们，没有人民代表参加的临时政府会维护人们的利益吗？你们想想，我们辛辛苦苦革命是为了什么？我们在俄国皇亲贵族的统治下，遭受的罪还不够吗？现在的临时政府还是里沃夫大公掌控……所有的部长也都是地主富人。同志们，让我们把古契科夫扣下来吧！"工会管事振臂一呼，众人应者云集。一时间所有的出口都被封锁。事态变得紧张起来……

临时政府的建立并不能使所有人满意。俄国国内又产生了另一股势力。1917年，波将金和凯瑟琳大帝曾住过的图哈罗德宫殿变成了两大势力的议会厅。二月革命后，这里又成了各党派争夺政治席位的会议室。图哈罗德宫的右半边是国家杜马议会厅，立宪民主派想要在俄国实行自由派的立宪制民主。

而在图哈罗德宫的左半边，成百上千的工人、士兵和农民齐聚一堂，构想着俄国的崭新未来。两派之间仅隔着一条短短的走廊，廊上有金碧辉煌的大吊灯，两侧白色大理石柱林立。彼得格勒苏维埃工人代表声称他们诞生于1905年的流血星期日，代表着工农革命军。全国的农民开始选举地方委员会即地方苏维埃（原义为代表会议）。他们从地主手中夺得土地，自己掌权。有些人将地主杀掉，把房子也放火烧掉。工厂的工人自己提名苏维埃代表。大多数的士兵也争相效仿：在战争中有人选择服从上级调遣，有人选择除掉上级，重选将领。

所有的地方苏维埃都派代表到图哈罗德宫参加会议：这种直接的民主方式让人不禁想起基辅罗斯时期的卫奇集会。会议上，人声鼎沸，毫无秩序；选举时，各代表无不声嘶力竭地拉选票。所有不愿和沙皇共同执政的党派都到齐了——孟什维克党、布尔什维克党以及社会主义革命派。他们在工人掌权、革命党专政上达成了共识。但是在其他方面，他们都不敢贸然做决定。所以他们激烈讨论后的结果是，只要临时政府不阻挠民主革命，他们不介意与之合作。彼得格勒的苏维埃领导有广大的人民群众做后盾，但是他们不愿意发动群众。

这之后，俄国就出现了两权并立时期。自由派的临时政府畏惧苏维埃工人代表团的实力，虽然掌握大权，还是事事征求革命派的意见。而苏维埃虽然不愿在此时担负起政府的责任，但是对愤怒的群众和难以驾驭的士兵还是有一定控制力。

时代迫切需要有人挺身而出，掌控大局。当图哈罗德宫的人还在争论不休时，这样的一个人就要登上历史舞台了。

九

1957年春，一些封锁了40年的机密文件从波恩（德国首都）国家档案馆泄露出来。其中就有驻瑞士的德国外交官和柏林外交部的电报往来。

伯尔尼（瑞士首都）1917年3月电：这里的革命领导人想借道德国重返俄国……请指示……

德国扶植俄国激进的革命分子有利可图……为他们安排火车，以及提供财力支持……

我们必须为俄国革命推波助澜……扶植俄国极端分子，加快俄国的政治巨变……俄国元气大伤后，我们再进行军事干涉，一定事半功倍……

自1914年始，德国特工就密切关注流亡到伯尔尼和苏黎世的俄国革命者。1917年的二月革命推翻了沙皇统治，列宁等人就开始想办法回到俄国。他们一旦回国，就会和俄国的临时政府产生摩擦。那时，俄国人忙着解决国内危机，很可能就会匆匆退出战场，与德国人议和。德国就可以趁机敲上一笔。温斯顿·丘吉尔曾说："德国助列宁回国没安什么好心，这就好比往大城市的主河道投放伤寒和霍乱病菌。这一招着实阴险……"

2月底，德国外交部不仅为俄国革命党人提供资金，而且为他们安排火车横穿欧洲返回祖国。1917年4月3日午夜时分，列宁和妻子，还有其他30人从伯尔尼，途经法兰克福、柏林、斯德哥尔摩，抵达彼得格勒的芬兰车站。一路上车厢门是封锁着的，因为德国当局担心会走漏风声。这列封得严严实实的车厢现在还停在芬兰车站，供人观摩。

我前去参观时，只见异常俗丽的华盖下面，列宁乘坐的那节车厢静静地停着，四周围着玻璃板。整整一个世纪，那节车厢像历史遗物般完好地保存着，供人瞻仰。现在参观的人没有以前多了。见我对这节车厢那么感兴趣，车站的一位热心女职员找了20多分钟钥匙，打开玻璃门，让我进去好好看看。

1917年4月，列宁回到了俄国。走出车厢的那刻，他还担心会被当局逮捕。12年了，俄国发生了很大的变化，变得列宁都认不出了。不过，一个革命的忠实信仰者，一个将一生都贡献给革命事业的人，对于革命的信心是无人可以撼动的。

1870年，列宁出生于伏尔加河畔辛比尔斯克（今乌里扬诺夫斯克）的一个富有人家。父亲是一位具有民主主义思想的教育活动家，哥哥亚历山大因参加谋刺沙皇而被处死（这让列宁对沙皇统治深恶痛绝）。列宁早年参加了很多政治活动，结果不是坐牢就是被流放西伯利亚，他的妻子就是他流放时结识的革命同志。从1900年到1917年，列宁一直在国外隐姓埋名，靠着母亲留下的遗产生活，只在1905年回国一次。他是个专业的革命者，但对工人的日常生活和所受的苦难知之甚少。马克西姆·高尔基说，列宁并没有体验过劳苦大众的生活，所以对于民生疾苦，他并不会感同身受。

当列宁从芬兰车站出来，迎接他的不是手铐脚镣而是热烈的欢迎。夹道相迎的工人、农民挥舞着红旗，为他的每句话欢呼喝彩。列宁对着群众喊道："这是人民的革命，这是一个属于人民的时代……全世界的社会主义革命就要来了；欧洲的资本主义制度已经危在旦夕。同志们，士兵们！我们要为俄国的社会主义革命而战！我们要坚信，无产阶级革命终将会取得胜利！全世界的无产阶级革命万岁！"

沿着列宁走过的路，我到了群众欢迎他的地点。现在这里正在演示当时的场景，只是演员是拿着麦克风高喊口号。芬兰车站前矗立着列宁的雕像，雕像背部在2009年被抗议者投掷的炸弹炸了一个洞，但是手臂还是向前伸着，脸上的表情一如既往的坚毅，透露着革命者的自信和威严。

然而这种一切尽在掌握的自信只是表象。当时的俄国一片混乱：沙皇制度土崩瓦解；革命内讧不断；布尔什维克人微言轻，顾不上什么国家大局。面对这样的烂摊子，列宁心里没有万全之策，其他人也没有。

俄国的临时政府想通过自由公平的选举，在俄国推行一系列自由主义改革。他们释放了政治犯，许诺给人们民主自由，消除宗教偏见，禁止种族歧视，还废除了死刑，解散了沙皇的宪兵部队。自由主义、理想主义思想固然是好的。但是外有战事，内有革命，推行民主确实不是好时机。

彼得格勒的苏维埃会议即将举行。各党派领导在土地改革上各执一词。有的认为应该立即将土地分给人们。有的说现在时机不成熟，等战争结束了再分配土地也不迟。孟什维克党固守马克思主义的信条：社会必须经历一个资本主义民主的过渡，才能实现社会主义。所以苏维埃会议决定：革命可以暂告一段落，现阶段不妨在俄国建立资产阶级自由共和国。

在彼得格勒会议上，列宁发表了著名的《四月提纲》，从而为俄国革命指出了另一条道路。他说，苏维埃不必与临时政府合作，不必非要经过资本主义的过渡。俄国完全可以实行无产阶级专政制度。

"一切权利属于苏维埃！"列宁最后用一句口号结束了他的演讲。坦白说，在苏维埃领导层布尔什维克只有少数名额，列宁说这句口号并不恰当。但是他知道，能代表民意的目前只有苏维埃，而他已经一步步计划着夺取苏维埃的领导权。他的《四月提纲》道出了社会各层的心声，也给了他们想要的答案。

> 革命的第一阶段（从二月革命开始）……将权力交到了资产阶级手里。革命的第二阶段就要让权力回归到无产阶级和穷苦大众手中……我们要推翻资产阶级临时政府。我们要揭露资产阶级的剥削本质……资产阶级临时政府一日不亡，社会主义和平就一日没有可能……帝国主义战争就一日不能结束……我们要废除宪警，解散军队，消灭官僚制度……我们还要没收地主的土地，实行土地国有化，然后平均分给人民……国家公务员的工资不能超过工人的平均工资……实现银行国有化……谱写新的共产国际歌！

列宁的那番演讲充分表明他对民众当下的心态了然于心。二月革命极大地鼓舞了全国的工人、农民。他们推翻沙皇统治，热情高涨地建立自己的政权：农民烧毁地主的房子，发泄积压多年的愤恨；工人赶走厂长，成立工人委员会，自己管理工厂；少数民族要求独立自治，从俄罗斯帝国统治下脱离出来；更重要的是，全国上下一致反战，对临时政府坚持作战的举动强烈不满；食物短缺更是加剧了民众的不满情绪。

当其他党派举棋不定时，列宁已经大胆许诺人们想要的一切——土地、和平、面包和自由。这一方面意味着对法律秩序的漠视，是对摇摇欲坠的俄罗斯帝国的致命一击；另一方面极大提升了布尔什维克党在人们心中的形象，为其夺取政治领导权奠定了民众基础。

1917年6月，俄国苏维埃代表大会在图哈罗德大厅召开。孟什维克和其他党派还在争论说社会主义革命的时机还不成熟。"现在没有一个政党可以公开挑衅临时政府，对他们说：'把权力让出来，快滚蛋吧——我们可以取代你。'"孟什维克的领导人切列特里断言，"俄国没有任何政党可以！"

这时列宁站起来说了句掷地铿锵的话："我们可以！"这句话让布尔什维克以崭新的面貌在历史的舞台上亮相。

> 大多数政党都坚持认为现在没人能挑起俄国的重任，但是我要说："我们可以……布尔什维克绝不会在困难面前退缩。我们完全有信心担起俄国的重任！"

这真是会议上的一大亮点。"我们可以！"这几个字成就了布尔什维克的一个历史传奇，在以后的70年不断回响在人们的耳畔脑海。政治宣言中有，横幅标语上也有，学生的教科书上有，苏联的文学音乐上也有。

1917年夏，俄国已经四分五裂，局势对列宁越来越有利。里沃夫大公辞去了总理的职位，律师出身的社会主义者克伦斯基成了临时政府的新总理。他上台后紧抓社会公平、民主和法治，但是他的这一系列举措明显不合时宜。军事部长弗拉基米尔·纳博科夫支持临时政府的民主观点，但是觉得克伦斯基难当重任。

> 克伦斯基有些小才，但是治国的雄才大略他可没有。看他一副花花公子的装扮，玩世不恭的表情，笑起来龇着牙齿，怎么看都不顺眼……他虚荣心很强，喜欢出风头，讲排场……二月革命后的前几个月，他平步青云，坐上总理的高位，想必飘飘欲仙，忘乎所以了吧。他一定觉得大家是不是全疯了。他无才无德，智力平平，怎么就当了总理？他是不幸被历史选上的小人物，被历史推到了风口

> 浪尖，注定会跌得很重很惨……

克伦斯基兼任陆军部长，按照和英法的约定，他宣布对德作战。6月时，为了帮助西方盟友，他又发动了新一轮战争，结果大败而归，伤亡惨重。而列宁和他恰恰相反。列宁主张俄国立即退出战争。纳博科夫也对克伦斯基强烈不满。因为克伦斯基太过愚钝，根本意识不到俄国大众的反战情绪，也意识不到自己的举动只会对布尔什维克党有利。

> 我已经很明白地表达了我的看法，俄国厌倦了无休无止的战争，他们不想再打下去了……但是战争不是说结束就结束的。俄国退出战争不仅要赔款，战士的士气也会受到影响。俄国如果知道这场仗注定失败，也许当初就不该掺和进来……从对德战争中退出是眼下最好的选择。

历史证明纳博科夫的话一点没有错。1917年7月4日，愤怒的士兵和工人走上涅夫斯基街头抗议，但是他们遭到了政府的血腥镇压。道路中心，死尸相叠。十字路口堵满了无轨电车，交通陷入瘫痪。幸存的人逃命似的寻找避难所。混乱的场面现在还有照片为证。纳博科夫目睹了惨案的发生：

> 全副武装的士兵驾着车在街道上横冲直撞……从各个角度向人群扫射。枪声响起，人群四散奔突，像无头苍蝇般只顾着逃命，踩踏死伤的人不计其数……那天阳光明媚，风和日暖，而眼前的惨案却是那么血腥暴力，令人不寒而栗……

激进的士兵和工人离开了彼得格勒。在列宁的号召下，彼得格勒的警卫部队拒绝上前线打仗。喀琅施塔得（今圣彼得堡西部的海军要塞）的海军公开起义，近25万人包围了图哈罗德宫，要求苏维埃上台，结束战争。临时政府吓得一时慌了手脚，于是下令士兵（那时仍然有部分士兵效忠临时政府）开火。

眼见着人民一拨拨地倒在临时政府的枪管下，布尔什维克挺身而出，指责克伦斯基以及他领导的资产阶级自由政府和沙皇政府不无二致，都是人民的敌人。革命的新时代即将来临。

但此时的布尔什维克还不具备全面站到台前的能力。列宁开始怀疑推翻临时政府、夺取权力是不是太过激进、太不成熟。他担心布尔什维克会重蹈1871年巴黎公社昙花一现的覆辙。所以当7月5日,临时政府突袭布尔什维克总部时,列宁决定转入地下工作。

接下来的3个月,列宁四处逃难,从彼得格勒逃到俄国西北的拉兹里夫湖畔。他在那儿住过的房子被人们亲切地称为"列宁小屋"。自1917年后,小屋就被完好地保存下来,成为俄国的圣地,供共产主义者朝拜。如今的"列宁小屋",在博物馆、广告牌、各式凉亭和宾馆的包围下,显得破败寒伧,似乎已经被人遗忘。小屋上面的茅草(据说没有修缮过)在经历了近一个世纪的凄风苦雨后,还依然完好无损。博物馆里存放了列宁伪造的身份证件:红色的胡子剃掉了,谢顶的头上罩上了厚厚的假发。馆里还放着3个树桩,据说在逃往芬兰之前(直到10月列宁才从芬兰回国),列宁就是坐在上面起草《国家与革命》(1917),决定未来人民起义的走向。

在列宁避难时,俄国临时政府正为剿灭了革命党而举杯庆贺。克伦斯基对下面的部长讲话,说革命者错过了这次机会,就再无翻身之日了。《真理报》遭到查禁,列宁和党内同志被扣上了"德国奸细"的帽子。列宁等人乘德国火车回国,以及接受柏林的资金救援都被看作叛国的证据。政府的官报头版头条上醒目地写着"列宁及其党羽都是奸细"。但是如果他们认为布尔什维克这样就能被消灭,他们就太天真了。

没有转入地下组织的布尔什维克,包括刚回国的列夫·托洛茨基都被逮捕,罪名是叛国罪。但是临时政府还是依法办事的,当指控他们叛国罪证据不足时,就悉数放了他们。纳博科夫对此极为失望。

> 临时政府本可以借这个大好时机将列宁及其党羽斩草除根。但是他们还是退却了,让步了……临时政府似乎不懂得什么叫权力。他们心里似乎有两股力量在较量:一股是理智中庸但又怯懦无序的公平正义;一股是不讲道理,不讲理性的专制独裁……

临时政府解散了宪警,削减了武装部队,废除了死刑——这就像是卸去了政府对社会的一项项威慑装备。但这些举动丝毫不能缓和人们对它的愤怒。与此同时，1917年7月后，布尔什维克放弃了对资产阶级民主自由的追求，开始实行革命的人民民主专政，而临时政府却没有对应的力量，只能眼睁睁地看着。10月，社会的巨大变动已是大势所趋了。

十

  弗拉基米尔·列宁并不是一个具有煽动性的演说家。听下他的演讲录音，你就会发现他音调高，小舌音还发不出来。在早期的演讲中，他解释过一战和二月革命（1917年的资产阶级革命）是怎样为真正的无产阶级革命铺路的。

>   全世界都在进行轰轰烈烈的革命。一战告诉我们，资本主义已经行将就木，新的秩序就要建立……自由主义者背叛了工人阶级，成为全社会的公敌……那些致力于救人们于水火，将人们从资本主义的枷锁下解救出来的人，我们光荣地称他们为"共产主义者"！不久的将来，我们会看到共产主义胜利的号角将遍布世界的每一个角落。

  列宁的预言并不完全对。二月革命后，自由主义者和社会主义者之间的争斗，就算不能说改变了世界的命运，至少决定了俄国的命运。美国记者约翰·里德的《十月》是对这一时期的完美写照。书中对布尔什维克极度赞扬，很快就赢得了列宁的好感和认可。列宁赞许地说，"我极力推荐全世界的工人都来读读这本书。并且我希望更多的出版者刊印这本书，更多的译者将它译成各种语言，将书中的思想传播到全球"。[①]

  对于1917年的十月革命，我们看到了各种版本，革命派内不同党派的、沙皇政府的、临时政府的。到底哪一个是历史真相，实在难以回答。

[①] 1920年，里德得伤寒病逝。克里姆林宫把他追为英雄，为他举行了葬礼。但是他的书却经历了大起大落。列宁执政时，这本书被当作官方认可的史书。而斯大林上台后，这本书很快遭到了查禁，已经出版的也被悉数销毁。因为斯大林发现，里德在书中只字未提自己在革命中的领导作用，反而把托洛茨基（斯大林的政敌）刻画成正面人物，不由怒从中来。斯大林在演讲中说："书中净是天方夜谭般的鬼扯，与历史事实相差甚远……而且书中关于托洛茨基的最后宣告，纯粹是一派胡言。我不能容忍这样的谎言混淆人们的视听。"

七月起义失败后，列宁就逃到芬兰。他对于革命的指挥主要是通过信件。斯大林在彼得格勒待的时间最久，他和托洛茨基、列宁一同坐过牢，同样被流放过。但那时在布尔什维克领导层，他还是个无名小卒，只是个筹集资金的帮手。10月10号，布尔什维克中央委员会隆重召开。布尔什维克的领导人季诺维也夫和列夫·加米涅夫在会上强力反对重新夺权，但是赞成夺权的占大多数（10票支持，2票反对。列宁乔装打扮一番也参加了）。

托洛茨基在七月起义中被捕，在狱中，他从谨小慎微的孟什维克变成布尔什维克。9月无罪释放后，他被选为彼得格勒苏维埃主席、军事革命委员会主席，掌握着革命运动的军事大权。他将士兵和警员整编成赤卫军和民兵。当列宁9月底从芬兰回国重掌大权时，他已经想好了应对策略。

然而对于这段历史，官方的表述却大不相同。谢尔盖·爱森斯坦的电影《十月》原本是根据约翰·里德的书拍摄的，列宁和托洛茨基是正面主角。但是斯大林命令爱森斯坦把托洛茨基拍成个胆小鬼。所以影片最终上映时，托洛茨基就成了面目可憎的犹太人形象：革命开始前犹豫不决，前怕狼后怕虎；布尔什维克英勇夺权时，又缩头缩脑的不敢行动。

实际上，十月革命前，各方势力都在摩拳擦掌，觊觎着政权：克伦斯基领导的临时政府已是名存实亡；由工人士兵直接选举产生的苏维埃赢得了民心，布尔什维克向人们保证结束战争，这让它从苏维埃各党派中脱颖而出。在党员组织上略施小计后，布尔什维克就在苏维埃中取得了领导地位。托洛茨基在9月被选为布尔什维克主席后，更是步步为营，要把苏维埃变成布尔什维克党的天下。

保守派当然不会坐以待毙，8月底，科尔尼洛夫将军发动反对总理克伦斯基的军事叛变。他率领8个骁勇善战的高加索骑兵团攻打首都，要求剿灭苏维埃，重整军纪，绞死列宁及其同党，以恢复俄国的秩序。

克伦斯基原先支持科尔尼洛夫剿灭苏维埃革命军。但是当他接到情报说，科尔尼洛夫要把他也除去时，他又向苏维埃寻求帮助。如果苏维埃愿意帮他击退科尔尼洛夫，他答应释放七月起义中逮捕的革命党人，并且从国库调拨枪支弹药给苏维埃。

布尔什维克决定帮忙，他们联合铁路交通方面的工人在后方干扰科尔尼洛夫的计划。先是切断了对方军需品的补给线，然后通过转轨，将对方调运来的士兵运到了彼得格勒。当苏维埃粉碎了军事叛乱,并逮捕了科尔尼洛夫后,他们拒绝交出缴获的武器。这一仗使布尔什维克在民众中名声大噪。10月底,起义的时机成熟了。

涅瓦河静静地从彼得堡市中心流过,一艘装甲战舰停在那儿,仿佛停了1000年。很多游客一股脑地涌上甲板,拍婚纱照的人也在旁边摆着各种姿势。当我参观橡木制的船舱和轮机舱时,一个俄国的流行乐队正在船尾聒噪地演奏着。阿芙乐尔战舰1900年下水,5年后参加了对马岛海战。之所以这艘船没有被化成废铁,而留存至今,是因为在这艘船上,人们打响了布尔什维克起义的第一枪。

10月25日晚,阿芙乐尔战舰上的海军连续放了好几下空炮。这让冬宫里的临时政府惊慌不已。因为波罗的海舰队向来不安分,革命起义不断。据布尔什维克党后来说,阿芙乐尔海军发空炮是约定好的全民起义夺权的信号。爱森斯坦的《十月》极其生动地描述了人民冲进冬宫的恢宏场面,这让观众误以为那就是历史场景的再现。沙皇居住的冬宫是沙皇统治的标志,俄国人民对冬宫的仇恨就像巴黎人民对巴士底狱的仇恨一样。所以布尔什维克才把攻占冬宫渲染得那么大快人心,那样轰轰烈烈。

而历史的真相远非如此,冬宫几乎无人防守。士兵不是投靠了革命军,就是沦为散兵游勇,在宫里的就只剩下散乱无章的少年团以及女兵。俄国民众不费吹灰之力就进了冬宫,在里面闲逛,有些还迷路了。约翰·里德也在场。

从冬宫的正门进去,灯光像流水似的泻下来,偌大的宫内竟无一丝声响。人们争前恐后地往前涌,穿过右门进入空荡荡的拱形客厅……巨大的货箱密密麻麻地放着。赤卫军和革命士兵用枪托愤怒地敲开一个个箱子,拖拽出各式的地毯、各色窗帘、亚麻制品、精美瓷器以及玻璃器皿。有的肩上扛个青铜挂钟,神气地走来走去。有的找到一根鸵鸟毛,插在帽子上自我欣赏。人们抢得正欢时,有人高喊:"同志们,不要动这里的任何东西!这些都是我们共同的财产!"我们停止了抢东西,进入内宫转悠。有人来回穿梭,希望找出宫里埋伏的警卫,当然这不过是徒劳……我们最后到了一间镶金带银的屋子,大红锦缎帘子瀑布似的垂下来,一派富丽堂皇。这就是内政部的会议厅了,长长的会议桌上铺着绿色厚羊毛毯,仿佛被革命军逮捕的前一刻还在开会。每个座位上都放有笔、纸和墨水。纸上潦草地写着行动计划、发言词或是宣言。大部分的纸上没写几个字就划掉了。少部分的纸上是各种涂鸦,似乎听着一个个部长发表什么无稽之谈,听得犯困,坐得无聊,可还不得不耐着性子听。我拿起一张写着潦草东西的纸,看出是副总理科诺瓦洛夫的笔迹,上面写着:"临时政府希望社会各界支持。"

克伦斯基那时早就逃跑了,说是去重整兵马,回来剿灭革命军[①]。他逃到巴黎、伦敦后,再没回来过,他的部长们还在冬宫傻傻地等着被抓。这些部长围坐在宫廷的就餐室里,在不识字的革命者的命令下,自己写逮捕令,然后顺从地被押往监狱。没有任何流血事件,也没有什么英勇壮举,十月革命事实上就是这般平静。然而爱森斯坦的电影《十月》却截然相反:大批的民众攻破重重阻拦,冲进了冬宫,死伤无数。相较于1905年革命和1907年的二月革命,十月革命更像是一场宫廷政变。彼得格勒的绝大多数人都不清楚到底发生了什么,更别提俄国其他地方的人了。这次政变在一天内就结束了,据记载只有2人死亡。

十月革命的那天晚上,列宁出席了在斯莫尔尼宫(位于圣彼得堡市东北部,原为贵族女子学院)召开的全俄苏维埃代表大会。列宁在海外多年,绝大多数的代表都是只闻其名,未见其人。布尔什维克的女领导人柯伦泰用极其敬重的语调介绍列宁。她的一番欢迎词成了后来介绍列宁的套语。

列宁此时正站在会议大厅的门口。所有的人都在小声说:"列宁,他就是列宁!"当列宁演讲时,代表们热烈的掌声经久不息,好几次列宁不得不等掌声停下来才重新开始讲话。演讲是那样鼓舞人心,每个在场的人都感受到了革命的热流和激情……

在那番鼓舞人心的演讲中,列宁宣布苏维埃革命的胜利,并许诺采取强有力的措施满足人民的需求。

[①] 纳博科夫曾这样嘲讽过克伦斯基:"从始至终,克伦斯基都不了解社会的形势……四五年前,我就问过他,布尔什维克暴动会不会发生。他却轻巧地回答:'我还真希望革命政变发生呢……这样我就可以将他们一网打尽了。'"

> 同志们！布尔什维克领导的工农革命胜利了……经过艰苦卓绝的努力，革命事业完成了——战争结束了，土地回到了人民手中，工人掌管着工厂的运营，苏维埃政府成立了！

就像柯伦泰说的那样，列宁真诚率直，沉着自信，意志坚定，在布尔什维克总部斯莫尔尼宫全程指挥着革命的进行。他简直是运筹帷幄中，决胜千里外的军事天才，他的形象在俄国的史书中一再被神化。然而西方人眼中的列宁完全是另一种形象——十月革命后，俄国百业凋零，一片混乱，列宁本人也不知道俄国将何去何从。英国《曼彻斯特卫报》记者摩根目睹了十月革命后的俄国现状。后来英国广播公司采访他时，他回忆：

> 当时俄国国内形势很紧张。那么多年的逃难生活后，列宁第一次出现在公众面前。他似乎刮了胡子。我记不太清了，反正他看上去和以前不太一样。他发表演说，但是似乎没什么激情。这让我感到很意外。在夺权问题上，他似乎遇到了很大阻力，甚至开始怀疑自己的决定。一个小时后，有消息称革命军包围了冬宫，逮捕了临时政府的部长，克伦斯基乔装打扮，乘车逃往国外了。这之后人们重又燃起了希望，局势似乎出现了转机……

接下来的几天，列宁在全俄苏维埃代表大会发表演说。但是却受到了孟什维克党和其他党派的质问。他们觉得布尔什维克排除异己，谋图篡夺苏维埃的领导权。列宁曾凭借在党内的地位组建内阁，内阁部长全是布尔什维克党成员。孟什维克怒气冲冲地指责布尔什维克阴谋夺权。许多人退席抗议。

孟什维克的担心不无道理。几乎所有拥护革命的人都认为列宁说的"权利属于苏维埃"就是多党共同执政，给人们和平、土地，给工人自主权。但是布尔什维克渐渐独掌大权，不愿其他政党参与政事。俄国内阁成立后的第一个决定就是成立秘密警察组织契卡（"肃反委员会"的俄语缩略语）。契卡在全国范围内搜罗逮捕一切反革命分子，包括原来的盟友如孟什维克党。对于俄国民众，列宁政府颁布了一系列利民法令，比如和平法令、土改法令。

此外，俄国还实行银行国有化，没收教会的土地，将工厂交给工人自己管理。这些政策一方面巩固了布尔什维克党的地位，一方面也赢得了民心。

　　1917年的革命是俄国历史上的一个转折点：二月革命推翻了沙皇专制统治；十月革命让无产阶级登上了历史舞台，开启了无产阶级社会主义时代。

第四章
狂热年代

第四章

一

　　1917年2月后，早殇的临时政府将西方的议会民主介绍到俄国。十月革命后，列宁掌握了大权，并且继续宣扬"所有的权力属于苏维埃"（属于直接选举产生的工农兵代表委员会）。在很多方面他继承临时政府的许多政策，比如由公民自由选举出代表参加国民代表大会，还有公众投票组建议会。

　　1917年11月25日，全民选举正式拉开了帷幕。三分之二的俄国民众投票选出了707位国民代表。1918年1月5日下午4时，国民代表大会在图哈罗德宫召开。这是俄国历史上第一个自由选举产生的议会，具有重大的历史意义。

　　20世纪60年代，瓦西里·格罗斯曼在文章中给了我们这样一种解释：

> 俄国信任他（列宁），心甘情愿追随他的脚步。刚开始，地主被打倒，豪舍付之一炬，令她（俄国）欣喜若狂。但是，前面的路却越来越凶险，她走得跌跌撞撞，不时惊惧地往回看。列宁的铁腕将她箍得越来越紧，不容她退缩。列宁心中充满了历史的使命感，他一往无前地走着，将她拖拽在身后……

　　然而布尔什维克的根基并不牢靠，且树敌又太多。俄国的公务员、银行员工、财政部人员、铁道部工人以及传媒工作者纷纷罢工，抗议新政府，俄国一时陷入了瘫痪。没人来发薪水，经济濒临崩溃。虽然城里人支持俄国执政党，但是乡村全是在野党（如社会革命党）的拥护者。国内，反布尔什维克力量正谋划着军事暴动；国外，由于俄国想退出对德战争，西方势力对俄国的敌意越来越深。

　　在这生死攸关的时刻，列宁采取了大胆的行动。他颁布法令无偿没收所有的土地，然后在农民社区平均分配土地（布尔什维克当然不会说这原本是社会革命党的土地政策）。这种土地制度在俄国是史无前例的，一下子赢得了俄国民众的支持。大批农民站到了俄国红军的阵营，因为他们怕反布尔什维克的政党一上台，土地又会被没收走。（实际上，布尔什维克给农民土地也是暂时的。20世纪30年代，农民的土地又被征收回去了。）

之后在1918年初，列宁派外交人民委员托洛茨基与德国人谈判，这表明结束战争才是民心所向。托洛茨基直截了当地说：

> 战争是由沙皇和资本主义国家挑起的，我们绝不可能，也绝不愿意继续这场沙皇和资本家之间战争。当然，我们不愿意，也绝不会和其他国家的工人、农民兵戎相见，因为他们和我们一样都是被逼上战场的。我们不是代表沙皇来向资本主义国家求和的，我们是要让德国人、奥地利人明白到底是谁逼他们上战场，他们打仗又为着什么……让他们知道我们绝不会与他们为敌。

德国人探知布尔什维克现在已是内外夹击，举步维艰，所以在谈判中表现强硬，以争取最大的好处。1918年，列宁与同盟国（德国—奥匈帝国—奥斯曼帝国）签订《布列斯特—立托夫斯克条约》，割让芬兰、立陶宛、爱沙尼亚、拉脱维亚、波兰、乌克兰和白俄罗斯等地。俄国失去了近四分之一的人口，大片的煤矿、可耕地以及重工业区。和约的签订使列宁备受指责，但是他坚持认为议和为俄国的革命赢得了喘息的时间，是拯救革命的唯一办法。

> 如果我们不签订不平等条约，等待我们的就只有灭亡……各股势力已经扼住了我们的脖子，膝盖都抵在了我们的胸膛，我们已经没有任何反击的机会……除了接受屈辱的条约，我们别无选择。尽管条约的签订阻止不了欧洲国家对革命的干涉，但是至少为我们赢得了喘息的时间。我们现在就要组建革命军队……一个强大的纪律严明的人民军队。我们需要一段和平时期来重整旗鼓，以对抗资本主义和帝国主义国家。全世界的无产阶级都会支援我们。到那时，战争将是另一番模样。

然而设想国际支援还为时太早，怎样解决国内的种种危机才是当务之急。旧制度的拥护者个个跃跃欲试，伺机而动。内战即将爆发，后果会相当严重。

二

1917年3月尼古拉二世退位后，英国国王乔治五世（皇后的哥哥）拒绝接受其家族前往英国避难，于是尼古拉二世家族被亚历山大·克伦斯基的临时政府安置在西伯利亚的托博尔斯克。1917年11月7日，俄国爆发十月革命，尼古拉二世家族被布尔什维克军队逮捕，囚禁于叶卡捷琳堡伊帕切夫别墅。

在革命党人看来，尼古拉家族就是一种负担，一种和新体制格格不入的存在，所以最好将他们除掉。

1918年7月16日午夜时分，卧室中的尼古拉一家被敲门声吵醒。别墅的警察（看管他们的布尔什维克秘密警察）告诉他们到地下室避难。得到警察允许后，沙皇和皇后梳洗一下，穿好衣服，凌晨1点走出了房门。在场的帕维尔·梅德韦杰夫当时还是一个很年轻的守卫。他和尼古拉家族关系很好。所以，他在叙述那天发生的事件时，语气中带着一丝同情：

> 沙皇抱着他的小儿子阿列克谢……他们都穿着士兵的衬衫，带着军帽。皇后、公主以及仆人紧跟着沙皇和秘密警察下到了地下室。没有人说话，也没有人询问这是怎么一回事，更没有人哭泣……似乎他们已经知道了自己的命运，只是选择沉默接受……

枪杀沙皇一家的秘密警察名叫雅科夫·犹若夫斯基。他对这一事件的官方报告如下：

> 尼古拉二世将阿列克谢安置在椅子上，用自己的身体挡着似乎想把孩子完全包裹住。我对他说，苏维埃工党决定枪毙他们一家人。他不可置信地一遍遍说："你在说什么，什么意思？"然后扭身看小儿子。我立即开枪射击，结果了他。屠杀计划开始进行……子弹齐发，惊叫声、呼救声、哀求声不绝于耳。枪击告一段落时，皇后、

公主和小皇子还毫发未损。小皇子吓呆了，定在椅子上的。我就给了他一枪。其他的秘密警察开枪扫射公主们，但都没有射中关键部位。他们拿着刺刀追杀，却也没有砍到。最后他们对头射击，结果了余下的人。

沙皇一家遇难的地方现在竖起了一座大教堂。发生血案的房子属于一位年老的商人，也被下令拆除，以免沙皇时期的遗老把这里作为圣地朝拜。时光斗转到了2000年，尼古拉二世一家被俄罗斯东正教会追封为殉教圣徒。这座教堂内贴满了罗曼诺夫家族的真人相，参拜者还要为这些"神圣的殉道者"祈祷。

案发后，沙皇一家的尸体被扔到了卡车后厢，抛掷在城外废弃的矿井中。雅科夫·犹若夫斯基说，关于沙皇埋葬的地点谣言四起，上级派他找到尸体，换个地方下葬。雅科夫·犹若夫斯基找到尸体，装在卡车上，不料运送途中卡车抛锚，他们就把尸体埋在了附近的林子中。所以，末代沙皇一家到底埋身何处一直是个谜。直到70多年后的1991年，谜底才揭晓。当地人发现了一个坟墓，科学家通过对尸体进行DNA诊断，断定他们和英国皇室亲戚有着亲密的血缘关系。这才确定了死者的身份。一同埋葬的除了一个女仆、两个男仆外，还有御用医生波将金，他自愿跟随沙皇一家，走完最后一程。

离市区12英里开外的东正教修道院，指示牌标示明确，参拜沙皇的民众很容易就能找到。这里图片展示区、神龛、咖啡厅一应俱全。在一片庄严肃穆中，参拜者往往眼含泪花，男男女女向沙皇表达自己由衷的尊敬和炽热的爱，全然忘了以前他们是怎样怨恨着沙皇以及沙皇统治。

枪杀发生的前几个月，国内战争就已经轰轰烈烈地展开了。十月革命将俄国一分为二。原先的皇室军官不满一战中对德战争的失败，正在酝酿着军事暴动。失势的地主、无政府主义者、少数民族如哥萨克人、乌克兰人以及布尔什维克原先的战友现在的政敌，他们也紧锣密鼓地准备起义。布尔什维克红军与反布尔什维克的白军之间的矛盾日益尖锐。女诗人玛琳娜·茨维塔耶娃曾这样描写俄国国内的互相残杀：

战场上，厮杀声起，
"为了俄国，冲啊！"

可是，
我只觉脚下不稳，
眼睛被血色映得晕眩。
地上躺满了尸体，
横七竖八，分不清彼此，
我只知道他们都是士兵。
可是哪个是我的战友，
哪个又是我的敌人？
白军已经被血色染成了红军，
而红军在死神面前变得苍白，
环顾四野，阒然无声。
然而我能听到他们的心声，
"祖国啊，我的母亲！"

反布尔什维克的一系列颠覆运动正在酝酿中。列宁将布尔什维克党改名俄罗斯共产党。俄罗斯共产党控制了彼得格勒、莫斯科以及几乎所有的大城市。但是俄国的乡村却完全掌控在反布尔什维克党手里：俄国南部由哥萨克政府控制，乌克兰民族主义者的实力在增强；沙皇将领统率的白军志愿军正在向北方逼近；海军上将高尔察克的舰队已经攻占了东部的鄂木斯克（前苏联城市）；而尤登尼奇将军正率领大军直捣彼得格勒。俄国共产党已经腹背受敌，被重重包围了。

而西方国家也在帮助俄国白军。英法美以及捷克为白军提供武器和军队支持。成千上万的外国援兵拥进俄国，与国内的白军双面夹击社会主义政权。这让列宁怒不可遏。在一系列的演说中，列宁慷慨激昂地说：

红军同志们，英法美资本主义国家要对俄国开战了！他们嫉恨苏维埃工农共和国推翻了地主阶级和资产阶级，掌控自己的命运。他们担心世界其他国家的人们也揭竿而起，像我们一样推翻压迫剥削的制度。所以他们要对我们实行打击报复。他们帮助被打倒的地主，为他们提供资金，提供枪支弹药，并纠集起西伯利亚、顿河以及高加索的军队，想要打垮苏维埃，恢复沙皇、地主以及资产阶级统治的天下！

从现有的录音片段中，我们可以感受到列宁对外国意图干涉俄国内政的愤慨，并义正词严地要求发动全球阶级斗争。但是不管列宁的演讲多么让人心潮澎湃，他内心深处还是很担心布尔什维克挺不过这次内战，渡不过这次难关。布尔什维克一直妖魔化白军和外国入侵者，尤其是英国入侵者。带有抗英色彩的歌曲总是被人广为传唱，风靡得令人诧异：

> 我们原来的统治者跪求外国人，
> 帮忙夺回土地和钱财……
> 老奸巨猾的英国人送来了军队和坦克，
> 面对这些资产阶级的恶魔，
> 人民在呐喊，
> 与其苟延残喘地活，
> 不如轰轰烈烈地死。

派到俄国的4万英国士兵已经厌倦了战争，只想要回国。有一个师的士兵曾被派往法国执行任务，但却被退回来了，理由是他们不适于服兵役。现在这个师被派到了俄国最北的地方，但是他们却成功拦截下从阿尔汉格尔斯克和摩尔曼斯克（俄罗斯港市）运往俄国的军需品。这些英国兵受不了俄国寒冷的天气，对俄国的内战也深恶痛绝。英国海员汤姆·斯珀吉在1918年3月的一篇日记中写道：

> 在那里，我遇到一个俄国军官。他的英语讲得比我还流利。有一天，我们像往常一样散步，谈论西方的生活方式。不觉逛进了一个公园，里面有很多士兵、妇女和孩子。看到我们走过来，所有的人都列队站好。和我聊天的俄国军官旁若无人地从列队中走过，然后拿起枪从人们身后扫射一通。然后又走回列队，看到没有断气的，就对头再补一枪。这些动作一气呵成，像吃饭似的那么稀松平常。

列队中的妇女、孩子竟激不起他的一丝怜悯。我到现在都还清楚地记得中枪的人是怎样在地上痛苦地痉挛。我忘不了那样的场景。直至今日，那样的场景还出现在我的梦魇中。

还有的英国军队被派到俄国后，几个月都没有任务。被派到巴库（阿塞拜疆共和国首都，苏维埃政权的势力范围）的英国士兵学会了在农贸市场以货易货，还会说简单的俄语。英国人最讨厌吃鱼籽酱，可他们的口粮偏偏就是鱼籽酱。当不得不上战场时，他们表现得很出色。这不但赢得了俄国战友的赞赏，也赢得了对手的尊重。

托洛茨基后来在回忆录中写道，英国军队装备精良远胜俄国的红军，这让列宁很不安，觉得有必要激起人们对英国入侵者的仇恨。1919年10月，托洛茨基下达了当天的指令：

> 红军战士们！各个军事防线都布满了英国人的陷阱。反革命的士兵用英国制造的枪射击你们。南部和西部防线上，你们会发现英国制造的必需品。你们俘虏的士兵身上穿着英国造的军服，甚至阿尔汉格尔斯克（俄罗斯重要的港口）和阿斯特拉罕（俄罗斯联邦南部城市）的老弱妇孺也被英国空军投下的炸弹致残或致死。而现在英国的舰艇还在我们的港口狂轰滥炸……

法国军队就不像英国兵那么积极。许多法国兵在黑海港口发动兵变，叫嚣着要回国。而派到俄国的捷克士兵虽然只有7万，却很卖力地作战。布尔什维克害怕的事情发生了：屠杀尼古拉二世家族仅仅9天后，捷克兵就攻占了叶卡捷琳堡。几个月内，他们帮助白军攻占了西伯利亚一带的城市，势如破竹地向符拉迪沃斯托克（俄罗斯联邦东南部港市，中国传统称海参崴）挺进。外国盟军提供了100万支步枪、1.5万架机关枪以及800万袋弹药。白军的实力大增，很快攻到了莫斯科100英里远的地方，直逼彼得格勒。

好在红军有个军事天才来指挥。列夫·托洛茨基日夜不休地操练军队，将一盘散沙的红军士兵变成了纪律严明的作战先锋。民主制在军队中只会影响军纪，所以托洛茨基干脆废除一切民主的规章制度。士兵对上级只能绝对服从，对命令必须立即执行，不允许挑战上级的权威，更不允许阳奉阴违。他在各部队分配有政治委员，以维持军纪。他还设立征兵制度。符合征兵条件，而不愿参军的人一律枪决。到1919年初，红军人数达到160万，比以往翻了一倍。到了1919年底，红军人数又翻了一番。

面对尤登尼奇将军的威胁，托洛茨基从彼得格勒郊外调来作战分队，还用火车从莫斯科搬来更多救兵。彼得格勒保卫战树立了托洛茨基叱咤风云、令人望而生畏的形象：坐着装甲列车转战一个个战场，慷慨激昂地演说，鼓舞军心，对于懦夫和逃兵就地处决。白军和英国兵开着坦克攻打彼得格勒，为了阻止他们攻城，托洛茨基上设路障、下挖堑沟，一边还整合上万步兵进攻加特契纳。经过3天的鏖战，白军终于被击退了，彼得格勒保住了。托洛茨基在彼得格勒保卫战中立下了大功，被授予红旗勋章。加特契纳也更名托洛茨基，以示对他的敬意。（当然1929年托洛茨基失势后[①]，加特契纳就不能继续叫托洛茨基了。）

加特契纳和彼得格勒保卫战是俄国内战的转折点。布尔什维克的危机暂时解除了。列宁在演讲中也显得更加乐观积极：

> 红军战士已经紧紧团结在了一起，成为坚不可摧的军事力量。我们将地主和白军将领驱逐出了伏尔加地区；我们夺回了里加（前苏联拉脱维亚加盟共和国首都）以及乌克兰的绝大部分领土；我们一直攻打到敖德萨（乌克兰西南部一个州名）以及罗斯托夫（俄罗斯西南部城市）。再继续坚持几个月，胜利必将属于我们。红军能够走到今天，能够取得胜仗靠的是团结，靠的是为工农利益、为苏维埃政权稳定而浴血奋战的信念！

[①] 托洛茨基在回忆彼得格勒保卫战时说，战争胜负与否当时很难预测：整个战争中，群龙无首，一片混乱。我不得不担起总指挥的重任。当我看见我们的士兵在撤退……我立即跳上旁边的一匹战马，将逃兵赶回了战场。我军并不怎么了解战况，就只是随着大部队撤退。我骑着马，将他们一个个赶回战场。我的勤务兵是个莫斯科农民，也是个久经沙场的老兵。他鞍前马后地跟着我，挥舞着手枪，死命地喊着我的指示："同志们，勇敢些，托洛茨基将军就在前面，引导着我们！"战士们听到喊声，似乎充满了力量，大踏步向战场冲去。莫斯科和彼得格勒的工农兵以及军校毕业生打起仗来，从来是不惜命的。他们手持着枪，顶着敌人的枪林弹雨，冲向敌人的坦克车。白军的全体士兵都为红军的"英雄气概"所折服。

德国在一战中的战败给俄国提供了良好的时机，这使他有机会收复在《布列斯特—立托夫斯克条约》中割让的土地。芬兰和波罗的海诸国(常指拉脱维亚、立陶宛和爱沙尼亚)没有收回来，但是乌克兰、白俄罗斯以及南部的许多领土都回归到了俄罗斯的怀抱。

在波兰问题上，却是另一番情况了。波兰抓住俄罗斯内战时自顾不暇的大好时机，在约瑟夫·毕苏斯基如有神助的领导下入侵苏维埃的乌克兰。他们想夺回历史上属于他们的领土。他们与反苏维埃的乌克兰民族主义者合谋突袭并攻占了基辅。作家伊·巴别尔在苏维埃骑兵团服役过，他曾这样描写俄罗斯和波兰战争的残酷程度：

> 1920年7月22日，波兰采用一系列的闪电战术攻破了我军后方。他们突袭我军第十一号分队，俘虏了很多士兵……我一下子被吓呆了，心里充满绝望，脚跟发软，走路也跌跌撞撞……天黑下来了，我停住脚方便……当我系好裤带，低头看时，才发现尿全洒在了死尸上，一股股液体从他的嘴角、空荡荡的眼窝流出……

巴别尔的小说《红色骑兵军》成书于20世纪20年代，是一名战地记者对战争的最逼真刻画。书中描写了两个民族自16世纪起就存在的领土纠纷。波兰闪电战的胜利，让布尔什维克恼羞不已。他们不再扯什么阶级冲突、国际革命等旧话题，转向了发动俄国民众对波兰开战。

响应号召的10万志愿者足以打退波兰的进攻，并攻到华沙(波兰首都)几英里之内。在俄罗斯公报上，红军指挥官米哈伊尔·图哈切夫斯基颇为乐观地说：此举攻打波兰后，我们会继续进军伦敦和巴黎，踏着波兰白军的尸体，将共产主义理想传遍世界各地。然而在这场举世闻名的"华沙战役"中，波兰奇迹般地冲破俄军的重重包围，大获全胜。华沙免于沦陷的命运，伦敦和巴黎也暂时安然无恙。苏维埃军队被迫撤出波兰，双方同意签署休战协议，将位于乌克兰和白俄罗斯的争议区域一分为二。

同波兰议和了，西方入侵者也退出俄国了，接下来托洛茨基要集中精力解决的就是以彼得·弗兰格尔为首领的白军残部。白军现在躲在克里米亚，1920年12月，红军大举围剿白军残部。围剿中的残暴行径让人不寒而栗。白军士兵及家属为躲避迫害,争抢着能乘上英美的轮船逃亡到土耳其。这样的场面我们在美国人撤离西贡时才能窥知一二。苏维埃作家康斯坦丁·巴乌斯托夫斯基描写过人们争先恐后登上敖德萨(乌克兰西南部一个州名)的港口最后一艘渡轮的绝望和惊慌:

> 挤成一团的人们无不是青筋暴涨地呼救,饱含愤怒的眼睛似要从眼窝中迸出。所有人都因极度用力的推搡而面红耳赤,对死亡的恐惧写在每个人脸上。触目所及的都是死命求生的人群:摇摇晃晃的跳板连带扶手因经受不了那么多人而断裂,士兵的枪托如雨点般打在人们的头上,母亲们挣扎着要把孩子托举起来……拥挤的人群在不知不觉中毁掉了他人生的希望,也断送了自己的性命。只要有人抓住了船板,就会有无数的手紧紧抓着他,似乎他就是救命的稻草,人们就像葡萄一样拖拽着彼此……许多人死命抓着甲板栏杆,使得渡轮失去了平衡……渡轮来不及收跳板就启碇开走了。跳板连同上面的人都滑入了大海。留在码头上的人永别了亲人,那种绝望的呼喊声、叫骂声、哭叫声让人不忍卒听。

在米哈伊尔·布尔加科夫的戏剧《逃难》中,两个白军军官在逃亡塞瓦斯托波尔(前苏联克里米亚半岛西南岸港市)的船上讨论着俄国的毁灭,表露着不能"将她从布尔什维克党枷锁中解救出来"的遗憾。

> 从这里,你能看到什么?一艘艘的船上载的都是失败者……结束了,自由民主之路终结了……一切的一切都永远地化成了齑粉,化成了泡沫……你知道问题出在哪吗?我们每天逢场作戏,根本不知道自己想要什么。但是布尔什维克不同:他们一直清楚自己想要什么,然后沿着自己选的路一直走了下去……

诺夫哥罗德千禧年纪念碑上的罗斯留里克

诺夫哥罗德十三世纪的桦树皮画

谢尔盖·爱森斯坦的电影《亚历山大·涅夫斯基》（1938年）中亚历山大·涅夫斯基在冰湖大战前对军队喊话

编年史家内斯特

莫斯科克里姆林宫大天使大教堂里的伊凡一世墓

瓦西里·苏里科夫的《叶尔马克征服西伯利亚》（1893年）

维克多·瓦斯涅佐夫的《伊凡雷帝》 　　穆索尔斯基剧场的鲍里斯·戈东诺夫的一个场景

莫斯科圣巴西尔大教堂前的米宁及波扎尔斯基纪念碑

保罗·德拉罗什的《彼得大帝》　　　　　　《叶卡捷琳娜二世画像》（约 1770 年）

阿纳托利的《博罗季诺战役中的米哈伊尔·库图佐夫将军》（1952 年）

卡尔科尔曼的《1825年十二月党人在圣彼得堡上议院广场起义》（约1830年）

伊里亚·叶菲莫维奇·列宾的《库尔斯克省的宗教行列》（约1880年）

俄莱斯特·普林斯基的《普希金像》(1827年),亚历山大·普希金,俄国现代文学的奠基人

1881年刺杀亚历山大二世的民意党成员尼古拉·雷萨科夫监狱照

莫斯科基督教救世主教堂里的沙皇亚历山大二世纪念碑

1886年"贺登卡"（贺登灾难），1,400人在踩踏事件中丧生

魔僧格里高利·拉斯普廷，沙皇亚历山大的心腹

沙皇尼古拉二世及家人（从左至右）：三女儿玛利娅，沙皇皇后亚历山德拉，沙皇尼古拉二世，大女儿奥尔加，二女儿塔季娅娜，小女儿阿纳斯塔西娅

谢尔盖·维特伯爵，1905年《十月宣言》的作者和俄国第一任总理

彼得·斯托雷平总理，1911年在基辅歌剧院被刺杀

尼古拉二世纪念馆，20世纪90年代其遗体被挖掘

列宁呼吁1917年7月夺权,"我们可以!"("我们是这样的党!")

1917年7月,前政府军队扫射在彼得堡示威的群众

列夫·托洛茨基身穿红军司令制服

1917年，列宁对工人发表演说

人群聚集在红场悼念列宁

契卡（前苏联秘密警察组织）创始人"铁腕"费利克斯·捷尔任斯基

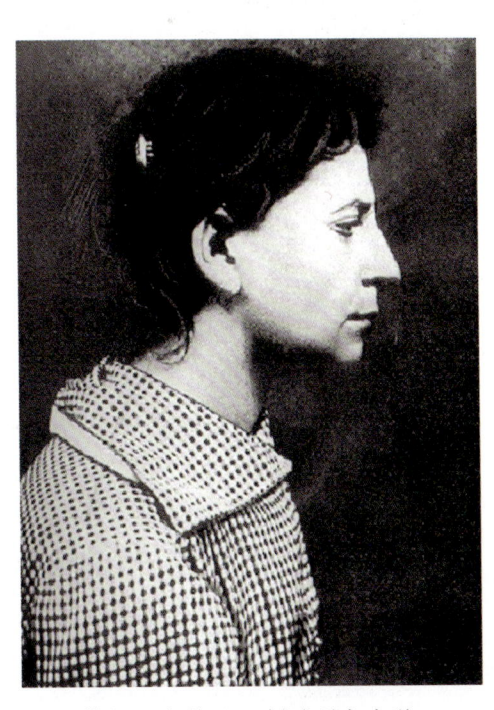

芬妮·卡普兰，刺杀列宁未遂

斯大林，苏联第二任领导人

阿列克谢·斯达汉诺夫和他破纪录的采煤工友

"我们的力量是无穷无尽的"（海报）

20 世纪苏联的文化人物：鲍里斯·帕斯捷尔纳克

20 世纪苏联的文化人物：弗拉基米尔·马雅科夫斯基

20 世纪苏联的文化人物：德米特里·肖斯塔科维奇

20 世纪苏联的文化人物：奥西普·曼德尔施塔姆

20 世纪苏联的文化人物：谢尔盖·普罗可菲耶夫

20 世纪苏联的文化人物：马克西姆·高尔基

20 世纪苏联的文化人物：安娜·阿赫玛托娃

20 世纪苏联的文化人物：伊扎克·巴别尔

20 世纪苏联的文化人物：玛琳娜·茨维塔耶娃

1942年，苏联军队向斯大林格勒被毁坏的街道前进

1945年5月，红军在柏林国会大厦升起苏联国旗（锤子和镰刀旗）

1939年8月23日，维亚切斯拉夫·莫洛托夫签署《苏德互不侵犯条约》，斯大林在旁观看

1945年2月，雅尔塔会议上的丘吉尔、罗斯福和斯大林

1945 年 6 月 24 日，格奥尔基·朱可夫元帅在红场胜利阅兵式领队

斯大林领路，（从左至右）米高扬、赫鲁晓夫、马林科夫、贝利亚和莫洛托夫紧随其后

苏联太空先驱：（从左到右）加加林、列奥诺夫、贝拉耶叶夫以及科马罗夫

1961年6月，尼基塔·赫鲁晓夫在维也纳会见约翰·肯尼迪

赫鲁晓夫注定悲剧的玉米运动就此拉开序幕

年迈的列昂尼德·勃列日涅夫胸前挂着数量显赫的勋章

撒切尔夫人一家在唐宁街10号恭迎戈尔巴乔夫夫妇

1989年，总书记戈尔巴乔夫对安德烈·萨哈罗夫在人民代表大会上的讲话表示反对

1991年8月，根纳季·亚纳耶夫（右数第三位）及其同盟宣布接管政权

莫斯科白宫前方，鲍里斯·叶利钦与政变者对峙

1991年"八月政变"期间,坦克驶上莫斯科的街道

政变失败前后《真理报》的头版(1)

政变失败前后《真理报》的头版(2)

1995年，经历俄罗斯多次轰炸后的车臣首府格罗兹尼

1999年12月，叶利钦向俄罗斯民众挥手告别，弗拉基米尔·普京（左前方）执政的时代开始了

1992年，一位商人在炫耀自己疯狂收购私有化证券的战利品

2010年12月第二次审判，米哈伊尔·霍多尔科夫斯基（右）被判14年有期徒刑

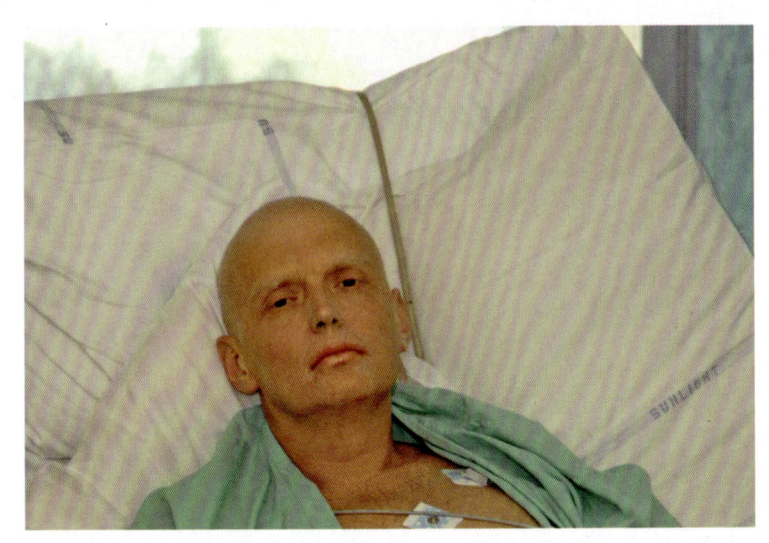

遭前同事下毒后的俄罗斯联邦安全局前特工亚历山大·利特维年科

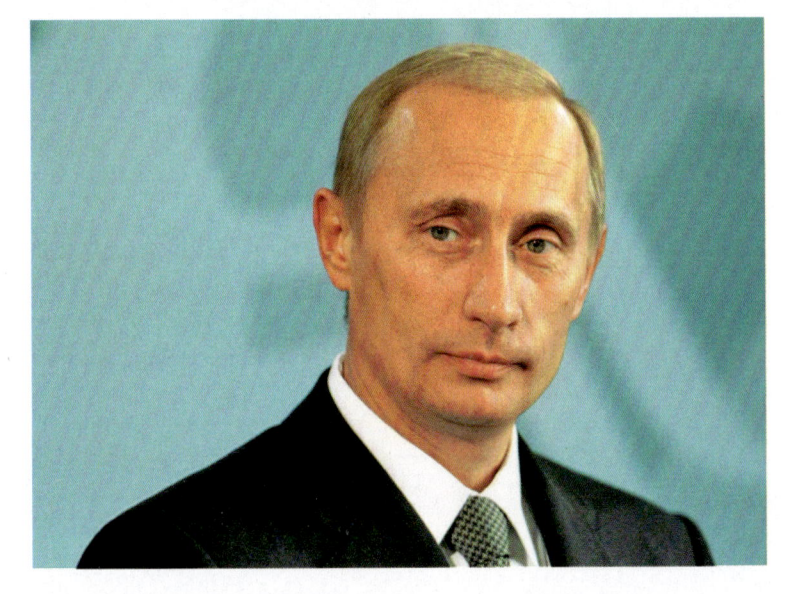

弗拉基米尔·普京

德米特里·梅德韦杰夫总统和巴拉克·奥巴马总统举杯庆祝俄美关系"复位"

21世纪的俄罗斯仍旧在亚洲传统和欧洲传统之间摇摆不定，而它所选择的道路将对全世界产生影响

三

　　20世纪30年代最受青睐的历史名人传记片就是《列宁在1918》(1939)。米哈伊尔·罗姆在1937年拍了《列宁在十月》，两年后又拍了这部姊妹篇。前部影片讲述的是在1917年革命中布尔什维克扮演的角色。它的姊妹篇情节更加复杂，社会形势更加黑暗。影片放到一半时，列宁遇到了刺杀。当时，列宁到莫斯科的一家工厂做演讲。演讲完毕，列宁往外走时，枪声响起。镜头切换到一个面目可憎的女人鬼鬼祟祟从人群中挤出去。直到听到一声惊恐的喊声，人们才意识到伟大的列宁中弹了。但是列宁脸上是一如既往的坚毅表情，他手捂着胸口，缓缓地在倒在同志们伸出的手上。

　　影片取材于真实的事件。故事发生在克里姆林宫对面的一个小区，距我原来住的地方仅一箭之遥。如今有名的列宁机电厂是一个叫虎珀的英国人于19世纪中叶建造的。墙上有块匾牌上记载了列宁多次来这里参观的事件，却没有只言片语提及1918年8月30日发生的轰动性事件。不过这里守卫却很乐意为我讲述列宁遇刺当天发生的事情。

　　米哈伊尔·罗姆的影片把这次事件拍成一次刺杀行动：梦想幻灭的社会革命党人范妮·卡普兰向列宁开了三枪，列宁的胳膊、脖子和下巴各中一枪。列宁的保镖立即将不省人事、气息奄奄的列宁送进车子，向克里姆林宫飞驰。所有的布尔什维克人都陷入了一片恐慌。俄国内战一触即发，根基不稳的新政府面临新一轮的危机。很快，有人猜想这是敌人精心策划的一场阴谋。不久，彼得格勒的宪警头子米哈伊尔·罗姆在彼得格勒也遭到枪杀。一时间，很多嫌犯被罗织罪名，受折磨，被枪决。[①]

[①] 19世纪30年代后期，影片《列宁在1918》在苏联具有很大的影响。这和当时的政治运动分不开。斯大林当时声称反动势力死灰复燃，社会各层都有阶级敌人在搞阴谋，妄图颠覆俄国新政府。而该影片对俄国社会反动势力的夸大和大肆渲染正是斯大林所希望看到的。这样，政治迫害就有了冠冕堂皇的理由。如果你看电影时细心点，就会发现电影暗示下令刺杀列宁的是布尔什维克的领导人之一尼古拉·布哈林。而后来布哈林以莫须有的罪名被处死，当然也绝非偶然。

众所周知，英国在俄国内战中支持白军。苏维埃对此一直不满。所以他们将矛头指向英国伦敦也不足为奇。英国驻俄外交家罗伯特·洛克哈特和他的同事西德尼·赖利被指控成西方帝国主义的代表，暗中策划了俄国的一系列恐怖事件，妄图颠覆俄国的新政府。不久，红军突击搜查了英国大使馆，打死了一名英国官员。罗伯特·洛克哈特当时还没醒，被红军从床上拖下来，投进了监狱。俄国撒下了天罗地网搜捕反动分子，西德尼·赖利不得已向北逃命，途经彼得格勒，转站芬兰，最后于12月8日回到了伦敦。而罗伯特·洛克哈特被抓后，在卢比扬卡监狱受到了契卡（前苏联秘密警察）的严格审讯。在他的回忆录中，我们看到了英国人泰山崩于前而色不改的人格尊严。但是他的生死还是掌握在他人手中。

我在狱中的时间刚好一个月，而这一个月却经历了两个不同的阶段。最初的5天我忧心忡忡、坐立不安。后来的24天，除了时有精神紧张外还相对舒服。看管我的监狱长不时把俄国的机关报报纸送给我看，好显得自己消息灵通。这倒给我提供了不少乐趣。有关我的新闻报道，记者们总是疑神疑鬼的，似乎俄国上下都潜伏着罗伯特·洛克哈特的阴谋诡计。工人委员会通过决议要审讯、处决我……

罗伯特·洛克哈特还算是幸运的，列宁的枪伤并未致命。但是他的伤很重，脖子上挨了一枪，血喷进了肺部，使得呼吸极为艰难。医生觉得取出子弹可能危及性命，所以他们只能把伤口包扎起来以防感染。不过官方媒体并没有把列宁的真实伤情报道出去，他们担心一方面会引发公众恐慌；另一方面敌对党很可能会发动政变，推翻新政府。俄国《真理报》头版头条是"列宁中了两枪，但是拒绝医治。第二天早上，照常读报，听取政事，管理着全球革命运动的进程"。《真理报》中满是对列宁的溢美之词。他就像神一样，有着钢铁般的意志。对列宁的崇拜伴随着他的一生，直到他死后还没有减退的迹象。

罗伯特·洛克哈特实际上也参与了刺杀行动。他被关押在卢比扬卡监狱，极有可能被处决，而且还和范妮·卡普兰（刺杀列宁的嫌犯）正面对质。

> 早上6点整,一个黑衣乌发的女人被带到屋子里。她眼神呆滞,黑眼圈很重……看起来她像个犹太人……我们猜想她应该是范妮·卡普兰。布尔什维克人把她带到这里,自然是希望她能指认出我们……但是她径直走到窗边……远远地看向天际。她就这样一动不动地站了好久,仿佛已经认命了……看守进来把她带了出去。她还不知道自己是否刺死列宁,就被枪决了。

罗伯特·洛克哈特运气真的太好了。在卢比扬卡监狱关押一个月后,伦敦当局和俄国互换人质,用一个俄国外交高官将他换了回来。回国后,他和西德尼·赖利被媒体描绘成西方世界试图铲除共产党人的英雄。电台广播局的《英国间谍》让埃罗尔·弗林和莱斯利·霍华德为世人所知。片子站在反布尔什维克党的立场,将有胆量、有魄力的"外交家"刻画成伦敦默许的反布尔什维克先锋。

列宁终于从枪伤中恢复,但却留下了病根。(5年后,病根复发,列宁没有从死神手中逃脱。)但是8月的这次刺杀行动让布尔什维克政党下定决心进行反击。1918年9月2日,布尔什维克中央委员会主席雅科夫·斯维尔德洛夫呼吁"对所有反革命派实行大规模的剿杀"。他宣布对于试图刺杀列宁的反革命分子及其同党要斩草除根,决不姑息。

英国记者摩根·普利斯记录下了布尔什维克对反革命分子及其同党的搜捕行动:

> 我永远也忘不掉俄国《消息报》9月7日、周六的新闻。文章白纸黑字,清清楚楚地写着"白色恐怖下牺牲的每一个共产党员都要用十个反革命分子的鲜血来偿还"。所谓的反革命分子有的当过沙俄军官,有的来自莫斯科或是彼得格勒的中产家庭。不久,俄国中央执行委员会颁布法令说,国内所有在旧时军队当过兵的人都要在特定时间、特定地点集合报到……布尔什维克领导人声称,反革命分子一直不承认苏维埃共和国的合法地位,总是用尽各种诡计颠覆新政府。给他们留后路,就是断自己的活路,所以"红色恐怖"计划势在必行。

列宁亲笔签下了死亡名单。这似乎是对所有阶级敌人的一次大屠杀。小康生活水准是种罪过，养尊处优、不事劳作足以被枪决。乌克兰的契卡（前苏联秘密警察组织）头头马丁·拉特西斯一语道破了"红色恐怖"的本质：

  被归为反动派的人是否真的反革命，是用武力还是文字在国内搞破坏，这都不重要。重要的是他们的家庭背景、阶级出身、教育情况乃至职业。

四

喀琅施塔得水兵暴动无疑给列宁敲响了警钟，这让他注意到工人和农民对政府的不满，以为布尔什维克窃取了革命的果实。喀琅施塔得水兵叛变时，在唐波夫的农民起义也同时爆发。列宁自己也承认，"布尔什维克快要撑不住了"。在第十届党代会开幕式上，列宁说："农民起义、喀琅施塔得水兵叛变比邓尼金、尤登尼奇将军和高尔察克三个俄国白军领袖加起来还难对付。"人们受够了食不果腹的日子，不愿再抱着"未来乌托邦"的美梦继续忍下去。而俄国的军事力量已经镇压不住、威慑不了了。列宁需要一个全新的长期解决策略。

喀琅施塔得水兵叛变平息几天后，列宁在党代会上提出了新经济政策。新经济政策一方面缓和了政府的独裁统治，另一方面通过引进资本主义体制极大地改善了俄国的经济状况。列宁这样预言："俄国现在实行的政策意义重大，在今后很长一段时间，会继续推行下去。农民同胞们！今天我们在这里开诚布公地对大家说，我们的确做出了很大的让步，只为了能带领大家在社会主义的金光大道上走到最后……当然所有的政策都有一些弊端，但是我们会明确告诉大家，大家可以再三斟酌后再做决定……"

列宁所说的"让步"指的是国家不再强制征收农民的粮食（因为这遭到了民众的强烈抵制，引发了流血事件，也使农业蒙受了很大的损失），转而实行缴纳定额的粮食后，其余的粮食可以由农民自由买卖。果不其然，新政策一出，农民的积极性大增，粮食产量飙升。

在工业上，私人企业也得到了国家的认可；公司和信托机构可以正大光明地为自己谋利益；国外援助和国外投资有了生存的土壤；俄国的国际关系得到了很大改善，俄国不再像1917年以来那样与世隔绝了；银行、军事工业和战略性产业仍然归政府掌控，但是一些公私合营的经济产业也在各部门兴起；小型轻工业大部分由私企掌握。

这是平息人们反抗情绪的唯一办法。但是这一政策是一次思想上的创新，许多党派对此各执一词。许多布尔什维克人认为这样的政策只会削弱国家的实力，把这一政策视为对资本主义的谄媚，对社会主义的背叛，对共产主义理想的亵渎。甚至马雅可夫斯基（俄国狂热的亲政府派诗人）也写诗嘲讽这一政策：

> 问我新政爱几许，
> 我欲与之相知，
> 长命无绝衰。
> 待到山无棱，
> 待到夏雨雪，
> 待到天地合，
> 美梦虽好终须醒。
> 莫被浮云遮双眼，
> 自古商民不两立，
> 休信巧语之诺诺，
> 革命旦夕起，
> 岂是人料得。

然而，新经济政策的巨大成效是不容忽视的。短短几年时间，农业、工业就恢复到战前的经济水平。随着生活水平的日渐提高，人们对于政府的怨恨也消减不少。私企的存在，刺激着俄国人为了过上更好的生活而更努力地工作。由于农民生产的粮食除了部分上缴国家外，其他的都属于自己，农民的生产积极性也大大提高，粮食总产量也随之飙升。

新经济政策解除了反革命势力的威胁，巩固了布尔什维克在俄国的领导权。但是，新政对列宁来说只是权宜之计，只是为了维持共产主义的统治，只是为了社会主义道路能继续走下去。所以毫无疑问，列宁和俄国的强硬派一样打心眼里厌恶资本主义的经济制度。但是他知道这一政策还是得执行。围绕新经济政策，各党展开了激烈的讨论。列宁牢牢抓住党的领导权，打压持异见的党派。喀琅施塔得水兵叛变平息后，新经济政策宣布实施。同一天，列宁在党代会上要求各党派团结起来，说："大家基于这样或是那样的立场，组成各种党派，彼此争吵不休。这样的党派纠纷该结束了。谁如果不能服从党代会的决议，谁就会被开除党籍。"

"各党联合"的决议正式付诸实施，带来了严重的后果。联合党中没有了各党派的不同声音，变成整齐划一、没有活力的独裁党。没有人敢提出不同意见，更没有人敢挑战布尔什维克党的权威，因为这样做就会被扣上"搞宗派活动"的帽子。（斯大林后来就是通过诬蔑打压其他政党，独掌大权的。）这一决议为后来70多年的一党专政铺平了道路。

列宁敏锐地察觉到，即使是局部的小改革也会让人们觊觎更多的利益。所以新的经济政策在做出让步的同时也开始打压异己，比如自1922年开始对政敌进行简易审判，对俄国知识分子可以实行流放等。

新经济政策给列宁提供了调整的时间，让他有机会巩固布尔什维克在俄国的执政地位。然而虽说1921年让布尔什维克党站稳了脚跟，列宁在党中的地位却岌岌可危了。

五

电影中常常可以看到很多关于列宁的无声片段。苏联把电影当作最有利的宣传工具。1969年，苏联的马列组织将所有的片段以回忆录的形式剪辑起来，让观众对苏联领导人有了更加直观和全面的认识。

我们看到1917年后的列宁，对着俄国民众滔滔不绝地演讲，在国会上高谈阔论，在克里姆林宫刻意地小声嘀咕（唇语专家可以读出他在不耐烦地嘀咕"会开得还有完没完啊！"），有时候一手抚弄着自己的猫咪，一手还在书桌上写信。随之，影片一下子切换到1921年末，之后就没了列宁的身影。

列宁从公众的视线中突然消失，是由于他两次严重中风。1918年遇刺后，列宁的病就没有痊愈。隐瞒自己的身体状况对于苏联领导人不是什么新鲜事。不过列宁的身体状况关乎着俄国的命运，甚至影响着世界的走向。

列宁人生的最后两年，全身瘫痪，话也几乎说不出，只有一边脑子能正常运转。即使这样，他还是挣扎着表达自己的意思，发布指示，掌握着苏联的命运。在一份据称是"列宁遗嘱"的文件中（从列宁在莫斯科高尔基市的家中找到的），我们可以看出尽管党内可继承他衣钵的人比比皆是，列宁在党内的地位还是无人可及的。他称年轻的布哈林是"全党的宠儿"，但对托洛茨基却不大信任，觉得托洛茨基才能超群，却太自以为是，而对斯大林更是心存戒备。

> 党的总书记斯大林同志，权力太大。我不敢担保他有朝一日会不会滥用职权……此外，他太粗暴，很不符合总书记的身份。所以我提议大家将斯大林调开，改选在各方面都更优秀的人员。此人必须更有耐心，对党更忠心，更得体，对于同志也更热心……托洛茨基和斯大林两个人……不经意间就会带来党的分裂。若不及时采取行动，共产党很快会四分五裂……

如果列宁能多活几天，将自己的这番警告亲口告知全党，那么历史将会是另一种走向。可是遗嘱还放在桌子的抽屉里，列宁就第三次中风，不幸于1924年1月21日去世，年仅53岁。列宁的死讯传到莫斯科时，领导人正在开共产党代表大会，英国小说家亚瑟·兰塞姆（与列宁是好友，对布尔什维克党的事业也极为支持）当时也在场。

> 在今早11点的党代表大会，党中央主席加里宁语不成句地向我们发布了列宁的死讯。在场的每个人几乎都泣不成声，很多女士放声痛哭起来。常务委员会代表脸上也满是泪痕。送葬的革命者们在悲哀的乐队声中满心沉重地前行。党代会中德高望重的长者今晚到高尔基市，将列宁的遗体送到莫斯科，安置在国家工会大厅，明早6点起对公众开放，供国人吊唁……列宁逝世对于共产党是一次重创，对俄国也是重大损失。那些生前的政敌，也不禁表露出对列宁深深的敬意，认可他在俄国历史上的贡献。

列宁遗体被安放在敞口的棺材里，从他的住处运到了高尔基市火车站，然后搭乘摆满花环的火车专列一路运到了莫斯科的基辅火车站。亚瑟·兰塞姆在克里姆林宫迎接列宁灵柩的到来。

> 列宁的遗体……躺在深红色的灵车里，四周护卫的是他生前的老战友……斯大林凛然而立，双手交叉抱于胸前。他旁边站着布哈林，雕像一般纹丝不动，没了往日的热闹劲。渐渐大厅里挤满了共产党人……摄像师的灯光打在人们惨白的脸上，有些是长着胡子的农民，有些是穿着皮夹克的工人……大厅里一片死寂。葬礼的音乐缓缓响起……士兵们屏息凝神，肃穆而立。此情此景，让我有种异样的感觉，似乎大家在虔诚地迎接新宗教的确立。

列宁墓位于克里姆林宫红墙下，由红色花岗石和黑色长石建成，是个四方形蹲座式建筑。来过莫斯科的人想必对此非常熟悉了。但是在1924年1月，列宁墓还是木质结构，周围裹上红黑相间的布条。那个寒冷的冬日，列宁的灵柩从灵车上抬下，放进墓台上。成千上万的莫斯科人朝圣般地来到这里，在一片庄严肃穆中瞻仰列宁。

站在红场上，我一下子明白了亚瑟·兰塞姆说的那种宗教般虔诚的感觉。从我还是学生的时候，我就来过这里，到现在已经来过不下20次。可是每一次看到列宁白蜡似的脸上幽幽地泛着神圣的光辉，我都会双腿发软。昏暗的灯光，令人发怵的死寂，虔诚的警卫，一切的一切向你暗示着列宁就像救世主一样，用自己短暂的生命影响了整个世界。

信仰东正教的俄国人一直坚信：带给人类真理和启蒙是上帝赋予每个人的使命。而俄国共产党人一直坚信：改良、教化、完善人类才是他们的神圣使命。共产党将我们从暗无天日、腐败堕落的现实世界引领到纯净、和谐、美好的未来。但是达到这一目标的前提是民众必须无条件地遵从党的领导，不服从的就会受到无情的惩处。

亚瑟·兰塞姆所描绘的列宁葬礼，当时的影片资料还在。在影片中，列宁的遗体和吊唁者看上去形如鬼魅，影片带有瓦格纳式的预言色彩。但是更引人注意的是，影片中的每个片段都有斯大林的影子，他那经典的两撇胡子，深邃阴郁的眼神。他将列宁的灵柩从火车上运下来，全程守护在灵柩旁，时刻扮演着首席护柩者的角色。

斯大林当时并不是党的最高领导人，但是作为党的总书记，他负责列宁后事的组织工作，这让他在党内举足轻重。无怪乎看过列宁葬礼的相关图片或影片的人会误认为他是列宁指定的接班人。而托洛茨基在这一重大场合竟然没有现身，这着实让人纳闷。他之所以缺席是因为斯大林告诉他的时间和地点是假的。这样的卑鄙手段连马基雅维利①也自叹不如啊！

列宁在遗嘱里对斯大林谴责有加，在列宁生命垂危时，两人还吵得不欢而散。所以当列宁的遗孀克鲁普斯卡娅想要公开列宁的遗嘱时，斯大林对她威胁利诱不让遗嘱面世。但是克鲁普斯卡娅秉着尊重丈夫意愿的想法，不畏威胁，公开了遗嘱。党内高层领导人就遗嘱召开了激烈的秘密会议。与会的人后来回忆道："斯大林坐在主席台上看起来瘦小而悲哀……尽管他竭力保持镇静，但是似乎他的命运已经注定……"在场的人包括托洛茨基都希望将遗

---

① 马基雅维利是15世纪意大利政治家和历史学家，以主张统治者为达目的可以不择手段而著称于世。

嘱昭告天下，这是他们扳倒斯大林的唯一机会。斯大林如狼似虎，野心勃勃，手段毒辣，此时不除掉他，日后必会被其所害。但问题是，他们和斯大林相比也好不到哪里，列宁对他们也有诸多责难。如果因为遗嘱里的话制裁了斯大林，那么他们自己也会被反咬一口，得不到什么好处。所以他们再三考量后，决定不公开遗嘱，只向可靠的政府官员告知其中一二。克鲁普斯卡娅听到他们的决定后，勃然大怒，却也无可奈何。据托洛茨基后来说，斯大林坐在主席台上悄悄地擦了把冷汗。

斯大林在巩固了自己的党内地位后，开始宣布列宁的遗嘱根本不存在。谁敢提及就会被扣上叛国的帽子。渐渐地，列宁警告党内同志不要把大权交给斯大林的话几乎被人遗忘了。

世人很容易把斯大林想象成小小七品芝麻官，没想到他最后却夺取了最高领导权。他当初在布尔什维克党只是干体力活，跑跑腿，并不参与政策决定，比如他会为了发展家乡格鲁吉亚（前苏联加盟共和国）地区的共产党势力而抢银行，策划绑架谋杀。但是如果那些革命领导层的知识分子觉得他不过是个无足轻重的小人物，那么他们就太小看斯大林了。斯大林是个表现欲强，报复心很重的人，所以他上台后，对过去结怨的人斩尽杀绝，毫不留情。

斯大林在1917年的革命中并没有做出太大的贡献，但是他后来不遗余力地篡改历史，夸大自己在革命中的作用，贬低其他人的贡献。在列宁死后5年的权力倾轧中，斯大林控制了政府的档案科和行政科，将自己的亲信一个个安插在重要部门。斯大林对政敌的过失或小缺点了如指掌，然后抹黑政敌。渐渐地，政府大权都掌握在斯大林和他的爪牙手中。无往不胜的提名名单制度名存实亡，这倒和沙俄时期的"主仆政治"[①]制度本质上一致。

托洛茨基被诬蔑成投靠过孟什维克党人，而季诺维也夫和加米涅夫因为在发动1917年革命时稍有犹豫遭到了无情的指责。摆事实讲道理的辩论演变成了疯狂的政治迫害。1924年，托洛茨基出版了自己的回忆录，暗示自己和列宁才是革命的中流砥柱。仅仅因为这，他就被人从国防部长的高位上赶了下来。谁若对布尔什维克的主流观点有丝毫异议，那就犯了十恶不赦的重罪。而所谓的主流观点其实就是斯大林的个人喜恶。

---

① 在主仆政治制度，官员的任命与升迁以政治忠诚为基础

在20世纪20年代，斯大林和托洛茨基对于如何推行共产主义就有很大分歧。马克思主义认为，只有将革命推广到全世界，共产主义才算圆满。列宁至死也都相信全世界范围内的共产主义革命终将会实现。1919年，列宁在演讲中就表达了对自己信仰的坚定不移：

"苏维埃"这个词在世界范围内很流行，工人阶级听来更是亲切。不管共产主义者经受了多少世纪，多么残酷的迫害，苏维埃的阳光必将在不久的将来普照全世界。

列宁描绘的图景我们现在还想象不出，但是经过1917年革命后，世界革命的观点让许多欧洲国家坐立不安。半个多世纪后，英国资深共产党人哈利回忆道，当时的左翼派都坚信资本主义为社会主义所取代只是时间问题。

我们心中有条巨大的横幅：国际共产主义者必将引领全世界的革命运动。到了1924年，我们这一信念更加坚定了……在豪迈的理想主义的感召下，我们梦寐以求的东西奇迹般地摆在我们面前，令人难以置信。短短几个月，欧洲资本主义的最后阵地被攻破了，苏维埃的大旗在全世界迎风招展。"行动起来吧！"我冲到格拉斯哥（英国城市名），冲向英国《工人日报》，对着无数人发表演说。我们相信革命活动正在如火如荼地进行。

1926年，英国爆发了全面罢工运动。20世纪30年代西方又陷入了经济危机。这一切似乎预示着资本主义的衰微，社会主义的兴起。但是很多年过去了，全世界的共产主义事业并不见起色，人们的激情也开始减退了。尝试共产主义制度的国家就只有匈牙利和巴伐利亚州(德国东南部的州，首府慕尼黑)。但是它们也很快退回到资本主义阵营。

面对这样的国际形势，布尔什维克党领导人也动摇了，党内有了不同的呼声。托洛茨基主张要继续毫不动摇地推行世界革命。而斯大林较为务实，提出新的"一国社会主义理论"，认为靠苏联一己之力也可以构建共产主义，不必非进行全世界范围的革命。斯大林试图激发民众的国家自豪感，来为苏联的共产主义事业添砖加瓦。虽然这和马克思主义①大相径庭，但是斯大林巧妙地化解了可能引发的冲突，使得事情按他的计划发展。

托洛茨基（左翼反对者）拥护经典的马克思主义，却不幸败出。在党代会上，领导人达成共识：与官方政见（斯大林和他的亲信的政见）相左的观点是不被容许的。1927年，托洛茨基被开除出党，指派到哈萨克斯坦（前苏联加盟共和国之一，已于1991年宣布独立）。1929年，斯大林已是党内第一把手，觉得有权将托洛茨基驱逐出国。于是托洛茨基先是被流放到土耳其，后被流放到法国、挪威，最后又流放到墨西哥。几年后，即20世纪30年代，季诺维也夫、加米涅夫（左翼反对者）和布哈林（右翼反对者）也沦为了政治迫害的牺牲品。斯大林的其他政敌也被挨个抹黑。党内的人都知道斯大林控制性强又冷血无情，他们不想他当主席，但是却无力将他赶下台。

世界革命可以被暂且搁置，但是俄国国内的共产主义事业却不能有丝毫懈怠。新组成的苏维埃社会主义共和国联盟②（简称苏联）由大约100个国家组成，其中一些国家并不十分热心共产主义。从革命开始时，斯大林就已经是苏俄人民委员。列宁曾经很明白地告诉斯大林，作为格鲁吉亚的人民委员，在处理民族问题时要极为小心谨慎。沙皇就是因为强行镇压民族主义，失去了民心，引发了人们的武装暴动，所以列宁更希望能用和平安抚的方式解决问题。

早在1917年，布尔什维克通过一项决议，保障各民族在语言、文化和执政上的民族自决权。理论上，各民族是可以随时退出苏联的。许多自治区相继成立，许多国家如俄罗斯、乌克兰、白俄罗斯都是地位平等的社会主义加盟共和国。在15个社会主义加盟共和国中，俄罗斯是最大的。它占苏联总面积的四分之三，总人口的三分之二，大部分的少数民族也生活在俄罗斯。

这是一个随时都可能爆炸的联盟。许多国家从沙俄时期就强烈要求民族

---

① 马克思主张要进行国际性的阶级斗争而不提倡民族主义的价值观。
② 苏联包括俄罗斯、乌克兰、白俄罗斯、乌兹别克斯坦、哈萨克斯坦、格鲁吉亚、阿塞拜疆、吉尔吉斯斯坦、塔吉克斯坦、土库曼斯坦、亚美尼亚、摩尔多瓦、立陶宛、爱沙尼亚、拉脱维亚15个社会主义加盟共和国，巴什基尔、布里亚特、达格斯坦、卡巴尔达—巴尔卡尔、卡尔梅茨达、卡累利阿、科米、马里、莫尔多瓦、北奥塞梯、鞑靼、图瓦、乌德穆尔特、切切诺—印古什、楚瓦什、雅库特、阿布哈兹、阿扎尔、卡拉卡尔帕克、纳希切凡20个自治共和国，8个自治州，10个自治区和129个边疆区或州。

独立，他们参加革命也是因为想获得独立。所以当他们听到苏维埃国民大会颁布了《人权宣言》，保障他们的民族自决权，包括可以退出或重组独立国家时，他们不禁欢欣鼓舞。早在1917年（《人权宣言》颁布不久），芬兰、拉脱维亚、立陶宛和白俄罗斯就迫不及待地宣布独立。乌克兰、波兰、爱沙尼亚、阿塞拜疆、亚美尼亚和格鲁吉亚紧随其后，也脱离了苏联。

眼看着民族主义之风盛行外加苏联解体，社会动荡不定，俄罗斯的大厦岌岌可危，布尔什维克党立即调整了国家政策。民族独立运动被谴责为"资本主义之风""反革命行径"。斯大林对民族主义尤为敏感。他自己是格鲁吉亚人，潜意识里总觉得那些自治区不安分，总觉得他们千方百计地妄想着推翻莫斯科，推翻苏联的统治。不过要想让那些不安分的地区相信，尽忠苏联是自己民族的利益所在，第一必须非常有耐心；第二必须知己知彼，换位思考；第三要极为敏感，能察觉对方的细微心理变动。而斯大林却一条也不具备。1922年，格鲁吉亚要求苏联给予它更大的自主权，这被斯大林断然拒绝。在处理民族问题上，列宁倾向于和平安抚，而斯大林则是野蛮暴力的镇压。他虽然出生在格鲁吉亚，镇压起格鲁吉亚民族起义却没有丝毫手软，其残酷无情可见一斑。

大俄罗斯的统治，吞并少数民族地区，将各民族文化融汇成苏维埃的共同文化，代表了斯大林时期（接下来的30多年）的民族政策。在1922年12月，苏联刚刚成立，斯大林就反对列宁提出的共和国联邦联盟制度。他认为沙俄统治下的所有地区都必须并入俄罗斯联邦。（二战期间，他处处疑心自治区会搞民族运动，达到了捕风捉影的地步。）他担任苏共中央主席期间的一系列举措，加深了国家矛盾，引发了民族冲突。以致进入21世纪，俄国还被诸多民族问题困扰。

镇压格鲁吉亚的民族独立运动说明，赋予少数民族更多自由与国家集权和一党专政的制度相冲突。俄罗斯中央一面鼓励其他共和国争取民族独立，一面却又镇压民族运动。这样自相矛盾的政策为几十年来的政治冲突埋下了隐患。

六

1928年到1940年的农业集体化给苏联带来了空前绝后的灾难。一个名叫玛莎的84岁老人见证了那个动荡的时代：

> 那是1930年的事了，我那时才4岁。在唐波夫(俄罗斯莫斯科东南城市)，政府抢走我们所有的东西，粮食、马匹、耕牛……那些东西被运到了集体农场。可是集体农场的工人也一无所有，他们辛苦收获的东西并不属于他们，而是属于政府。你知道，当时的一切都是公家的……我妈妈有个大衣箱，家里的零碎东西和不多的吃的都放在里面藏着。但是就连这些东西也被他们找出来充公。家里什么东西都没有了，想要一小块肥皂也不能够……

在俄国专制统治的历史长河中，社会集体化可能是最具争议、破坏性最大的空想共产主义实验。但是在1927年召开的第十五届共产党代表大会上，斯大林将这一新政策说得入情入理，切实可行。

> 只有实行大规模的农业生产才可以解决我们当下的问题……走社会主义道路，就是要团结所有的农民，建设大型的集体农场，共享农业机械，用科学的耕作方法提高粮食产量……我们不想退回到资本主义，就要奔向社会主义，此外没有别的路供我们选择……集体农场是建设新型农业的根基。相信在社会主义精神的感召下，广大农民会展现出新的精神面貌。

1917年布尔什维克党能迅速掌权的最关键一点：承诺给农民土地。这一承诺赢得了民众对新政权的支持。但是共产党从没有想过要将土地永久还给民众。1921年到1928年，列宁推行新经济政策，允许农民买卖粮食。但是这不过是为了缓解当时粮食危机的权宜之计。在布尔什维克领导人看来，新经济政策是对资本主义的让步，是特殊情况下的委曲求全。所以当斯大林羽翼渐丰、大权在握之时，他立即将新经济政策扔到了一边。斯大林告诉全国人民，真正的共产主义建设就要开展起来了。

> 苏联正在经历一个大规模的农业转向时期。我们要正式脱离落伍的资本主义方式……挣开富人和资产阶级的束缚，走向新的社会主义道路。我们给贫下中农配备了拖拉机，用先进的机械设备进行统一的农业管理……听到这个喜讯，农民同胞们一定会欣喜若狂，迫不及待地投入集体农场的建设之中！

到1929年底，两年的粮食歉收，使得上交国家的粮食缩减了200万吨。拒绝缴纳粮税的农民遭到了政府的无情惩罚。针对国内出现的问题，中央委员会讨论的结果：加快集体化建设是唯一的出路。政府进一步扩大集体农场的规模，将小型农场合并成大型的国有农场。这种危急情况下的应急措施被斯大林说得天花乱坠，似乎集体化过程不曾遇到过挫折，反而形势正一片大好。

> 集体农场的建设得到了农民的热烈响应。从村落到城镇，从城镇到市区，人民都在热火朝天地建设集体农场。即使是瞎子也可以看出，农民有什么不满也不是针对集体农场……为"私人财产"歌功颂歌的横幅被扔到了角落，广大人民现在都站在社会主义阵营，站在集体化路线上。资本主义妄图复兴的最后希望也破灭了。大家要知道，明年也就是1930年，我们会有超过6万辆拖拉机。后年，会有10万辆。再往后两年，会超过25万辆……尽管有各种反对势力企图阻碍我们大踏步前进……我们现在已经取得可喜的成绩，甚至达到了几年前做梦也不敢想的目标。这就是为什么许多中农也开始投身共产主义事业的原因。

集体化是苏联的王牌策略，对于塑造社会主义"苏联新人类"至关重要，斯大林不会因中途遇挫而放弃。集体化刚开始受到了赤贫农民的热烈欢迎——他们一穷二白，没什么好失去的，在国有农场亮相的崭新拖拉机又很有吸引力。但是预言集体制必将胜利还为时过早，集体农场的阻力越来越大，不只是资本主义的走狗反对，还有上百万的普通农民，以及靠勤劳致富的男男女女。比如说，玛莎和她的家人就不想自己的东西被政府平白无故地收走。

许多农民把集体化看成农奴制的再现。他们不仅要放弃对土地和财产的所有权，连自己的东西也无权出售。现在他们还被迫按照国家定的低价将粮食卖给国家。沙皇统治时期，通过户口制度将农民束缚在土地上，禁止他们外出打工。而现在的集体化只是将地主的私人镣铐换成了冠冕堂皇的共产主义枷锁。

斯大林很敏锐地感受到了人民对新政策的抵触情绪。他的应对措施是惯常的威逼利诱。据称，富人决心颠覆苏联政权，所以他们遭到了苏联的通缉和剿杀。普通的"良民"幸灾乐祸地看着周围的富人一个个被打倒。但他们也知道谁要是反对集体化，或是流露出一丝不满的情绪，谁就会被划为富人，接受同样的命运。1930年1月，斯大林宣布肃清富人阶级，这和10年前列宁的行为如出一辙。

> 要建设集体农场，就要扫除共产主义道路上的所有绊脚石，打倒富人阶层，将社会主义道路铺设到偏远乡村……我们必须粉碎富人阶级……对他们绝不能心慈手软。我们要打得他再无翻身之力。这就是与政府为敌的代价……我们必须打倒富人，就像痛打落水狗一般，一直打到他们再无还击之力……我们还要没收富人的财产，收归国有……这是一场俄国人民与富人的正面交战，不打到他们一无所有便不会罢休。我们要断了他们的活路：没收土地，收缴生产工具，不允许雇佣劳力。这就是我们能对待富人的态度。这就是我们铲除富人阶级的决心。

当时的苏联文化把粉碎富人阶层镀上了一层喜庆的光环。无论是在油画、诗歌、歌曲，还是在电影里你都可以看到金灿灿的麦田，开着集体拖拉机，脸上洋溢着喜庆笑容的农民。在20世纪30年代的音乐剧《富有新娘》（乌克兰俄克拉何马州题材的）中，年富力强的小伙子把拖拉机赞美成伟大的铁马，热情颂扬着开辟处女地的荣耀。从公社农场走出来一队队妇女，她们大阔步地走在田野上，手中挥舞着红旗，将农具当武器似的扛在肩头。《富有新娘》充满了社会主义的田园气息，淳朴和谐又喜庆，世外桃源一般，令人神往。

然而现实却是另一番景象。这一时期，苏联四分之三的领土实现了集体化。斯大林的"粉碎富人"行动被扩大化，从而造成了数不胜数的冤假错案。由于穷人和富人间的界限并不分明，任何有点家底的农民，任何反对集体化的人，甚至当地政府看着不顺眼的人都被划成富人，接受批斗。成千上万的人被处死，上百万人被海运到荒无人烟的西伯利亚和中亚的集中营，任其自生自灭。在这一运动中的确切死亡人数人们不得而知。但是最近有西方学者估算遇难人数在400万到1,000万之间。

布尔什维克党在乡村的支持率一直不高。共产党和农民间互不信任。这样看来，共产党依靠农民搞革命的确风险很大。苏联政府看到了农民的劣根性：盲目迷信，保守固执，不愿接受新思想新观念，内心期盼王朝复辟。所以中央政府在征收农民粮食的同时，也想着收买民心。所以农业集体化也可以看成共产党对顽固不化的农民阶级的交战。到1930年冬，苏联的农业危机更加严重了。集体化并没有如人所愿地取得飞跃式进展，仅有15%的农民参与了集体公社。如果满足不了城里工人粮食供给，那么社会主义事业就岌岌可危了。在这种紧急形势下，斯大林发动了逼民交粮的大规模运动。

车尔尼特斯基是25,000突击队员中的一员。突击队由有阶级觉悟的城里工人、士兵和年轻的共产党人组成，接受莫斯科总部派遣围剿富人，巩固农业集体化建设。

> 我们闯进一家农舍，党组织书记说："按照国家会议决议，你家被查封了。将所有的贵重东西放在桌子上。不许歇斯底里大喊大叫，我们不吃这一套。"一名妇女号啕大哭，骂骂咧咧地诅咒苏联政府。

这25,000突击队员成了苏联的英雄和功臣。弗拉基米尔·马雅可夫斯基写诗为他们歌功颂德。20世纪30年代最畅销的小说是米哈依尔·肖洛霍夫的《新垦地》（旧译《被开垦的处女地》）。小说讲的是1930年，苏维埃全国开展农业集体化运动。达维多夫（25,000突击队员中的一员）奉命来到顿河地区，组织那里的农民建立集体农庄。在与旧势力的反复斗争中,格列妙奇村的集体农庄终于冲破重重困难和阻碍,逐步得到了稳固和发展,使原本贫苦的农民在被开垦的处女地上建设起自己的新家园,但是达维多夫却在斗争中惨遭杀害。25,000突击队员中的列弗·科普列夫回首往事时,这样讲述:

> 斯大林告诉我们,"征收粮食就是捍卫社会主义"。这是场没有硝烟的战争。为了取得未来5年计划中所需的粮食,我们对社会主义的破坏分子——富人开战。征收粮食高于一切,当然将人民从蒙昧无知中救出来,拯救他们的灵魂,提高他们的政治觉悟,理解共产主义的精髓也很重要。这样他们就不会被反动派的花言巧语迷昏了头。

但是农民还是按他们世代沿袭的习俗行事,对外人心怀戒备。所以当突击队命令他们开仓交粮时,遭到了他们强烈的反抗。成千上万的农民愤而起义。反抗最激烈的是莫斯科东南方向250英里的一个小镇沃洛耶夫(Veryaevo)。我开车到了起义发生的地点参观。那里现在成了破败的小村落,油漆过的木房子,锌皮屋面的谷仓,聚拢在荒废的砖瓦教堂周围,教堂钟塔里也已是杂草丛生。然而在1930年2月,这里的街道上挤满了愤怒叫嚣着的村民。农业集体化大队已经开始抢耕牛、抢粮食。被划为富人的人家被驱赶出家门。政府侦察队夜里打家劫舍,辱骂乡人,欺辱妇人。小道消息说,所有的妇女儿童都是国家的财产,要将他们船运到莫斯科。

苏联当局在农民口中成了恶魔的化身。很快就有各种挖苦讽刺苏联当局的歌谣传遍大街小巷:

> 诸位兄弟和姊妹,
> 集体农庄去不得,
> 那里都是异教徒,
> 火红烙铁身上烙。
> 一块烙你手心上,
> 一块烙你额头上,

还有一块印胸膛，
　　　哎哟哎哟好可怕。

　　到了20世纪30年代初，斯大林开始怀疑俄罗斯以外的苏联成员国有异心，甚至认为外国势力也混了进来，暗中煽动人们的反苏情绪。斯大林的疑心越来越重，最后掀起了持续近10年的"血腥整肃"运动。

七

　　西方有迪士尼乐园，莫斯科北部有国民经济成就展览馆[①]，不过少了游乐设施。1935年，斯大林主张建造国民经济成就展览馆，面积超过维多利亚时代的伦敦大博览会，实际上比整个摩纳哥（欧洲西南部国家）还大。20世纪60年代，我跟随父母来到这里。那时国民经济成就展览馆正是大展雄风之时。导游非常自豪地带我们这些外国人参观一个个装饰奢华的展区，主要介绍苏联工业和高科技的成就，诸如工程学、航天学、原子能、无线电电子以及其他78项成就。开阔的展区挤满了好奇的游者，高耸入云的拱形门上矗立着斯大林时期人人熟知的工农雕像：工人、农民手持着锃亮的镰刀锤子，身子前倾，用飞翔的姿势表达对未来的无限憧憬。

　　到了20世纪末，所有的展厅已是空荡荡的，墙上的灰泥也层层剥落了。80英尺高的雕像在地上碎成一片，钢筋的手指、坚实的手臂、裸露的胸膛横七竖八地躺着，雕像的内部骨架赫然呈现在人们面前，像恐龙的骨架冷森森地凝望着世界。6英尺高的大字"CCCP[②]""USSR[③]"曾经睥睨万物，受万人膜拜，现在孤零零地被扔在楼顶的护墙上。直到近两年，国民经济成就展览馆才被重新修缮成原来的模样。展馆的兴衰浮沉代表了20世纪20年代后期苏联工业化的大起大落。1928年，苏联挺过了内战的迎面冲击，撑过了外国的一次次侵略，共产党的地位更加稳固，苏联的成就连国际社会都不得不认可。然而，苏联仍是百废待兴。列宁的新经济政策鼓励小商小贩的商业活动，对于国民经济的恢复起到了一定促进作用。可是国内的重工业仍然愁云惨淡。沙俄政府的倒台，一战的爆发留给苏联政府一个烂摊子。大型的战略性产业如制造业、冶金业、造船业、电气化、采矿业和军备机械制造等遭到毁灭性

[①] 国民经济成就展览馆类似主题公园和世博展的结合。后被称为VDNKh，现在也称全俄展览中心。
[②] CCCP，苏维埃社会主义共和国的俄语缩写。
[③] USSR，苏维埃社会主义共和国联盟的英语缩写。

的打击。落后就要挨打，苏联政府必须要立即采取行动了。

　　1928年，斯大林提出了工业化"第一个五年计划"，说这一计划的影响不亚于1917年的大革命。在接下来的4年中，斯大林反复强调工业化的作用。他预言工业化关乎国家的生死存亡。

> 　　俄罗斯的历史告诉我们：落后就要挨打。蒙古金帐汗国的铁蹄无情地踩躏过我们，土耳其、瑞典、波兰、立陶宛、英法资本主义国家也都曾在俄国的大地上留下了耻辱的烙印。因为我们在军事、文化、政治、农业和工业上远远落后，我们无力反抗，只能挨打……发达国家比我们先进了50到100年。而我们必须要在10年内赶上它们……否则，等待我们的就只有灭亡！

　　斯大林关于工业化运动的一番演讲，用了很多军事化术语。数百年来，俄罗斯的落后，国门外虎视眈眈的敌人，曾激发了俄国人民心底的忧患意识。斯大林的呼吁更是调动了人民御辱于外的爱国热情。

> 　　你们忍心看着我们的社会主义祖国被列强踩躏，在列强的铁蹄下苟延残喘吗？如果你们不忍心，那么就要在最短的时间内把国家变得强大富饶。我们要全速建设社会主义经济，列宁在十月革命前夕说过："不能赶超先进的资本主义国家，等待我们的便只能是灭亡！"

　　检验列宁预言正确与否的终极时刻很快就到了。1941年纳粹德国的入侵，证明了斯大林具有远见卓识，他在这一时期的政策对苏联的发展做出了重大贡献。

　　内战使得俄国元气大伤，工业产值仅是战前的13%。托洛茨基也承认，"为了打垮白军，我们毁了俄国"。而在国外，西方国家组成了反共产主义阵营，从经济上封锁苏联，禁止外国人到苏联进行贸易或投资。所以工业化所需的资金除了靠无情地没收富人的财产获得，只有靠压榨工人的劳动。在第一个五年计划期间，工人的工资大幅度缩水，而且全年无休。集中营的上百万犯人，还有苏联共产主义青年团团员都被充为无偿劳动力。五年计划期间实行的是中央集权的僵化体制和计划经济。所有工业部门的生产指标都定得过高，达不到生产指标又会受到严厉的惩罚。然而苏联人民一声不吭地接受了这一艰巨的挑战。

1928年到1937年的前两个五年计划取得了令人瞩目的成绩，尤其是在重工业。苏联一跃成为仅次于美国的第二大工业国。生产总值翻倍，大型的新工业中心从无到有，第聂伯河上建成了水电站、石油工厂，雇佣员工超过50万。白海和波罗的海间也建成了大运河，虽然以牺牲9,000名苦役为代价。马格尼托哥尔斯克（位于乌拉尔）的巨型高炉以闪电般的速度建成，创造了一项新的世界纪录。许多小说、故事片、流行音乐以此为题材讲述了苏联翻天覆地的变化。

在那段激情燃烧的岁月里，在那些热火朝天建设社会主义工业的日日夜夜，机器、科技成了苏联文学界的热门话题。亚历山大·莫索洛夫的音乐《铸铁厂》序曲就是铿铿锵锵的打铁声，社会主义的口号声，此起彼伏的喧哗声，各种动物的叫声，反映的是工业化运动分秒必争的紧迫感。当时极为畅销的小说——奥斯特洛夫斯基的《钢铁是怎样炼成的》也是对这种精神的讴歌。由于没有现代工业化生产的经验，苏联不得不聘请西方专家来指导生产农业集体化所需的拖拉机以及其他机械。但当这些西方专家完不成规定的生产指标时，他们很快就成了牺牲品、替罪羊。他们被扣上"破坏生产分子""消极怠工者"的罪名，在全国人民面前接受公审。这让苏联人民意识到外国人始终是他们的敌人。1933年3月，5个来自威克斯电气承包厂的英国工程师被逮捕，罪名是以商人的身份刺探苏联的机密。经过契卡宪警的轮番审问，其中一人签下了极为详细的认罪书：

> 我们是威克斯电气承包厂的员工，工厂的主管理查德暗中为英国情报局工作。因为我们公司和苏联政府有业务往来，主要给苏联供应涡轮机、电气设备以及提供技术援助，主管理查德就派我们来苏联刺探情报。我们到了苏联后，会加入一个间谍组织。组织会告诉我们要打探什么样的情报。

5个英国工程师在苏联被公审，这在英国掀起了轩然大波。英国首相斯坦利·鲍德温斯宣布,这5个英国人是清白的。英国国会宣布与莫斯科断绝外交关系以及贸易往来。英国媒体一致谴责苏联滥用酷刑,将人屈打成招。《观察者》报称,"这是打着正义的名义行不仁不义之事。这样严刑逼供的司法程序让人类文明为之蒙羞"。苏联检察官安德烈·维辛斯基在政治审讯中频频高调露脸,被英国的《每日快报》讽刺为:"那个屎黄头发,红脸膛的俄国人只会拍桌子瞪眼……满口脏话。"《泰晤士报》也不无担忧地说:"那些可怜的人是如何熬过一次次庭审,审判结束后等待他们的又会是什么?对契卡手段颇为了解的人士预言,他们恐怕有性命之虞。"

针对英国媒体的指责,莫斯科公布了5个英国工程师的自白书。自白书里说,他们在莫斯科受到的绝非毒刑拷打,而是最高的礼遇。其中一封自白书对契卡全是溢美之词:

> 苏联人对我好得不得了,从没提过刁钻的问题。审问我的人很专业,也很敬业。契卡监狱一尘不染,秩序井然,管理高效。这是我头一次被捕,但是我以前参观过英国的监狱,我敢说契卡监狱比英国的不知要好多少倍。而且契卡的官员对我颇为关照……

但是在法庭上,这些英国工程师撤回了自己的"认罪书"。伦敦威胁说,要对苏联下达贸易禁令。此案最后以3名英国人被遣送回国,2名接受短期服刑作罢。

然而在苏联国内,对工人的处罚颇为严厉。违反工作纪律,可能会扣发粮票(没有粮食,工人也会被活活饿死的),甚至可能是死刑。莫斯科政府只追求"多快好省",根本不考虑实际工作情况。工人对工业化运动有任何不满情绪,比如说抱怨进度跟不上,指标太高,都可能被贴上"思想不老实"的标签。无情的大清洗运动让工人们时刻绷紧了神经,拼了命地做工。剧作家亚历山大·阿菲诺格诺夫在小说《恐惧》(1932)中淋漓尽致地描绘出工人当时的心理状态:

> 我们生活在无边的恐惧中……恐惧像一根长鞭抽打着绝大部分的苏联人民……都说工人是国家的主人,可是谁知道他们内心的惧:

> 工人们都患上了受迫害妄想症，脑子里回旋的都是这样的声音，"加紧赶上进度，再快点，再好点"，只在无尽的生产比赛中偷空喘口大气。

英国工程师的案子说到底，只是摆摆样子，象征性地判个短期监禁而已。而苏联公民却没那么幸运。在1928年的沙赫特案中，53名煤矿厂长因为没有完成政府规定的生产指标，而被指控犯了"故意破坏生产罪"，接着又被指控与打入苏联内部的阶级敌人以及国外破坏社会主义进程的敌对分子相勾结。这些罪名等同于叛国，是不赦之罪。4月13日，斯大林指示中央政治局说，这些人属于资产阶级反革命小组，听从国际反革命组织的远程指挥，在苏联已经暗中进行破坏活动达5年之久……5年来，反革命小组成员一直在破坏苏联的工业生产，策划锅炉爆炸，破坏涡轮机生产等。而我们对此却还无所察觉……

苏联政府对反动派的破坏行动无所察觉，只是因为这些破坏活动根本不存在。达不到生产指标最可能的原因是设备陈旧，技术落后。但是苏联政府不会接受这样的理由，他们要为经济下滑找个替罪羊，要高调惩罚所谓的"破坏分子"以鞭策其他人更卖力地工作。沙赫特一案，5人被处死，44人被送往古拉格集中营。"破坏生产罪"被列入苏联刑法第58条（属于反革命活动范畴）。违反者被处以死刑，家属也要受牵连，坐10年牢。

两年后，又出现了一次轰动性的公审。这次的受害者是苏联著名的经济学家和工程师。他们被指控属于黑暗的"工业党"，后台是妄图颠覆苏联的英法政府。据说这些人阴谋破坏属于苏联战略性领域的重工业和交通设备，好为外国势力入侵苏联铺平道路。这一案件的结果是5人被处死，其他人被送入集中营。接下来的几个月，斯大林在社会主义工业代表大会上发言，要大家从猖獗的反革命活动中吸取教训："破坏分子的地下活动说到底是阶级斗争。苏联的阶级敌人看不得社会主义事业不断蓬勃发展，他们想方设法地搞破坏……在这场对资产阶级的战争中，我们要时刻保持警惕。"

为了激励人们为实现第一个五年计划而奋斗，苏联宣传机构打造了新的"苏联神话"。工人成了这次宣传的主角，他们成了文学、艺术和音乐的宠儿。托洛茨基夸口说，"苏联的新人类可开山造路，可使江河改道，可使日月升沉"。很快，托洛茨基赞颂工人的话就变成流行歌曲传遍大街小巷：

> 水面船儿轻轻摇，
> 水上高桥连南北，
> 你让高楼拔地起，
> 你让江河听人意。
> 不靠什么救世主，
> 要靠就靠一双手……
> 想到就能做得到，
> 工人力量大无边。

歌中把工人吹捧得神一般无所不能，这就使得他们不得不拼尽全力完成几乎不可能的任务。20世纪30年代中，人们的目光都聚焦在新一代的超级英雄——突击队身上。他们是工业化的开路先锋。亲政府派的民族诗人马雅可夫斯基把他们大肆吹捧了一番：

> 前进前进，英勇突击队，
> 从车间到工厂，
> 扫除革命路上绊脚石。
> 挺起胸膛，深吸口气……
> 向着苏联的黑暗世界，
> 英勇前行。
> 锤音阵阵，火光四溅，
> 水石相激，电流如瀑，
> 前进前进，英勇突击队。
> 不日不夜，抛洒汗水，
> 五年计划四年可成，
> 试看今日环球，
> 谁似社会主义，
> 这般青春洋溢，

这般触手可及。

《突击队进行曲》是苏联的经典之作，极富煽动性的诗句让人听来热血沸腾。五年计划四年完成，甚至三年完成，这样的宣传引发了工厂之间、工人之间的"社会主义生产竞赛"。1935年8月，顿巴斯地区（"顿涅茨煤田"的简称，苏联最大的煤炭基地）的煤矿工斯达汉诺夫在一个矿井中挖了102吨煤，远远超过了7吨的生产指标。9月，他又不可思议地挖了227吨。一下子，他成了苏联的英雄。为了表彰他的贡献，国家以他的名字设立法定假日，电影、歌曲把他标榜成"工人模范"。斯达汉诺夫被提升为煤矿厂长，还被选为市长、国会议员。12月，他登上了《时代周刊》的封面。

苏联政府把他作为工人的榜样，鼓励人们赶超生产指标，刷新生产纪录。斯达汉诺夫式的工人薪水高，住房好，休假多，甚至还奖赏豪华轿车。实际上许多生产指标都是谎报的。斯达汉诺夫挖的煤很多不假，可是人们不知道，在他轮班调休时有一队的矿工在帮他挖煤，而且用的也是最先进的挖煤设备。高生产指标背后的水分多少暂且不论，这些听来眩目的数字和骄人的纪录一方面让斯大林更有理由提高生产指标；一方面也可以让那些抱怨指标高的人哑口无言。斯达汉诺夫不仅得到广大民众的热情追捧，还受到斯大林的亲切接见。1938年5月在克里姆林宫的斯达汉诺夫表彰大会上，斯大林毫不吝啬对斯达汉诺夫的赞美之词：

> 下面请允许我为大家隆重介绍斯达汉诺夫同志和伊万·帕潘宁同志。虽然他们没有什么高等学术头衔，但是他们在自己的行业所取得的骄人成绩有谁不知道呢？他们一次次刷新了行业的最高纪录，让科技在他们面前也黯然失色。他们树立了新的行业标杆，并一次次地向世人证明没有什么是不可能的……让我们为列宁和列宁主义干杯！让我们为斯达汉诺夫和斯达汉诺夫运动干杯！

苏联共产主义青年团团员塔蒂阿娜从小就崇拜突击队工人。当她的团队在建设莫斯科地铁隧道创造了新的纪录时，她光荣地成为斯达汉诺夫工人中的一员。1932年，她在获奖感言中这样讴歌大生产运动：

> 我们每一天都无比充实，无比快乐。世上没有比我们还要快乐，还要幸福的青年。我代表所有的年轻人，向我们的党，向我们亲爱的领袖斯大林同志表达我们发自肺腑的谢意！

塔蒂阿娜受到了斯大林的亲切接见和问候。即使60年后苏联体制造成的冤假错案浮出水面，她仍然对斯大林和斯达汉诺夫运动赞赏有加：

> 斯大林让我们建设这个，研发那个……而人们完全信任他，热火朝天地跟着他搞生产，所以才有了现在的一切。要知道，在这以前人们处在蒙昧黑暗之中，穿的还是桦树皮做的鞋。曾经的一穷二白，如今的万丈高楼，赫赫工程。至今回想起来，我还觉得一切就像童话故事：魔棒轻轻一点，许多伟大的工程拔地而起。正是出于对工人楷模的热爱，对斯大林同志的爱与信赖，人们才紧紧团结在一起，共同创造了一个又一个奇迹。

苏联的五年计划一直持续到1986年。我孩提时到过莫斯科，那时看到临街的墙上贴满了列宁的口号，"共产主义就是苏维埃政权加全国电气化"。那时，中央集权的计划经济已经将苏联经济引向了崩溃的边缘。1934年初，当共产党在全国代表大会上热烈庆祝农业集体化和工业化取得的成就时，苏联的现状已经不容乐观了。

绝大部分的苏联工人过的远不是斯达汉诺夫式的光鲜生活。工作选择很多，但是大都非常辛苦，工资也很低。工业化使得城市人口暴增，产生了一系列的问题：小型住房雨后春笋般地冒出，工人们挤在愈来愈小的陋室中；资产阶级分子被赶出城市，好给工人腾出地方。为了更高效地利用有限的空间，集体宿舍建了起来。一个房间有好几个床铺。几户人家挤在一起，共用厨房、卫生间，有时甚至几个人挤在一个床铺上。苏联的集体宿舍体现的就是对私人财产、核心家庭观念的摈弃。然而许多人住在同一个屋檐下并非好事：住户间吵架拌嘴是常事，有些甚至结怨很深；失窃事件不断；谋杀时有发生；暗中打小报告的人太多，搞得人心惶惶，总觉得隔墙有耳；人与人互相猜忌，争执一触即发；大工厂的工人有时不得不住在临时帐篷里。

1932年，为了更好地控制人口流动，苏联颁布了户籍制度，对公民的民族、职业和社会地位进行了细致的登记。户籍制度的引进，使得人们不能随便改变居住地，不能随心所欲地搬到莫斯科或彼得格勒这样的大城市居住。当苏联市民在水深火热中挣扎时，高官显贵们却凭借特权有房有车，过着锦衣玉食般的日子。巨大的贫富差距使得阶级矛盾日益尖锐，斯大林的工业化运动以牺牲广大人民的利益来谋求经济的增长。人民在赞叹经济的进步时，内心却不免压抑着熊熊的怒火。英国外交官加雷斯·琼斯1933年为《伦敦晚报》撰写的文章中曾这样总结了两代人对苏联的爱憎情绪：

几天前，我途经莫斯科城外的一个村舍。一对父子的争执引起了我的兴趣。父亲是莫斯科工厂的技术工，儿子是共青团团员。两人怒目而视，父亲气得打战，对儿子吼道："这不是人过的日子！工人病的病死，饿的饿死。这就是你们想要的吗？"儿子不甘示弱地反驳："你难道看不到我们建设的伟大工程，看不到新建的拖拉机厂，看不到第聂伯水电站？这样伟大的工程难道不值得我们吃一点点苦吗？"父亲却回答道："是伟大的工程！可那又怎么样？以牺牲人们的性命换来的工程，难道是人们想要的？"

八

在彼得格勒市中心，导游带我参观了一栋五室一厅的公寓。这栋公寓华美得令人咋舌：宽敞的门廊、镶木的地板、一间间屋子天花板极高，藏书量庞大的图书馆中皮革包边的书籍整齐地摆放在红木橱柜里，墙上挂着狩猎战利品。但是屋里的柚木无线电发报机却让我霎时明白了：这是几十年前的旧居，主人离开后就一直保持着原来的样子。这栋别墅家具装潢如此奢华，大革命前居住的不是贵族就该是富豪吧。可为什么墙上挂着列宁和斯大林的照片呢？

要回答这个问题，就要讲到共产党历史上的一段故事。大革命前，这栋公寓的确属于一位百万富翁。在他1917年逃亡国外后，房子就被布尔什维克政府没收了。革命后，人们能有间破屋就心满意足了，这间豪宅却分给了一个人——前苏联主要领导人之一、政治局委员、列宁格勒（今天的圣彼得堡）省委第一书记谢尔盖·基洛夫。基洛夫所在的精英领导层享受着普通民众想都不敢想的优越的生活条件、无上的特权。他们过着优渥的生活，住着奢华的公寓，出入私人酒店、疗养胜地，连光顾的店铺都独具一格。

然而再高的权位也保不了基洛夫的性命。到了20世纪30年代中，基洛夫在豪华公寓已经住了8个多年头，革命情势急转直下。党的精英领导人开始领悟到：失去斯大林的信任，就失去了权位、公寓甚至自己的性命。

在20世纪20年代，基洛夫可以说是斯大林的左膀右臂。内战时，他在高加索北部领导布尔什维克作战，在剿灭白军时以其残忍凶狠令敌军闻风丧胆。1926年，他被任命为列宁格勒省委第一书记，以其高效的执政能力，以及在解决粮食短缺危机时的出色工作，获得党内人士的一致好评，荣膺苏联中央执行委员会主席团委员一职。他在党内的呼声越来越高，成为可以和斯大林抗衡的一颗新星。

木秀于林，风必摧之。基洛夫在党内的突出地位是把双刃剑。1934年召开的第十七届共产党代表大会就是一轮考验。尽管外界称这次会议是"胜者的大会"，是为了庆祝农业集体化和工业化取得的伟大成就，但是这些胜利者却被全国上下的形势困扰。斯大林的妻子娜杰日达一年多前举枪自杀，给他留下了巨大的心理阴影。他变得郁郁寡欢，暴躁冲动。起因是这样的，斯大林和娜杰日达在一次晚宴上公开吵翻，娜杰日达一怒之下冲回了家。次日，人们发现她在卧室里自杀身亡。尽管苏联政府称娜杰日达死于阑尾炎，但还是有很多人认为她的死直接或间接地和斯大林有关。

娜杰日达的个人遭遇引起了苏联民众的一片唏嘘，斯大林也很受影响。他的同事说，他渐渐沉湎于酒精，喜欢猜忌，动辄乱发脾气，还常常疑心周围人图谋夺权。

在这次大会上，斯大林警告说，现在不是被胜利的呼声冲昏头脑的时候。他指责一些领导人放松了警惕，竟然想和资产阶级分子谋取和解，对质疑苏联统治的坏分子还想宽大处理。

> 现在党内的有些同志被现已取得的成功冲昏了头，被花言巧语、溢美之词夸得飘飘然，以为革命已经胜利，威胁已经解除。你们这样想，可就大错特错了。这无异于缴枪投降，自乱军心。如果你们没有抵挡住敌人糖衣炮弹的攻击，之前的所有努力就全白费了。革命尚未成功，同志还需努力。我们要在别人大唱赞歌，放下戒心时，保持警惕。我们要整装待发，时刻准备着同所有的恶势力做斗争……

当基洛夫起来发言时，身量不高的他尽显雄辩家的风姿。他意气风发地走上讲台，首先向斯大林表示感谢，然后说国家的高压统治可以稍稍放缓。"我们主要的困难已经解决"，他这样说，明显和斯大林的观点相左。对于苏联政治局中的不同声音，他认为不必一竿子打死，对党内阳奉阴违的行为他甚至表示默许。

> 在社会主义建设事业中，社会主义的主要纲领仍然适用。我们有必要对党内不同的声音这般警惕吗？大会已经听过他们的演说了……我认为我们要以宽容的态度看待不同政见。我不想复述他们

曾经说过什么，再者许多人的看法也有了很大转变……现在这些人想要加入我们，共享社会主义建设的成果……不错，当我们为社会主义事业不断奋斗时，他们站在一边观望。但是我相信他们很快就会加入我们，共建共产主义社会。也许以前他们是我们的敌人，但是既然他们愿意归顺……

基洛夫的观点模棱两可。他似乎是希望党内的不同派别互相理解，而不是像斯大林那样顺我者昌逆我者亡。他的演讲赢得大家热烈的掌声。接着党代会代表开始投票选举中央委员。基洛夫只有3票反对，而斯大林有100多票反对。（当然真实的数据不会为公众所知。官方媒体报道的结果是，斯大林也只有3票反对）

大会结束后，一些代表希望基洛夫可以角逐主席一职。基洛夫一口回绝，并把这一谈话告知斯大林。基洛夫也许是想表达自己无意夺权的忠心，只是事与愿违，基洛夫的举动提醒斯大林，新的接班人已经出现。斯大林恼火还来不及，何谈理解，又怎能原谅？

1934年12月1日下午，基洛夫离开公寓，乘车前往斯莫尔尼宫（位于列宁格勒）的办公室。现在通过这段路大概花半个小时，但是在20世纪30年代，私人轿车少之又少，几分钟就到了。当基洛夫朝办公室走去时，一个瘦小男子从后面追上，用左轮手枪对着基洛夫后脑开枪。短短几分钟，列宁格勒省委第一书记就流血而亡。刺杀者名叫尼古拉耶夫，是名年轻工人，曾被开除党籍，工作也丢了，他将所有的不幸都归到基洛夫头上。

杀人犯尼古拉耶夫被枪决，但是这次事件却引发了数年的恐怖运动。整个苏联数百万人互相猜忌，互相诬陷，造成了巨大的影响。

从20世纪20年代初，苏联"肃反"运动就已经露出了苗头。那时党员按照上级指示上交党证，并参加政审（即回答一系列问题，表明自己党性坚定）。没有通过政审的人会被开除党籍，不再享有特殊待遇。在1933年的"肃反"运动中，854,000人被开除党籍，罪名是"政治野心家""酒鬼赌徒""游手好闲""投机分子"。心怀怨恨的尼古拉耶夫（基洛夫刺杀案的刺客）很可能就是其中之一。

但是基洛夫刺杀案发生后，"肃反"运动才被扩大化，才是人们所说的

"大清洗"运动。1935年全年到1936年上半年，斯大林加强了对党的控制。斯大林对党内反对加快经济增速的声音一直反感，意欲铲除所有政敌。苏联秘密警察有关托洛茨基的报告（报道称，托洛茨基在党内秘密拉拢斯大林的反对者）正好给他提供了端掉所有政敌的绝妙机会。他对地方党委下达指示说，大量的党证落入到反动派和间谍的手上。因此，那些在"肃反"运动中被革除党籍的人变成了间谍（在前苏联，是死罪）。原来的左翼反动派或是被怀疑为左派的人统统被逮捕，然后被屈打成招，说自己是托派左翼反对派，参与了托洛茨基的夺权阴谋。在毒刑拷打下，他们常常不得已构陷他人，导致了无数冤假错案。检举告发像个恶性循环，受牵连的人数在飙升，直到苏联秘密警察觉得"证据"已经收集的可以了，一场新的历史政治戏可以开演了。

在基洛夫一案中，加米涅夫、季诺维耶夫因被指控是幕后黑手被判入狱。1936年夏，对两人的重审开始。这一次，他们被指控建立恐怖组织，刺杀基洛夫，还想除掉斯大林。这场公开审判掀起了一轮互相猜忌、互相告发的狂热浪潮。

进行全民公审存在着一定的风险，首先对两人谋反罪的指控并无确凿的证据。再者能否定罪要看被告的认罪情况。如果被告并未服罪，而证据又不足，政府是很难给他们定罪的。这样看来，秘密审判是最好的选择。但是斯大林想让政敌身败名裂，永无翻身之日。所以他必须想方设法地毁掉民众对两人的好感，将他们从革命英雄变成暗中破坏社会主义建设的邪恶小人。

在公审前，苏联秘密警察向加米涅夫、季诺维耶夫保证：只要他们担下罪名，并且构陷其他革命元老如布哈林、托姆斯基、卡尔·拉狄克等，他们及家人的性命就能保住。这一公审似乎想把1917年革命中的功臣全部铲除，只留下斯大林一人。这样他就顺理成章地成为列宁的唯一继承人。所有革命英雄的宦海沉浮皆在斯大林的掌控之中。

经过几个月的秘密筹备，公审于1936年8月19日在苏联最高法院军事审判庭正式展开。主持审判的人是维辛斯基，原来的威克斯英国工程师案就是他审理的。维辛斯基此后的事业平步青云，在后来的纽伦堡战犯审判中担当苏联首席检察官，在斯大林统治晚期任苏联外交部长。

维辛斯基很清楚这场审判秀的目的就是激起民众对被告人的仇恨。在他的演讲中，他极其愤怒地将季诺维耶夫、加米涅夫痛斥为出卖人民的走狗，社会的渣滓。

  这些狡猾的敌人决不能宽恕。历数他们的种种罪行，人们恨得咬牙切齿，恨不得食肉寝皮。我作为苏联的检察官代表也和人们是同样的心情，同样地感受到被出卖，被算计的愤怒。法官同志们，请允许我提醒您们，这16名叛国的罪人理应受到无情的法办。我要求将这些疯狗一样的叛徒一律处死，绝不姑息！

维辛斯基的严词谴责在工厂、集体农场广为流传。揪出邪恶的叛徒赢得了工人的一片赞声，苏联各地发来电报，要求立即处死这些社会的败类。

审判结果没有任何悬念。季诺维耶夫、加米涅夫以及其他14名被告对自己的罪行供认不讳，还互相构陷彼此。听取被告证词后的第五天，即8月24日，法庭判处这16人死刑，次日执行。季诺维耶夫、加米涅夫成了第一批被处决的中央委员，但他们不是最后一批。

这次的公审为以后的审判开了先河。1937年1月，列宁的亲密战友卡尔·拉狄克和其他16人出现在审判席上，罪名是恐怖活动和阴谋破坏。13人被判处死刑，即刻枪毙，其余被关入劳改营，很快死于营中。拉狄克没有被判死罪，因为他答应构陷其他人。这种以诬陷他人苟且偷生的行为，为两年后更大的审判秀做了铺垫。只不过拉狄克还没活到那时就在劳改营被苏联秘密警察派去的刺客谋杀了。

到了1937年，苏联民众人人自危。许多人相信他们中间真的有间谍、有阴谋破坏者存在，他们有必要时刻保持警惕，揪出特务。一些人或出于私心报复或为了谋得升迁，故意诬告他人。因为如果他们告发了对手或上司，他们极可能取而代之，从而步步高升。任何被怀疑为富农、反动派或拥有外国国籍的人都会有生命危险。人们不由自主地被卷入大屠杀的旋涡。

一时间，苏联发生的一切都有章可循，没有什么所谓的"意外"。发大火了，工厂的机器出故障了，集体农场的拖拉机抛锚了，类似的事故总有人被揪出来承担罪过。一旦被捕，他们的命运就由法外公正体系决定：检察官，苏联秘密警察都有生杀予夺的大权。1934年新法颁布，犯罪分子的家人也要被株连。所以当加米涅夫处死后，他的妻子和孩子不久也被处死。季诺维耶夫的家人也没能幸免。

1938年3月针对所谓的"托洛茨基和右派集团",原共产国际主席尼古拉·布哈林、原总理阿列克谢·李可夫、克里斯蒂安·拉可夫斯基等共21人站到了被告席。这些人都是苏联政治局的重要人物。这次公审将上两次公审没除掉的布尔什维克元老一网打尽。他们被指控属于"右翼托派阵营",犯下的滔天的罪行包括刺杀基洛夫,意图刺杀斯大林、列宁、莫洛托夫等,破坏苏联经济生产,为西方国家提供情报,默许西方和东方国家孤立苏联。1938年3月14日,18个人被处以死刑。苏联首席检察官维辛斯基喜不自禁地发表胜利宣言:

> 苏联上下,不分男女老幼,一致等待和要求的只有一点:把那些将我们祖国出卖给敌人的叛徒和间谍,像对待恶狗一样,执行枪决!苏联民众的要求只有一点:处死这些该死的败类!时光将流逝,可恨的叛徒们的坟墓上将长满杂草和野蓬,他们将永远受到诚实的全体苏联人民的鄙视。而在我们的头顶上,在我们幸福的祖国的上空,太阳将依然温暖地照亮世界。苏联人民将继续在我们亲爱的领袖和导师——伟大的斯大林领导下,沿着清除了旧时代最后的渣滓和污垢的道路前进……

很可能秘密警察对他们不分昼夜地审讯,不让他们休息,用尽各种酷刑,将他们折磨得生不如死。很可能政府威胁他们不招供的话,他们的家人会性命不保。更有可能的是,肉体和精神的双重折磨并不能让他们屈服,真正让他们甘愿担上污名的是他们对党、对祖国、对自己毕生事业的热爱。列宁在遗嘱中曾亲切地称布哈林是"全党的宠儿"(这一点就足以让斯大林容他不下)。在公审的最后陈述中,布哈林这样讲道:

> 如果一个人死前没有什么好忏悔的,那只能说明这个人生前没有什么追求或者信仰。然而如果一个人忏悔了,那么曾经的辉煌在他眼里一定有了新的认知。就是这种认知让我甘愿在祖国面前长跪不起。当你觉得现在所做的一切是为了更高的事业,那么个人的荣

辱，内心的骄傲、愤怒和苦涩都微不足道，都随风而散了。

死得其所，死得有价值固然会让人不惧死亡，可是付出一生心血的政党明明在毁灭自己，为何布哈林等人还要执着地继续奉献？

回答这个问题，我们要从社会主义革命讲起。布哈林等虽然和斯大林政见不同，但他们都属于社会主义革命工党。政治路线虽然不同，但是对党的奉献精神却是一致的。如果为了个人的荣辱，置党的生死存亡于不顾，他们自己也会鄙视自己。

英籍匈牙利作家阿瑟·库斯勒的《中午的黑暗》即是取材于21人公审（第三次审判秀）。作者曾经被划为政治犯面临处决，所以对悔罪这一主题有亲身的体会。他在小说中挖苦地说，在布尔什维克革命中"实现正义的热情，会让我们忘记慈悲为怀；对公正的热望，使我们变得铁石心肠。所以为了杜绝大屠杀的发生，我们手上沾满了鲜血；为了避免更多的人受苦，我们把许多人送上了祭坛；为了让人们不再受欺辱，我们用皮鞭狠狠给他们血的教训"。布尔什维克牺牲了数百万人是为了"更崇高的事业"。人们的困惑猜疑在对党的忠诚面前显得微不足道。布哈林等人没有谋划过那些荒谬可笑的反革命行动。同样他们对斯大林的政治路线也无法完全苟同。但是如果他们的牺牲是为了布尔什维克党"更高的事业"，这样的命运他们只能接受。

布哈林深知自己是被送上祭坛的羔羊，但是他希望自己的死能让布尔什维克党迷途知返，步入正轨。（《中午的黑暗》的主人翁老布尔什维克鲁巴肖夫也作了同样的选择。）布哈林的妻子在斯大林的集中营被关押了20年，她后来回忆道："布哈林之所以在庭上承认那些荒谬的罪名，是因为他希望他奉献毕生心血的革命事业能够胜利。"布哈林在庭上说："同志们，要记得你们通向共产主义的星光大道上，有我挥洒的鲜血！"布哈林死前，让妻子将自己的遗嘱记在脑子里，然后烧毁了遗书。遗嘱中这样开头："未来的布尔什维克领导人，你们有责任为那段恐怖岁月的无辜受难者洗刷冤屈，还他们清白。"他们等了50年，终于等到了未来的苏联领导人为他们平反的时刻。1988年，戈尔巴乔夫给布哈林平反，宣布对他的指控全是无中生有的。

1937年到1938年，苏联的恐怖统治达到了巅峰，之后苏联的白色恐怖逐渐淡去。但是斯大林还有最后一个劲敌没有铲除。在苏联，斯大林的头号对手就是托洛茨基，从斯大林流放墨西哥时两人就政见不和，两人在私信中互相诋毁，在公开场合互相谩骂。他们两人的关系和伊凡雷帝与柯布斯基（伊凡雷帝的密友兼政敌）很像。托洛茨基谴责斯大林造成的政治恐怖，对审判秀更是不耻。托洛茨基在广播和新闻片中公开表示："斯大林对我的指责完全是建立在他人的假供上。统治小集团采用先进的拷问手段将人屈打成招。历史上没有什么比莫斯科的审判秀更令人发指的。这不是共产主义的必经阶段，也不是社会主义的必然要求，这只是斯大林主义的私心和野心，是政府对民众不负责任的压榨和独裁……真正的罪人贼喊捉贼……斯大林的秘密警察已经和纳粹盖世太保(纳粹德国的秘密警察)一样臭名昭著。"

1940年夏，托洛茨基正忙于写作谴责斯大林的自传，然而这部书也许没有付梓那天。8月20日，逃过了无数次暗杀的托洛茨基这次遇刺身亡了。托洛茨基曾邀请一位年轻的西班牙人拉蒙·梅卡德尔来他在莫斯科的公寓做客。他本以为梅卡德尔是他流亡海外以来忠心的拥护者，却不知此人是苏联秘密警察在西班牙内战时招募的间谍，并在莫斯科接受过刺客培训。当托洛茨基在书房办公时，梅卡德尔从外套里抽出偷带进来的冰锥对着托洛茨基的后脑勺狠命地刺去。托洛茨基被送往医院，次日去世。

20世纪30年代的"大清洗"运动大大改变了苏联的格局。政治上，斯大林成功除去了权势路上所有明显的和潜在的绊脚石。1934年，共产党的高层领导人参加第十七届共产党代表大会——"胜者的大会"。而其中的1,100人（总数过半）被逮捕。到了1939年，被逮捕的人中三分之二被处死。在中央委员会，139名委员中119人被处死。"胜者的大会"原来是"死囚犯的大会"。

"大清洗"时期，大规模的逮捕处决给苏联经济带来了巨大的灾难。工农业生产直线下降。到1939年，古拉格集中营的囚犯高达百万之多。这些囚犯被迫充当计划经济的苦役，下矿井挖煤，到林地伐木，去大型建筑劳作。成千上万的囚犯死于饥饿和过度劳作。在所谓的不人道的集体责任制中，只有整个集体完成了每日的工作指标，他们才能领到足够的食物。一名囚犯后来写道："越饿，做工越差。做工越差，越没有吃的。这种恶性的循环根本不给人留活路。"

"大清洗"造成的最大灾难也许在国家安全方面。斯大林对政敌没有丝毫手软。军队最高指挥部遭到了严重的人才损失。1936年，斯大林称红军中出现内奸。此事的真实性一直没有得到证实。斯大林之后又称克里姆林宫被纳粹的虚假情报耍了，这事也迟迟不辨真伪。1937年6月，8名红军统帅被指控和德国私通，其中包括苏联首屈一指的军事战略家图哈切夫斯基。最后，他们统统被定罪处死。从1937年到1939年，在苏联底层搜寻叛徒的行动扩展开来。大约15,000军人和相关人员被枪毙。在军事委员会的85名成员中，68人被处决。

斯大林发起的"大清洗"运动对苏联是灭顶之灾。当世界大战的阴云布满天空，战争硝烟四起时，苏联的武装力量却被严重削弱。但是斯大林似乎并不在乎。在和导演爱森斯坦的一番对话中，他自比伊凡雷帝，为了苏联的长远未来，不惜牺牲公正和道义。他赞许伊凡雷帝对政敌毫不留情的剿杀，却对伊凡雷帝事后的良心忏悔嗤之以鼻。"在这件事上，他的上帝让他寝食难安，他应该更坚决！"斯大林总结道。在一本《成吉思汗》传记中，斯大林划下了这样的句子："敌人一日不除，我心一日难安。"

九

1939年8月23日的照片中，在克里姆林宫豪华的接待大厅，斯大林站在德国外交部长约阿希姆·冯·里宾特洛甫旁咧嘴而笑。他们身后的墙上挂着列宁的肖像。苏联外交人民委员莫洛托夫坐在书桌前签署了历史上最臭名昭著的国际协约之一。据莫洛托夫的孙子尼克诺夫说，当莫洛托夫将签好的协议递给里宾特洛甫时，里宾特洛甫简短地说了句"希特勒万岁"。整个大厅鸦雀无声，斯大林不自然地笑了一声来缓解气氛。《苏德互不侵犯条约》，也叫《莫洛托夫—里宾特洛甫条约》规定不以任何方式支持对缔约一方进行敌对行为的第三国家。这一条约后来导致上百万人丧命以及欧洲世界的分裂。

这一协议草草拟定，上面没有常见的印章标识，没有华丽的辞藻，用的纸也很劣质。整个协议签订的过程都那么潦草敷衍，可能对双方而言都太过突然。希特勒之前一直谴责苏联是"一群国际罪犯的乌合之众"，而苏联宣传部也不甘示弱，随时准备着迎接"纳粹的威胁"。两国间的嫌怨如此之重，以至于在西班牙内战中，它们分别支援西班牙的两派，幕后操纵战事的进行。

然而8月23日后，德国成了苏联人们的朋友，而不再是敌人。苏联政府告诉民众，纳粹主义或国家社会主义（指1933年至1945年间统治德国的独裁政治，即"第三帝国"）是一种好思想。谴责希特勒和纳粹党的书籍和小册子从苏联图书馆下架。媒体也不提"法西斯主义"之类的话题。德国文化中心在苏联的大城市建立起来，德国音乐、电影、戏剧更是在苏联各地出现。斯大林曾指示爱森斯坦拍摄电影《亚历山大·涅夫斯基》，颂扬历史上俄国人抵抗德国入侵的民族气节，一夜间各大电影院不再播映这部剧，而爱森斯坦又被指示导演瓦格纳的《女武神》（1870）。在过去的数年间，苏联一直不遗余力地清除法西斯间谍。为什么现在斯大林想和原来的"恶魔"握手言和呢？

因为在这个条约背后还有一个世人所不知道的约定。《莫洛托夫—里宾特洛甫条约》背后的秘密协议是斯大林和希特勒两人间的交易——瓜分整个东部和中部欧洲。协议明确了各自的势力范围，在势力范围内可以为所欲为，不受任何干涉。斯大林将会得到拉脱维亚、爱沙尼亚、立陶宛局部、芬兰和比萨拉比亚。苏德之间的协议，最大受害者是波兰。

> 两国在波兰的势力范围大体以纳雷夫河、维斯杜拉河和桑河一线为界。双方在波兰势力范围的具体活动情况要看以后双方进一步的政治发展。

签订了《苏德互不侵犯条约》，希特勒就可以一路绿灯地入侵波兰西部。而斯大林一方面能腾出手来吞并维斯杜拉河东部区域；另一方面也有机会收复在1919年到1922年俄波战争中丧失的土地，以及别的好处。像19世纪的世界划分图一样，波兰这次又要从地图上消失了。

《苏德互不侵犯条约》让世界颇感震惊。（如果斯大林和希特勒间的幕后交易浮出水面，不知人们又作何感想？）美国《时代周刊》将这一条约称为共产党和纳粹党的交易。丘吉尔称"这一阴谋是毁灭世界的重磅炸弹"。丘吉尔当然有理由生气，因为苏联在签订《苏德互不侵犯条约》的同时，还一直和伦敦、巴黎谈判。7月23日，《苏德互不侵犯条约》签订的前一个月，苏联还告知巴黎、伦敦的大使，苏联决定同他们签约。一时间，德国人轻易地挑起了英法俄互掐的战争。

但是苏联从来没有把和英法两国的签约放在心上，而英法两国对协议的签订也不甚热心。希特勒就不同了，他认为一战德国败在了两线作战，兵力被分散上，所以这次为了避免两线作战，他迫切需要入侵波兰时苏联保持中立，谈判时也就格外慷慨。当德国派政府高官包括德国外交部长飞往苏联签约时，英国首相张伯伦还觉得和苏联的谈判没那么重要，不仅没有派出外交部长，就连派出的普通官员还是乘最慢的轮船花了5天时间才抵达彼得格勒，接着又花了两天才到莫斯科。英国的代表团团长雷金纳德·德拉克斯上将只是有点能力而已。（英国大使馆专门写信问首相为何不派个官位高点的官员过来）克里姆林宫根本没听过德拉克斯上将这个人。《苏德互不侵犯条约》签订的第二天，英法代表团急切要求和苏方谈判，商谈协议的事。苏联军事谈判代表克里门特·伏罗希洛夫直截了当地告诉他们："苏联政府已经转变了政治立场。继续谈判已经没什么意义了。"

实际上，苏联和英法没能签订协约源于双方间的不信任。斯大林不可能忘记在俄国内战时，英法两国支持白军，干涉俄国内政。而英法两国对布尔什维克党宣扬的"发动世界人民起来革命，推翻资本主义"，也时刻保持警惕。加之苏联对英法是否有能力对抗德国心存怀疑。1938年的慕尼黑会议，苏联并没有接到邀请，之后虽然两国尽量解释，还是让苏联觉得西方国家要么是和德国勾结起来，要么是隔岸观火，任苏联和德国打得你死我活，不会真心支援苏联。

到了1939年，斯大林觉得苏联情势危急，他必须确保苏联不受德国扩张政策的影响。假如和英法联合不能保障苏联的安全，那么他可以直接和德国做交易。

对于希特勒私下的承诺，斯大林真的会相信吗？苏联的历史学家认为，斯大林签订《苏德互不侵犯条约》只是权宜之计。苏联的"大清洗"运动已经严重削弱了苏联的军事实力，斯大林需要时间重整旗鼓，而且他可能暗自希望德国在对英法的战争中元气大伤。但是斯大林在协约签订后两年的举动却不能说明他在争取时间备战。他不相信希特勒，但是却觉得能够控制住对方。他对苏联政治局的人说："希特勒在给我们耍花招，但是我们不会让他得逞的。"斯大林想得太乐观了。

1939年9月1日，德国入侵波兰。两天后，英法对德国宣战。斯大林不想世人知道苏联和德国站在统一战线上，让红军两周后才向波兰东部进军，声称"为了解救生活在波兰的乌克兰人和白俄罗斯人"。这下欧洲各国不知道苏联葫芦里卖的什么药了：苏联是准备对德宣战，还是想在波兰混乱时捞点好处？在1939年10月1日的英国下议院，时任海军大臣的丘吉尔在演讲中说："我不能预测苏联之后的行动，这就像是包裹在重重迷雾中的一个谜。但是谜底只能是苏联的国家利益……苏联很清楚它想要的是什么。"

丘吉尔的话一语中的。苏联很快逼迫波罗的海诸国签订"互援协定"，允许红军在它们的领土设置据点。在拉脱维亚、立陶宛、爱沙尼亚以及西部的乌克兰、白俄罗斯，苏联暗中操控选举，将它们变成共产主义者统治的傀儡国，然后进一步通过所谓的"民意公投"成为苏维埃联盟的一部分。从1939年到1941年，短短两年，斯大林在其势力范围内实行僵化的苏联统治：波罗的海诸国的起义被粉碎；不听话的领导人被镇压；成千上万的政治家、工会会员、教师等或被关押，或被放逐，或被处决；他们的房子和工作被分配给俄罗斯人，旧沙俄时期的"俄罗斯化政策"在傀儡国重现。苏联对傀儡国数年的专制压迫引起了民愤，这为德国两年后取代苏联埋下了隐患。

在波兰，反抗苏联统治的举动甚至意图都会招来无情的镇压。40万波兰人被捕，超过2万人（有军官、政府官员、医生、知识分子）被送往斯摩棱斯克（俄罗斯城市）附近的战俘集中营。经过苏联秘密警察半年的严刑逼供，这些人被悉数处死。苏联秘密警察头子贝利亚向斯大林报告说，这些危险分子"参与反革命活动，煽动人们的反苏联情绪。每个人被放回去后都想方设法反抗苏联"。斯大林冷酷地下令统统处死。1940年4月3日，这些波兰的社会精英们在不同的地点被近距离射杀。21,857发子弹，21,857条人命。这一惨案被称为"卡廷森林惨案"。1941年，当狡猾的希特勒促使波兰和苏联结盟时，波兰人追问他们的军官哪里去了。斯大林刚开始说被运到满洲（中国东北的旧称），后来又将罪过归到纳粹人头上。直到1990年，戈尔巴乔夫才最终承认苏联所犯的罪行。

西方世界并不能满足苏联的野心。1939年10月，斯大林向芬兰提出"互援协议"，要求两国的边界从原先距彼得格勒北部20英里向西北方向延伸。芬兰政府拒绝了这一要求，莫斯科就把这视为敌对行为。

1939年11月末，近50万苏联军队向芬兰逼近，人数超过敌军两倍。红军胜券在握，踌躇满志，根本没把芬兰放在眼里，散乱无章地进入了芬兰境内。苏联大作曲家迪米特里·肖斯塔科维奇被政府命令以芬兰为主题写一组舞曲，供苏联军乐团在红军行进到赫尔辛基（芬兰首都）时演奏。但是当时的温度降到零下45度，红军无法重现7世纪前的楚德湖冰上一战的辉煌。

芬兰士兵被迫退到曼纳林防线(沿芬兰与苏联边界所筑的芬兰防线)。在没有任何防御工事，军事装备严重匮乏的情况下，芬兰士兵顽强地抗战，充分发挥游击战的优势。许多苏联士兵没有冬天的军服，在雪地上很显眼，就成了芬兰狙击手的枪靶子。芬兰的一个狙击手消灭了500多名苏联红军。苏联人把神出鬼没的子弹称为"白色死亡"。一个月的战争后，苏联将领悲苦地说道："我们攻占的土地只够埋葬阵亡的将士。"

1940年1月，斯大林调派苏联元帅铁木辛哥前去指挥作战。到了3月，红军已经深入芬兰内地，迫使芬兰签订不平等条约①。斯大林得到了想要的土地，但是这一战苏联损失了10万人，还被一个小国家打得落花流水，颜面尽失。1939年到1940年的"冬季战争"让莫斯科在国际上的名声一落千丈。苏联被国际联盟除名，划成和德国、日本、意大利一类的侵略国。

　　冬季战争证明苏联红军不是战无不胜的。1940年6月法国战败，英国孤立无援，苏联随时都可能受纳粹德国的侵略。斯大林已经加强了军事实力——广泛招兵，从200万扩增到500万；加强生产飞机、枪支和炮弹。但是时间太紧迫了，斯大林对莫洛托夫吐露道："苏联要到1943年才能和德国在战场抗衡，现在需要的是时间。"

　　和德国的协议将莫斯科置于一种"浮士德"交易（即和恶魔的交易，浮士德用自己的血和魔鬼签订契约，出卖灵魂给魔鬼，以换取世间的权利、知识和享受）。为了争取时间加强军事实力，苏联同意每年供给德国上万吨的石油和粮食。1941年初，斯大林同意希特勒增加物质供给的要求，以求得和平。几个月后，德国士兵粮草齐全掉转头攻打苏联。《苏德互不侵犯条约》被希特勒单方面撕毁，英国试图和苏联改善关系，却被苏联一口回绝。

　　斯大林一直以为德国不会冒险和苏联发动战争，至少在德国忙于对抗英法联军时不会轻举妄动。德国即将对苏联开战的证据比比皆是，斯大林却置若罔闻。1941年初，丘吉尔通知斯大林说，英国情报局接到消息——德国准备进攻苏联。但是斯大林却觉得这是英国想拉拢苏联而耍的诡计。德国驻东京大使馆的苏联间谍理查德·佐尔格报告斯大林说，他看到了德国入侵苏联的计划书。5月初，他向莫斯科发送的情报中详细介绍了德国对苏联作战的方案，甚至包括详细的时间和路线。但是斯大林仍然不肯调派军队，防守西部边界。6月21日，他告诉国防部长铁木辛哥："这完全是小题大做，庸人自扰。"但是赫鲁晓夫后来评论道，每个人都知道战争一触即发。1956年赫鲁晓夫回忆说："每个路口都有无数的麻雀在叽叽喳喳地叫，似在预示灾难的来临，芬兰战场的挫败似乎让斯大林变得胆怯，自欺欺人。"在德国入侵的前天晚上，一个德国军士长泅过波兰的布格河想要给苏联红军通风报信，却不幸被当成敌方奸细枪杀了。

---

① 在战争的最后几周，英法计划派兵支援芬兰。可能的后果就是苏联和西方盟军展开灾难性的大战。幸运的是，挪威人拒绝英法联军借道支援，才避免了可能的悲剧。

1941年6月22日清晨，历史上最大的战争"巴巴罗萨作战"（希特勒侵犯苏联的代号）打响了。敌人来势凶猛，兵力众多，打得苏联红军猝不及防。德军400万士兵、75万马匹、4.7万重炮群、5,000架飞机以及3,000辆坦克地毯式轰击一盘散沙似的苏联军队。希特勒把苏联看成内部腐朽的大楼——只要把门踢倒，整个大厦就摇摇欲坠了。作战的第一天，德国空军轰炸机就摧毁了苏联1,200架未起飞的飞机。德国特种部队破坏了红军的通信设施。密集火炮彻底击垮了苏联的前线防备。

当前线的战况传到斯大林耳中时，他还不肯相信德国真的对苏联发动了战争。他下令朱可夫元帅在和德国使馆通话之前不准抗战。"在敌人的挑衅面前要沉得住气，不得开火。"这是斯大林传下的命令。短短几分钟，西部军区的副指挥鲍尔丁将军打电话到克里姆林宫。他在电话那头大声问："为什么不能开火？我军被迫撤退，城市火光一片，一分一秒都有无数人在牺牲！"

苏联中央集权制严重挫伤了下层的积极性。数年的"大清洗"运动更是束缚了人们的行动。没有上级的命令，谁也不敢擅自行事。在这样关键的时刻，所有的人都在等斯大林的指示，而斯大林却让他们失望了。当斯大林从德国使馆证实德军早已大兵压境，战争已成定局时，他一下子瘫坐在椅子上，说不出话来。莫洛托夫只得宣布开战：

> 苏联同胞们！今晨4时，德国不顾苏联人民的感受，片面撕毁协议，没有宣战就突袭我方前线，炸毁我市区……这是人类文明史上空前绝后的背叛行为……面对拿破仑的入侵，我们进行了卫国战争……现在为了保卫我们亲爱的祖国，红军和全国人民要团结在一起，赢得第二次"卫国战争"的胜利……

6月22日下午，德国入侵8小时后，前线将领接到命令："全力反击，摧毁敌军主力，将敌军赶出苏联境内。"这是不可能完成的任务，因为许多苏联部队早已被敌军孤立、包围。但是他们还是英勇地抗击。1918年3月，在托洛茨基和德军进行停战谈判的地点——布列斯特—立托夫斯克（今天白俄罗斯的布列斯特），将士的抵抗尤其惨烈。3,000名苏联将士与数倍于己的德国士兵进行了为期10天的血战，直到全部阵亡。布列斯特将士的英勇抗战显示了德意志国防军不是战无不胜的。德国将领评价说："所有的苏联人只要一息尚存，就会抗战到底。几乎没有人投降。"但是在苏联其他地区，红军可是节节败退，仓促撤退。

德国对苏联开战，大大出乎斯大林的意料，让他久久不能从惊愕中清醒过来。6月28日，斯大林到了莫斯科城外的住处。整整三天，他与外界隔绝，不下达命令，也不听任何新闻。他拒绝备战使得战事雪上加霜。他对红军高层将领的大清洗严重削弱了苏联的军事实力。而当莫洛托夫、米高扬和贝利亚乘车请斯大林回来指挥战事时，斯大林嘴里咕哝着："你们来这边干吗？"当莫洛托夫提议组建苏联国家国防委员会时，斯大林嗫嚅地问："那谁来领导呢？"莫洛托夫不假思索地说："当然是您啦！"这句话让斯大林一下子清醒过来。7月3日，开战11天后，斯大林第一次站在国人面前发表演说。

"同志们，同胞们，朋友们，苏联的兄弟姐妹们！"斯大林第一次用这种口吻称呼民众，"历史告诉我们，没有什么军队是战无不胜的，过去没有，现在也不会有。人们说拿破仑的军队是不可战胜的，但是他最后还是败了……希特勒的军队也是如此……"

斯大林在广播中的声音低沉而疲惫，反抗的语气渐渐有了不坚定的意味。他是在为自己辩解，却又在悔恨原来多么糊涂。

> 有些人会问：为什么苏联同意和没有节操的恶魔希特勒签订互不侵犯条约？这难道不是苏联看事不明吗？当然不是……没有一个爱好和平的国家会拒绝和邻国签订和平条约，即使对方是像希特勒和里宾特洛甫这样的恶魔，即使两国有着不共戴天的仇恨……《苏德互不侵犯条约》的签订为我们赢得了一年半的和平时间以及备战抗击法西斯德国的时机……欧洲、美洲和亚洲有良知的人都会支持苏德条约的签订……当前的战争意义非凡。这是整个苏联对抗德国法西斯的战争，这是保疆卫国的正义之士与背信弃义的邪恶小人之间的较量。

斯大林的演讲抛弃了过去阶级斗争的那番说辞，转而回归到激发民众的爱国主义精神、煽动民族主义情绪上。大敌当前，必须同仇敌忾。

这番演讲达到了预期的效果。像1812年一样，民兵组织在苏联大地兴起，招募新兵的站点挤满了志愿者，仅莫斯科就有12万新兵入伍。斯大林下令在敌人占领区除了神出鬼没的伏击外，什么都不要给德国兵留下。各党派运动在敌人后方开展起来，搅得敌人坐卧不宁。年轻的工人和学生接受过特殊培训，负责暗中破坏敌人的作战计划。当时最有名的是一名18岁少女卓娅，她在切断敌军的电话线时被抓，德军用尽了各种酷刑，就连有些德国士兵都看不下去了，但是卓娅在敌人的毒刑拷打下仍然铁骨铮铮，拒不供出自己的身份，更不肯出卖同伙。在临时搭建的绞架前，当绞索已经套在她的脖子上时，她对着那些看她行刑的人呼吁道：

> 同志们，不要面带忧愁！现在不是悲痛的时刻，现在是鼓足勇气抗争的时刻！死，我并不害怕。相反，能为祖国，为你们而死，是我的荣幸。他们会绞死我，但我并不孤单。我们有两万万人民。他们消灭不了所有的人！永别了，我亲爱的同志们！勇敢些，不要怕！

卓娅成了苏联第一个民族女英雄。纳粹拍下了处死她的全过程，以及将她半裸的尸体扔在雪地里的图片。这些图片被苏联作为揭露法西斯残暴行径的宣传工具。此外，1939年8月被下架的反纳粹宣传册子重新发售；爱森斯坦被禁播的电影《亚历山大·涅夫斯基》也重新播映，受到民众的欢迎。

然而一系列的后勤组织问题严重削弱了苏联人民的抗战努力。苏联既没有时间训练大批民兵，也没有足够的枪支武装他们。赫鲁晓夫回忆说，他试着给基辅的新兵弄到枪支，却被告知哪里都没有枪支储备。有人建议他分发给新兵"长矛、刀剑、菜刀或者任何工厂可以生产的东西"。将不经训练，没有武装的志愿者送到战场，抗击德国国防军，这是绝望之举。但是在士兵和装备都匮乏的情况下，斯大林会毫不犹豫地将这些羔羊送上祭坛。红军的一个个师用血肉之躯抵挡德国军队的进攻，一拨的将士倒下了，另一拨的将士补上来。斯大林的命令在耳，将领们不得不将成千上万的士兵送上死亡战场。

1941年3月，希特勒告诉将领们："对付苏联不需要讲究什么作战道德。两国的道德观点不同，种族各异，对他们不能有一丝同情怜悯，而要无所不用其极地斩草除根。"被俘的苏联政委一律就地处死。8月，斯大林回应道，被俘即为罪，即使侥幸活着回来也要受罚，而被俘的苏联军人的家属立即被革除军用口粮。在斯大林看来，"苏联没有战俘，只有叛徒"。

对于被俘的苏联兵，德国人根本不供给食物。1941年底被俘虏的300万苏联兵，到了1943年2月，有200万饿死、病死和毒打死。侥幸存活下的又被送往斯大林的集中营。1941年的"巴巴罗萨作战"是西方战场，也是世界战争史上最惨绝人寰的一场鏖战。

德国国防军三管齐下，从三个方向攻打苏联：北部的彼得格勒，中部的莫斯科，南部的基辅和罗斯托夫。7月中旬，德军攻入斯摩棱斯克，向莫斯科进军。8月底，国防军北方军团直逼彼得格勒。9月，基辅沦陷。希特勒知道战线不能拉得太长。国防军的能源还是由苏联供给，但是快耗完了。德军想要速战速决，就必须攻占莫斯科、彼得格勒和高加索的石油重地。

尽管苏军早期出师不利，但是并不像希特勒预测的那样容易被打败。苏联的大部分民众也并不认为德军是来救他们脱离苦海的。有些地区比如被攻占的爱沙尼亚、立陶宛，相信德国能帮他们摆脱苏联奴役的枷锁，于是和纳粹德国站在了一起。但是绝大部分的苏联人还是忠于斯大林的。德国兵对当地居民残暴无人性，赢不了民心。（乌克兰就是一个明例。乌克兰人受够了苏联的统治，希望希特勒能还他们自由，所以他们开城迎敌，还用当地的面包和盐巴款待德军。不料想，他们的满腔热情换来的是德军的残酷镇压：人民的食物和家畜被没收，农民还被迫在可恨的集体农场继续劳作。）撤退的红军采用了1812年对付拿破仑的战术——坚壁清野。德军攻入后，发现一片焦土，庄稼颗粒无收，愤怒地将抓捕来的人质枪毙。每一个德国兵的命都要用50到100个共产党人（大多是普通的民众）的鲜血来祭奠。

此外，纳粹德国以清剿游击队为借口，继续由来已久的种族屠杀。他们的口号是"犹太人，都是布尔什维克人，都是游击队员"。他们制造的惨案令人发指。1941年9月，德国人借口士兵受袭击发动了惨绝人寰的大屠杀。9月26日，报纸上、街道的墙壁上都贴满了通告。上面说所有的犹太人要集合起来，在乌克兰的一个地区重新定居。

> 9月29日星期一，基辅和邻近地区的犹太人必须在早上8点前到基辅郊区（巴比雅地区）的墓地附近集合。带上所有的金银细软、

文件以及其他值钱的东西。任何拒不按照命令集合的犹太人，一经发现，就地枪决。

上万人按照通告上的时间和地点排列成队朝着基辅郊区行进。纳粹人在报告中喜不自禁地说："我们以为能有五六千人来就不错了，结果来了3万人。多亏了组织想的妙招，这些犹太人临死前还以为我们真的要帮他们安家落户呢……"当人群行进到巴比雅时，德军引他们来到深深的峡谷边，逼他们脱光衣服，将随身的财物放到一堆。一个德国兵这样描述接下来发生的惨案：

犹太人很快就脱完衣服，将财物放到一堆。动作稍慢点，拳打脚踢就暴雨般地落在身上……之后他们被领到通往大峡谷的羊肠小道上。到了峡谷边，他们被要求躺在谷底的死尸上。犹太人刚躺好，机关枪就开始扫射。正往峡谷走的犹太人吓呆了，知道必死无疑。一些人就认命地躺好，等待机枪的扫射……很快就架起了三层的尸墙，绵延60多米。到最后我都不知道到底堆了几层了，因为所有的尸体都鲜血模糊，抽搐着、扭曲着。

第二次世界大战结束后，100多万在苏联的犹太人死于巴比雅大屠杀。2010年秋，我到巴比雅参观。那里竖着很小的纪念标识，很少有人注意。在这里，现代人早已淡忘了1941年9月发生的大屠杀惨案，忘记了乌克兰人在屠杀犹太人上扮演了帮凶的角色。

基辅往西70英里，我偶遇了那次大屠杀的幸存者。靠近卡默利特女修道院，大屠杀幸存的3万人曾经住在别尔季切夫贫民窟。1941年9月到10月，贫民窟的这些人超过2万人被剿杀[①]。我到贫民窟时，在世的大屠杀见证人正在举行巴比雅大屠杀周年纪念活动。纪念会上一个当时幸存的老妇人，声音颤抖地讲述自己如何躲开刽子手的子弹，如何战战兢兢地躺在尸体堆中大气不敢喘地等到夜半，如何爬出尸体坑，挪到安全的地方。任时光流逝，她的

[①] 苏联著名作家瓦西里·格罗斯曼的母亲当时作为俄罗斯军报《红星报》的战地记者，不幸遇难。格罗斯曼一直耿耿于怀。在他著名的小说《人生命运》中，他虚构了一封母亲死前写给他的信。

悲愤不减当年。"我们绝不能忘记法西斯对我们,对我们的祖国所犯下的滔天罪恶!"她激动地大声说,"人们总说要饶恕,但是这些恶魔灭绝人性的行为我们如何饶恕?年轻人!不要忘记,永远不要忘记曾经的悲剧!"

在别尔季切夫边界有一个废弃的犹太人坟墓,这是数百年来犹太人的安息地。雕刻奢华的墓石和雕塑还在,却因无人照看,杂草横生。远处的火车呼啸而过,隆隆声混着鸟儿的凄鸣声让这里显得格外死寂。

1941年的夏秋,德军获得了累累战果:波兰东部、爱沙尼亚、拉脱维亚、立陶宛、白俄罗斯以及乌克兰西部全部落到了纳粹的魔爪之中。但是德国也付出了惨痛的代价:短短3个月,18万德国兵阵亡,比1940年德军在整个西欧战场的损失都惨重。苏联的人员伤亡当然比德国严重得多。但是德国开始觉得苏联有源源不断的援兵。陆军参谋总长哈尔德不无苦涩地谈到红军超强的战斗力:

> 局势的发展证明我们低估了苏联的战斗力……尽管他们几乎没什么军事装备,作战策略又不甚高明,但是我们摧毁了一队人,他们能涌来几队人。由于战线拖长,我们渐渐枪弹不继,粮草匮乏,但是他们却有自己的资源供给。我们逐渐陷于被动,不断被敌军伏击。

希特勒对德国将领施压,要他们快速攻克莫斯科和彼得格勒。他在9月22日下达的指令中明白地表示他要向世人证明德军是坚不可摧,是无往不胜的。

> 我要将彼得格勒从地球上消灭掉。击败苏联后,这么多人口的地方也没有什么存在的必要……我建议封锁整个城市,通过陆上炮弹轰炸,空中连珠炮轰炸将苏联从地球上永远抹去。

接着就开始了对列宁格勒为期900天的围攻。未来的两年半,列宁格勒处在夜以继日的狂轰滥炸、朝不保夕的白色恐怖中,缺衣少食、枪弹匮乏。列宁格勒的民众只能通过拉多加湖冰面上运来的粮食维持生存。春天来了,冰面上的运货车从松动的冰块间沉下去,城内的情况更糟糕了。城中250万人近三分之一都被饿死,列宁格勒的命运在希特勒固执的怒火和苏联人英雄般的忍耐中摇摆不定。

当德国国防军北方军团猛攻列宁格勒时，德国的中央军团正沿着129年前拿破仑大军的路线前进（被称为"台风行动"）。拿破仑大军血的教训他们当然知道，所以台风行动的目的就是攻占莫斯科，在冬季来临前设好据点。德国的将领对拿破仑大军的溃败铭记于心，坚决不让同样的悲剧降临在自己身上。台风行动开始的第一个星期，中央军团在维亚济马和布良斯克取得了骄人的战绩，成功包围并俘虏了50万苏联士兵。莫斯科的城门打开了，攻占莫斯科似乎指日可待。

莫斯科陷入了一片慌乱，斯大林命令部长、政府官员、工业部门的经理及商界要人即刻撤离。无数架飞机将他们空运到莫斯科东南方向500英里的古比雪夫。官方报纸、机密文件被匆忙烧掉；水电站、桥梁、公共建筑被绑上了炸药；莫斯科的普通居民将能带走的打包好，纷纷挤上出城的火车。这让人不觉想起1812年拿破仑大军攻城前几天俄国的场景。短短几天充分显示了苏联人强大的物流能力。工业设备、机械甚至整个工厂都被拆成零部件，船运到乌拉尔。在那里，一切都重新开始。撤离行动结束时，500家工厂、200万人从莫斯科成功撤出。列宁遗体是第一批撤离的。7月初，列宁的遗体就从红场的陵墓中秘密移出，船运到秋明（苏联西西伯利亚城市）的安全之处。

10月中旬，德国人抵达波罗季诺。苏联第82集团军司令波罗苏沁将德国大军成功拖住了5天，最后被迫撤退。为了纪念他们，苏联人民竖起了英雄纪念碑，和1812年的俄法英雄纪念碑大小相差无几。波罗季诺的英勇壮举在民歌中广为传颂：

　　波罗季诺！
　　您的立场无比坚定，
　　您的名字就是福音，
　　您让死者复生，
　　您让生者建功。
　　祖先若泉下有知，
　　看着您为荣誉而战，
　　不知几多欣慰！

到了11月初，德国中央军团逼到了莫斯科方圆50英里内。斯大林下令朱可夫元帅（曾成功保卫过列宁格勒）前来救援。1812年库图佐夫元帅曾经采用战略撤退和坚壁清野，最后放弃莫斯科，大败拿破仑大军。而朱可夫元帅在权衡放弃莫斯科的利弊后，告诉斯大林"莫斯科可以守住"。斯大林（当时任红军的最高统帅）对全国人民宣布，他将会留在莫斯科指挥作战。50多万莫斯科人响应号召，选择留下来，在莫斯科周边建设防御工程，更多的人志愿参军保家卫国。没有供暖设备，也没有足够的食物供应，莫斯科人仍然坚守在战线上，抓住任何机会反攻。40万妇女（其中很多人的丈夫在前线打仗）到军工厂帮助制造燃烧弹、喷火器以及机关枪。

苏联作家康斯坦丁·西蒙诺夫意识到，战争初期人们英勇作战为的不是斯大林，不是革命，不是苏联，而是为了这片土地，这片生养他们的家园。

> 城镇不大，小教堂也破败不堪，竖着旧木十字架的墓地看起来大同小异。我突然意识到了对于祖国母亲的热爱是那么强烈，发自内心的赤诚。这里的每寸土地都有我的记忆，这里的一切都融入了我的骨血。战争的前半个月带给我的痛苦，让我明白无论付出什么样的代价，我都不能让它落到德国的手中。墓地里长眠的是我们未曾谋面的祖父、曾祖父以及古老的祖先。这片土地，上穷碧落下至黄泉都只属于俄国。

斯大林也深知历史和爱国主义对人民意味着什么。他在12月7日的革命动员演讲就是伴着德军的枪炮声进行的，之后红军从红场冲到了不及40英里远的前线。斯大林将现在的战士和过去的民族英雄联系了起来。

> 全国的人民都支持粉碎万恶的侵略者。我们的人是打不垮、灭不了的……我们的先人亚历山大·涅夫斯基、德米特里·顿斯科伊、库兹马·米宁、迪米特里·波扎尔斯基、苏沃洛夫、库图佐夫都在看着我们！愿他们赐予我们力量，赶走德国鬼子！愿我们伟大的祖国长盛不衰！

德军虽然在维亚兹马—布良斯克战役中消灭了大量苏军的有生力量,但随着天气的变冷,秋雨把道路变成泥沼,德军的进攻几乎瘫痪。德军于是被迫全线停止前进,以待大地封冻。11月中旬,气温下降,德军的坦克又能在冰面上行进。不过苏军却占据了更重要的优势。在对芬兰的冬季战争中,苏联兵学会了滑雪橇打仗,穿白色的军服做掩护,穿皮衣皮靴御寒,而绝大多数的德国兵什么都没有。因为德国将领认为冬天来临之前,他们肯定早已攻下了莫斯科,所以冬天的装备都没有准备。和1812年拿破仑大军攻打俄国一样,俄国的寒冷对德国兵大为不利,冻伤夺取了上万德国兵的性命。苏联兵虽然损失也很惨重,但是在12月19日,就在德国士兵已经可以看到克里姆林宫的穹顶时,德国最终停止了进攻。

到过谢列梅捷沃国际机场的游客都可以看出德国兵距莫斯科仅仅一箭之遥。在入城的主干道上,1941年德军留下的坦克印子距红场仅有10英里。德国在欧洲战场的两年内战无不胜,攻无不克,但在莫斯科遭遇了滑铁卢。德国深入苏联境内600英里,占领的面积超过英、法、西班牙和意大利面积的总和。五分之二的苏联人在德国的铁蹄之下,苏联死伤人数接近400万。但是一切在莫斯科停战时结束。德国将士已经筋疲力尽,战线太长,严重缺乏冬天必备的御寒装备如皮靴、皮帽等,而苏联已经濒临全军覆灭,却挺了过来。就像法国将军约米尼在拿破仑入侵前夜所说,"俄国是个攻进去易……撤出来难的国家"。

十

莫斯科还在坚持抗战，在这疲惫的首都，圣诞和元旦的庆祝活动都无声无息，但是斯大林似乎从极端沮丧变成盲目乐观了，他告诉英国外交大臣安东尼·艾登，战争已经到达一个转折点。

> 德军已经疲惫不堪。德军指挥官原想在入冬之前结束战争，因此没有做好冬季作战的充分准备。他们缺衣少食，士气渐趋低落，而苏联却有大规模的增援部队正在投入战斗……我们将继续全面前进。

军队却没有斯大林的兴高采烈劲，朱可夫元帅的军队已经把德军击退了约80英里，但是这个势头还没有传递给苏军。朱可夫恳求给予时间重新部署红军；斯大林却下令全力以赴进行反攻。他告诉将领们，他们要效仿库图佐夫1812年的壮举，将侵略军赶出俄国。但是1942年1月发动的反攻收效甚微，苏联军队太虚弱无法将德军驱逐。到4月，进攻受到春季融泥的影响而陷入僵局，又有40万人被俘或受伤，斯大林不得不放弃这次行动，战争进入短暂的僵持阶段。

遭受苦难的不只是前线军人，留在后方的人也承受着自己的艰苦。很少有一家人其父亲、儿子或兄弟不在抗战的，到战争结束时，很少有人没失去亲人的。康斯坦丁·西蒙诺夫的一首诗《等着我吧》(*ZhdiMenya*) 捕捉了分离的人们的渴望与焦虑。这首诗在苏联很受欢迎，就像薇拉·林恩和玛琳·黛德丽的歌在英国和德国一样，它的韵律扣人心弦，既抚慰人心，又带着一丝绝望，祈求几百万人能安全归来，可惜他们再也回不来了。

> 等着我吧，我会回来！
> 耐心地等我，
> 当他们告诫你，

你应该把我忘记。

即使我的至亲，

都说我已逝去，

即使我的朋友都放弃了，

都在计算损失，

喝一杯苦酒，

纪念他们不在场的倒下的朋友——

等着吧！不要和他们一起举杯！

等着直到最后时刻！

但是苏联的妇女不是干巴巴地等着，工农业留下的空缺还得由她们去填补。1941年12月，一项法令动员所有没有入伍的工人参加支援战争。加班成为强制性的，节假日取消了，工作日延长到每天12小时。16岁到55岁的女性接手抗战的男性留下的工作，她们给火炉添煤，开拖拉机，操作重型机械。

越来越多的工厂被拆除，然后迁移到东部，在乌拉尔、哈萨克斯坦、西伯利亚和中亚匆匆重建。几百万人随之撤离，被扔到一个陌生的地区开始新生活。生活条件很艰苦：先重建工厂，然后才建住房。1941到1942年间的严冬，几十万人响应海报、报纸和演讲中随处可见的口号"一切为了前线！"他们自愿居住在沼泽地的木屋、帐篷里。有时候要等机器马上组装好可以投入生产后，才开始建机器四周的工厂墙壁。但是到1943年中期，苏联的工业生产已经超过德国。1940年到1944年军需品产量翻了两番，而在苏联工业薄弱的领域，比如货车、车轮和电话生产，则由美国和英国的租借供给弥补不足。

可是粮食仍是一个大问题。德军现在控制着苏联许多最肥沃的土地，因此苏联人得想方设法才能有足够军粮，更别说解决其他人的口粮问题。农业产量大幅减少，1942年的谷物产量仅为1940年的三分之一。克里姆林宫给集体农场施加了严苛的配额，不过和内战时期不同的是，佃农可以保留有限的私人土地，销售农产品。和工业一样，集体农场的活也由女性承担。作家费多尔·阿布拉莫夫有段文字描写这种全社会为维持苏联农业做出的超人般的努力。

他们把老人拽出来，把青少年从学校的课桌边拽出来，让流着鼻涕的小女孩到树林里工作。还有妇女，带着小孩的妇女，她们在那些年里过的是什么日子！没有人为他们提供补贴，没有老年退休金或其他一切。你可以倒下，可以失去灵魂，但你不敢没完成配额工作就回来！死都不能！前线需要！

城市居民将每一块空地都种上蔬菜以补充贫乏的三餐，盟军以大量史邦肉罐头的形式提供肉类。口粮只分配给参加劳动的人。整个苏联社会被视作一部军事机器，而擅自旷工被归为擅离职守，和在前线一样，可判处死刑。地方防卫部队和城市消防指挥员由妇女、青少年和老人组成，街道堡垒匆匆建成，从工厂工人中征集民兵。私人收音机在战时充公，没有交出收音机的人可能受到惩罚。"赞美美国技术"被宣布为一项可逮捕的罪行。（美国尽管已经成为盟友，但是往日谨慎、怀疑的态度仍很顽固。）一系列可处以劳役的"罪"被创造了出来，包括"散布谣言"和"制造恐慌"。被定罪并派遣到古拉格劳改集中营的人与几十万被驱逐出波兰和波罗的海国家的人一起，被迫为支援战争而工作，他们被分配到偏远的北部和东部的单位去建造机场、简易着陆场和道路。

到1942年春，纳粹侵略军已损失超过100万人，希特勒也明白他不能重新发动三管齐下的巴巴罗萨行动。他决定集中精力夺取高加索油田，如果德国国防军想获得足够的燃料以继续战争，这是一个重要目标。德国人的首要任务是到达顿河和伏尔加河，以截断苏联军队的供给路线，并在他们南进到石油城格罗兹尼和巴库时，掩护自己的侧翼。在初夏，希特勒的军队击退了苏联在乌克兰的又一次进攻，并开始向顿河大草原东进。6月末，他们将卐字旗插到了欧洲最高点厄尔布鲁士峰顶。德国国防军比以前任何其他西方军队都更深入俄国，占领了近200万平方公里的苏联领土。7月，希特勒胜券在握地告诉他的将军们"俄国人完蛋了"。

斯大林1941年末的乐观开始动摇了。到1942年7月末，他开始借助最残酷的手段确保红军战斗至最后一滴血。他的227号命令传递到所有的军队，指示要读给每一位战斗的士兵听。

我国人民是热爱并尊敬红军的，但是红军的表现却使人民感到沮丧，他们开始失去对红军的信心。很多人咒骂红军，因为他们弃阵东逃，而置人民于德寇铁蹄之下！有些蠢人说我们有很多领土可以继续撤退……但是，是停止撤退的时候了……"不许后退一步！"必须成为我们的口号。必须为坚守每一道防御阵地、每一寸苏联领土，战斗到最后一滴血。夺取并尽可能长时间地保卫每一块国土，我们必须不惜一切代价击退敌人。谁后退谁就是卖国贼，惊惶失措分子和懦夫必须就地处决。

斯大林下令，没有得到军事总部快速指示就允许其士兵撤退的军官将交由简易军事法庭审判，违者将被剥夺职位和勋章并枪决。为消除"懦夫和惊慌失措分子"，成立了惩戒营。"那些因怯阵或迷茫而违纪的人"，按照斯大林的命令，将被"派到前线最危险的地方，以给他们机会用血来洗刷对祖国犯下的罪行"。为防止在敌人面前撤退，配备机关枪的"督战队"，部署在军心不稳的军队后面。"一旦发现慌乱溃逃的士兵，督战队必须将他们就地枪决，只有这样才能帮助部队里的忠诚战士为国尽忠"。

227号命令体现了俄国的传统信念：个人必须准备好为国家的利益牺牲小我。其中"用血来洗刷罪行"的说法来自中世纪编年史，让人想起俄国历史上殉道的鲍里斯和格列布。惩戒营被分配给最危险的任务，如在苏联军队前进之前清除地雷或者在德国坦克途经之处设置地雷。劳改集中营的囚犯有机会通过在惩戒营里服役来除去罪名，死亡率高达50%，赢得救赎的机会常常微小得不切实际。

超过15万士兵因"恐慌、怯懦和擅自离开战场"被判死刑。斯大林常常打电话给指挥官问他们为什么没有执行他的命令。227号命令产生了预期的效果，加强了纪律和团结，增强了军队的士气。其中两条并行的信条——"不许后退一步！"和"不成功便成仁！"——直至二战结束时一直是红军的理念。

政府非常喜欢利用恐惧达到所需结果：在尼古拉·拜巴科夫成为国家计划委员会的领导人之前，他曾被安排负责管理高加索的油气装置，斯大林警告他，"如果你给德军留下哪怕是一吨石油，我们也会给你一枪。相反，如果你把装置摧毁而使我们没有燃料，我们也会给你一枪"。

但是，自我牺牲除了用恐惧，也可以用爱来激励。克里姆林宫很擅长从俄国爱国主义源泉中汲取所需。战争被授予"卫国战争"这一正式名称，以唤起人们对抗击拿破仑的"爱国战争"的记忆。以历史上英雄人物命名的新装饰品造出来了——苏沃洛夫奖章、库图佐夫奖章和涅夫斯基奖章——军装上重新出现了金色穗带。政治委员服从军事指挥官；军队受指示在开始战斗时高喊"为了祖国，为了斯大林！"这种激发"俄罗斯性"的做法引发了一个问题：它将非俄罗斯族的人排除在外，而这些人也在武装军队里战斗。用"苏联精神"激发斗志效果要弱很多；对于许多少数民族来说，这甚至有明显的负面含义。宣传机器为解决这两难情境煞费苦心。他们鼓励非俄罗斯族人"加入你们的俄罗斯兄弟"，告诉他们"俄罗斯人的家园也是你们的家园""乌克兰人和白俄罗斯人的家园也是你们的家园"！斯大林本人是格鲁吉亚人，他把俄罗斯族称为所有苏联民族中的突出力量和领导者。对少数民族没有明说的承诺似乎是，如果他们在战争中尽力，就可以享受自由和平等。而在某种程度上，这些做法的确有效。在共同的敌人面前，各民族的合作增强了。革命后的20年以来，"各民族间的兄弟情谊"只不过是口头上说说，但是在卫国战争内的很短一段时期似乎接近实现了。

但是，一直以来俄罗斯就是中心。1943年，苏联政治局决定用一首新的国歌取代能激发阶级斗争超国家价值观的《国际歌》，这首歌宣示了俄罗斯在苏联的领导地位。

> 一个由自由共和国组成的坚不可摧的联盟，
> 紧紧团结在伟大的俄罗斯身边！
> 由各族人民意志创造的家园：
> 团结一致、强大的苏联万岁！
> 为祖国，自由的家园歌唱！
> 为手足情深的各族人民的堡垒歌唱！

斯大林的首要任务是团结整个国家，正因为如此，他才暗示迁就其他民族并在社会其他领域做出让步。他允许文化领域更加自由，艺术家可以创作他们想创作的，只要作品避免直接批评马克思、列宁主义。在此之前被禁的诗人也可以出版诗作了，安娜·阿赫玛托娃在苏联电台发布了其深情、爱国的诗篇。不久之前被克里姆林宫批判的作曲家为国家事业谱写音乐。肖斯塔科维奇在被包围的列宁格勒担任临时地区防火指挥员时，开始谱写他的《第七交响曲》，向他的家乡列宁格勒致敬。和阿赫玛托娃一样，他也被疏散到安全地带，在古比雪夫镇完成创作，通过广播宣讲："今天我们所有人都是战士，工作在文艺领域的人同列宁格勒其他公民一样在尽他们的义务。"1942年8月9日，列宁格勒爱乐大礼堂演奏这首交响曲时，这座城市已被轰炸近一年，听众和音乐家们都饥肠辘辘，铜管乐器部分的演奏家要吃额外的口粮才有力气演奏下去。苏联领导人宣称此曲象征着对法西斯邪恶的艺术谴责，他们下令轰炸德军阵地以停止其在演奏期间对列宁格勒的轰炸，这样此曲得以通过扩音器传遍街头巷尾，传向全世界。《列宁格勒交响曲》远非肖斯塔科维奇最好的作品，他自己之后称其是对所有专制政权的谴责——法西斯也好，共产主义也好——但是此交响曲强有力地振奋了苏联的士气。

甚至连东正教，被共产主义者反对与痛斥的对象，在长时间被迫转入地下后，也被允许再次接受公开的敬拜。被沙皇们废除的俄罗斯东正教恢复了，鼓励牧师为苏联军队的胜利祈祷并为战争筹资，经常为去前线的坦克祈福。斯大林坚决要求神父和主教要接受正式审查，并发誓对苏联忠诚。但是教会没有拒绝他的要求，教会和政府达成了默契的协议——有人称之为合作——这种协议一直持续至今日。当时的莫斯科大主教尼古拉习惯将斯大林称为"我们共同的父亲"。

克里姆林宫做出的让步以及小心营造的民族和解氛围，使许多人相信他们终于可以对自己国家命运有话语权了。小说家维亚捷斯拉夫·康德拉季耶夫本人是个老兵，他写道："对我们来说，战争是这一代最重要的事情……你觉得俄罗斯的命运似乎掌握在你手中。这是一种真实、诚挚的公民感，对祖国的责任感。"

1942年8月，德国第六军团在久经沙场的弗雷德里克·冯·保卢斯将军的指挥下到达斯大林格勒的伏尔加河畔。希特勒对占领这座以他的仇敌名字命名的城市的决心十分决绝，仿佛这两个专制者马上要进行生死决斗似的。

斯大林告诉他的将领们："斯大林格勒的防卫对所有的苏联防线至关重要。最高指挥部命令你们在保卫斯大林格勒，消灭敌人的战斗中竭尽全力、视死如归。"在温斯顿·丘吉尔和美国众议员艾夫里尔·哈里曼访问苏联几天后，战事更加紧急。美国的"解放者"号轰炸机将两人从开罗运往莫斯科，引擎的巨响使谈话无法进行，他们只好用铅笔在纸上写字交流。现在读这些潦草的文字，很显然两人带来的是坏消息：丘吉尔和哈里曼告诉斯大林西方盟国还没准备好在欧洲开辟第二条防线，红军在接下来的一年里还得在东部独自对付德军。

保卫斯大林格勒的任务委托给了瓦西里·崔可夫将军领导的苏联第62集团军，崔可夫42岁，头发花白，曾在1917年的十月革命中作战，之后又参加了在波兰和芬兰的战役。崔可夫的回忆录《世纪之战》（1963）不动声色地描述他在战争中所起的作用——很难看到他的英雄主义——但是他有时也会流露出奇怪的情绪起伏。其中第一处就发生在战役前夕，他向斯大林做出承诺："我们会拯救这座城市，否则我们就死在自己的岗位上。"

第62集团军的其中一位政治委员——指派给每个团以肃清颠覆活动并灌输纪律的党内官员——尼基塔·赫鲁晓夫。赫鲁晓夫之前是乌克兰共产党的党首，以善于清洗处决身边官员出名。红军侵略波兰东部时，赫鲁晓夫就在其中，后来他还在1941年组织过保卫基辅的战役。

在德军地面部队到达斯大林格勒之前，德国空军已经把这座城几乎炸毁了，苏联供给所依赖的伏尔加河边上的港口设备已经摧毁了。一个苏联士兵尼古拉·拉祖瓦耶夫在日记里写道：

> 扩音器里传来一阵低沉的声音："防空警报！"两三分钟之后，高射炮开始发射。再五分钟过后，成千上万枚炸弹落了下来。十分钟后，太阳都遮住了。我脚下的地在颤抖，一切湮没在烟雾和尘土中。四面不断传来轰鸣，炸弹碎片和碎石从天而降。这一切持续到黑暗散开，整座城市都着火了，天亮时，空袭也再次到来。

斯大林决定不疏散斯大林格勒的人们，因为他认为部队更不想保卫一座弃城。在轰炸的头两天，25,000个平民殒命。在接下来的6个月里，200万士兵还在为一座已成废墟的城市而战。原本德军有更多士兵、坦克和飞机，但是崔可夫坚守了自己的承诺。他的士兵继续为每一座房屋、每一个院子、每一条炸得千疮百孔的街道而战斗。这座城被毁得越厉害，侵略者们就越陷入困境。德国军队不适应巷战，其坦克和机动部队无法在有限的空间内作战，而苏联军队却很快学会将这些情况变为自己的优势，他们分散为小型游击队，从一处快速移动到另一处，骚扰敌军。崔可夫指示他的士兵"近距离拥抱敌人"，始终保持两军前线交错，这样一旦德军调集炮火支援也会伤到他们自己的军队。

斯大林催促格奥尔基·朱可夫发动反攻斯大林格勒周围和南部高加索地区的德军，但是朱可夫告诉他两个月以内无能为力。与此同时，朱可夫要在没有增援的情况下保住这座城市，因为所有剩下的军队、坦克和飞机都要迎战即将到来的进攻。至此，战斗已经沦为最残酷的肉搏战。有时，德军控制着一座建筑的上层，而苏联军控制着地下室，双方为争夺上面或下面的楼层而战。一个德国士兵写道："斯大林格勒已经不是一座城，白天它就是燃烧、致盲的烟雾，晚上狗都跳入伏尔加河，奋力游向对岸。[①]动物都在逃离这个地狱，甚至最坚硬的石头也无法忍受。只有人还在忍耐。"

妇女在前线充当信使、信号手和战士。其中最著名的是"黑夜女巫"，在夜色掩护下驾驶老式苏联双翼飞机的女飞行员。这种飞机几乎没有噪音，在毫无警告的情况下投下炸弹。她们最喜欢的轰炸目标是桥梁和前方机场，用突袭造成德军的恐惧。

狙击手以废墟为掩护，杀死成百上千敌人，无限荣耀。据说瓦西里·扎伊采夫，一个年轻的西伯利亚人射杀了300多个敌人，他的功绩被苏联宣传机器广为歌颂。米拉·帕夫利琴科平了扎伊采夫的纪录，德国军队将她称作"俄国的瓦尔基丽（北欧神话女武神，后引申为挑选战死者的女性）"。他们觉得她决定着战场上人的生死，他们让帕夫利琴科在苏联全国游行，并把她带到了英国和美国。她代表克里姆林宫传递的信息是盟军应该和她一样勇敢，在西欧开辟第二条防线。作家瓦西里·格罗斯曼在战役期间的6个月都在斯大林格勒，他在《生存和命运》（1959）中详细地描述了这一惨痛的战役。在他一本不大出名的作品《斯大林格勒平凡往事》（1942）中，他描述了一个19岁的往返于致命任务中的狙击手阿纳托利·契诃夫的故事：

[①] 狗有理由要逃跑，因为德军下令一看到狗就射杀。苏军训练阿尔萨斯犬在车辆下搜寻食物，并在它们背上驮着炸药在德军坦克下引爆。

一个德国人拿着一个搪瓷盘从拐角处走了出来。契诃夫知道士兵们总在这个时间出来用桶为军官接水。他打开测距轮，抬起瞄准器的十字基准线；将其定位于该士兵鼻子前方四厘米处然后射击。士兵头盖骨下方突然出现一个黑点，他的头向后仰，桶从手中哐当落地。契诃夫激动得发抖。一分钟以后，又一个德国兵出现在街角，手里拿着一副双筒望远镜。契诃夫扣动了扳机。

全世界都在观望这场战役，人们越来越确信只要保住斯大林格勒，就能赢得战争。德军慢慢扩大对这座城的占领，苏联军队死守着东郊和斯大林格勒与伏尔加河之间的狭窄地带。冯·保卢斯已经告知希特勒，空军正在斯大林格勒上空飞翔，只要把最后一批防御者逼退过河就行了。但是德国人没有考虑到近1000年来俄国人为保卫家园产生的坚韧和自我牺牲精神。"伏尔加河之后没有我们的立足之地！"这句口号驱动着苏联军队。"不许后退一步"既是警告也是劝告——退到伏尔加河后面将面临惩罚。苏联伤亡惨重，亚历山大·罗迪姆采夫元帅指挥的第十三近卫师的10,000名士兵到9月末已经损失了95%。在回忆录中，崔可夫说，胜利是由大量军人的牺牲赢得的。

敌人的进攻最后只前进了一英里。他们取得这个结果并不是因为我们退缩了，而是我们无法及时替换阵亡的士兵，德军是在我军的尸体上前进的，但是我们阻止了他突破伏尔加河。德军前进半英里地，损失了几万人，他们无以为继。在他们用新的储备军组成新军队前，我们发动了总攻击。

苏联红军没有撤退到伏尔加河对岸，也许这场战役中最英勇的行为非"巴甫洛夫之屋保卫战"莫属。这是市中心的一幢公寓楼，由雅科夫·巴甫洛夫中士带领的24名士兵构筑防御工事并保卫。这些士兵在9月末占领了这栋四层建筑，在后来的两个月里抵挡敌军一波又一波的袭击。德国的军事急件中将它称为堡垒，认为里面有无数防卫兵。巴甫洛夫在后来被称为英雄，被授予无数奖章。他很惊奇，他偶然的英勇行为其实和《战争与和平》中炮手图申及所有"小个子士兵"的做法一脉相承,托尔斯泰认为这些人的行为是历史的驱动力量。崔可夫说德军为夺取"巴甫洛夫之屋"损失的兵力比夺取巴黎时还多。斯大林格勒的命运就是由此类事件决定的。

斯大林格勒的保卫者坚忍不拔,为朱可夫集结军队赢得了时间,代号"天王星行动"的苏联反攻在1942年11月19日发动。瓦西里·格罗斯曼将它形容为"两把由几百万吨金属和血肉之躯组成的锤子,一把由北面而来,一把由南面而来"。令人惊奇的是红军竟然能将这几千辆坦克、枪支和士兵组成的庞然大物避过德国人耳目。这次斯大林终于不再催促他的将领,而进攻前也进行了充分的准备。希特勒被占领斯大林格勒的渴望冲昏头脑,从德军两翼抽取兵力,严重削弱了它们的力量。朱可夫的两面包抄行动占了上风,到11月23日,大约有300,000德军和他们的罗马尼亚盟友被包围在一块他们称为"大锅"的土地上。希特勒指示第六军团不要急于突围,而是挖战壕,等待德国空军运送武器和补给。这个决定最终被证明是灾难性的。德国空军根本无法运送那么多所需的物资,被包围的士兵很快就感到孤立无援、饥饿难耐。对于他们中的大多数人来说,1942年的圣诞节就是他们一生的最后一个圣诞节。当这些身处"大锅"中的士兵意识到自己被抛弃,只能自生自灭时,他们写的关于雪、圣诞树和舒伯特钢琴曲的日记和书信读起来多么辛酸。饥饿和冻伤造成大量伤亡。1月初,冯·保卢斯报告道:"军队饥寒交迫,没有子弹,无法运送坦克。"当一位空军将领飞到被包围的地区,宣布无法进行供应行动时,冯·保卢斯告诉他:"难道你不知道士兵们饿得敲碎死马的头,生吃脑浆吗!"① 到了1943年2月2日,他们终于无视希特勒的威胁而投降时,当初的300,000人只剩下90,000人,历经战后几年在苏联集中营的俘虏生涯,最后这些人中只有5,000人活着回家。曾耀武扬威地行进过比利时和法国的第六军团全军覆没。斯大林格勒保卫战中100多万人牺牲了,但是结果使战争对盟军有利。苏联人确保了德军从此以后只能撤退。

在北部,对列宁格勒的封锁仍在继续。从1941年8月起,这座城市就被无情地轰炸,仅在1942年就遭受了254天的轰炸。列宁格勒的居民苦不堪言,涅瓦大街,列宁格勒的主要街道上现在还残存着那些黑暗年月里的痕迹,包

---

① 斯大林格勒失败后,希特勒催促冯·保卢斯自杀,但他拒绝了。他被苏军俘虏后,成为纳粹的强烈批判者,最终于1953年被释放。

括一个画在墙上的标志，上面写着"大家注意！空袭时街道的这边更危险！"德军离得很近，可以听到他们广播里播放的音乐；用俄语播放让列宁格勒投降的宣告。在列宁格勒郊区，纳粹军队将雄伟的皇家宫殿——彼得大帝的夏季官邸夏宫，位于沙皇别墅的凯瑟琳宫和加特契纳的皇家地产夷为平地。一次又一次的突破封锁尝试都失败了，每月有几千人饿死。人们吃猫和狗，列宁格勒动物园里的动物失踪了。筋疲力尽而倒下的人的尸体横陈街头，无人管顾。封锁刚开始时全城约有2,500,000居民，有近800,000人被认为死于饥饿，另外200,000人死于炸弹袭击。城市外部破坏严重，彼得之城与从前相比面目全非，1944年5月，阿赫玛托娃回到列宁格勒时，她写道：她十分悲痛，因为她看到"一个非常、非常可怕的假装是我的城市的鬼魂"。

但是列宁格勒并没有沦陷。俄罗斯人的大无畏精神和"亚细亚"的顽强意志击退了纳粹军队。我记得我还是个小学生时住在列宁格勒著名的阿斯托利亚酒店（当时还没有修复到以往的——并且昂贵的——富丽堂皇），看到酒店大堂装裱在玻璃框的一些褪色的文件，是阿道夫·希特勒发出的邀请函，他自认为胜券在握，已经计划好在阿斯托利亚酒店里举办胜利晚会。这些邀请函提前印好，并且给出了1942年原定举办晚会的日期。[①]

德军被步步击退时，希特勒下令对东线作最后一次进攻。苏联军队在不同地段以不同的速度西进，莫斯科以南300英里处的库尔斯克城附近的部队比紧靠其北面和南面地段的部队西进了更多，结果形成了一个突出部分，希特勒认为这部分苏联军队是个薄弱的攻击目标。1943年7月4日，大约900,000德军和近3,000辆坦克发动了"城堡行动"。目标是从北面和南面夹击库尔斯克阵地的突出部分，截断挺进的苏联军队。这是史上最大的坦克战。朱可夫已经收到希特勒意图的情报，因此可以部署好包括1,000,000士兵、4,000辆坦克和3,000架飞机的防守阵地。战斗持续了50天，德国的闪电战在此之前突破敌军的防卫线从来没有失利过，但是这次苏联人立场坚定。就像1812年在波罗季诺一样，苏联人损失了比敌人更多兵力，但毫无疑问，精神上的胜利属于他们。德军停止了前进，而苏军派遣惩戒营清除敌军的地雷场，几千辆T-34坦克涌入德国防线的缺口，希特勒不得不再次撤退。

[①] 我最近再次参观该酒店时被告知希特勒的邀请函在受到德国客人投诉后，已经被移走，现在在列宁格勒保卫战国家纪念馆中展出。

苏联在库尔斯克的胜利与英美1943年7月在西西里岛登陆几乎同时发生。轴心国东面和南面现在都被包围，同盟国对取胜越来越有信心。1943年11月，西方三大同盟国的元首在德黑兰举行的战时会议上首次会晤。斯大林再次要求温斯顿·丘吉尔和富兰克林·D.罗斯福最迟于1944年5月在西欧开辟第二条战线，他们答应了。更富争议的是战后如何处理波兰。斯大林强烈要求苏联仍保有曾属于古俄罗斯的西乌克兰、白俄罗斯和波兰东部的领土。他辩解说波兰可通过获得其西部边境的德国领土来补偿。丘吉尔和罗斯福暂时同意用1919年的寇松线作为苏联和波兰的边界线。如此苏联就可获得其根据《莫洛托夫—里宾特洛甫条约》(《苏德互不侵犯条约》)的秘密议定书所占领的波兰领土，包括利沃夫、布列斯特—立托夫斯克和维尔纽斯这些城市。流亡伦敦的波兰政府作为同盟国正式承认的波兰合法政府，其意见竟然从未被征询过。他们因丧失领土而产生的气愤几乎没有博得同情。

　　到1944年夏，德军已被驱出苏联领土。诺曼底登陆两星期后发动的巴格拉基昂行动，成功地将轴心国军队驱赶出白俄罗斯和波兰东部。57,000被俘的德军在欢呼的人群前游行过整个莫斯科。① 苏联红军横扫罗马尼亚、匈牙利和斯洛伐克，并于8月初到达华沙的东部郊区。

　　预料到战事临近，忠于波兰而现今流放于伦敦的波兰非共产主义反抗运动救国军发动了反抗纳粹占领者的集体起义。这次起义始于8月1日，选择这个时间本是打算宣布波兰独立，起义军想要参与解放华沙，从而阻止莫斯科宣称他们独自解救了波兰。波兰人知道苏军驻扎在维斯瓦河东岸，他们期望苏军和他们一起驱赶德军。莫斯科广播电台的确一直在播放呼吁波兰起义的信息。但是苏联红军什么也没做，在这以后的两个月里，他们眼睁睁地看着波兰人孤军奋战。起初由华沙城平民支援的救国军还尝到了一点胜利的滋味，取得了大片地区的控制权，但是他们兵力有限，武器不足。8月中旬，形势逆转了，德军重组后正给波兰军带来重大损伤。在海因里希·希姆莱的指示下，党卫军宣布华沙城所有居民都是合法军事目标，并挨家挨户射杀男女

---

① 战后许多年，这些军人仍留在苏联，在建筑项目和其他公共事务中工作以"洗清他们的罪过"。少数活下来的人直到1955年才得以回到德国。曾作为英国广播公司驻莫斯科办事处的建筑就是由德国战俘所建，我记得苏联人还眼红它的高质量。德国人建造的公寓楼比苏联人建造的建筑受欢迎得多。

老少。多达50,000平民被纳粹处决，还有更多人死于轰炸和交火中。救国军请求帮助，但莫斯科无动于衷。丘吉尔请求斯大林帮助波兰人，但被拒绝了。到9月上旬，起义眼看就要失败了。波兰起义军试图从华沙的下水道逃生，但是许多人被包围并被射杀。[①] 在剩下的反抗军投降后，纳粹决定通过彻底摧毁这座城市来惩罚波兰人。1945年1月，苏军终于到来了，但是这个都城大约85%已成废墟，华沙成为二战受损最严重的城市。一个年轻的波兰兵，约瑟夫·斯泽潘斯基写了一首诗，这首诗在废墟中被发现，表达了他对苏联眼睁睁看着他和战友死去而不顾的愤怒：

> 你们记着！你们伤害不了我们！
> 你们可以选择帮助我们、协助我们，
> 或一再拖延，任我们死去……
> 死并不可怕，我们知道怎样去死。
> 但是记着！从我们的坟墓中，
> 一个胜利的新波兰将要诞生，
> 而你们永远也不能在我们的土地上行走，
> 你们这些残忍的红色统治者！

可惜，他错了。斯大林故意推迟占领华沙，这样波兰民族主义的主要代表就可以被集体消灭了。救国军的竞争者，规模小很多的共产主义反抗组织人民军，在莫斯科指示下没有参与起义，因此其军队完好无损。在斯大林的坚持下，他们现在可以成为战后波兰的亲苏政府。

占领华沙后，苏联红军又快速挺进，到1945年2月，他们在距离柏林近50英里处遭到德军的顽强抵抗。在战争的最后几个月中，德国境内苏军竟然战死300,000人，超过1,000,000人负伤。苏军决定对纳粹在苏联的暴行进行报复，大量强奸、劫掠、杀害平民。苏军将领只是偶尔并且只有在这些行为危害到军纪时才予以阻止。斯大林本人知道红军战士强奸了成千上万的德

[①] 安德烈·华依达1956年拍摄的电影《下水道》（Kanal）惊悚再现了起义最后的几天。在共产党统治下的波兰，华依达无法全盘诉说苏联的狡诈，但是他的电影已足够让波兰人知道他们的牺牲并没有被遗忘。

国妇女，在1945年4月与南斯拉夫领导人约瑟普·铁托谈话时还为此辩解说：

> 我想你读过陀思妥耶夫斯基的作品吧！你知道人的心理有多复杂，是吧！嗯，想想一个人穿过自己满目疮痍的几千里国土，踏过同志和至亲的尸体，从斯大林格勒战斗到贝尔格莱德吧。你还能指望这样的人有正常反应吗？而且，不管怎样，他在经历这么多可怕的事情后和女人找点乐子又有什么不对呢？红军不是圣人组成的，也不可能由圣人组成……重要的是他们肯打德国人。

作家伊利亚·爱伦堡和瓦西里·格罗斯曼一样，都是苏联最伟大的战地记者之一，他在过去几年中记录德军的暴行，在苏联红军报纸《红星报》上，他的文章赤裸裸地表示要报复：

> 德国人不是人……如果你杀过一个德国人，不妨再杀一个。没有比德国人的尸体更好的东西。不要计算你走过多少英里路；算算你杀了多少德国人。杀个德国人——那是你母亲交代你做的事。杀个德国人——那是你孩子请求你做的事。杀个德国人——生养你的土地呼吁你这么做。不要错过，不要犹豫，杀死他们。

和格罗斯曼一样，爱伦堡也是犹太人，他们两人开始详细记录纳粹党人对苏联的犹太人所犯的罪。他们在苏联写的《大屠杀黑皮书》为大屠杀和迫害提供了详尽的证据，但是许多年以来这本书都没有出版。苏联当局对反犹主义态度模棱两可，不愿"分散人们对苏联人民的痛苦的关注"，因此禁了这本书。从1945年1月起，苏联红军开始解放中欧的奥斯维辛、贝尔塞克、海乌姆诺、索比堡和特雷布林卡纳粹集中营。为了写《人间地狱特雷布林卡》，瓦西里·格罗斯曼曾采访幸存者和当地居民，这篇文章后来在纽伦堡审判中被用作证据帮助给犯罪的军人定罪。

在苏军接近柏林时，同盟国元首再次会晤。这次，在斯大林的坚持下，会议于1945年2月4日在黑海的度假圣地雅尔塔召开。在这里，欧洲的命运被最终决定，这也给东西方将持续近半个世纪的分裂埋下了伏笔。罗斯福到此时已是个病人，只剩两个月的生命。雅尔塔会议的新闻画面显示罗斯福憔悴虚弱，几乎不能抬起胳膊与其他与会者握手。斯大林趁机威胁罗斯福接受他对欧洲未来的规划，在丘吉尔提出反对时就排挤他。各方同意波兰流亡政府从伦敦回到波兰加入已成立于华沙的共产党统治的临时政府。斯大林同意尽快进行选举，因为他早知道亲共的军队已经掌控了局势。加上协议确认寇松线将被认定为苏波边界线，这些措施出卖了波兰的利益。即使到了今天，波兰人仍把"雅尔塔"当成背信弃义和两面三刀的同义词。

4月中旬，对柏林的最后袭击开始了。朱可夫和科涅夫元帅竞相争取夺得奖章，不停地对德国首都进行炮击，投掷的炸弹比同盟军整个战争中投掷在这座城市的还多。历经一星期的巷战后，苏军在5月2日到达了柏林市中心。希特勒两天前在他位于帝国总理府底下的地堡自杀了。据传在地堡中发现了希特勒以及爱娃·布劳恩、约瑟夫·戈培尔及其家人烧焦了的尸体，苏联军队毁掉了这些尸体，以防这些遗物成为纳粹同情者的关注焦点。苏联士兵在德国国会大厦上升起带着锤子和镰刀的共产党旗帜的那副著名照片也是那天下午拍摄的，照片的画面重演前一天晚上的场景，因为当时没有相机在手。但即使是摆拍出来的照片也没能令苏联审查部门完全满意，照片中两个士兵中有一个戴着两只表，清晰可见，表明他之前肯定在抢掠财物。照片上的手表被删除之后，照片才公开于世。

5月8日凌晨，德国向西方同盟国签署了无条件投降书。在克里姆林宫举行的红军将领招待宴上，斯大林致胜利祝酒词时说：

> 同志们，我提议为苏联人民，最重要的是俄罗斯人民的健康干杯。[大声鼓掌，不要停；呼喊"万岁！"]我特别要为俄罗斯人民的健康干杯，是因为他们是苏联所有民族中最杰出的的民族……是我们国家所有民族的主力军。

6月24日，就是纳粹涌入苏联边境的4年零2天之后，朱可夫骑着白马，在红场引导胜利游行。飞驰的骏马、震耳欲聋的呼喊"万岁"的景观蔚为壮观，洋溢着幸存者的满心欢喜，透露着丧失亲人者的悲痛。（斯大林本想亲自引导游行，但是两次都被马甩了下来，只好咒骂道，"去它的，让朱可夫来！"）红军队伍行进经过列宁陵墓时，将从敌人手里俘获的一堆纳粹手册和横幅扔下，苏联在此刻庆祝其最伟大的胜利时刻。

这个国家展示了自己的大无畏精神，现在在期待它的奖品。像1812年一样，俄罗斯人民等着政府以赋予他们自由和参与管理国家权利的方式认可他们的牺牲，但是他们对战后公民参与的期望又落空了，斯大林打算重走他的老路。

十一

苏联在二战期间损失了2,000万到2,500万人口——超过其总人口的10%。对比一下，德国损失了大约700万人，英国50万人，美国30万人；苏联在斯大林格勒保卫战中的伤亡人数与英美两国在整个战争中的伤亡人数总和一样。巨大的死亡人数使男女比例严重失衡，战后的出生率大幅降低。苏联战时被占领的土地遭到了毁坏，撤退的红军实行焦土战术，使土壤贫瘠，破坏了农业生产。德军离开时，引水淹没了矿井，破坏了铁轨，炸毁了工厂。苏联西部大部分地区成了荒地，几百万无家可归的人徘徊在城镇和乡村的废墟间。

斯大林提出巨额赔偿要求。在1945年7月下旬和8月上旬间召开的波茨坦会议上，同盟国将德国和奥地利及两国的首都划分为四个占领区，分别由美国、英国、苏联和法国管理。每个战胜国都分得一份德国的资产，而苏联迅速将11,000吨工业设备运到了东部。在波茨坦，斯大林是两年前德黑兰会议的三巨头中唯一还当权的。哈里·杜鲁门取代了不久前去世的罗斯福，而克莱门特·艾德礼在会议召开期间的选举中取代温斯顿·丘吉尔成为英国首相。[①]斯大林觉得自己对作为新手的合伙人了如指掌，在谈判中占据有利位置。战争的最后几个月里，红军的挺进使苏联成为波罗的海诸国、波兰、捷克斯洛伐克、匈牙利、保加利亚和罗马尼亚的占领国。对欧洲的划分已经事实存在，在波茨坦，斯大林向英美施加压力，要求承认其合法性，他搬出一套陈旧的辩解词，声称苏联要保护其脆弱的边境。为此，苏联需要获得边境周围领土的控制权；这样，中欧和东欧国家就会成为莫斯科的"缓冲国"，一个西方同盟国没有或很少有话语权的地带。对于像波兰这样的国家来说，他们的士兵与盟军在将近6年里并肩作战；他们的流亡政府现在无法参与管理他们刚

---

① 选举投票在7月5日举行，但是结果直到7月26日才公布，部分原因是要清点英国还在海外服役的军人票数。因此丘吉尔参加了波茨坦会议的头十天议程，而在最后一个星期被艾德礼取代。

刚"被解放的"祖国——这简直是无法形容的背叛。对拉脱维亚、立陶宛和爱沙尼亚这些波罗的海诸国来说,他们将会彻底丧失作为独立国家资格,仅仅成为苏联"兄弟盟国"中的共和国。

苏联所有民族的男男女女(而不仅仅是俄罗斯人)英勇奋战才使苏联得以幸存;现在广大人民都期望生活更好,社会更自由。斯大林的公众演说也很振奋人心,在1946年2月9日广播的演说中,他甚至特意表扬了各族人民在战争中团结一致的做法。他宣称:"苏联已经证明自己是个模范的多民族国家,是个寻求到优于其他任何多民族国家解决民族问题和民族合作问题的方案的国家……"但是这热情洋溢的说辞和沾沾自喜掩盖了黑暗的现实。既然外敌已被打败,斯大林的注意力转向(或真或假)的"内贼"身上。

战争一开始,莫斯科就开始在苏联境内开展一场齐心协力的民族工程运动:逮捕、驱逐、流放斯大林认为可能成为纳粹同谋者的民族成员。1941年8月,他便从伏尔加德意志人开始下手。这些人是将近200年前出生在德国的凯瑟琳女皇邀请过来定居于俄国的学者、艺术家、工程师和军事顾问的后代,在俄国定居这么久后,他们除了名字外,本质上已成为俄国人了。在1930年后的许多年里,他们因对集体化做出的努力赢得了高度赞扬。但是斯大林坚持认为这些人会欢迎希特勒军队的到来并帮助他们毁灭苏联。他下令将伏尔加德意志自治共和国肃清,并将其居民驱逐出境。约有400,000人被集合在一起后驱逐出他们的家园,强制运往中亚哈萨克斯坦的沙漠或西伯利亚的阿尔泰地区。一旦到达,他们中大部分人被征召到劳工军,事实上就是一个为了推动战争而设计的劳改营网络。①

斯大林似乎把战争用作对付他所怀疑的任何民族的借口。1942年纳粹对高加索和克里米亚的占领加重了他对那个地区原住民的恐惧。在机密备忘录

---

① 直到20世纪80年代我莫斯科的朋友们还有家人仍在流放中:其中一个朋友的父亲是伏尔加德意志报纸《重生》的编辑,该报40年来一直为争取他们回到家园的权利而积极奔走。奇怪的是,这个问题在戈尔巴乔夫时代部分得到解决,当时伏尔加德意志人被允许移民,所以西德大使馆突然被成群结队的人包围,他们名字听起来像德国人名,所有人都立刻得到了签证。没问什么问题,也没有规定移民限额。西德当局对他们各个历史时期,从18世纪到二战,被"困"在俄国的同胞的困境极度敏感,他们宽大的《回归法》为成千上万人在西方开始新生活开辟了道路。

中，他宣称当地少数民族不能信任，并清楚表示希望对这些人采取严厉的措施。① 就像他1939年在波罗的海诸国所做的一样，斯大林认为苏联的南部边境需要由"更可靠"的人（俄罗斯或乌克兰人）居住。从1944年初开始，几十万车臣人、印古什人、巴尔干人、卡拉柴人、卡尔梅克人和克里米亚鞑靼人被驱逐出他们世代居住的位于北高加索和克里米亚的家园，说是作为他们勾结纳粹的惩罚。事实上，只有相当少的一部分人勾结了纳粹，并不比乌克兰和苏联其他地区勾结纳粹的人多多少。② 高加索地区的大部分男性都像其他人一样加入红军，为解放家园而英勇战斗。当他们为苏联作战时，他们的家人(妇女、儿童和老人)被塞进牲畜运输车，运到西伯利亚、乌拉尔、乌兹别克斯坦和哈萨克斯坦"永久定居"。流放以极快的速度进行，经常没有任何警告。生病或拒绝离开的人被枪决，有个车臣的被放逐者在他未发表的日记本上记载了1944年2月发生的事：

> 一个苏维埃村庄的书记，80岁的图沙，协助他们转移村民，他的家人也被运走了。只有他的儿媳妇和他留下来了，她的孩子还在吃奶。图沙用蹩脚的俄语对一个格鲁吉亚的军官说："我出生在这，也要死在这，我哪也不去！"图沙举起双臂，站在他家门前。儿媳

---

① 其中一个典型机密备忘录是斯大林发布于1944年5月11日的关于克里米亚鞑靼人的序号5859ss的机密文件："许多克里米亚鞑靼人背叛了祖国，离弃保卫克里米亚的红军部队，与敌人为伍，加入德军为攻打红军设立的志愿军部队；克里米亚鞑靼人在德国法西斯军队占领克里米亚期间是德军惩罚分遣队队员，因对苏联游击队的野蛮报复而臭名昭著，并帮助德国侵略者组织残暴地围捕苏联公民为奴隶的行动以及大量屠杀苏联人。综上所述：所有鞑靼人都要从克里米亚被驱逐出境，并永远迁居至乌兹别克苏维埃社会主义共和国地区作为特别定居者。移居工作交给苏联内卫军负责，苏联内卫军（贝利亚同志）要在1944年6月1日完成移居任务。"
② 虽然车臣独立团体的确把德国的入侵当成起义反抗苏联统治的机会，但是苏联其他地区的人与纳粹的勾结反而更严重。波罗的海诸国、白俄罗斯西部、乌克兰西部和摩尔达维亚都有反对苏联统治的日益成长的反抗运动。当德军到达这些地方时，他们中有些人自愿与他们合作，因为受到重新找回民族身份之希望的误导。这些国家的军队在有些地方试图同时与苏军和德军作战，希望能把祖国从法西斯手中解放出来，同时也不愿意并入苏联。但希望落空了，甚至在德军失败后，反抗苏联的统治仍在继续。在这段鲜为人知的历史中（苏联当局禁止人们提到这段历史），战争结束以后很久，乌克兰民族主义组织和乌克兰反抗军继续全面军事行动，以防止乌克兰被再次并入苏联。战斗的规模很惊人：1946年，苏联有50多万红军与游击队作战，而且通过又一波大规模驱逐出境才结束了乌克兰的反抗。

明白他要做什么，她大声呼喊着把孩子拥到胸前，揽着她的公公，要把他拖到我们的行列中，一边叫道："爸爸，爸爸，快！他们会杀了你的。"这一切都发生在一瞬间。那位军官给一位手持自动枪的苏联士兵下令："开枪！射他们三个。"士兵脸色发白，浑身颤抖，他说："我可以射击那个男的，但是不能杀那个妇女和她孩子。"军官手里的手枪闪了一下，士兵还没说完最后一个词就躺倒在地上了，头部中枪。在同一瞬间，军官射杀了图沙、他的儿媳和孩子。他们顺着小道把我们匆匆赶到车行道上，卡车就在这儿等着我们。那些落后的人被射杀了，事情就是这样。

东迁花了一个多月，许多人因饥饿和疾病而死。死者埋在马路或铁路边上。活下来的人发现目的地并没有什么基本的生活设施。他们被监禁在条件十分简陋的"特别定居点"，苏联内务委员会的数据显示一年内这些人中有20%死了。克里姆林宫正在处罚的那些少数民族群体，通常是伊斯兰教徒，因为他们拒绝融入苏联的生活方式。流放的人被禁止使用自己的母语，受教育权也受到严格的限制。

所属民族问题在全苏联都成了一个重要的关键问题。战时的仇外氛围和外国邪恶势力在苏联社会作祟的传言使每个人都成了可疑对象。官方宣传机构公然抨击少数民族群体——克里米亚鞑靼人、车臣人、德意志人，并且越来越常提到犹太人——强烈要求苏联公民要警惕他们。以前关于阶级敌人的言论已被民族敌人代替。在《生存和命运》中，瓦西里·格罗斯曼着重描写了民族取代社会出身成为内部护照最敏感的一面：

第五点："民族"……这在战前多简单和微不足道；但是现在却获得了一种特殊的反响。维克多重重下笔，大胆、清晰地写道："犹太"。他还不知道不久几十万人因为写了卡尔梅克、巴尔干、车臣、克里米亚鞑靼或犹太付出了什么代价，他还不知道年复一年的黑暗激情到这时已积聚了多少，他无法预见紧邻着的第六点"社会出身"会蔓延出怎样的恐惧、愤怒、绝望和鲜血，他无法预见在几年以后很多人答第五点时带着一种不祥之感——和以前哥萨克军官、牧师、地主、工厂主的后代填写第六点时的恐惧如出一辙。

官方媒体激起民众对"外国"势力的愤怒，他们被指破坏人民对祖国感情，指责惹麻烦的少数民族为"世界主义者"，这个词语与犹太人渐渐等同起来。在与纳粹德国和解期间，反犹太主义一度复燃，但是在战乱和同仇敌忾中暂时得到压制。1941年后，斯大林曾给集会反对纳粹的犹太组织以祝福。这些组织中最有影响力的是犹太人反法西斯委员会（JAC），由著名演员所罗门·米霍埃尔斯领导，他是莫斯科国立犹太剧院的艺术总监，因1936年在音乐剧《马戏团》中的角色而在全苏联声名远扬。这部音乐剧歌颂了苏联各民族的兄弟情谊。米霍埃尔斯和其他JAC成员来到西方各国，在犹太人散居地竭力争取他们对苏联的支援，为战争筹得数百万美元。但国内事态发展不利，1943年，犹太人从军队的政治系统中被彻底移除，关于犹太人畏敌叛军的风言风语广泛流传。1948年，被视为现在受诟病的西方盟友的以色列国建立，这使原有的偏见尖锐化。被占领地区活下来的犹太人被控与纳粹勾结，否则他们怎么能幸存。战前，苏联犹太人口有约一半在大屠杀中被谋杀，即超过100万人，但是JAC强调悲剧的行为仍不能使克里姆林宫满意。像格罗斯曼和爱伦堡的《黑皮书》一样，JAC强调纳粹虐待犹太人，这被认为与所有苏联人受了一样待遇的官方说法不符。关于大屠杀的信息被掩盖，在战后民族主义高涨的那些年里犹太人又一次受苦受难。

战争一结束，JAC也就没有宣传价值了。由于JAC成员建立了与世界各地其他犹太组织的关系，它成了政府的怀疑对象。斯大林在1948年下令解散JAC，借口说它是"反苏维埃的宣传中心"。官方宣称米霍埃尔斯在明斯克被一辆卡车碾压致死，并为他在莫斯科顿斯科伊修道院举行国葬。实际上，他是在克里姆林宫直接命令下被白俄罗斯安全局打死的。谋杀米霍埃尔斯标志着政府支持的反犹太主义盛行时期的开始，这样的日子一直持续到斯大林去世。1949年6月，JAC执行委员会的其他15名成员——都是著名的演员、诗人、作家、医生，在斯大林命令下被捕，投入卢比扬卡的监狱。他们被单独关押、毒打、折磨了3年，他们的审问记录揭示了克里姆林宫对仅仅几年前他们视为忠诚盟友的男男女女的仇恨程度。一个叫作弗拉基米尔·科马洛夫上校的调查员对囚犯喊道："犹太人污秽肮脏，所以犹太人都是一无是处的人渣，所有反对党的势力都是犹太人组成的，苏联的所有犹太人都藐视苏维埃政权，他们想消灭每一个俄罗斯人。"据说被逮捕的人中有一个被打了2,000多下。1952年8月，这15人被控以叛国罪、间谍罪和资本主义民族主义罪名。由于官方媒体鼓动人们反对"漂泊不定的世界主义者"，判决几乎没有受到怀疑。1952年8月12日是现在所称的"被谋杀的诗人之夜"，当天被告中的13人被判死刑，并很快被处决。

现在反犹太主义成了半官方的国家政策，有许多工作都排斥犹太人，他们接受高等教育的权利遭到严格的限制。课本里不再提卡尔·马克思是犹太人，电影和《马戏团》音乐剧都重新剪辑，以删除米霍埃尔斯的画面，更多压迫接踵而至。

如果有民族期望战后情况有所改善，那就是俄罗斯族人。从20世纪30年代以来，俄罗斯族人被认为是苏联所有民族中最受偏袒的。1936年的一篇《真理报》社论是当时官方文件的典范。

> 所有的民族——伟大的社会主义建设者——可以为他们的劳动成果而骄傲；他们中的每一个人，从最小的到最大的，都是苏维埃爱国者。但是这些平等的群体中首要的是俄罗斯人民……他们在伟大的无产阶级革命全程中发挥着特别重要的作用，从最初的胜利到现在辉煌的发展时期，他们都功不可没。

工人阶级被赞颂为阶级战争的先锋队，而现在俄罗斯人是苏联的主导民族。在不以俄语为母语的共和国里，教授俄语成为强制性的，二战期间，俄语更被推崇为激励和团结联盟各族人民的榜样。在《生存与命运》中，正义凛然、勇敢过人的叶尔绍夫少校被纳粹俘虏时，把他和无数其他人为之奋斗的东西做出总结：

> 他确信他不只是在与德军战斗，而且是为自由的俄国而战；他确信战胜希特勒就是战胜令他的父母、姐妹丧生的死亡集中营……

但是斯大林并不打算奖赏俄罗斯人民，他学习过俄国历史，决定避免前任们所犯的错误。柏林沦陷仅仅几天后，斯大林便告诉小说家康斯坦丁·西蒙诺夫说他不想重蹈俄国战胜拿破仑后的覆辙。西蒙诺夫写道："斯大林害怕会有新的十二月党人运动，他觉得自己把伊凡介绍给欧洲，也把欧洲介绍给了伊凡。就像1813—1814年亚历山大一世所做的那样……"

斯大林知道亚历山大一世的军队在占领巴黎时见到的自由繁荣给他们留下了深刻印象，并启发他们为改变自己的国家而战。十二月党人对改革的渴望源于他们在海外的经历，而同样的经历苏联红军也刚刚有过。1945年，苏联士兵在德国收集了他们所能得到的所有消费品，从腕表、收音机，到地毯，应有尽有。他们接触过英美军队、西方的处世之道和西方的自由权利。在斯大林看来，西方无疑传染了他努力防止苏联沾染上的危险价值观，他下定决心不让这个传染病影响到自己的统治。

这个独裁者的暴怒首当其冲的是被德军俘虏的红军战士。苏联政府坚持将投降视为刑事犯罪，所有被俘的军人被视为叛国者。克里姆林宫拒绝签订《日内瓦公约》，实际上是断绝与自己军人的关系，并阻止国际红十字会保护他们。将近600万的苏联战俘中，不到一半人挨到战争结束。

纳粹利用战俘的恐惧、饥饿和绝望，承诺只要他们愿意倒戈加入德军，就给他们食物和衣服。有些人接受了，特别引人注意的是战俘中包括莫斯科战役的英雄之一安德烈·弗拉索夫将军。在一次重大的宣传造势中，纳粹任命弗拉索夫创建一支由战俘组成的"俄罗斯解放军"，要他带领这支军队与苏军战斗。弗拉索夫说他的目的是建设一个"没有布尔什维克人和资本家的俄罗斯"，他谴责布尔什维克的集体化措施，镇压农民（他自己就是一个受镇压的富农之子）和"践踏一切带有俄罗斯特质的事物"。历史将弗拉索夫定性为叛国者和投机分子，但是他在1944年11月发表的详细的《布拉格宣言》中，表明他的观点是反布尔什维克，而不是反俄罗斯。他在战俘营里宣扬德国是对共产主义而不是对他的祖国发动战争。但是这份宣言没有得到广泛支持，尽管受到饿死的威胁，只有不到十分之一的战俘在上面签字。弗拉索夫的军队与苏军交战仅限于有限的小冲突，并且最终又再次倒戈，与纳粹作战。

然而，对斯大林来说，部分背叛苏联的红军玷污了他们所有人。在他非黑即白的思维里，每个回国的战俘都可能是敌人。人民内务委员会设立了过滤营，用来审问回来的战俘他们怎样被俘的，为什么他们没有像真正的爱国者那样奋战至死。没有人得到信任，到1946年末，几百万苏联公民在过滤营被审问，300,000人被草率处决或在古拉格集中营里长期服刑。50多万人被分配到劳改营重建遭受破坏的苏联，100多万人被送回红军继续服役。他们所有人，甚至包括那些无罪释放的人下半辈子都要在被德军俘获的耻辱下生活。①

许多战俘明白回到苏联等待他们的将会是什么际遇，因此很多人想留在英美控制的国家。然而，雅尔塔会议达成的协议包括一项，就是所有被归为苏联公民的人——不管是军人还是平民——都必须回国。在"严责行动"（1946—1947）中，盟军将200多万人交给了苏联当局。这个行动不详的名字暗示盟军知道这些人会遭遇什么，但是他们想让本国的公民从苏联回来。以法国为例，在战争结束阶段有100,000苏联公民在其控制的区域，这些人中有加入德军的，有被迫服劳役的，也有一些与法国反抗军并肩作战的逃出来的战俘。巴黎当局为了催促苏联返还在法德边境(阿尔萨斯—洛林地区)与德军在东线作战时被俘的13,000个法国公民，不得不迁就苏联的要求，将手上的苏联人不加区分地全部遣送回去，不管他们将会面对什么样的命运。

斯大林还要求返还所有的俄国流亡者，包括在国外生活了几十年的人。②令他惊奇的是，同盟国竟然同意配合。内卫军被允许在巴黎郊区的宝乐嘉城堡设立拘留营，成千上万战俘和其他不愿回国的人被移交到这里给苏联人管理。内卫军特务在巴黎街头到处强行绑架俄国人，而法国政府却视而不见。那些在革命时期逃离俄国并在以后的几年中反对布尔什维克同志的人回到苏联后肯定要面对死亡。向美国人投降的安德烈·弗拉索夫在被运送的途中，因车被苏联军队管控，而后被移交给苏联人。在卢比扬卡遭到一年的审问后，他和另外七位元帅于1946年8月被处以绞刑。为报答英、法、美的配合，苏联人给予他们在东德从纳粹集中营里解放的同盟国囚犯自由。

如此多的苏联战俘回国有些意料之外，这也造成了莫斯科一些问题。古拉格集中营马上被红军军官和士兵以及重新占领的波罗的海诸国来的囚犯挤满了，他们有充分的理由反对苏联政权。战时服役，通常条件极其恶劣，这

---

① 直到20世纪80年代，"你或你的家人曾在被占领区生活过吗？曾被俘吗？"这仍是应征职位时一道常规询问题，明白地暗示肯定的回答象征着有罪或有嫌疑。
② 他们中许多人在革命前出生在俄国，也从来不说自己是苏联公民，因此严格来说并不在雅尔塔协议管束范围内。

教会了他们守纪律、独立思考和对彼此的强烈忠诚。他们拒绝被斯大林的集中营分裂，他们相互传递信息，对串通集中营官员的个人毫不留情。到40年代末50年代初，古拉格集中营中骚乱和起义越来越常见。

在集中营外，不受斯大林"特殊措施"影响的回国的士兵生活也很艰苦。他们发现自己被局限在战时受损的土地上，那里长期缺少食物和基本商品，没有足够的住房和工作。许多从前的战士不得不在地下挖坑作为临时住所，和他们在前线抗战时差不多。在为苏维埃事业奋战了4年以后，回到祖国，他们却发现自己的家乡被夷为平地，他们的妻儿无法理解他们遭受了什么。在前线抗战和留在后方的人经历的种种恐怖经常使他们无法从头再来。[①]

在某些方面，老兵被视为对苏联政权的威胁。这些人共同的经历建立了他们之间的情感纽带，克里姆林宫害怕这种情感会超过他们对国家的忠诚。他们禁止成立老兵组织，积极阻挠老兵参与公共生活，表达意见或写回忆录。意识到有人防止他们谈论他们的经历时——暗示他们说这些经历会造成恐惧——许多老兵感觉沮丧不堪，好像被抛弃了。政府现在试图压制他们在战争时期激起的品质。诸如勇敢无畏、积极主动、开拓创新这些品质在战争中至关重要；但是现在被认为毫无价值——甚至更糟，被认为是危险的——在一个要求统一、顺从和屈服的社会。随着幻灭感越来越强烈，退伍军人在平民中的酗酒率以令人担忧的速度攀升。

对于平民来说，战后生活也充满失望。战争似乎没有改变什么，物质水平和公民权利都几乎没有改善。1946年发生了大饥荒，由于耕地越来越难得到，缺少身体健全的男性及生产中断，近百万人忍饥挨饿。有两百万人饿死了，包括50万生活在伏尔加河沿岸传统农业地区的俄罗斯人。战争时期有所改善的宗教自由没有了，信仰基督教的人再次遭到歧视。艺术领域的自由化曾为激发爱国心和忠心做出了许多贡献，现在遭到逆转。1946年8月，法令

[①] 医院极度缺乏床位和医生，很难照料伤兵；许多人既没有得到医疗救治，也没有社会救济。70年代，我对苏联城市街头许多截肢的老兵感到震惊，战后政府为他们所做的少得可怜，许多人不得已沦落到乞讨的地步。最令人沮丧的是那些被称为"俄式茶壶"的人，他们失去了双臂双腿，用粗陋的木板车推着，经常带着一块手写的请求施舍的牌子。克里姆林宫不仅没有为因苏维埃事业而牺牲自己的人提供体面的补给，反而无情地将他们中的许多人送到远远的北部地区定居，这样政府对他们的抛弃就可以避人耳目了。

规定所有文学、艺术、音乐作品必须以服务马克思、列宁、斯大林主义为目的，反对西方的资产阶级影响。（这次镇压行动被称为"日丹诺夫主义"，因文化政委安德烈·日丹诺夫而得名。）安娜·阿赫玛托娃在被政府接受了短短一段时间后，基本上被禁止出版了。讽刺作家米哈伊尔·左琴科受到严厉批判。肖斯塔科维奇、普罗科菲耶夫和哈恰图良被指责犯了"形式主义"——任何不按政府简单、令人振奋的统一套路来的东西。斯大林本人责骂过作家和电影导演，包括本已胆战心惊的谢尔盖·爱森斯坦。希望正被破灭，苏联正在倒退回以前的老路。

十二

1945年5月22日，德国投降仅仅两周后，温斯顿·丘吉尔收到一份他委托英国军事指挥部的联合计划参谋部制定的绝密文件。这份被称为"不可想象行动"的文件制定了一个对付新的敌人的攻击计划。在封面上出现了用钢笔手写的一行字"俄国：西方文明的威胁"，紧接着是关于计划目的直白的表述："向俄国展示美国和大英帝国的意志。"文件探讨了对苏联发动先发制人攻击的可能性。"速胜可能在短期内使俄国人向我们屈服，目前是这样。但如果他们想发动全面战争，我们愿意奉陪……我们想要万无一失，获得长期有效的结果，唯一方法就是在全面战争中取胜。"标题为"对俄国军队取得决定性胜利"和"占领俄国重要地区"的两部分讨论了英美参与这么一场"全面战争"的利弊。对这份文件的保密要求当然是第一位的，文件写道："由于特殊的保密要求，没有咨询兵务部常任参谋。"

攻击从未发动，英国将领以典型的轻描淡写总结说入侵苏联是"冒险的"。尽管如此，这件事明确暗示了欧洲，乃至全世界再次分裂了，这次分为共产主义和资本主义阵营。亲苏的政府在波兰、捷克斯洛伐克、匈牙利、南斯拉夫、保加利亚、罗马尼亚和阿尔巴尼亚执政。而西方阵营控制了希腊，但即使在这儿，其掌控也很无力。共产主义运动在意大利和法国取得了进展。

苏联和西方盟国共同抗战是各取所需，一旦打败法西斯的威胁，战前的疑云再次笼罩。丘吉尔个人对斯大林的怀疑态度很明显，但是"不可想象行动"背后的推理并不是仅仅基于直觉的。1945年，苏联在欧洲的军队规模庞大。斯大林清楚地表示他不会放弃苏联对东欧的控制，而且西方诸国真切地担忧斯大林对其图谋不轨，甚至也在想着发动这种先发制人的战争。

1945年7月底，丘吉尔下台了，这个带领英国取得胜利的人被工党政府的改革派、"左倾"的克莱门特·艾德礼取代。正如他在30年代痛骂日益扩散的纳粹威胁，警告文明国家不要自鸣得意一样，现在他像卡桑德拉一样预言共产主义的威胁却没人肯相信。1946年3月5日，他在密苏里州富尔顿发表的题为"和平砥柱"的演说，为世人刻画了一幅图，这幅图将在这之后40年里预示战后欧洲的发展状况。

> 从波罗的海的什切青到亚得里亚海的的里雅斯特，一幅横贯欧洲大陆的铁幕已经降落下来。在这条线后面，坐落着中欧和东欧古国的都城。华沙、柏林、布拉格、维也纳、布达佩斯、贝尔格莱德、布加勒斯特和索菲亚——所有这些名城都位于我称为"苏联阵营"之中，所有这些名城及其居民无一不处在苏联的势力范围之内，不仅以这种或那种形式屈服于苏联的势力影响，而且还受到莫斯科日益增强的高压控制……共产党已经上升到同它们党员人数远不相称的主导的、掌权的地位，到处争取集权主义的控制……这可不是我们进行武装斗争所要建立的解放的欧洲，也不是一个具有永久和平必要条件的欧洲。

斯大林对这个毫不含糊的警告十分愤怒。3月12日在《真理报》的一篇访谈中，他以挑衅的口吻说西方帝国主义想要战争，宣称："丘吉尔先生和他的盟友跟希特勒和其盟友很像。他们的意思是说该由英语国家统治世界。"由于除了满是斯大林宣告的官方国家媒体外，大多数苏联人没有新闻或信息来源，他们相信了英、美是好战者，很有可能是将来的敌人。斯大林对丘吉尔"苏联扩张主义"的指控所给予的回应，每个俄国人都懂：鉴于俄国漫长历史上的外国入侵，在东欧各国建立"缓冲国"是自然而然的目的。

> 丘吉尔先生说苏联有"无限的扩张倾向"，但是不要忘记以下情况。德国之所以能通过这些国家侵略苏联，是因为这些国家的政府敌对苏联……那么，苏联因担心自己将来的安全而想保证这些国家的政府对苏联忠诚又有什么奇怪？任何未失去理智的人又怎么能把苏联的这些对和平的渴望当成扩张倾向呢……如果丘吉尔先生及其盟友成功地对东欧组织新的武装抵抗行动——就像他们26年前所做的一样（西方国家革命后干预布尔什维克政权期间）——我很有把握，他们将再次受到重创，就像上次受到重创一样。

这是个强硬的警告，但斯大林虚张声势是想掩饰他内心的恐慌。尽管二战时红军的规模很大，取得很多胜利，但苏联没有美国有的东西：原子弹。这种新式美国武器在1945年8月在日本的广岛和长崎造成的景象，使斯大林相信苏联红军数量上的优势毫无意义。苏联社会突然意识到伦敦和华盛顿的好战分子手中有可以夷平莫斯科、列宁格勒和无数其他城市的方法，因此感到惊恐。《星期日泰晤士报》驻莫斯科记者亚历山大·沃斯，报道说对核武器的恐惧无处不在。

[广岛和长崎]的新闻使所有人都非常沮丧，人们清楚地意识到这是世界霸权政治的一个新事实，原子弹对苏联造成了威胁，那天我访问的有些悲观主义的苏联人愁云惨淡地说，苏联千辛万苦、竭尽全力战胜了德国，现在简直是"白费了"。

沃斯得到允许询问斯大林关于原子弹的问题，这个独裁者故作乐观地做出回应。他告诉提问者："原子弹是用来吓唬那些意志薄弱的人，但是他们本身并不能决定战争的结果。当然，对原子弹秘密的垄断产生了威胁，不过至少有两个应对策略，一是对原子弹的垄断拥有权不会持续很久，二是原子弹的使用将会被禁止。"

斯大林显然不信任禁核令，莫斯科拒绝加入华盛顿新创立的原子能委员会，这个组织担当控制核武器的任务，因此只剩下一个选择，就是苏联要快速研发自己的核弹。到1947年3月，这种需求变得更加紧迫，因为杜鲁门总统宣布美国支持为自由和民主而斗争的国家的策略，这个策略最初以防止希腊和土耳其落入共产主义者手中为目标，但是目标范围更大，包括已受苏联控制的东欧各国。这就确认了美国和苏联就要发生冲突了。

3个月后，华盛顿宣布了一项对欧洲试图在战后重建经济的国家给予经济和技术援助的项目。欧洲复兴计划，俗称马歇尔计划，提出对铁幕两边的国家都施以援手。计划最终总共提供了超过130亿美元的援助，相当于美国一年国内生产总值的5%，但是华盛顿的慷慨赠予是有条件的，接受国必须提供他们国民经济的细节，并在一项现代化和重建项目中与美国顾问合作。西欧各国迫不及待地签署了马歇尔计划，斯大林却很谨慎。弗拉基米尔·叶罗菲耶夫，作为苏联代表团成员之一，参与了与美国人的谈判，他觉得斯大林本想接受那些钱，但是又怀疑杜鲁门的动机。"斯大林总是很多疑，"他写道，"从一开始他就不怎么热衷。他说：'等着瞧吧，现在的情况与战时美国提供我们的租借援助大不相同。而且现在开始实行杜鲁门主义，他们并不是真的想帮我们。这是杜鲁门的手段，他们想把那些人民民主政体国家从我们的势力范围内抢走，渗入它们，挑拨它们与苏联的关系。'"当捷克斯洛伐克和波兰声明他们想接受美国的钱时，斯大林命令他们拒绝，他下定决心要将以前是资本主义经济体的"缓冲国"经济塑造成苏联模式的社会主义中央计划经济，他将美国的影响看成敌对干预。

为了应对马歇尔计划，莫斯科于1949年1月创建了经济互助委员会。这个新组织向西方强国发表了一份挑衅意味的声明：

> 美利坚合众国、大不列颠和一些西欧国家的政府对各人民民主国家和苏维埃社会主义共和国联盟实行贸易抵制，因为这些国家认为他们不应该向马歇尔计划的专制臣服，这样做会侵犯其主权，损害国民经济利益。鉴于这些情况……各人民民主国家（保加利亚、匈牙利、波兰、罗马尼亚和捷克斯洛伐克）和苏维埃社会主义共和国联盟认为，有必要在成员国享有平等代表权的基础上创建经济互助委员会……以加快重建和国民经济的发展。

东方阵营放任自流。但是，对斯大林来说，只有莫斯科拥有原子弹了，社会主义才会安全。

20世纪30年代末，苏联已经开始着手核裂变实验，但是肃清科学家中的反革命分子与战争的爆发阻碍了进程。在二战早期，苏联间谍就提醒斯大林西方国家在核弹上取得的进展，到1943年，苏联成立了自己的研究项目，此项目由著名物理学家伊戈尔·库尔恰托夫带头负责，库尔恰托夫被同事们称为boroda——"大胡子"——因为他的络腮胡长而乱，为人随和，不拘小节。美国投下原子弹以结束东方战场后不到一周，斯大林就把库尔恰托夫和其团队召集到克里姆林宫。他告诉他们："我对你们只有一个要求，同志们，就是在最短的时间内为我国制造出核武器！广岛已经震惊了世界，力量的平衡已被打破。你们必须造出原子弹，拯救我国于极大的危难中。"他们正要离开时，斯大林又叫回他们，说："同志们，需要什么尽管开口，你们不会被拒绝，常言道：孩子不哭，母亲就不知其所需。"

苏联科学界的状况不容乐观。革命前，俄国产生过世界上杰出的科学家，从元素周期表的发明者德米特里·门捷列夫到航天学的开拓者康斯坦丁·齐奥尔科夫斯基。然而，和苏联生活的许多其他领域一样，科学也被意识形态上的教条主义扰乱。斯大林坚持实行农学家特罗菲姆·李森科不切实际的理论几乎毁了苏联的小麦种植，李森科之所以受青睐，很大的原因是他本人也是农民出身，并且通过谴责"科学界的富农"而引起这位独裁者的注意。另一方面，爱因斯坦的相对论却被认为是"资产阶级、反动的，不符合马克思列宁主义的"，受到排斥，大概是因为爱因斯坦是个德裔美国人，还是个犹太人。直到库尔恰托夫告知克里姆林宫如果没有爱因斯坦的研究，他们可能无法研发出核武器时，斯大林才表示通融，吩咐贝利亚"别打搅他们——我们以后再杀他们也不迟"。

为加速研究进程，1946年苏联又设立了一个新的核武器实验室。这个实验室代号阿尔扎马斯16号，位于莫斯科以东250英里处封闭的萨罗夫镇。库尔恰托夫给他的新家取了个绰号叫"洛斯阿尔扎马斯"，这是个双关语，暗指曼哈顿计划位于新墨西哥州的洛斯阿拉莫斯实验室，投掷在日本的原子弹就是在这里制造出来的。配套设施遍布全苏联，这些物理学家被照料得很好，随着他们工作日益受推崇，他们的薪水也增加了一倍或两倍，战后在其他人遭受赤贫和粮食短缺之苦时他们免于受苦，这使得政治局委员拉扎尔·卡冈诺维奇发牢骚说这些原子弹城市简直是"疗养胜地"。

然而，这些科学家们绝不是在度假，在阿尔扎马斯16号实验室周围设立着一个禁区；萨罗夫镇在公共地图上被抹去；警卫沿着设施周围的铁丝防线巡逻。甚至要离开阿尔扎马斯都很难，这些顶尖科学家们走到哪都有保安跟着，特工潜入工作团队监视工作人员。这个基地和其遍布全国各地的周边部门被称为"白色群岛"，就是一个更舒适、享有特权的古拉格集中营的翻版，但是一样的封闭，令人恐惧。

这些科学家知道，如果他们没有达成斯大林的愿望，就要遭受残酷的报复行为。库尔恰托夫的有些员工是犹太人，在战后政府支持的反犹主义越发严重的情况下，他们经受着双重威胁。阿尔扎马斯实验室里其中一位关键人物，科学主管尤里·哈里顿特别危险，他不仅是犹太人，而且战前在剑桥大学留过两年学。他的父母逃离了苏联，他被禁止与他们联系；他父亲后来被抓了回来并在古拉格集中营处死。

在阿尔扎马斯工作的工程师和科学家多达10,000名，保密性极端重要。在日后苏联研发氢弹时继续发挥关键作用的安德烈·萨哈罗夫在第一次造访阿尔扎马斯时，有个科学家同事提醒他："这里处处都有秘密，而不关你事的秘密知道得越少越好。幸好哈里顿承担了知道所有秘密的重负。"

苏联物理学家致力于研究核武器计划的动机很复杂，其中当然有出自对斯大林和内卫军的恐惧，但是他们对战争时期国家的可怕经历记忆犹新，心里还有爱国情怀。萨哈罗夫后来质疑自己在原子弹研究中的工作在道德和政治层面上的影响，可这些他当时压根也没想到。"我们认为我们的工作决定是必需的，"他写道，"它是实现世界平衡的途径……我为这项事业投入了这么多，也收获了这么多。当时……政府、国家和共产主义理想对我来说是完好无缺的。"哈里顿同意研发原子弹是"防御国家安全所必需的"——它是对战争的延续，是保护祖国免受一直存在的外来威胁的方法。库尔恰托夫没有在战争中战斗过，但现在他说："我把自己当成这场新的科学战的士兵。"他还经常在书信上署名"士兵库尔恰托夫"。

1948年，当苏联在新建的乌拉尔小镇车里亚宾斯克-40建成第一座可以生产核武器级铀的核反应堆时，库尔恰托夫在他的庆功演讲中引用了普希金的诗《青铜骑士》。

你们还记得彼得大帝说过［关于圣彼得堡的建立］，"我们要在这里建立一个城市，给我们那傲慢的邻居点厉害瞧瞧。"可惜我们现在仍有好多傲慢的邻居，所以要给他们点厉害瞧，我们也建立了一座城。在我们这个时代，我们能拥有一切：幼儿园、漂亮的商店、剧院，你要愿意的话还有交响乐团。再过30年你们出生在这里的孩子将会掌握我们制造的所有东西，他们会青出于蓝而胜于蓝的。倘若到那时人们头顶没有响起铀弹的爆炸声，你们和我就可以感到高兴了！那时，我们这座城市就会成为和平的典范，这难道不值得我们为它而活吗？

要制造大量核武器，苏联需要大量的铀和钚，这正是斯大林式计划经济所擅长的项目；战俘集中营里的苦役犯储备意味着几万人可以用来劳作。从1946年起，犯人们就在没有或很少的防辐射措施条件下在中亚的矿井里挖铀，东德和捷克斯洛伐克的工人也被征召去做同样的工作。1950年，美国中情局（CIA）的一份报告估计仅在东德就有150,000到200,000人为这个核计划"工作"，比苏联为之工作的人数多得多，他们中许多人在长期遭受因暴露在放射性氡气而引起的痛苦折磨后死去。生活在车里亚宾斯克核反应堆附近的居民患上了辐射病，因为这个地区的河流受到了核污染。到1951年，车里亚宾斯克–40排放了超过7,500万立方米放射性废料。所有这一切都没有得到报道，没有人告知受害者他们所害疾病的成因，苦役犯死掉后，又找更多苦役犯顶上。

整个40年代，苏联情报部门还雇佣为美国和英国核计划工作的共产主义同情者，从他们那里获取宝贵情报。克劳斯·福克斯，一个参与曼哈顿计划的德国裔物理学家，为苏联提供了长崎原子弹的设计图。他的数据必须通过严格测试的验证，因为莫斯科害怕西方国家可能会故意传递错误信息。不管怎样，福克斯的情报毫无疑问帮助了苏联更快地制成第一个核武器。

1949年8月29日，在哈萨克斯坦沙漠的塞粑拉金斯克试爆场上，苏联在代号为"第一闪电"的试爆中测试了第一枚原子弹RDS–1。[①]曾致力于研究触发装置的弗拉基米尔·克梅尔科夫教授从6英里以外的北观察所观看到了地面爆炸的过程。

> 发射塔的顶部燃起了一道无比明亮的光，暗淡了一会儿，很快又带着新的力量开始增长。白色的火球包围了发射塔并很快地扩散开来，变换着颜色冲上云霄。塔底爆炸产生的冲击波席卷着部件、石屋、机器，像由中心扩散开来翻滚着的大浪一样，把石块、木块、金属片和尘土混合成一团杂物。火球上升、旋转；转变成橙色、红色，尘土、碎砖块和碎木块汇聚成流，仿佛顺着漏斗一样被火球吸

---

① 这几个首字母代表的意义从没有得到官方确认，但很多人认为是Rossiyadelayetsama（俄罗斯独立完成此创举）。

入空中。冲击波穿过火球，直击大气上层，穿过几个逆温层后，像在云室中一样，开始凝结成水……声响传到我们身边就像雪崩一样。

随着蘑菇云的升起，拉夫连季·贝利亚，苏联秘密警察头目以及这个项目的政治控制员，吻了库尔恰托夫和哈里顿的前额。对哈喇里顿来说这是个胜利和得救的时刻。"我们感到松了一口气，甚至是狂喜，既然现在苏联有了这个武器，我们知道其他工具再也不能肆无忌惮地用它来与我们作对。"他这样写道。

苏联的试爆震惊了美国，美国中情局曾告诉杜鲁门总统莫斯科无法在40年代中期造出原子弹，很可能要到1953年才行。斯大林故意没有对外宣布塞米巴拉金斯克核试爆，而且回应外国猜测说苏联早在1947年就有核弹了。他这么做是为了让美国相信苏联已经拥有大量核武器。①

苏联核弹巩固了世界的两极格局，并使国际舞台陷入了严重的僵持状态。苏美两个超级大国没有领土争端，但是资本主义和共产主义意识形态的冲突会导致后来两国的敌对和代理冲突。核毁灭的威胁现在笼罩着整个世界，唯一些许安慰就是后来被戏称为"恐怖平衡"（MAD）的共识——可以肯定没有一方能全身而退，因此双方都不敢发动战争。

第一个小范围冲突发生在德国占领区。英法美军发现与苏军合作越来越困难，在占领区的交叉地带时有对峙。西方国家的目的是恢复稳定，振兴德国经济，使之成为欧洲战后恢复工作的堡垒。但是斯大林更想让德国保持虚弱的状态，一方面是要惩罚它，另一方面是想确保德国不再有能力发动战争。1948年初，西方盟国提议在英法美占领区成立一个独立的德意志联邦共和国（Bunderepublik Deutschland）。苏联指责西方国家迎合前纳粹党人。苏联声明其占领区不愿加入这个新国家，但是会成立另一个国家，德意志民主共和国（DDR），这样社会主义能保证法西斯复仇主义不再死灰复燃。

6月18日，同盟国宣布西德将引进一种新的货币——德国马克。苏联回

---

① 他这样做也引导人们相信苏联可能已经在不断升级的军备竞赛中的下一目标——氢弹研发中取得了进展。对新式武器的寻求一直持续到1961年苏联测试了一枚 TNT 当量为一亿吨的炸弹，这是美国测试过的任何炸弹威力的5倍，是投掷在广岛的核弹威力的1,000倍。这枚被称为"沙皇炸弹"的氢弹威力足够夷平一块面积相当于大伦敦的地区。

应这种货币不能在柏林使用，因为各占领国在这里行使共同的权利。几天之后，德意志民主共和国宣布推出自己的货币，东德马克，而且这将是整个柏林的官方货币。为了强调这点，苏联当局拦截了所有西方国家运输到柏林的货物，说是因为交通线路方面的不明"技术困难"。同盟国物资不得不通过苏联控制的东柏林与西德隔离的几百英里长的铁路运送。由于铁路线被莫斯科封锁，柏林西部地区的粮食和煤炭开始耗尽。斯大林对这座"共产主义汪洋中的资本主义孤岛"耿耿于怀，他想把西方国家挤出这座城市。后来赫鲁晓夫承认道："我们想向西方施加压力以在德意志民主共和国境内建立一个完整的柏林，这样可以封闭其边境。"他说斯大林正用"刺刀尖戳着资本主义世界"，可是他低估了西方的决心。

杜鲁门下令B-29轰炸机飞到德国和英国的美军基地，暗示他们装备有核武器（其实并没有）。与此同时，英国和美国空军开始向这座封锁的城市运输物资。在1948年下半年及1949年头几个月里，他们完成了近300,000次飞行，运送了超过230万吨的货物。这些物资足够防止西柏林人被迫向苏联人求助，因为这样等于将他们在这些地区的控制权让给苏联。苏联军队想要阻止英美的空运，他们想要把飞进来的飞机用噪音赶走，用强光照射飞行员的眼睛，就差没有把飞机射下来了，但还是无济于事。到1949年春，美国的空运成功了。5月12日莫斯科宣布解除封锁。战后的第一个爆发点留下了仇恨和怀疑。冷战开始了。

到40年代末，斯大林还得应对那些"人民民主国家"，即那些对他怨声载道的东欧的缓冲国。南斯拉夫联盟共和国是这些国家中最不守规矩的，其总统约瑟普·布罗兹·铁托曾在二战时带领共产党游击队英勇奋战，从纳粹手中解放国家。不同于其他东欧国家，南斯拉夫无需依赖红军的物资支援。此外，尽管新政府自认是共产党，南斯拉夫觉得自己应该获得比其他共产党和工人党情报局（苏联政府支持的共产主义国家组织）成员更大的自治权。

铁托越来越坚定地拒绝服从莫斯科当局的命令，他逆斯大林之意而行，想要夺下南斯拉夫边境的几个意大利城镇，他还在希腊内战中积极支援希腊共产党。斯大林勃然大怒，告诉政治局："我要动动我的小拇指，明天再也没有铁托这个人。"1948年，南斯拉夫被逐出共产党和工人党情报局，莫斯科指责它是资产阶级民族主义，并与托洛茨基运动有关联。铁托受到苏联媒体的辱骂，苏联媒体经常称南斯拉夫政府为"铁托和其嗜血的小团体"。[1]据苏联陆军将军、军事历史学家季米特里·沃尔科戈诺夫说，有人制订了用黑死病暗杀铁托的计划。但是阴谋没有付诸实施。

铁托继续寻求他称为"南斯拉夫的社会主义道路"，这次独立的展示被认为是公开冒犯共产主义正统思想。他在1948年5月的一封信中向莫斯科表明了他的意图：

> 我们的确学习苏联体制，并把它作为范例，但我们国家正以一种不同的形式发展社会主义。我们这么做……是为我们的日常生活条件所迫……[2]

被逐出共产党和工人党情报局后，南斯拉夫开始残酷地清洗自己的共产党，其中多达50,000名苏联拥护者被折磨并杀害。铁托通过实行一项激烈的政治不结盟政策探索"南斯拉夫的社会主义道路"，[3]这使得他可以同时寻求共产主义和资本主义支持。（斯大林死后苏联政府想诱惑铁托回归社会主义阵营，但是他继续享受美国的经济援助，更因为于1972年在白金汉宫受到伊丽莎白二世款待并授予巴斯勋章而为世人所津津乐道。）

斯大林决心不让其他国家效仿铁托的做法，他下令清洗整个东欧集团以消除潜在的叛徒。匈牙利和捷克斯洛伐克上演了对共产党领导层的审判秀，这让人想起30年代的苏联大清洗。在布拉格，政治局的14名成员，包括共产党总书记被判犯了"铁托式"颠覆和叛国罪，证据都是编造的，其中11人被处死，其他人被判终身监禁。

在其他地方，共产主义的挺进似乎也加快了步伐，毛泽东带领的共产党

---

[1] 这种做法后来产生了一个可笑的事件，充分展现了苏联大众急切追捧政治事务的官方说法，但有时不免显笨拙之姿。1956年在两个短暂和解期间，苏联人成群结队欢迎来访莫斯科的南斯拉夫领导人时，横幅上写着热情洋溢的"铁托和他的嗜血小团体万岁！"

[2] 因为铁托脱离了莫斯科，并且活得足够长，所以他能成功使用了匈牙利和捷克斯洛伐克以后20年中显然都没能成功的技巧。实际上，克里姆林宫下定决心要镇压后来如雨后春笋般的反抗，几乎可以肯定是因为牢牢记着南斯拉夫的反抗。

[3] 早在1945年，铁托就警告两个超级大国："我们要求每个人都成为自己国家的主人……我们不想超级大国把我们牵扯进某些划分利益范围的政策……"

人在中国内战（1946—1949）中打败了国民党，并于1949年10月成立了中华人民共和国。但是这次马克思主义的胜利却使克里姆林宫产生了复杂的感情。斯大林并不确信毛泽东的革命能成功，因此也支持中国共产党一些其他人物。甚至当毛泽东已经取得了先机时，斯大林给他提供的援助仍很少。1949年12月毛泽东访问莫斯科时，他没有受到一个把世界上人口最多的国家送入共产主义阵营的人应享受的礼遇。赫鲁晓夫只记得被告知一个叫"毛泽东"的人来看他了。他问"谁？"时，别人答他，"您知道，那个主席"。他们让毛泽东等了6天才在克里姆林宫得到约见。①

结果不到一年后，斯大林却来寻求毛泽东的帮助。1945年朝鲜半岛沿着三八线被划分为两半，苏军占领北部，美军占领南部。3年后，北朝鲜成为朝鲜民主主义人民共和国，南朝鲜成为大韩民国。1950年，当朝鲜领导人金日成向莫斯科寻求攻打南韩的许可时，斯大林同意了。苏联提出向朝鲜提供武器和装备，但是明确表明苏联军队不会直接参与战斗。1950年6月25日，朝鲜战争爆发。金日成的军队捷报频传，汉城3日之内沦陷了，从而迫使韩国军队撤退到朝鲜半岛东南端的一小块区域。

让苏联意想不到的是，美国赶来援助韩国。由于苏联为抵制"中华民国"在联合国安理会的席位而于1950年初撤出了所有委派到联合国各机构和部门的代表，美国政府趁机推动通过一项派遣联合国军队帮助韩国的决议。美国军队帮助韩国夺回汉城，然后跨过三八线进入朝鲜。斯大林意识到误判了局势，现在他必须决定是否愿意冒险发动一场与美国的全面战争。金日成请求苏联政府帮助，但斯大林拒绝了。赫鲁晓夫说，当有人问斯大林美军接近苏联边境的可能性时，他耸了耸肩，答道："那又怎么样呢？就让美国过来成为我们在远东的邻国好了，他们会到达那里，但我们不会跟他们发生战争，我们没有准备好打仗。"

斯大林反倒转向了中国，他对毛泽东施加压力，让他派遣中国军队伪装成志愿军进入作战区，毛泽东同意了。战争持续了一年多，直到1951年底陷入僵持状态。又过了两年双方才签订了停战协议，但从未达成和平协议。朝

---

① 此处表述有误。毛泽东于1949年12月16日抵达莫斯科，除斯大林外的多名苏联政治局委员前往迎接。当晚，毛泽东与斯大林在克里姆林宫举行了会晤。第一次会谈后，斯大林连续五天没有与毛泽东会面。——编者注

韩两国的分界线又回归到三八线后，双方陷入紧张的对峙，一直持续到21世纪。

1952年中国总理周恩来访问莫斯科时，斯大林宣称朝鲜战争是场胜利，因为它暴露了美国的弱点。斯大林告诉周恩来说："美国完全没有能力发动大规模战争，特别是在朝鲜战争以后……之前只是打个小小的朝鲜就让美国人哭哭啼啼了。如果他们发动大规模战争又会怎样呢？他们所有人都该痛哭流涕了！"

实际上，朝鲜战争是斯大林战术上的一次失败。200万伤亡中估计很少是苏联人，但是苏联政府显然没有从朝鲜半岛得到其想要的东西。而且，斯大林不派军队帮助朝鲜已经使得他和金日成的关系趋于紧张，更重要的是，他和毛泽东的关系僵化了。

尽管在柏林和朝鲜半岛失利，苏联在世界上的地位却达到了前所未有的高度，它已经在战争中展示了其军事力量，开发了核武库，但是苏联"伟大的领导人"的健康状况却呈现出江河日下的景象。1952年，斯大林73岁了，他的记忆力和天生的狡猾都大不如前，有时他看起来很迷茫。赫鲁晓夫记得有一次斯大林仿佛没有意识到身边有人，一遍遍地咕哝着："我完了，我不相信任何人，连自己都不相信……"

弗拉基米尔·维诺格拉多夫医生给斯大林做了几年私人医生，在1945年夏天斯大林患心脏病后为他治疗过，还协助把他的病情瞒过外界。不过现在他面临着更棘手的挑战。那是1952年1月19日，在过去几个月里，斯大林产生了失忆、情绪波动、行为失常和衰弱疲劳的症状。维诺格拉多夫告诉斯大林，他患有高血压和动脉硬化，这两种病都急需治疗，而要想治疗有效果就必须彻底休息。换言之，如果这位苏联领导人想要避免马上死亡的可能，就得退出公共活动。

斯大林听后大发雷霆，他命令维诺格拉多夫离开他的房间，吩咐他的助手们将维诺格拉多夫解雇并逮捕。但维诺格拉多夫是对的，这个独裁者的生活方式终于给他以惩罚了。他很少运动，尽管只是偶尔饮酒，但他夜猫子的作息时间意味着他很少在凌晨之前睡觉。所有这些因素，加上领导人的压力对他的身体造成了损害。曾经，他在游行日里大步流星地迈过陵墓阶梯，现在走路脚都抬不动了，还气喘吁吁。斯大林的健康状况越坏，就变得越多疑。20年代他曾利用列宁的长期疾病篡夺这个老领导人的权力，所以现在他是很怕身边的人会以其人之道还治其人之身。

斯大林从责备自己的医生发展到怀疑所有医生。他一直以来很怕被暗杀，现在他认为所有维护他健康的医生都是想要杀他和他的所有同志们。在几个布尔什维克党领导人自然死亡后，他告诉一个政治局同事："他们一个接一个地死了，谢尔巴科夫、日丹诺夫、季米特洛夫，他们都死得这么快……我们必须把这些医生换成新的！"

在斯大林狂热的幻想中，维诺格拉多夫让他退休的建议，变成了要夺取他的权力的建议，成了一个险恶的阴谋。后来的几个月里，他下令逮捕其他给共产党领导人治过病的医生，他们当中很多人是犹太人，这不是巧合——1952年是战后俄国反犹主义最泛滥的时候：这年8月犹太反法西斯委员会成员被全部清除；12月苏联政府选送到布拉格审判后处死的也都是犹太人。①

斯大林病态多疑，目标集中在医疗行业和犹太人身上。他以阴险的、简单划一的方式宣布揭穿的广泛阴谋：苏联的安全正遭受"犹太裔医生阴谋"的威胁。1953年1月13日，《真理报》发表了一篇题为"学者医生面具后面的邪恶间谍和杀手"的头版报告。

> 这个恐怖组织，是一群以医生身份为掩饰的破坏者，他们想通过药物破坏缩短苏联领导人的寿命，利用他们的医生职位，通过误诊恶意损害病人的健康，然后通过有害或不当的治疗杀害他们……所有参与这个恐怖组织的医生都出卖了身心，为外国情报部门卖命。他们大多数是被国际犹太资本主义——民族主义机构招收的，是美国情报部门的一个分支。这个犹太复国主义间谍组织龌龊的外表和它邪恶的行为现在被全面曝光了……斯大林同志反复警告过我们……我们的队伍必须彻底清除破坏分子，杜绝麻痹大意。

几百人被捕，大多是犹太人。杰出的犹太作家和知识分子被告知他们必须签署一份已经由克里姆林宫为他们起草的公开信，这封信号召对"阴谋家"施以严厉的手段。很多人同意签署，但包括作家伊利亚·爱伦堡在内的一些

---

① 克莱门特·哥特瓦尔德，捷克斯洛伐克总统宣称："在调查和审判反国家阴谋中心期间，我们发现了叛国者和间谍渗入共产党的一个新渠道，就是犹太复国主义。"

人勇敢地拒绝了。秘密警察一如既往地使用严刑拷打逼迫犯人认罪。斯大林把负责这个案子的法官叫到他面前，吩咐他"打他们，打他们，反复地打他们"，他还警告安全部长如果那些医生没有全部认罪，他自己就要"掉脑袋"。强迫被捕的无辜人士签署认罪书后，斯大林对政治局的人说："看看！你们就像瞎了眼的小猫一样，要是没有我的话会发生什么？这个国家就要灭亡了，因为你们不知道如何揪出敌人！"

下一次清洗正在策划中，正准备对医生们进行作秀审判，但目的是吸引更多的受害者，包括党内高层领导。1952年10月举行的苏联共产党第十九次代表大会上，斯大林谴责米高扬和莫洛托夫"工作偷工减料"，似乎是准备用更年轻、威胁更小的人取代他们。贝利亚也有理由害怕这个独裁者要革他的职。斯大林似乎准备重演两年前的所谓"列宁格勒案件"，当时被斯大林视为竞争对手的党内领导人被控贪污和挪用公款，其中6人被处决，2,000多人被革去职位。

但是维诺格拉多夫和其他医生以及其他被捕的几百人永远不用接受审判了，因为1953年3月5日，斯大林死了。

1953年2月17日，斯大林离开克里姆林宫到他位于莫斯科西郊的孔策沃别墅休养。接下来的10天里，所有国务通过电话传达给克里姆林宫，政府公车往返于两地之间传递文件。如今，这座位于莫斯科桦树林中带绿色墙壁的别墅没有人居住，周边的围栏和保安人员把任何好奇的游客拦在外面。在斯大林时期，戒备更加森严，由装备着伪装的防空高射炮和机关枪的内务军特种部队组成防卫网24小时守护。2月28日那天是星期六，斯大林告诉警卫他不出门了，但是后来又改变主意。他叫司机开车送他进城，他在那儿与政治局其他成员马林科夫、贝利亚、赫鲁晓夫和布尔加宁度过了晚上的时光，他们一起在克里姆林宫他的私人电影院里观看了一部美国西部片。

他们5个人在夜里11点左右回到别墅。安全警卫说，"老板"心情很好，吩咐厨房准备晚餐。通常，斯大林会用酒灌醉他的客人，等着他们说醉话，然后他就把醉话当成他们不忠诚的证据。如果他心怀恶意，就会嘲讽同事们贪吃嗜酒，他会强迫肥胖的赫鲁晓夫跳乌克兰传统舞蹈戈帕克舞。这次，斯大林要了两瓶酒，稍过一会儿又多要了些。他在凌晨3点送走客人，一小时后他回到房间，吩咐警卫"去睡会儿吧，我也要睡了，今天没你什么事了"。

斯大林通常醒来时摇铃以引起人注意，但3月1日星期天早上却没有铃声。员工们左右为难：老板吩咐过他们，他没有摇铃的话别进他房里，但是过了几个小时后，他们开始担心了。6点钟时，斯大林房里灯亮了，所有人都松了一大口气。但是斯大林并没有出来，也没有叫他们进去。最后到了晚上10点钟，别墅的副委员长帕维尔·洛斯哥契夫被选出来拿着个包裹进了斯大林的房间。他发现斯大林瘫倒在地板上自己的一摊尿中，几乎没有知觉。这位苏联领导人已经无助地躺了几个小时；他中风了，在生死间挣扎，但是没有人敢违背他的命令进入房间看看他是否有事。

洛斯哥契夫说斯大林意识清醒，但是无法说话。他们把他抬到他跌倒下来的躺椅上之后给克里姆林宫打了电话。消息引起了恐慌，第一位接到电话的部长拒绝接听。最终，贝利亚接了电话，问了细节，但是两个多小时后，他和马林科夫终于到达别墅。① 那时斯大林没有意识地躺着，双眼紧闭，这两个人踮着脚尖小心翼翼地走到他跟前。洛斯哥契夫记得贝利亚叫马林科夫"叫醒他！"马林科夫拒绝后，贝利亚转身对在场的人说："你们在看什么？不知道斯大林同志在睡觉吗？你们是杞人忧天。如果发生任何事，到时你们可以打电话给我，我们会叫上医生来的。"

凌晨两点了，斯大林越来越虚弱。别墅的员工都被他专横的暴躁脾气吓得畏畏缩缩，做不了决定。直到3月2日星期一早上晚些时候，他们才叫来医生，但这时已经太晚了。② 继续昏迷3天后，斯大林遭受了脑出血，并在3月5日早上吐血。在场的人轮流向他表达最后的致敬。斯大林的女儿斯维特兰娜说贝利亚吻了这个快死的人的手，哭得很伤心，但之后很快就看上去无比欢快。斯维特兰娜对她父亲生命最后时刻的描述很恐怖：

> 最后12个小时，他缺氧很严重，脸和嘴唇发黑，好像被慢慢勒死。死亡的痛苦很可怕，我们真的是看着他窒息而死的，在似乎是弥留之际，他睁开双眼，朝房间里众人瞥了一眼，那眼神很可怕，

---

① 当时到达别墅只需花15分钟，后来人们纷纷猜测他们为何拖了那么久。是贝利亚和其同事们太害怕了，还是他们暗暗希望拖到斯大林在他们到达之前就死去了？

② 由于斯大林自己的所作所为，这个国家的很多顶级医生都被关押在卢比扬卡的监狱里，这事情有些讽刺意味。

发疯似的，又好像很愤怒，并且透露着对死亡深深的恐惧。他突然抬起左手，仿佛指着空中的什么东西，要诅咒所有人。这个手势令人不解，充满威胁。

晚上9点50分，约瑟夫·维萨里奥诺维奇·斯大林，这个格鲁吉亚补鞋匠的儿子，曾统治世界上最大的帝国近30年的人于74岁时寿终正寝。第二天，3月6日，报纸印着黑边，苏联广播改播哀乐而不是平时的节目。尤里·列维坦，苏联最著名的播音员，公布了斯大林的死讯。

> 亲爱的同志们和朋友们，苏联共产党中央委员会沉痛宣布苏维埃社会主义共和国联盟部长会议主席、苏联共产党中央委员会书记约瑟夫·维萨里奥诺维奇·斯大林，因重病逝世。列宁的战友，受启发的列宁事业的继承人，共产党和苏联人民智慧的领导人和导师的心脏停止了跳动……斯大林的名字永垂不朽，将永远活在苏联人民和所有进步人士的心里。伟大的、所向无敌的马克思、恩格斯、列宁和斯大林主义学说万岁！

他还公布了4天的哀悼期，期间公众人物一个比一个夸张地颂扬已经死去的斯大林，那些满足他巨大虚荣心的称号被重复了一遍又一遍："世界工人阶级的领袖和导师""各民族人民之父""所有劳动者的朋友和导师""苏联睿智的首领""有史以来人类最伟大的天才""照耀人类的太阳""今日的列宁"以及"山鹰、所有孩子的最好朋友"。

3月9日是个寒冷刺骨的阴天，9个护柩者抬着斯大林的棺材从苏维埃之屋——他作秀审判的地方，走到了红场上新更名的列宁——斯大林陵墓。马林科夫和中国外交部长周恩来并列在队首，贝利亚和赫鲁晓夫紧随其后，莫洛托夫、贝利亚和马林科夫念悼词。随后，约瑟夫·斯大林被葬在他的"战友"旁边，这人曾在遗嘱里提醒过众人斯大林代表危险，但却是枉然。

对在几十年的歌颂伟大领袖的宣传中成长的苏联民众来说，斯大林的死使他们真的很悲伤。一大群人不顾恶劣的天气来参加葬礼，为红场铺上一块花组成的地毯。① 许多人说斯大林的死使他们感到"如丧考妣",他们害怕没有斯大林的指导,苏联可能被世界资本主义势力的威胁打败。小说家亚历山大·季诺维耶夫后来评论这次显示人民悲伤的集会时,歇斯底里道:

> 苏联人民受制于谎言和虚伪几十年后,可以自然而然、随随便便、欢天喜地地让自己感到真切的悲伤……后来他们一想到从前视为偶像的人和他卑鄙的爪牙之恶行,他们作为共产主义训练有素的产物也可以轻而易举地感到真切的愤怒,这些恶行他们过去似乎一无所知,但是其实就是他们帮助斯大林的爪牙完成的。

与给尼古拉二世的统治留下阴影的霍登惨案相似的一起事件,是一个发生在斯大林葬礼上的悲剧。由于几十万人聚集在红场上,警察试图通过在首都的主要大道上设立卡车屏障来控制他们,但是随着人群在道路狭窄处越聚越多,大家都被困在原地动弹不得。500多人被挤死。关于这场灾难的消息被压制了下来,和霍登惨案一样,这成了一个禁忌话题。诗人叶甫根尼·叶夫图申科说他是在这个时候意识到自己的国家不正常。

> 几万人挤作一团,呼吸出的气都汇聚成了白云……新的人流从后面涌入人潮,不断增加压力……我们被困在房屋墙壁和一排军用卡车之间。"把卡车开走别挡路!"人们号叫道。"把卡车开走!""不行,我没有得到指示。"一个年轻的警官不知所措地回答道,近乎绝望得要哭了。人们被人群挤到卡车边上,头被挤碎了,卡车两边沾满了血。我突然产生对"我没有得到指示"这句话的一切极端痛恨,人们是因为某些人的愚蠢而死的。我生平第一次感到痛恨我们正在下葬的那个人。这次灾难与他脱不了干系。就是那句"我没有得到指示"导致了这场混乱和血案。

---

① 谢尔盖·普罗科菲耶夫与斯大林同天去世,由于所有的花都为斯大林的国葬所征用,他的葬礼本来没有花,幸得唯独有一位好心的邻居把自己种的一盆花放在普罗科菲耶夫墓旁,使得他不被完全遗忘。

引发叶夫图申科愤怒的是斯大林的独断专行，灌输社会不独立思考的思想以及因此经常轻易降临于苏联社会的混乱和流血事件。斯大林掌权期间，苏联的死亡人数到底有多少，人们对此众说纷纭。亚历山大·索尔仁尼琴宣称死于斯大林暴政的人多达6,000万——包括战争中战死，饥荒中饿死，酷刑折磨至死和处死的人；富有开创精神的编年史家罗伯特·康科斯特估计人数为2,000万；英国历史学家诺曼·戴维斯受益于最新的研究成果，估计人数为5,000万。

斯大林逝世时，苏联极缺年轻男性，主要是因为战争，但是也因为很多男人在古拉格集中营失踪。重工业虽然回归到战前水平，但是整体上经济仍然极度困难。城市人口不断增长，农业部门无法提供足够的粮食，服务业几乎没有改善，交通运输仍然混乱如麻，住房仍然极度短缺，劳动力生活在恶劣条件下，没有改善工作质量的促进措施。斯大林的接班人要面对的是根深蒂固的物质问题，还有身心受创的人民，而最大的问题就是怎样处理那个以残暴手段统治这个国家如此之久的人的遗留问题。

十三

斯大林死前不允许人谈论接班问题。在他死后的混乱中，拉夫连季·贝利亚、维亚切斯拉夫·莫洛托夫、格奥尔基·马林科夫和尼基塔·赫鲁晓夫匆忙地接手了这个国家的集体领导权。他们最初的举措中包括停止"医生阴谋"的诉讼，缓和反犹主义的说法。他们开始按"必要的顺序"整理斯大林的文件，对于之前牵扯到太多斯大林主义的人来说，这是个敏感也存在潜在危险的任务。他们所有人都要掩藏些秘密，都急于保护自己的利益。盛传贝利亚从斯大林的别墅中窃取了文件，以便销毁独裁者收集的关于他的污点材料（以及藏匿关于他的同事们的不利数据）。集体领导层表面上很愿意分享权力带来的责任，实际上他们都急着想成为掌权的唯一一个。

马林科夫是斯大林的忠诚追随者，叶夫图申科形容他为"一个长相女气、装腔作势的男人"，他成了最有权力的候选人。他很快被任命为部长会议主席，相当于总理。9月，赫鲁晓夫接任马林科夫成为苏共党书记，这样就开始了一段时期的双头政权。但是贝利亚作为安全部门头目，仍然令人不安地躲在背后，他对那些骷髅——真正意义上的和比喻意义上的（指丑闻）——埋在哪里了如指掌。大家都暗地害怕有独裁者会掌握和斯大林一样多的权力，而贝利亚被视为最可能成为暴君的那一个。斯维特兰娜对贝利亚因斯大林的死感到高兴的描述后来得到了赫鲁晓夫的证实，这引发了贝利亚毒死斯大林的猜测。[①]有进行过验尸，但是结果"不见了"，官方从未公布死因。

斯大林死后不久，贝利亚就宣布赦免除政治犯以外判处5年以下徒刑的罪犯。到1953年夏天，大街上到处是从劳改营里放出来的犯了轻微罪行的罪犯，贝利亚打算利用他们帮他夺取政权的流言传开了。赫鲁晓夫不等了，他告诫马林科夫"贝利亚正磨刀霍霍向着我们"，他提议结成联盟避免危险。马林科夫在大清洗的最后几年里与贝利亚狼狈为奸，有许多事要掩人耳目，于

[①] 莫洛托夫在回忆录里宣称贝利亚本人吹嘘说自己毒死了斯大林，告诉政治局的人，斯大林计划要除掉他们，是他——贝利亚——拯救了"我们所有人"。

是同意了。赫鲁晓夫向朱可夫元帅和中央委员会主席团（政治局在当时的叫法）的几个成员求助。6月26日，中央委员会召开下次会议时，赫鲁晓夫发言指控贝利亚为英国间谍。他暗示将贝利亚从中央委员会带走，指示很快被心领神会。贝利亚大惊失色，只能嘟囔："怎么回事？尼基塔·谢尔盖耶维奇？你在我裤子里抓虱子是要干什么？"稍后，朱可夫和一群士兵冲入房间逮捕了他。1953年12月，审判贝利亚时，他被判犯了叛国罪、恐怖主义和反革命罪。听到判刑后，他跪倒在地，请求放过他，却是枉然。他立刻被带走由射击队行刑。尸体火化后，骨灰撒在莫斯科城外。赫鲁晓夫的俏皮话带着一丝如释重负的意味，他说："贝利亚死在主席团会议上，他原本期望会议使他登上权力宝座的。"安全局被共产党控制住了，改名为克格勃（国家安全委员会）。贝利亚以前的盟友都被解职了。①

作为秘密警察头目，贝利亚负责把无数人送到劳改营，并管理古拉格集中营。在全国的劳改营里，囚犯们把他们的皮帽扔到空中，以示欢庆他的死讯。自战争结束起，几组被关押的士兵和游击队员就一直在古拉格集中营制造麻烦，贝利亚的垮台引发了一连串的起义。最大的一起发生在1954年夏，在哈萨克斯坦的肯吉尔劳改营，约有13,000个囚犯罢工。亚历山大·索尔仁尼琴的《古拉格群岛》所述，斯大林死后的政治不确定性使监狱当局不知如何是好。"他们根本不知道要怎么做，"索尔仁尼琴写道，"犯错是危险的。如果他们反应太过激烈，杀死一群人，可能结果会被当作贝利亚的爪牙受到惩罚。反过来，如果他们反应不够激烈，没有积极地强迫囚犯们去干活——结果可能会和前一种情况一模一样！"

在监狱当局举棋不定时，起义者夺取了劳改营的控制权，他们设立了自己的临时政府，由退伍军官领导，要求缩短工作时间，改善工作条件并重新审查所有人的刑罚。他们绝不仅仅是暴乱的罪犯；他们是想获得体制的公正，

---

① 贝利亚当然不是英国间谍，但是他的命运不值得同情。1998年有件可怕的事提醒我们他是什么样的人。在审判贝利亚时，贝利亚被控几宗强奸和性侵犯案，但这种指控是斯大林当权期间诋毁被告的常见方法，因此不是所有人都相信。然而，当贝利亚位于莫斯科公园环路的住所后来成为突尼斯大使馆时，人们维修花园水管时发现了5具年轻女孩的遗骸。解密档案证实了很多人所怀疑的事：贝利亚的保镖们曾声称贝利亚常常在莫斯科开车载着他们，指出哪些女孩让他们绑架，给他强奸。反抗太激烈或威胁要暴露贝利亚所作所为的女孩，结果就被埋在他妻子的玫瑰花园里。

是想让政府对待人民的方式人道一点。在犹豫了42天后，装备着T-34坦克的红军军队被派遣去镇压起义，杀死了700名反叛者。但是肯吉尔劳改营和全国其他地方的囚犯没有完全白白牺牲。起义使苏联领导层明白司法系统存在严重的问题。中央委员会书记彼得·波斯别洛夫下设了一个调查委员会，在其1956年发表的报告中，曝光了从20世纪30年代以来苏联滥用即决裁判，这段时期中现任党领导人也没有脱得了干系的。

波斯别洛夫报告让领导们左右两难。如果他们不公布报告，就是隐瞒斯大林政权所犯之罪，可能会为未来产生新的独裁者埋下隐患。但是如果他们发表报告，又可能被控参与滥用职权。苏共"二十大"是斯大林死后的第一届党代会，定于1956年2月召开，也就是不到一个月时间了，必须很快做出一个决定。赫鲁晓夫做出了决定。

尼基塔·谢尔盖耶维奇·赫鲁晓夫看起来不像个马基雅维利奉行者（不倡导中央集权的政府）。他最初以牧羊为生，后来成了顿河盆地地区的一名矿工。一战期间，他积极参与工人运动，在革命中为红派战斗，于1918年加入布尔什维克党。赫鲁晓夫从当地的党组织中上位，1938年被任命为乌克兰共产党的第一书记。到了1949年，他已经成为莫斯科中央委员会书记。

英国驻苏联大使威廉·哈特爵士，在20世纪50年代时，发现赫鲁晓夫天生机智、精力充沛、胸怀壮志。30年过后，哈特告诉我，赫鲁晓夫不是一个知识分子，其为人粗鄙，但是却有一种顽强的毅力，使他受益匪浅。赫鲁晓夫的话语里点缀着淳朴的俗语，他的乌克兰出身有时使人很难听懂他的话，即使这点也被他变成自己的优势，他用有趣的——经常是下流的话语，使他的对手阵脚大乱。哈特在回忆录里写道："赫鲁晓夫像只小公牛，如果瞄准了方向就会一路向前冲，一定会到达终点并给目标以一击，铲除一切障碍物。"最初受他粗野、农夫般的行为误导，他低估了赫鲁晓夫。1954年的一次晚宴上，赫鲁晓夫似乎很难听得懂谈话，需要马林科夫用"单音节的词"给他解释。和其他英国使馆人员一样，哈特感觉贵族出身、谈吐不凡、学术资历深厚的马林科夫最可能赢得集体领导层的权力斗争，但他们很快就发现自己错了。

赫鲁晓夫甚至在1956年的党代会之前就已经赢过了对手。和他的前任斯大林一样，赫鲁晓夫利用自己第一书记的职位将自己的支持者安排在有权的职位。马林科夫被迫辞去部长会议主席的职位,由赫鲁晓夫的盟友布尔加宁接任。马林科夫意识到了危险,与同为保守的斯大林拥护者的莫洛托夫和卡冈诺维奇结成盟友,反对赫鲁晓夫夺取政权。

赫鲁晓夫必须回应,而波斯别洛夫报告是个有用的武器。他所有对手都与30年代的大清洗运动有牵连;如果报告流出,他们是损失最多的人,因此赫鲁晓夫开始支持发表报告。"如果我们不在代表大会上说出真相,"他告诉他们,"我们将不得不在将来某些时候这样做。而那时我们不再是发表演说的人——我们会成为调查对象。"但马林科夫和其他人反对他的说法,到2月14日代表大会召开时,领导层还没达成一致。

就在党代会的最后一天,2月25日,赫鲁晓夫宣布要临时召开一次没有外国代表和观众在场的封闭会议。赫鲁晓夫靠近克里姆林宫的话筒,犹豫了一会儿,然后开始说话。他手上的文件,在历史上称为《关于个人崇拜及其后果》——或者简称《秘密报告》——是基于波斯别洛夫提供的草稿写成的。但是赫鲁晓夫扩大了揭示范围。列宁谴责斯大林的遗嘱和他威胁要与之断绝一切关系的信件第一次被大声地读出来。大厅里一阵骚动,但是赫鲁晓夫还在继续读。他说斯大林主义一直是对共产主义理想的有害曲解;个人崇拜,就是一个人获得的权力大到使其足够歪曲真正的共产主义价值观,已经违背了集体领导的规范,并使党的名誉受损。

> 同志们,抬高一个人,把他变成拥有像神所拥有的超自然特点的超人,此种做法是有悖马克思列宁主义精神的。这种人被认为知晓一切,洞察一切,为所有人着想,无所不能,行为无可指责。对一个人,具体来说对斯大林的这种信仰崇拜,在我们当中根植多年。对斯大林的个人崇拜引发了一系列严重扭曲党纪、党内民主和革命合法性……

赫鲁晓夫说,结果就是不受抑制的目无法纪和不公正现象,包括大规模镇压和谋杀。现在大厅里开始议论纷纷,演讲开始变得煽动性十足。

> 同志们!斯大林是个非常多疑的人,总在病态地怀疑这怀疑那。

他常常看着一个人说:"你眼睛今天为什么一直诡诈溜滑?"或者"为什么你不看着我的眼睛?"他到处都看得到"敌人""两面派的骗子"和"间谍"……任何人在任何方面与他有分歧就会受到最残酷的镇压,他通过身体上的折磨让这些人"认罪"。过去曾辩护过党的方针的无辜个人成了受害者,大规模逮捕、流放成千上万人,未经审判和正规调查就处死嫌疑人,这些都造成了无安全感、恐惧甚至绝望的感觉。

赫鲁晓夫宣称斯大林曾参与谋杀谢尔盖·基洛夫;"医生阴谋"和"列宁格勒案件"都是编造的。30年代谋杀性质的清洗运动是在斯大林的命令下展开的,连他在战争时期的做法也是笨拙的灾难。赫鲁晓夫说:"他是个懦夫,他很害怕,整个战争期间他都没到过前线一次。"

代表们在近乎震惊的状态下听了4个小时。演讲结束后现场一阵"死一般的寂静",然后大家站了起来,开始散去,不知对彼此说些什么。在场的有些人因斯大林的阴影终于散去,至少一部分散去而兴奋不已;另外一些人则害怕自己的罪行暴露。据说在那以后的几天、几周里有代表心脏病犯了,还有人自杀了。演讲并没有发表在苏联媒体上,而是在特别会议上读给党员们听。那些不被允许听赫鲁晓夫讲话的外国共产党员很快获知讲话内容,并把大部分内容泄露到国外。波兰代表把讲稿内容送给了《纽约时报》和《观察家报》。

赫鲁晓夫敢于对峙斯大林主义的遗留问题,无疑是很勇敢的,但他的演讲还是妥协了,其焦点放在对共产党内部成员的镇压,而不是普罗大众的苦难;只说了1934年以后发生的事,并且把所有责任推给了斯大林。赫鲁晓夫暗示说,他和其他一些党员干部当时对斯大林的所作所为不大清楚,无法干预阻止他。但是他特意谴责了贝利亚,还暗示说马林科夫与斯大林的罪行密切相关。

这次演讲对赫鲁晓夫来说是场重大赌博,可能使他遭到全党反对并使自己过去的行为受到指责。演讲引发了全国的热烈讨论及一些抗议演讲"诽谤"斯大林名声的激烈的游行示威。年轻的米哈伊尔·戈尔巴乔夫看到自己家乡斯塔夫罗波尔对演讲的反应很震惊,很多人还把斯大林当成人民的保护者而不是压迫者。在格鲁吉亚，抗议者走上街头游行要保卫已故领导人的荣誉。几千人齐喊"荣耀归于伟大的斯大林！"和"赫鲁晓夫下台！"的口号。抗议升级成了暴乱，造成几十人死亡或受伤。多年来的宣传和错误信息使人们迷惑不解，分不清真相和谎言。

尽管有人抗议，赫鲁晓夫的行为却为他赢得了大量支持。初级和中级党政官员中很多人还很年轻，不必承担斯大林时期的直接罪责，因此他们都为恐怖和"个人崇拜"要被"集体领导"和"社会主义司法制度"[①]取代而兴高采烈。他们想确保过去的违法乱纪现象不再重演，将来能实现民主化。1956年赫鲁晓夫赢得了坚定的支持，将在日后的权力斗争中助他一臂之力，同时削弱了他将来的对手，即保守的斯大林主义追随者莫洛托夫、马林科夫和卡冈诺维奇的力量。

"秘密演讲"在中欧和东欧产生了直接的、不受欢迎的后果。斯大林死后捷克斯洛伐克和匈牙利就产生了骚动，因为人们感觉有机会从苏联的统治中获取更大自由。在东德，有500名罢工者要求亲斯大林的政府下台时被杀害。如今赫鲁晓夫的演讲使东欧的改革派和反对派重获生机。在波兰，知识分子要求变革，工人罢工；在波兹南，抗议者在与警察的冲突中38人丧生。赫鲁晓夫威胁说，如果当地政府没能恢复秩序，就派坦克到华沙。1956年瓦迪斯瓦夫·哥穆尔卡取代以前的斯大林主义政府成为共产党领导人，推出了更自由开放的"国家"牌共产主义，允许农民离开集体农场，不再禁止天主教在学校教授宗教教义。可能是想到斯大林的一个尖刻的结论——"强迫波兰实行共产主义就像要给奶牛上鞍一样"，莫斯科做出了让步。

匈牙利的危机要严重得多。战后，这个国家在"斯大林最好的匈牙利使徒"拉科西·马加什的专制统治下苦不堪言。而波兰人获得的让步增加了匈牙利可能获得一定自主权的希望。和波兰的变革一样，拉科西在1956年夏被赶下台，这还不够，有限的改革激发了更大的改革要求。10月23日，20,000名学生走上布达佩斯的街头，他们要求获得言论自由，和真正的反对党进行

[①] 40年后，米哈伊尔·戈尔巴乔夫组织了一次纪念第二十届党代会的会议。会上他赞扬了赫鲁晓夫的"政治勇气"，惊叹于他所冒的"巨大政治风险"。戈尔巴乔夫说赫鲁晓夫通过开始揭示斯大林罪行的过程，表明了自己是个"道德高尚的人"。这是一个现代苏联改革家在感谢与他相似的前任。

公开竞选，苏联占领军撤出匈牙利。到晚上时，人群已经扩大到近200,000人。他们推翻了一座30英尺高的斯大林青铜像，扛着剪掉中间部位共产党标志的匈牙利国旗游行，还袭击了匈牙利秘密警察总部。警察朝人群开枪，示威者和苏联及匈牙利军队爆发了巷战。匈牙利总理纳吉·伊姆雷决定进行革命。纳吉本身是个改革家，颇为同情抗议者的要求，于是在和内阁进行令人担忧的讨论之后，他宣布政府支持人民的事业。纳吉与莫斯科保持联系，到10月28日，他似乎达成了一项协议，双方宣布熄火，苏联军队退出了布达佩斯。

克里姆林宫内，主席团产生了分歧。为使共产主义阵营继续团结一致对阵西方阵营，赫鲁晓夫向铁托提出，修复苏联和南斯拉夫的关系。他在波兰已经做出了让步，但是现在匈牙利威胁要破坏之前取得的所有进展。在犹豫一番后，主席团决定行动了，华沙公约组织成员国被通知要对威胁匈牙利的"反动军队"采取军事行动。（有次和铁托交谈时赫鲁晓夫哀怨地问道："我们有什么选择？如果顺其自然，那么西方就会说我们要么蠢，要么弱，两者都一样。我们绝不允许这样，不管是作为共产主义者还是国际主义者，抑或是苏联政府，都不允许，因为那样苏联的边疆就有资本主义分子了。"）

苏联于1955年创立了华约，作为对北约的军事应对及捆绑东欧和苏联的方式。其创始宪章曾承诺"尊重成员国的独立自主和主权完整"及"不干预成员国内政"。匈牙利很快发现这些话多么空洞无物。

11月4日，装备有3,000坦克的红军军队，带着夺取布达佩斯的命令，在柏林战役的英雄之一——科涅夫元帅的指挥下发动了"旋风行动"。（苏联中央委员会的一项决议为这次行动狡辩说，如果苏联"不帮助匈牙利工人阶级与反革命分子作斗争"，将会是"不可原谅的"。）匈牙利人完全没有料到这次入侵。纳吉·伊姆雷此前一直在和莫斯科驻匈牙利大使尤里·安德罗波夫谈判，全然不知坦克部队已在路上的事实。他立即宣布匈牙利退出华约并请求联合国援助。然而西方阵营身陷苏伊士危机，而英法联军正入侵埃及，也使得美国不好意思谴责苏联人。匈牙利人只好独自与红军英勇奋战。小范围的反抗持续了一周，11月10日，已有几千人死亡，布达佩斯市中心大部分地区成为废墟，革命遭到了镇压。纳吉被捕了，被苏联当局关押了18个月后，于

1958年6月被绞死。曾与苏联侵略者合作的匈牙利共产党总书记亚诺什·卡达尔被安排为政府首脑。莫斯科维持了其"缓冲国"的完整，但是其行为为许多西方共产党人所不齿，也损害了赫鲁晓夫在国内外的名声。

赫鲁晓夫的秘密演讲在苏联和东欧造成了不安和动乱，对斯大林主义的谴责使苏联与传统的共产主义国家诸如阿尔巴尼亚——更重要的是与中国关系变得疏远。短短几年之后，北京政府开始正式谴责"修正主义的苏联领导集团背信弃义"。

赫鲁晓夫在莫斯科集体领导层的统治地位开始看起来岌岌可危。他对不断积聚的乌云浑然不知，处事伴随着一种近乎傲慢的极度自信，这种自信曾在早年帮了他不少忙。尽管他谴责"个人崇拜"，却确保自己的照片每天出现在媒体上，要求广播、电视、电影院奉承他，还坚持炫耀自己的威信，当他的孙子问他："爷爷，你是沙皇吗？"他竟然十分高兴。但是他恃强凌弱、盛气凌人的处事方式疏远了潜在的支持者，而他对酒和荤段子的嗜好使人们害怕他会在国际舞台上给苏联丢脸。

长期以来，莫洛托夫尤其想除掉赫鲁晓夫。作为斯大林的亲密盟友，他痛恨并害怕正在进行的自由化进程中对其罪行的揭露。1957年6月，莫洛托夫和马林科夫及卡冈诺维奇一起说服主席团的大多数人要求赫鲁晓夫下台。在一次部长会议上，他们公开叫板赫鲁晓夫，要求他下台，但是赫鲁晓夫拒绝这么做，为拖延时间，他辩论说，他是由中央委员会全部人员选出来的，不会在未获得他们同意的情况下离开的。这样，他赢得了喘息的空间，但还需获得足够的支持才能在即将来临的竞选中取胜。他再次转向现任国防部长朱可夫元帅求助，请求他调动空军从全国各地运来尽量多同情他的中央委员会委员。这些人的支持足够救赫鲁晓夫的命并保住他党的总书记的职位。现在，他转过身来对付他的对手，指控他们是斯大林的同谋，叫他们"反党团体"。朱可夫受命指控莫洛托夫和马林科夫为斯大林在清洗运动中的主要同谋。他们和拉扎尔·卡冈诺维奇一起从中央委员会中被开除，如果是以前可能还会伴随逮捕和可能被处决的遭遇。（当卡冈诺维奇打电话给赫鲁晓夫求他发慈悲时，赫鲁晓夫愉快地回应道："你的话再次证实了你为达目的不择手段……你以小人之心度君子之腹，太低估我了。"）赫鲁晓夫宣布将莫洛托夫派遣到蒙古当苏联驻蒙古大使，让马林科夫管理西伯利亚的一个电站，而卡冈诺维奇则被任命为斯维尔德洛夫斯克一个水泥厂的厂长。虽然他们三个都被贬到不关痛痒的职位，政治生涯实际上结束了，但是赫鲁晓夫通过拒绝把他们关进监狱，表明斯大林那一套方法已不再被接受。曾参与阴谋的布尔加宁被迫辞去部长会议主席的职位，所以赫鲁晓夫现在兼任第一书记和总理的职位。他最高统治者的地位是保住了，但是他喜怒无常、变幻莫测的性格将在苏联将来变幻莫测的发展过程中充分体现出来。

第五章
战战兢兢的民主党人

一

　　1961年4月12日，莫斯科时间上午九点零六分，"东方号"飞船，尤里·加加林按下了"发射"键。他大喊一声"发射！"飞船从哈萨克斯坦的拜科努尔航天中心飞射升空。"我听到了一声呼啸，并且声音越来越嘈杂，"他写道，"我能感受到这艘巨大的火箭整个都在颤抖，然后非常缓慢地脱离发射台。发射声绝不会比在喷气式飞机里听到的声响大，但是它的音调和音色的范围如此之广，没有哪位作曲家可以记录下来，没有哪种乐器或人声可以重现它的波澜壮阔。"

　　飞船自东向西以每小时18,000英里的速度围绕地球飞行了108分钟，飞离苏联之后，接着掠过了太平洋和北美洲。在西非上空，东方号的反向助推火箭开始启动，火焰喷射时间持续40秒。然后飞船开始减速，转向，回归地球大气层，回归它在科学试验史和人类成就史的不朽地位。

　　当苏联媒体宣布飞行任务的成功时，这是苏联民众首次听闻这一工程。克里姆林宫的领导层对于本国的太空技术半信半疑，因而一直对人造火箭的存在秘而不宣。加加林的父母也是在听到新闻广播后，才知道自己的儿子是太空第一人。发射之前，苏联新闻机构TASS收到了三封信，每一封信针对可能发生的结果给出了不同的回应：一封应对成功的情况；一封应对加加林被迫降落在苏联以外的地方的情况；还有一封应对完全失败的情况。

　　加加林从"东方号"飞船弹出来后，降落在俄罗斯中部城市萨拉托夫的郊外。他发现自己被村民们团团围住，这些人靠近他的时候充满了恐惧和怀疑。村民们断定加加林是一个间谍，而直到他们看到加加林指着刻在头盔上的"CCP"时，他们稍微卸下心防。"我是俄国人，"加加林骄傲地说，"我就是世界上第一位宇航员。"

　　尤里·加加林一时声名鹊起，成为苏联的英雄。他坐着敞篷的豪华轿车，在莫斯科的大街上巡游，赫鲁晓夫陪在他的身旁。继1957年成功发射人造卫星"斯普尼克号"之后，苏联再次打败美国。对赫鲁晓夫来说，这是为苏联正名的千载难逢的时机。"那些不可一世的评论家认为装备简陋的苏联人永远不可能建成强大的国家，"他一边向加加林举杯一边说道，"但是，一度教育水平落后的苏联却首先进入了太空。尤里，这都是你的功劳！我们要让那些家伙知道尤里去过太空，看过一切，了解一切！"

随后，加加林到各国访问，各国无不夹道欢迎。在白金汉宫，当他与女王伊丽莎白二世会见时，受到数千人的追捧。《泰晤士报》报道，欢迎加加林的人们"几近歇斯底里"。加加林的表现非常自然：在媒体面前彬彬有礼，游刃有余。作为宣传苏联集体主义价值观令人信服的大使，他一再声明虽然自己去过太空，但是成就的背后是不计其数的苏联科学家、工人和技术人员长年累月的默默奉献，否则不会有现在的自己。

俄罗斯太空探索的历史可以追溯到革命发生之前。梦想家康斯坦丁·齐奥尔科夫斯基（1857—1935）是发明多级火箭的先驱，是众所周知的航天学之父。19世纪30年代，他的研发工作由苏联科学家接手。谢尔盖·科罗廖夫正是其中一位科学家，他不但参与制造了搭载加加林进入太空的火箭，而且主导了苏联第一枚洲际弹道导弹的研制。可是，在斯大林时代，科学家是高危职业，任何的不忠迹象都将受到严酷的惩罚。1938年，科罗廖夫因敌对物理学家的指控，被判到劳改营劳教10年。接受审问时，他遭到了严刑拷打，下颚被打裂，牙齿也幸存无几。在余下的生活中，他发现要张口或转头都是件难事。

第二次世界大战爆发后，科罗廖夫被转移到专为工程师准备的特殊营地，从事军用飞机的研发。战争结束的时候，他才回到原先制造导弹的职位。科罗廖夫和其他一些科学家的身份都处于保密状态，因而加加林成功后，他们并没有受到公众的关注。"东方号"宇宙飞船同样没有暴露在公众面前，以免设计的机密遭到泄露。直到几年之后，人们才知道苏联宇宙飞船几乎是全自动运行，需要宇航员执行的指令屈指可数，并且不鼓励宇航员主动解决问题。没有记录表明，加加林在飞船起飞后进行了任何操作。科罗廖夫骄傲地宣称，"东方号"非常先进，就连"兔子都能驾驶"。宇航员在莫斯科郊外的隐秘基地星城接受训练，着重于在失重、情感稳定性和压力情况下保持平静的能力。当时，加加林的最大竞争对手是盖尔曼·季托夫。季托夫受过良好的教育，喜欢在隔离室背诵普希金的诗。但是，加加林最终胜出。部分原因是他来自农民家庭，更有利于反映苏联无产阶级国家的形象。

1963年，瓦莲京娜·提列什科娃成为首位进入太空的女航天员。赫鲁晓夫夸耀道："在我们国家，男女平等。"随后，苏联与美国比赛，看谁先登陆月球。这迫使克里姆林宫对科学家提出更高的要求，并且为宇航员的安全承担更大的风险。科罗廖夫接到命令，进行第一次多人航天任务。他卸下东方号所有的安全保护措施，让三名宇航员挤在只能容纳一人的太空舱里，然后把他们送入轨道。如果出现紧急情况，飞船上没有任何营救方法。

1965年3月，"东方二号"航天任务期间，阿列克谢·列昂诺夫成为太空"行走"第一人。在技术问题未妥善解决前，科罗廖夫再一次匆匆忙忙地发射了飞船。因为太空舱外面的可拆除气闸质量低劣，列昂诺夫差点没能返回地球。完成太空行走后，他的宇航服膨胀了，进不去太空舱。于是，他不得不手动降低宇航服内的气压。当他成功挤进去时，几乎就要昏倒了。后来，自动导向系统失灵，宇航员们被迫人工驾驶航天器返回。他们最终在西伯利亚着陆，离目标地点1,500英里。西伯利亚天寒地冻，他们困在树上一夜，而树下则被狼群包围着。

当时，苏联的所有太空计划都是靠运气完成的。同年10月，列昂诺夫、加加林和季托夫写了一封信给苏联领导层，提醒他们："形势变了，美国已经追上来，甚至某些领域已经超过苏联……不幸的是，我们国家核心部分的设计、组织和管理中存在许多缺陷。"他们没有得到任何回应。1966年1月，谢尔盖·科罗廖夫逝世，时年59岁。在古拉格遭受的无情拷打缩短了他的生命。这是开始，亦是结束。一些航天科学家正在研究如何让两个"联盟号"航天器在太空中实现交会对接，但一直出现技术问题。克里姆林宫坚持要求该项计划在1967年劳动节当天执行，并且选择经验丰富的宇航员弗拉基米尔·科马洛夫来领导。科马洛夫知道飞船不牢固。发射前，他的克格勃朋友维尼亚明·罗萨耶夫曾与科马洛夫交谈过。后来，罗萨耶夫回忆了当时的情形。

> 科马洛夫与我们告别，他直言不讳地说："这次飞行，我回不来了。"我问他："如果你确定一定会死，为什么不拒绝这个任务？"他回答道："因为如果我不去，他们就让尤里·加加林去，尤里就会代替我死。我们应该照顾他。"

在1967年4月23日发射台的录像里,科马洛夫没有任何笑容,加加林垂头丧气,技术人员也默默无言。发射后不久,发射器的制导计算机就出现故障,技术故障开始接连出现。科马洛夫对地面控制中心抱怨道:"这该死的飞船!我碰到的任何东西都没有正常运作。"经过26小时,任务中止,科马洛夫被告知重回大气层。然而,当他试图改变轨道时,他发现不可能让飞船飞回对应的轨道。在华盛顿,美国国家安全局一名负责监视科马洛夫与地面控制中心交流的官员说,他听到了完整的对话。

> 科马洛夫牺牲前约两个小时,他们知道问题出现了,并试图解决。副主席阿列克谢·柯西金亲自与科马洛夫讲话。两个人视频对话时,柯西金在哭。柯西金告诉科马洛夫,他是一个英雄……科马洛夫的妻子也和他说了一会儿话。科马洛夫告诉妻子如何处理他们的问题,怎样照顾孩子。那太痛苦了。最后几分钟,他牺牲了。

当"联盟号"以400英里的时速向草原坠落时,科马洛夫对那些用不合格的飞船把他送入太空的人喊道:"你们杀了我……"

"联盟号"悲剧后,加加林换到原先的工作岗位,担任战斗机飞行员。第二年的一次常规训练飞行中,他的战斗机发生近距离碰撞,坠毁到地面。他的遗体被火葬,骨灰放置在克里姆林宫的墙上,靠近科马洛夫——他的朋友和伙伴。苏联太空计划面临土崩瓦解。中央的胡乱指挥、领导层的过度干预以及注重宣传眼前的胜利终于毁灭了所有的科学成果和所有的个人英雄主义。1969年,美国首先把宇航员送到月球,没有任何一名苏联宇航员追随他们的足迹。

太空竞赛既展现了赫鲁晓夫时代最好的一面,也展现了最坏的一面。那就是,承诺太多,但都以失败告终。作为第一书记,在黑色的斯大林时代后,赫鲁晓夫竭尽全力复兴苏联,使苏联现代化。折腾了数十年后,苏联的发展已经停滞。历史的遗留问题和现行制度中致命的缺陷让他焦头烂额。

赫鲁晓夫1956年的"秘密讲话"影响了整个苏联。数百万斯大林时代的受害者最终恢复名誉,即使有些人已经去世;苏联几乎没有哪个家庭不受影响。犯人从劳改营里释放出来,陆续回到家人身边,他们向别人讲述自己的经历，让不公正和虐待全部曝光。安娜·阿赫玛托娃描述了一个由受害者和虐待者组成的国家："现在，被逮捕的人即将回归。两个俄罗斯人互相看着对方的眼睛：一个是把别人关进劳改营的人；一个是被释放的人。"因为秘密讲话，一个时代的共产主义者相信，共产党不再把镇压作为控制的方式，将会回到赫鲁晓夫所说的"列宁的正确道路"。（几十年后，米哈伊尔·戈尔巴乔夫称呼自己和改革盟友为"第二十届大会的孩子"。）

民众的期望很高，而赫鲁晓夫立刻把它们提得更高。1961年，他宣布，社会阶级之间的斗争已经胜利；人民团结在一起，国家是"为所有人民"而统治。1936年，斯大林声称苏联已经到达社会主义。从那以后，克里姆林宫的领导人们就敦促苏联人民为共产主义而奋斗；共产主义的完美状态是一个遥不可及的梦想。不负责任的赫鲁晓夫却说，这个梦想即将实现。"共产主义的建立，"他说，"苏联将在1980年之前完成。"一项新的共产党计划（该系列的第三个）甚至规划了具体的20年时间表。

> 20世纪70年代，所有公民将免费享有住房、公共交通、水、天然气和暖气。医疗服务、休养所和药品均不收取任何费用。工厂和集体农场将提供免费的食物。价格会下降……不再征收所得税……一周的工作时间为34小时（从事艰苦劳动的人为30小时）……产量提高500%，让苏联的人均产量成为世界上最高的。实际收入提高3.5倍，苏联人民的生活水平将变成世界上最好的。

这份计划的最后一句话成为全国的标语，出现在海报和横幅上。

> 共产党庄严宣布，苏联人民将生活在共产主义制度下！[1]

赫鲁晓夫继续执行去斯大林化的计划，把新披露的暴行全部归罪于斯大

---

[1] 直到1986年2月第27届苏联共产党大会，党才终于认同赫鲁晓夫说的话过分乐观。"自称开始'第三个共产党计划'，发生了很多改变，"米哈伊尔·戈尔巴乔夫承认，"不是所有的预估和结论都是正确的。将全面建设共产主义的任务转化为实际行动的想法非常不成熟……至于达到目标的时间限制，似乎是不需要的。共产主义的实现将无限推延。"

林一人，弱化他自己和盟友的角色。斯大林的遗体从列宁陵墓移出，埋葬到克里姆林宫墙壁旁边的大理石半身像下方。街道和城镇重新命名：斯大林格勒——卫国战争时期苏联抵抗的象征——改为伏尔加格勒。司法体系进行改革，特别"紧急法庭"被废除。"紧急法庭"宣判了许多无辜的人有罪。斯大林时代公审中常用的指控"反革命活动"和"恐怖主义目的"不再出现在刑法里。

在斯大林时代，苏联通常无视西方对苏联国内政治的评论。军事力量足以维护苏联的声誉。现在，赫鲁晓夫为了凸显共产主义的优越性，一直嘲笑资本主义的失败（他用特有的简洁语言把资本主义描述成"月光下的一条死鲱鱼，腐败的时候闪着微弱的光芒"）。从与西方竞赛来说，他展现了新的乐观主义。

1957年5月，他在农业专家会议上说，苏联将要"赶上并且超越美国"。西方解读这句话时，认为苏联在逐步升级的核军备竞赛中可能进行军事侵略。但是，考虑这句话的背景，赫鲁晓夫是在谈论经济情况。他的目标是让苏联人民的生活标准超过美国。宣传时，他号召苏联人民团结一致"让苏联赶上并且超越美国的人均肉、牛奶和黄油产量"。苏联的骄傲处于危急关头——"打败美国"的目标是为了促进各个经济领域现状的改善。这是赫鲁晓夫打的赌：作为苏联领导人，他至少大概了解"铁幕"两边的实际经济情况，知道莫斯科远远落后；他被乐观和好斗控制住了。

赫鲁晓夫需要兑现自己的目标。20世纪60年代，他发动大规模的住房建设计划。全国上下，兴建了许许多多的水泥建筑。到1965年，城市里的住房条件有了显著改善。在回忆录里，赫鲁晓夫写道："用约翰·里德的话来说，我们凭借为人民建造住房的强大动力'震撼了世界'。"不过，成功只是相对的。对比美国的标准，这样的成果不值一提。城市居民的人均生活空间仍然只有9平米。在1965年，超过一半的城市人口依然居住在狭窄的公用住房里。新公寓竣工很快，但存在不少问题。没过几年，很多预制的高层建筑就需要更换部件。这些大楼立刻有了昵称——"赫鲁晓夫的贫民窟"。① 建筑热引发了很多笑话和城市迷思，甚至肖斯塔科维奇也受到了感染，把它作为小歌剧

---

① 在实施建筑计划的过程中，赫鲁晓夫拆除了莫斯科历史悠久的阿尔巴特区，许多有价值的建筑消失了。现在，人们还常把该街区上突兀的公寓比作"赫鲁晓夫长多的牙齿"。

《樱桃镇》(1958)的主题。在歌剧中，一对年轻的夫妻为了一套新公寓与苏联官僚体制做斗争，结局很讽刺。

赫鲁晓夫的激励政策在经济领域的反响很慢。他废除了许多斯大林时代严酷的劳动法：若工人换工作时未经官方许可或是上班迟到超过20分钟，他们不再像罪犯一样受到惩罚。但是，鼓励人们认真工作的经济刺激政策几乎没有。人们常开玩笑说，"他们假装给我们报酬，我们在假装工作"。这个笑话意味深长。到1961年，赫鲁晓夫又有了恢复斯大林高压统治的想法。他的"共产主义工人的道德准则"中出现了原来的警告："不工作的人不应该吃饭。"同时，他创造了新的罪名"寄生罪"，用来惩罚那些逃避工作或没有努力工作的人，把他们送到边远地区监禁或是从事卑贱的工作。政府鼓励人们"不要容忍侵犯公共利益的行为"，落实到行动上是检举不认真完成份内工作的同事。

农业是赫鲁晓夫最大的难题。他是农民的儿子，因此把改善国家糟糕的粮食生产视为己任。在"赶上美国"的竞赛中，他制定了具体的目标，可是，集体农场的回应很冷淡。1957年，他要求肉类产量翻三番，这个目标非常不现实，大多数农业专家都认为是不可能完成的。因此，赫鲁晓夫需要一个示例来证明自己是正确的。随后，他在莫斯科南部梁赞地区的领导层中找到了合适的人选。当地党魁阿列克谢·拉里奥诺夫向他保证，一年内达到目标。1959年1月，赫鲁晓夫在《真理报》上公布了这个承诺，呼吁其他地区采取同样的行动。拉里奥诺夫被授予列宁勋章，成为别人学习的榜样。然而，对于如何完成自己的承诺，他却毫无头绪。后来，他的方法是宰杀该地区全部的肉牛，以及部分奶牛；集体农场工人私下饲养的家牛被征收，其他的则到附近地区购买。梁赞因为这些措施导致预算破产，农业基础设施遭到严重破坏。在1959年12月的共产党全体大会上，赫鲁晓夫兴奋地宣布目标已经完成，而下一年的配额会提高。不久，拉里奥诺夫不负责任的方法就被曝光了，当地的肉类产量骤然跌至先前水平的零头。于是，拉里奥诺夫被解雇。不久，他自杀了。

赫鲁晓夫神奇疗法的虚幻性蔓延到更多的农业项目中。1954年，他发布了"垦荒运动"计划，目的是要开辟西伯利亚西部和哈萨克斯坦北部未耕种的大草原。20世纪30年代以后没有出现过的大规模动员回归了，25万年轻人迁移到大草原，希望把那儿变成苏联重要的新粮食种植区。小说和歌曲都颂扬了这次运动；电影和海报仿佛让人回到了集体化时期，它们展现了人们在田地里快乐工作的情景，确保苏联人民不再忍饥挨饿。乐观主义和理想主义在俄罗斯边疆精神中自然地得以体现。但是，宣传中没有提到的是除了主要的斯拉夫人，斯大林时代被放逐至此的少数民族也在工作的人群中。此外，车臣人、伏尔加德意志人、印古什人和克里米亚鞑靼人都对赫鲁晓夫计划的最初成功有所贡献。尽管1956年"秘密讲话"后他们中的一些人可以重回故土，但是鞑靼人和德意志人被认为与计划的成功无关，因而不得不留下来。

截至1960年，上百万公顷的新土地得到耕种，全国小麦产量提高了50%以上。赫鲁晓夫宣布"垦荒运动"成功了，只是好景不长。新土地很肥沃，但是地处中亚沙漠边缘，人们急于求成，没有正确地利用土壤或是给它施肥。"沙尘暴"效应出现了，与20世纪30年代美国发生的情况相似，伴随着土壤的破坏，越来越多的土地变得贫瘠。1962年春夏天气不好，苏联全国歉收，而3,700万公顷种植玉米的田地，只有700万公顷丰收了。尽管赫鲁晓夫宣扬自给自足，为避免饥荒，莫斯科还是不得不向加拿大购买了2,000万吨粮食。

在实施"垦荒运动"计划的同时，赫鲁晓夫开始了另一个投机计划。从美国参观回来的苏联代表都对美国中西部的玉米地赞叹不已，那些玉米地占地极广，产量非常高。这种高产量源于一种杂交的玉米品种，是爱荷华州农民种子公司的经营者罗斯维尔·加斯特发明的。于是，苏联当局邀请加斯特来访。加斯特居然和赫鲁晓夫成为朋友，并说服后者购买5000吨杂交玉米种子在全国播种。1959年，赫鲁晓夫访问美国。这是第一位对美国进行国事访问的苏共总书记。赫鲁晓夫坚持要参观加斯特农场。他站在高耸的玉米中开怀大笑的样子被拍了下来。他挥舞着玉米棒子，宣布苏联将在农业领域取得更大的成功。"到目前为止，你们美国人比我们做得更好，"他说，"所以我们向你们学习。一旦我们学有所成，我们就会超过你们。所以，你们必须跳上即将发车的社会主义列车的踏板。不然，你们将远远地落在后面。到那时，我们会站在列车的最后一节车厢的后站台上，跟你们挥手告别。"

赫鲁晓夫因为对玉米的热情而收获了颇受欢迎的昵称——"小玉米人"

或是"玉米怪人"。他的乐观精神很有感染力，但是盲目自信却让他对一些建议充耳不闻，只要这些建议与他自己的信念不同。当苏联农学家提醒他只把玉米种植在苏联温暖的南部地区时，他置之不理，下令在气候不适宜的地区种植。这个决定致使收成大减，而诸如小麦和土豆等其他更传统农作物也出现大幅短缺，因为种植这些农作物的田地都变成了玉米地。

赫鲁晓夫把一切都赌在失败的方案上，他犯下的巨大错误给苏联农业带来了巨大灾难。苏联人民长期以来所习惯的便宜饮食不再唾手可得。随着肉价和奶制品价格上涨，全国范围内掀起了抗议热潮。在苏联南部新切尔卡斯克的机车厂，几千名工人进行了罢工。1962年6月，这些工人中的许多人又来到街头抗议，要求把便宜的饮食还给他们以及提高薪水。当这些工人拒绝分散时，军队便不分青红皂白地朝人群肆意射击，至少16人惨死，还有几十人受伤，100多名工人被逮捕并进行审判，7名所谓头领由于煽动暴行而被判死刑。[1]

全国上下都出现了排队买面包的队伍，苏联也不得不把宝贵的外汇储备花在粮食进口上。在这场革命之前，苏联曾是粮食净出口国，但现在苏联的粮食连苏联人民也不能养活了。赫鲁晓夫的儿子谢尔盖回忆说，这场粮食危机使赫鲁晓夫确信苏联的体制有严重问题。

> 父亲想不明白哪里错了。他变得紧张，易怒和暴躁，试图寻找罪魁祸首却找不到。潜意识里，他开始明白问题并不出在细节上，而是整个体制的问题，但他放弃不了自己的理念。

这场经济危机迫使赫鲁晓夫采取艰难的决定。军事预算被削减，以用于粮食进口和20世纪60年代早期的大型造房计划。赫鲁晓夫总结说苏联没有能力在所有方面与美国竞争。于是他宣布用"和平共处"的新政策来代替斯大林统治末期的东西对立。要把这个新政策解释给军方领导是很困难的，但赫鲁晓夫却选择了最麻木不仁的方式。他告诉武装部队的指挥官们苏联已经发明了原子弹，所以不再需要他们了，也没有必要再把钱浪费在常规武器上了。

---

[1] 苏联媒体从未报道新切尔卡斯克事件，大屠杀的相关细节直至1992年才解密。

为了取代苏联长久以来对军事的依赖，赫鲁晓夫在国际关系上采用了双管齐下的方法。他试图与新独立的非洲和亚洲国家结盟，并于1955年拜访了印度、阿富汗和缅甸，并通过帮助埃及修建阿斯旺水坝来结交埃及总统纳赛尔。1959年卡斯特罗的共产主义军队在古巴革命中的胜利给赫鲁晓夫带来了另一个具有战略性地理位置的盟友，因为赫鲁晓夫可以利用古巴对美国施压。与此同时，赫鲁晓夫也试图通过虚张声势和恐吓来掩盖苏联国防预算所面临的压力。在莫斯科，他告诉一群西方记者共产主义必然会胜利。"不管你喜不喜欢，历史是站在我们这一边的。我们会埋葬你们的前程。"这句话重申了《共产党宣言》里的经典语言，即"无产阶级是资本主义的掘墓者"，但赫鲁晓夫的话却没有打消西方认为他威胁发起核冲突的猜测。

谢盖尔回忆说，在他父亲于1956年4月去英国访问期间，"父亲随意地问起东道主是否知道把大不列颠从地球上毁灭需要多少核弹。四周一片尴尬与沉默。但父亲并没有转移话题，而是满面笑容地告诉在场人员，如果他们不知道的话，他自己可以帮助他们，并报上了一个具体的数字。接着父亲又欢快地说：'苏联有许多那样的核弹，以及发射这些核弹的导弹。'"赫鲁晓夫用他一贯生动的语言宣称，苏联"制造导弹就像生产香肠"。但他的儿子后来却写道，这也是虚张声势。

> 当我问父亲他怎么能那样说时（苏联的洲际导弹其实只有10个左右），父亲只是大笑说："我们又不准备挑起战争，所以我们有多少导弹根本无所谓。只要美国认为我们有足够的导弹来进行大规模反击就行了，这会叫他们三思而后行。"

1959年，美国在莫斯科郊外的索科尼公园举办贸易展览会。这场展览会展示了包括冰箱、洗衣机、电视机和洗碗机在内的美国最新科技。赫鲁晓夫就此与来莫斯科参加展览会开幕式的美国副总统尼克松进行了有失外交风范的公开交谈。赫鲁晓夫不相信尼克松说的普通美国人家里都买得起这些展品，并激烈、无理地争论说苏联的电视比美国的好。他嘲笑美国人对"小玩意儿"的迷恋，并问美国是否发明出了"把食物塞进嘴里"的机器。随着争论愈演愈烈，赫鲁晓夫用苏联方言告诉尼克松："我来告诉你为什么？"这句话后来为世人所津津乐道。这场交谈的一部分在苏联电视上播放了，许多苏联观众都很生气，为自己领导人的粗俗和无礼感到惭愧。许多见到这些美国展品的人都惊讶其精密复杂，分发给参展者的免费百事可乐也颇受欢迎。一个广为流传的笑话这样说道，当询问苏联人民对这种资产主义饮料作何感想时，他们会回答"令人作呕"，随即冲向队尾再领一杯免费饮料。①

同年赫鲁晓夫访问美国时，他决意歌颂一下苏联的成就。他后来在回忆录中写道："有谁能猜到世界上最强大的资本主义国家居然邀请我这样一个共产主义者去访问？有谁能想到资本主义者会邀请我这样一个无产阶级？这太不可思议了。如今美国不得不注意我们，不得不承认我们的存在和力量。看看我们的成就吧……从一个摧残、落后、没文化的国家转变成一个令世界瞩目的国家。"

在匹兹堡的一场发言中，赫鲁晓夫重申了自己"赶超美国"的承诺，并笑着补充说："我想这句话可能吓坏了你们不少人。但何尝不可呢……苏联会崛起，苏联会超过美国。你们要是不想被我们远远甩在后面的话，就赶紧想主意吧……"当记者用3年前的匈牙利侵略攻击赫鲁晓夫时，他有些怒意。但总体来说，赫鲁晓夫在这场访问中没有失礼。赫鲁晓夫决心控制自己的脾气，不要对他所看见的表现过多赞誉。在洛杉矶，赫鲁晓夫参观了20世纪福克斯公司，见到了弗兰克·辛纳屈、贾利·库珀、伊丽莎白·泰勒和玛丽莲·梦露。梦露可是把阿瑟米勒扔在家，穿着她最贴身、最性感的裙子来的。令赫鲁晓夫懊恼的是，由于洛杉矶警方说不能保证他的人身安全，他未能参观迪士尼乐园。苏联对赫鲁晓夫的访问进行了全程报道，赫鲁晓夫对东道主的"当仁不让"很合强硬民族主义者的心意，但其他人却觉得他的行为很丢人。赫鲁晓夫的争强好胜被许多人嘲笑。一个流行的笑话如是说：艾森豪威尔为了回应赫鲁晓夫的嘲弄，建议他俩赛跑，看看谁"赶超"谁。当运动健将艾森豪威尔轻松赢得比赛时，苏联媒体不得不发挥聪明才智，粉饰这一事实。《真理报》如是报道："我国领导人赫鲁晓夫在世界级的赛场上取得了第二名，而美国总统丢人地排名倒数第二。"

---

① 13年后，百事和苏联红牌伏特加签订了互惠协议，允许自己的产品在对方国家出售。综观勃列日涅夫时代，百事是可以在苏联自由购买的少数西方商品之一。

赫鲁晓夫的美国访问被认为缓和了冷战,但不久矛盾又升级了。1960年5月1日,美国在巴基斯坦秘密基地的U-2侦察机在西伯利亚上空拍摄洲际弹道导弹发射场时被击落。当飞行员加利·鲍尔斯跳出机舱并被苏联捕获时,赫鲁晓夫便有了一个占领道德高地的好机会。他宣布击落了一架侦察机,但对飞行员只字不提。艾森豪威尔以为鲍尔斯在飞机爆炸时死亡,便授权了一架美国"气象侦察机"在土耳其北部某处"坠毁"的报道。美国声称"并未且从未试图蓄意侵占苏联领空"。同年5月7日,在对最高苏维埃的发言中,赫鲁晓夫洋洋自得地做了个手势,揭露了事实。"我必须告诉你们一个秘密……当我第一次报告时,我故意没说那名飞行员还好好地活着……现在你们看看美国人说了多少蠢话。"[①]

赫鲁晓夫和艾森豪威尔两周后在巴黎参加了四国首脑东西会议。赫鲁晓夫用U-2击坠事件来攻击艾森豪威尔,要求艾森豪威尔道歉,正式承诺这种事不会再发生,以及对相关人员做出惩罚。当美国拒绝时,赫鲁晓夫进行了过激的发言来抨击艾森豪威尔的"背叛行为",并怒气冲冲地走出了会议室。苏联代表团的许多成员都觉得他的行为非常不合身份,赫鲁晓夫自己在日后也承认U-2事件是导致他政治生涯结束的许多问题的开端。1969年,赫鲁晓夫告诉一名来访的美国医生:"在那件事发生之前,一切都好好地。但从加利·鲍尔斯被击落的那一刻起,我就失去了完全掌控。那些认为美国有帝国主义意图,因而军事力量最重要的人(克里姆林宫的强硬派人士)现在可有证据了,在U-2事件后,这种心情我怎么也克服不了。"

在1960年10月举行的联合国大会上,赫鲁晓夫进一步暴露了其情绪不稳的一面。他不断打断英国首相哈罗德·麦克米伦的发言,当麦克米伦指责苏联在东欧的压迫政策时,赫鲁晓夫脱了一只鞋在桌子上猛敲,以示抗议(这一事件的录影带上赫鲁晓夫好像仍穿着两只鞋,可能他向自己的助手借了一只鞋吧)。赫鲁晓夫对自己的喧哗造成的效果似乎很满意,告诉自己的顾问奥列格·特罗亚诺夫斯基:"你可错过了一件好事!这太有趣了!"之后,赫鲁晓夫声称他是受到了所听到的关于1905年杜马发生的事的启发,当时人们敢于采用极端手段来传达自己的想法。但是苏联代表团的几名成员以及赫鲁晓

[①] 鲍尔斯因从事间谍活动在莫斯科接受审判,被判劳役7年和有期徒刑3年。1962年,他提前出狱,与一名被抓到的苏联间谍交换。

夫在莫斯科中央委员会的对手都大为吃惊。大家都愈发同意赫鲁晓夫的行为已经开始有损其自身声誉和苏联的声誉。

当赫鲁晓夫于1961年6月在维也纳会见下一任美国总统——刚当选的肯尼迪时，他执意要让这位年纪轻轻的总统知道谁才是老大。赫鲁晓夫居高临下，盛气凌人，不停地抱怨最近的猪湾惨败事件；在这次事件中，受美国中央情报局训练的古巴流亡分子入侵古巴，但未能推翻卡斯特罗政权。这两位领导人在柏林问题上也发生了矛盾，赫鲁晓夫执意要求把柏林并入东德。自二战结束德国分裂以来，东德居民一直利用柏林开放的边境逃去西德，而东德共产党领导人瓦尔特·乌布利希催促赫鲁晓夫采取行动来阻止居民大批离开，赫鲁晓夫也答应了他的请求：1961年8月，在苏联占领区和西德之间安起了带刺铁丝网。见西德未采取任何行动来移除铁丝网，赫鲁晓夫又下令建造一座永久的环绕西德四面的墙，使得从东德的任何领域都无法进入西德。这次西德仍未做出任何反应。赫鲁晓夫认为在与肯尼迪的比试中他胜出了。柏林墙的成功建立使赫鲁晓夫盲目自信，以为苏联可以肆意欺负这位年轻美国总统而不用遭受惩罚。

实际上，肯尼迪及其政府都愈发担忧赫鲁晓夫难以预测的行为和挑衅言论。1961年10月，苏联进行"沙皇炸弹"——目前世界上最大的核武器试爆，全球局势进一步紧张化；核冲突似乎就要来临。赫鲁晓夫的回忆录显示他把核竞争看作与美国领导人之间的个人心理游戏。

> 我记得肯尼迪总统曾说过美国的核导弹能够毁灭苏联两次，而苏联的核武器只够毁灭美国一次……当记者要我就此发表意见时，我以玩笑的口吻回答说："诚如肯尼迪总统所言，但我并无抱怨……我们很高兴能一次性消灭美国。消灭同一个国家两次有什么好处呢？苏联又不是嗜血的民族。"

赫鲁晓夫可能只是把核武器当作谈判筹码，并不打算真正使用核武器。但他爆发的言论却使美国政府确信他情绪不稳，并很可能精神失常。美国相信苏联在某些情形下会发起核冲突，而这种信念也导致了冷战以来最危险的时刻。

卡斯特罗成为古巴领导人，这给了苏联近距离挑战美国的机会。美国在土耳其部署了导弹，莫斯科在其射击距离内，而赫鲁晓夫想扳平这种核武器制衡局面。1962年10月初，美国的侦察机在古巴的苏联基地发现了异常建造工程，识别了几排看起来像是能运载核弹的地对空导弹的东西。美军参谋长强烈要求进行空战，先发制人地毁灭那些军事基地，但肯尼迪却犹豫了。到了10月中旬，核战争一触即发。肯尼迪明确表明美国不想开战，但是如果苏联一再迫使的话，美国不会犹豫。肯尼迪总统的弟弟罗伯特·肯尼迪后来确认说美国的威胁是货真价实的。

> 明天我们必须得到移除军事基地的承诺，我并不是在发最后通牒而是在陈述事实。苏联必须明白如果他们不移除那些基地的话，美国会帮他们移除。可能苏联会觉得有必要以牙还牙，但是在报复行动结束之前，不仅会有美国士兵死去，苏联士兵也会死去。

赫鲁晓夫后来写到，他的目的是"保护古巴社会主义共和国的地位"以及"向同地区的其他国家做出榜样"。赫鲁晓夫的个人信用已经岌岌可危，而他似乎执意要把事情进行到底。"我们还没有足够时间把所有导弹运到古巴，"他回忆说，"但我们已经在古巴部署了足够的导弹来毁灭纽约、芝加哥和其他工业城市，更别提华盛顿这个小地方了。如果我们的导弹之一在美国的攻击中幸免于难，那么纽约估计就剩残骸断壁了……我想美国应该从未面临过如此真实的灭绝威胁。"

继柏林墙的胜利以来，赫鲁晓夫明显在期待另一场不流血的胜利。他自问自答地说道："我怎么能严肃对待一个比我儿子还年轻的总统呢？"但是赫鲁晓夫低估了肯尼迪。白宫宣布说美国战舰会在古巴周围设立禁区，任何试图穿越此禁区的苏联船只都会被摧毁。此时，苏联的一支装载更多导弹的小型船队正在去往古巴的途中，眼看还有几天就要抵达禁区，军事冲突可谓剑拔弩张。然后，在尾声即将来临前，美国和苏联同时提议，想要缓和危机。如果苏联拆除在古巴的导弹，美国保证不再发起类似猪湾事件的侵略行为；同样地，如果美国拆除部署在土耳其的核武器，苏联应承诺不对土耳其发起进攻。10月28日，莫斯科电台广播了赫鲁晓夫"所有苏联在古巴的导弹都在撤除中"的声明。美国也兑现了其承诺，从土耳其移除了导弹，但并没有就此进行公开声明，所以就结果而言似乎是苏联做出了耻辱的退让。肯尼迪告诉自己的人员他"卸了赫鲁晓夫的威风"，美国媒体也宣扬了这一次胜利。

苏联常务委员会对赫鲁晓夫就事件的处理非常不满。首先，在古巴部署导弹就是他的失策，并且也是他错误地认为能够迫使肯尼迪屈服。苏联被弄得在世界眼中看上去不堪一击，盟友卡斯特罗也为未和他商议就单方面决定古巴的前程大为恼火，中国仍因苏联在去除斯大林统治效应的过程中蒙受耻辱而难受，谴责整个事件为"以错误观念为指导，以投降而告终的冒险主义"。古巴事件的崩溃和农业计划的失败损害了赫鲁晓夫的威严。到太空计划开始瓦解时，赫鲁晓夫早已风光不再。他作为苏联领导人的最后一次官方活动是1964年10月12日，祝贺登上第一个多人航天飞船"上升号"的飞行员。他从位于黑海的度假屋打来祝贺电话，当天晚些时候，他收到了莫斯科常务委员会的消息。常务委员会安排了紧急中央委员会会议来商讨农业现状，要求赫鲁晓夫赶回来参加。当赫鲁晓夫抵达时，却遭遇了无情对待。政变的煽动者是他自己的门徒列昂尼德·勃列日涅夫，并且常务委员会的其他人员都支持这次政变。意识形态负责人米哈伊尔·苏斯诺夫对赫鲁晓夫作为党的总书记期间所犯下的错误进行了控诉，炮轰赫鲁晓夫难以预测、自吹自擂的言行，谴责他在农业上的失败、古巴导弹危机和与中国的关系破裂，并要求他辞职。赫鲁晓夫孤立无援；他要求大家对他宽容一些，就像1957年他对密谋者表示宽容一样。"同志们，如果我犯了什么错，请原谅我。我们曾齐心协力。确实，我们未曾实现我们所希望实现的一切……现在该由你们决定怎么做了。我能说什么？我这是自食其果。"接着赫鲁晓夫因"健康原因"主动辞职。辞职被接受，第二天，早就站在苏斯诺夫一边的中央委员会进行了投票同意。[①]

《真理报》10月16日的社论指责了赫鲁晓夫的"主观主义和在共产主义建设中的偏移，轻率的计划，不成熟的结论，偏离现实的仓促决定和行为，

[①] 1964年，苏联的"民主中央制"系统一直运作平稳：从克里姆林宫延伸出去的共产党统治网确保了整个苏联都遵守苏联共产党的统治。谁控制了共产主义高层机构，就是控制了苏联社会各个层级的政府机构，政府部门、军队、民兵组织和国家安全部门都会顺从。因此，只要一个像1964年10月发生的小规模的"宫廷政变"，就可以影响权力的自动和整体转移。但是，下次政变——1991年8月发生时，上述转变却没有出现——形势已经完全改变，政变密谋者类似的平稳转移的期望显然会破灭。

吹嘘和咆哮，独裁政治倾向，不愿考虑科学和实践经验成果"。这可是公开耻辱，赫鲁晓夫被许多人视作使苏联在国际舞台上蒙羞，几乎把苏联卷入一场世界末日之战的野蛮乡下人。他无比的自信，再辅以身为领导人所拥有的无限权力，这使得他走上了一条灾难之路。

但是赫鲁晓夫实现了从斯大林黑色统治时期向新社会的转型，这个新社会更开放，更少受专制镇压的恐慌。赫鲁晓夫在免职当夜告诉一个朋友说："我老了，也累了。让他们自己去应对吧，我已经做了最重要的事。能有人敢告诉斯大林他不再被需要，要他辞职吗？斯大林会灭了他们的，现在不同了，恐惧早已不再了。我们能以平等的身份对话，而这就是我的贡献。"

二

新的政权决定开辟新的道路。列昂尼德·勃列日涅夫是新政权下党的领导人，平凡，没有明确的意识形态倾向，习惯于与顾问交流后再作决定。尤里·安德罗波夫、康斯坦丁·契尔年科、米哈伊尔·苏斯洛夫、阿列克谢·柯西金和安德列·葛罗米柯等人都是他的顾问。赫鲁晓夫有趣而古怪，勃列日涅夫则沉闷而乏味；赫鲁晓夫致力于改革，推动国家向前发展，勃列日涅夫则安于现状，缺乏行动目标。人们一度认为勃列日涅夫只是暂时的代替者，他长达18年的任期完全出人意料。勃列日涅夫的任期时间仅次于斯大林。

列昂尼德·伊里奇·勃列日涅夫出生于1906年，父亲是乌克兰的钢铁工人。少年时期，他高大英俊，很难与日后那位身材臃肿、爱皱眉头、演讲磕磕绊绊的老人联系在一起。当时，他是一名工程师，1929年加入苏共。1941年之后，他在乌克兰红军中担任政治委员，与苏共主席赫鲁晓夫联系密切。战争时期，赫鲁晓夫是斯大林在红军指挥官中的代表，每天都要跟克里姆林宫联系。勃列日涅夫几乎没有观看过直接的军事行动，但是他和赫鲁晓夫的联系，以及通过赫鲁晓夫与斯大林的联系，给他带来了不少好处。战争结束后，得益于赫鲁晓夫，他在党内的职位提升了。1952年，他成为苏共中央委员。斯大林逝世后，赫鲁晓夫接任苏共中央第一书记，同时任命勃列日涅夫为哈萨克党中央第一书记。在担任哈萨克党中央第一书记时，他见证了垦荒运动最初几年的成功。1960年，勃列日涅夫被任命为苏联最高苏维埃主席团主席，赫鲁晓夫发挥了很大作用。

推翻赫鲁晓夫政权后，勃列日涅夫终止了相应的改革措施，苏联再次回到以前的保守主义状态，腐化盛行，发展最终停滞不前。勃列日涅夫时期被称为"停滞的时代"——无论经济、政治，还是文化。

在"解冻"的赫鲁晓夫时期，反斯大林政策放宽了对思想和言论的限制，苏联人民享有一定程度的自由。亚历山大·索尔仁尼琴所著《伊凡·杰尼索维奇的一天》的出版，得到了赫鲁晓夫亲自批准。尽管如此，自由化的程度不高。赫鲁晓夫并没有打算彻底放开限制，让任何人都可以批评苏联政权。并且数年之后，他的自由化政策开始动摇。索尔仁尼琴的第二本书遭禁，其他作家境遇相似。安德烈·沃兹涅先斯基和叶甫根尼·叶夫图申科等诗人非常受民众欢迎，朗诵会的门票经常一售而空。但是，他们的政治立场不明显，这引起了克里姆林宫部分人的不满。1963年的现代艺术展览上，赫鲁晓夫评价说，这些油画"比驴用尾巴随意涂抹的还差"。在场的雕塑家纳兹·维斯特尼反驳道，第一书记的身份并不能让他变成评论家。赫鲁晓夫当即严加指责，最终愤而离开。①

虽然赫鲁晓夫对创造自由的态度反复无常，但是在勃列日涅夫时代，人们不时怀念赫鲁晓夫的统治。由于文学和艺术作品均受到严格的审查，拒绝把社会主义现实作为题材的作家们被迫进行秘密创作，他们冒着很大的风险。秘密出版物开始盛行，诗歌、小说和回忆录的打字复写稿在读者中心手相传。随着不断传阅，纸张也越来越薄。正因为如此，在那个压迫的社会，不同的政见才得以广为传播。孤独与焦虑伴随着写作，资深不同政见者弗拉基米尔·布科夫斯基如此描述道："一个人写，一个人编辑，一个人审查，一个人出版，一个人发行，然后为了它一个人进监狱。"

列宁格勒诗人约瑟夫·布罗茨基1964年被捕入狱，他的罪名是"色情文学作家"和"寄生虫"。在法庭上，所谓的"寄生虫"的罪名引发了对诗歌性质的激烈辩论。"谁能证明你的诗人身份？"法官问道，"你接受谁指派？""没有人。"布罗茨基回答。"你学习成为诗人了吗？高中教育学生如何成为诗人，你是不是曾有辍学的意图？""我不认为我受到了这方面的教导。""好吧，那怎样才能？""我认为……那是上帝教给我的。"

布罗茨基被判5年苦役，他的遭遇引发了人们的不安。2年后，作家安德烈·西尼亚夫斯基和尤里·丹尼尔的判决遭到了国际社会的强烈谴责，不同政见者运动开始加速发展。安德烈·西尼亚夫斯基和尤里·丹尼尔因"煽动和宣传反苏联"的罪名接受审判，唯一的证据是他们各自作品中虚构角色表

---

① 克格勃领导人亚历山大·谢列平对纳兹·维斯特尼讥讽道："你将在集中营度过余生！"但之后，纳兹·维斯特尼从未被逮捕过。赫鲁晓夫逝世后，他的遗孀请求纳兹·维斯特尼为他雕刻墓碑。纳兹·维斯特尼雕刻的墓碑很奇特，一半黑色大理石，一半白色大理石，而这正好反映了赫鲁晓夫复杂性格中人性和政治的矛盾。

达的意见。审判过程中，他们为自己进行无罪辩护，而控方律师的观点也被公之于众。控方律师试图证明，作家的思想与他小说中人物的思想是一致的。在最后申辩时，西尼亚夫斯基就为什么进行这样的审判提出了质疑。"我是不同的。"他承认，"但是我不是敌人……这儿让人感到不真实，容易激动，任何'不同的'人都被认为是敌人，但这不合逻辑。我们对作品的解读只是流于表面，我不知道为什么会产生敌人，为什么要严厉抨击虚构的怪物。"丹尼尔被判5年苦役，西尼亚夫斯基则是7年。[①]

"西尼亚夫斯基—丹尼尔审判"是异见者在苏联历史上的严峻时刻。此后，斗争的焦点转移到人权问题和依法治国上。为反对西尼亚夫斯基—丹尼尔判决，由物理学家安德烈·萨哈罗夫和其他学者联名签署的抗议信在地下秘密地广泛传播，公开的游行也开展了起来。抗议的人群聚集到莫斯科中心的普希金广场，进行"无声的守夜抗议"。他们小心翼翼地避免违法行为，举着的横幅上写着"尊重宪法——苏联的根本大法"的标语。这些行动无声地揭示着一个事实：苏联政府不尊重任何法律，甚至是本国的法律，苏联的政治是没有制约的集权主义独裁政治。仿佛是为了证明抗议者阐述的事实，克里姆林宫出台了有关"违反公共场所秩序"的法规作为回应。根据这一法规，警察有权驱散非法公开集会的人群。参加游行的作家和学者都被告知职业会受到影响，无视警告的则会发现自己被解雇了，并且必须从事清洁工、衣帽寄放处管理员和锅炉工等卑微的工作。渐渐地，克格勃通过告密者提供的情报渗入到异见者群体中，把群体的领导向政府拉拢。

1968年苏联入侵捷克斯洛伐克后，镇压的形势越来越残酷。亚历山大·杜布切克主张捷克斯洛伐克走"另一条路通向社会主义"，给予人民更多的言论自由，让地方分权，并且不排斥多党制的可能性。"布拉格之春"的改革动摇了共产主义在东欧的稳定局面。勃列日涅夫密切关注此事，但是他的训诫没有受到重视，他心中的警钟越来越响。1968年8月21日凌晨的几个小

[①] 出狱后，西尼亚夫斯基流亡到法国。此后，他仅在1989年被批准回国，参加丹尼尔的葬礼。葬礼结束后，我与他在丹尼尔位于莫斯科的公寓交谈。西尼亚夫斯基认为他和丹尼尔入狱的本质原因是揭露了苏联体系的脆弱以及不合逻辑。他指出，国家把不同政见者和"怪物"当作替罪羊掩盖所犯的错误，甚至连虚构的作品都成为合法的打击对象。西尼亚夫斯基不后悔自己的所作所为，也不后悔受到那些惩罚。戈尔巴乔夫的改革让他感到振奋，但是他坚持认为抨击独裁统治的诗人和作家是俄罗斯一直需要的。

时里，根据华沙条约组成的联盟军奔赴捷克斯洛伐克。联盟军有200,000名士兵和2,000辆坦克，分别来自苏联、保加利亚、波兰和匈牙利。为了迷惑前进的军队，捷克斯洛伐克的人们涂改了路标，将小镇临时改名为杜布切克或斯沃博达（象征着"自由"，同时是总统的名字）。抵抗入侵者的过程中，70名平民死亡。与12年前匈牙利的战争相比，此次的规模较小。入侵结束后，克里姆林宫迅速宣布"秩序"已经恢复。

杜布切克在战争失利后，被押解到莫斯科。勃列日涅夫对他的所作所为进行了严厉的指责，认为他动摇了社会主义的大船。"我信任你，维护你，"勃列日涅夫抱怨说，"我告诉他们，你是一个好同志。但看吧，你让我们所有人都失望了！"① 危机结束后，《真理报》发文称东欧的独立政治思想应该接受严格的限制。报纸写道，"通向社会主义的条条大路"只有在"不破坏本国的社会主义，不损害其他社会主义国家的基本利益，不阻碍全世界工人进取"的前提下才是行得通的。勃列日涅夫在11月的讲话中确认了勃列日涅夫主义，该主义指出华沙条约的成员国"享有把马克思列宁主义和社会主义的基本原则运用到本国的自由，同时不能背离这些原则"。

在莫斯科，秘密出版物谴责了此次入侵。8月25日，8名抗议者试图到红场静坐示威。红场是非常公共的区域，警力也集中，静坐是前所未有的举动。示威者刚举起横幅，呼吁政府"请勿干涉捷克斯洛伐克！""还我自由！"就被挥舞着警棍的民兵团团围住了。他们遭到了殴打，然后被拖走了。4名示威者被判入狱，3名被流放，还有一名被送到精神病医院。但是，他们的勇气鼓舞了愈加自信的异见团体，使异见团体更加坚定。1968年，苏联媒体大幅报道了巴黎的5月学生骚乱，以及美国和英国的反越战游行。讽刺的是，这些报道反而助长了苏联对立团体的信心，他们认为自己也应该寻求表达意见的途径。

入侵捷克斯洛伐克事件同样受到共产主义阵营中相对独立的国家的谴责，包括南斯拉夫、罗马尼亚和阿尔巴尼亚。不稳定的中苏关系则更加恶化。1969年3月，莫斯科和北京的局势日趋紧张，中苏边界爆发了一系列小规模

---

① 与1956年匈牙利反叛的领导人不同，杜布切克保存了性命。之后，他在斯洛伐克的偏远地区的森林管理局工作了很多年。1989年"天鹅绒革命"发生后，杜布切克曾短暂地复出政坛。

的武装冲突，两国各有数百人受伤，数十人死亡。两国关系最终通过外交协商缓和，但是彼此间的不信任深深遗留下来。中苏分裂，两国各自寻找其他的潜在盟友。但随后，在共同对抗一直以来的敌人美国时，两国之间的关系开始解冻。

勃列日涅夫时期，美苏就限制核武器的生产与运用签订了一系列协议，包括1969年的《不扩散核武器条约》《限制战略核武器条约》（Ⅰ、Ⅱ）和1972年的《反弹道导弹条约》。勃列日涅夫曾于1973年访问纽约，而为了缓和美苏关系，美国总统理查德·尼克松和杰拉尔德·福特均到苏联进行过访问。冷战的硝烟开始消散，但美苏都不认为长久的和平会到来。

克里姆林宫希望缓和美苏关系主要是出于经济因素的考虑。自上任后，勃列日涅夫的首要目标是追求与美国军事力量的平等。在他任期的前6年，国防预算上涨了40%。苏联的经济已经停滞，形势岌岌可危，人们生活在水深火热中。勃列日涅夫厌恶改革，做出的决定有悖常理，这更是加剧了对工业的伤害。譬如在工厂里引进新机器等技术创新均被推迟或者全部取消，因为安装机器和工人接受培训期间产量有可能稍微下降，但是僵硬的计划经济难以应对这种情况。事实上，许多企业不愿意提高生产率：若生产率提高了，下一年的目标就会提高，或者工人的数量会减少。对工人来说，工作更加努力或者更有效率，他们的工作量会增加，但是酬劳不会改变。所以，人们都在为下班之后的活动养精蓄锐，例如排队买食物和生活用品，从事副业等。人们采取以物易物的投机方式增加收入，这种"黑色"经济给官方经济蒙上了阴影。通常，工人与领导勾结，从工作的地方拿走工具，自己使用或者用来交换。工人们还要贿赂领导，以获得保护伞。这些滥用职权的行为众所周知并且被默许了，就连勃列日涅夫都承认，"没有人仅靠着工资生活"。

官方宣传为20世纪70年代贴上的标签是"发达的社会主义阶段"，距离共产主义更近了一步，可能会"长久地处于这一阶段"。与赫鲁晓夫不同，勃列日涅夫没有制定难以完成的宏伟目标，他只要求稍微增加生活消费品，平缓提高生活水平，对工资和生产几乎没有要求。其他国家对苏联的经济情况知之甚少，而苏联方面的报道都非常乐观，坚持声称"各方面处于所有社会主义国家中的最好水平"。不少国家相信了这些报道，认为苏联在振兴。1973年石油危机爆发，欧洲国家均削减了石油供应，莫斯科也随之上涨了油价。

当时，苏联的钢、铁和水泥产量一直保持领先地位。然而，表象之下，现实并不乐观。

当赫鲁晓夫欢呼庆祝取得第九个"五年计划"的伟大胜利时，格鲁吉亚第一书记爱德华·谢瓦尔德纳泽给出了更为客观的评价："工人生产的生活用品，每四件中就有一件质量不合格。"1976年他发表在《真理报》上的文章中写道："'五年计划'的前4年，全苏联仅平均建造了91栋公寓，只可容纳10,000人。"勃列日涅夫在下一个"五年计划"中宣称，将在农业领域投入1,720亿卢布，但谢瓦尔德纳泽发现"投入的1卢布，回报是39戈比"。劳动生产率比美国低50%，农业生产率低75%。安德烈·萨哈罗夫推测，苏联一般工人的购买力约为美国工人的九分之一。物资严重短缺的时期，卢布更加不值钱：什么都买不起，要钱有何用？唯一有食物和日用品正常供给的是国家的要职人员、党内官员和政治家，他们可以出入一些特殊的商店。商店通常隐藏在不起眼的门后，以免触怒那些无权购买的人。苏联大肆出口原材料，再现了1917年依赖石油和天然气出口的情形。也正因为这样，经济的全面崩溃才得以延缓。

然而不同于革命前的时期，当时的苏联没有多余的粮食来补充供给，或者出售以换取外汇，苏联成了粮食净进口国。集体农业生产率一直低下。虽然私有土地不到总体的1%，但是集体农庄的农民闲暇在这些小块私有土地上的收成反而更好，占到了全国农业总产量的28%。为了使物价保持在较低水平，保障城市居民的基本生活，国家必须给集体农庄提供高额补贴。截至1981年，这一补贴居然高达330亿卢布。

随着生活水平的骤然下降，酗酒、精神疾病、离婚和自杀率不断攀升。1964年，立陶宛人伏特加酒的平均消费量为每人8升。截至1973年，消费量达到了28.5升。尤其是对妇女来说，她们的负担加重了一倍，既要照顾家庭，又要出去工作。家庭需要第二份收入，这使婚姻关系紧张，流产和离婚率增加。而许多城市居民迫于地方狭小只生了一个孩子，因而，生育率不断下降。俄罗斯、乌克兰、白俄罗斯和波罗的海沿岸诸共和国的人口在实际减少，斯拉夫民族的主导地位受到了威胁。1959年，俄罗斯人占总人口的55%，1979年则下降到了52%。与此同时，塔吉克人、乌兹别克人和哈萨克人的人口则快速增长。一些俄罗斯人非常恐惧，害怕"东方人"的人数会超过俄罗斯人。

民族主义情绪开始蔓延：少数民族对克里姆林宫的俄罗斯人文主义感到厌恶，俄罗斯民族主义者则控诉克里姆林宫忽视了他们的文化和社会利益。不同民族之间的紧张关系一触即发，但正如其他的许多问题一样，勃列日涅夫对该问题仍是置之不理。地方领导人一人独大，腐败不受控制，握有权力的"部落沙皇"忙着把家庭和宗族成员安排到重要职位。地方精英开始紧随民族政策，自20世纪30年代伊始就定居诸共和国的俄罗斯人则遭到排斥，处于边缘地位。实际上，每一个共和国和每一个民族都对中央有所不满，俄罗斯人也是这样。20世纪60年代后期，亚美尼亚的埃里温、爱沙尼亚的塔尔图和乌克兰的基辅都爆发了骚乱。形势越来越严峻，一场混乱的局面即将拉开序幕。

勃列日涅夫不愿意直接面对国家出现的问题，但并不是不愿意寻找替罪羊。电视剧、书籍和电影都认为"犹太复国主义"对苏联构成严重威胁，于是，苏联科学院成立了常设委员会，"协助宣传和批评犹太复国主义的历史、意识形态和实际行动"。1967年"六日战争"后，犹太人遭到了更为严重的打压，例如工作时受到歧视，申请高等教育受到阻拦以及在街上受到身体攻击等。试图移居到以色列的苏联犹太人愈来愈多，但是他们发现这条道路坎坷重重。苏联政府一直禁止大规模的移民，部分原因是为了维护苏联的理想形象——人民安居乐业的社会主义天堂。然而，很多出境签证遭拒的犹太人得到的官方回复是他们"威胁国家安全"。①

在西方施加的压力下，莫斯科做出了不情愿的让步。能证明有家人在国外的犹太人可以获得出境签证，其他的申请者则加入了"移民被拒者"阵营。当局认为要求移民的人都是可疑的，而移民被拒的人则成了社会弃儿，不但丢了工作，还要忍受当局骚扰，甚至会被媒体批判。

官方媒体暗讽道，移民被拒者和不同政见者都是西方帝国主义的代理人，都有削弱苏联的企图。安德烈·萨哈罗夫、安德烈·阿马尔里克、弗拉基米尔·布克夫斯基、罗伊·麦德维杰夫和亚历山大·索尔仁尼琴等自由思想人

---

① 著名的犹太异见人士纳坦·夏兰斯基把荒谬的官方回复编成了笑话。笑话是这样的：一名犹太人走近一位克格勃官员，问他自己的签证为什么被拒。"因为你知道国家秘密。"克格勃说。"什么秘密？"犹太人问道，"苏联比西方落后10年？""是的！"官员叫道，"那就是秘密。"

士均被视为极端主义者，可能受雇于阴险的外国势力。

其实，上述人士都不是居心叵测之人。他们称呼自己和同类的人为"思想不同者"，目的都是希望给苏联带来积极的改变。1970年，萨哈罗夫帮助成立了人权委员会，宣称是"以法律为行动准则的具有创新精神的组织"。他们谴责监禁政府对立者的不合法行为，呼吁为接受审判的人制定完善的防卫条款。他们采取的做法是以苏联当局出台的法律为依据，曝光当局的非法行为并追究相关责任。克里姆林宫对此事的回应是，逮捕更多的人，进行更严酷的镇压，而克格勃领导尤里·安德罗波夫则利用奥威尔式的诡辩法进行了辩护，"所有的苏联人民，只要追求的利益与整个社会的利益相一致，都有权享有最大程度的民主自由。"他警告说，"但对那些违背整个社会利益的人来说，就不是一回事儿了。"换句话说，"你有思想自由，只要你的思想与当局一致"。

亚历山大·索尔仁尼琴认为苏联的共产主义注定要失败，并且他毫不掩饰自己的想法。1973年，他写了《致苏共领袖书》，敦促勃列日涅夫及其同僚"抛弃威胁国家军事和经济的僵硬的意识形态"。他对克里姆林宫的理论家表示怀疑："当你展开报纸或者打开电视时，你们自己真的相信听到的那些讲话吗，哪怕是那一瞬间？不，我很确定你们自己很早之前就不相信了。如果你们已经不相信了，那么你们完全不了解这个国家真实的生活是怎样的。""苏联人试图解决全世界的问题，而自己的国家却是一盘散沙。"索尔仁尼琴写道："这真是傲慢至极！愚蠢至极！"他崇尚20世纪的亲斯拉夫文化，宣称拯救俄罗斯的希望就在传统的农民村庄中。村庄是储藏古代农民自治委员会的集体主义精神的宝库，没有受到发展和现代化的干扰。苏联有如此多的灾难，都源于发展和现代化这类有害思想。索尔仁尼琴是传统主义者，也是东正教民族主义者，思想与19世纪后期的保守主义者有许多共通之处。与支持独裁政治的俄国辩护者康斯坦丁·波别多诺斯采夫观点一致，索尔仁尼琴也认为民主无法拯救俄罗斯于苦难，俄罗斯需要独裁统治。他写道："人们还没有准备好从集权主义的悬崖上跳下，进入民主。如果贸然跳下，结果是致命的撞击声，国家陷入无政府主义的深渊。"第二年，索尔仁尼琴被逮捕，随后被驱逐到西方国家。对此，官方媒体发布了不真实的报道，说索尔仁尼琴是移民被拒的犹太人，主动要求离开俄罗斯。

索尔仁尼琴离开后，安德烈·萨哈罗夫接任，成为苏联不同政见者运动的精神领袖。他希望缓和与当局的关系。他认为限制知识分子的自由会损害苏联的利益，导致本国的科学技术落后于西方。他写道："斯大林时代建立了反民主的公众生活传统和规范，至今都没有完全消失……知识分子希望获得更多的自由，这是合理的，也是自然的。"尽管不时受到当局的恐吓，萨哈罗夫仍毫不退步。"人可以没有希望，"他总结道，"但是他必须大胆提出自己的要求。不能，一定不能，一味保持缄默。"作为不同政见者，职责是"诚实、有原则、无私、不惧牺牲"。

1975年，萨哈罗夫获得了诺贝尔和平奖，这与他以前所获的奖章并不适合摆在一起。诺贝尔和平奖之前，他因对苏联原子弹发展有卓越贡献，被授予了列宁奖章、斯大林奖章和三枚社会主义劳动英雄勋章。萨哈罗夫的行动让全世界把关注的目光聚焦到苏联持不同政见者的困境上。同年，西方国家签署《赫尔辛基协定》时，其中一章特别规定所有签约国要"尊重人权和基本的自由权利"。莫斯科同意尊重人权，仅仅是因为它必须保护协定的其他条款，要求西方认可二战时期东欧的边界。不久，勃列日涅夫以《赫尔辛基协定》"干涉社会主义国家的内政"为由，对外界要求苏联遵守该协定的呼声完全不予理会。但是，《赫尔辛基协定》让饱受围困的苏联人权组织在国际法中找到了"救命稻草"。萨哈罗夫及其同仁也因此受到鼓舞，成立了莫斯科赫尔辛基组织，致力于要求当局兑现承诺。另外，西方国家领导人到访莫斯科时，亦可以借机向苏联当局提出侵犯人权的问题。譬如，罗纳德·里根和玛格丽特·撒切尔在犹太人出境签证问题和独立政治犯释放问题上成功迫使克里姆林宫做出了让步。

最终，萨哈罗夫因为拒绝保持沉默而获罪。1980年，他和同为人权活动人士的妻子叶连娜·波纳被流放到偏远城市高尔基。得益于在西方国家中的高知名度，以及之前是苏联军事研发英雄的名声，萨哈罗夫没有被关进劳动营或精神病医院。

克里姆林宫对萨哈罗夫的宽大处理，某种程度上反映了苏联增加了对西方国家的依赖。现在，莫斯科对西方的需求不仅仅局限于粮食，苏联经济的运作也需要从西方的科技和知识中寻求帮助。此外，国外银行的巨额贷款使苏联有了偿还债务的能力：1974年，苏联获得130亿美元贷款，而到1978年，数额上升到了500亿美元。500亿美元中,有三分之一是英国的银行提供的。资本主义世界和苏联因为相互的金融往来走到了一起,两个阵营之间的关系也出现了改变。苏联成立后的最初几年,西方曾试图用军事力量推翻布尔什维克国家,并且拒绝承认苏联的国际地位。然而,现在它们的态度发生了彻底的转变。为了确保莫斯科继续偿还债务,欧洲和美国不得不维护社会主义世界的稳定。对苏联来说,尽管20世纪70年代初签署了一系列军备限制协议,军费支出的危机却还未解决。根据《限制战略核武器条约》(Ⅱ),苏联原本可以削减远程导弹的费用,但当苏联1979年12月入侵阿富汗时,华盛顿要求废止该条约。此次入侵标志着两国关系的缓和戛然而止,同时重新拉开了超级大国军备竞赛的序幕。美国决定再次增加军费支出,克里姆林宫也做出了相同的决定。麻烦的阿富汗问题成了苏联接下来10年的沉重包袱,苏联更加没有多余的资金用来改善人民的生活条件。

苏联专制制度的下一个挑战来自波兰。1980年,因为物价急剧增长,在波罗的海港口工作的码头工人走上街头游行示威。就在那个夏季,罢工浪潮蔓延到波兰的其他工业和领域。蓄着小胡子的莱赫·瓦文萨是在造船厂工作的电工,也是反抗运动中富有感召力的领导。他领导的"团结运动"与共产主义者产生了冲突,斗争的焦点从对物质的需求转移到为自由、选择自由和民族尊严而战。勃列日涅夫曾考虑过军事入侵,但最终放弃了。他建议波兰总统沃依切赫·雅鲁泽尔斯基宣布国家进入紧急状态,由波兰本身的武装力量实施。军事管制从1981年12月持续到1983年7月,成千上万的反对派活动人士被关进监狱,100多名反抗者在街道冲突中死亡。随后,国家表面上恢复了秩序,但人民的不满还在继续加深,最终于20世纪80年代末再次爆发。

在波兰危机时期,勃列日涅夫的状态不断衰退,他的健康状况不佳,并且变胖了。在公开场合,他经常不在状态:说话不清楚,忘词。苏联人民用刻薄的笑话嘲笑他。勃列日涅夫一直非常虚荣。20世纪70年代末期,勃列日涅夫热衷于荣誉和奖章,声称国家领导人不应该只是中将军衔。他告诉政治局:"人们写信给我,他们认为,作为最高统帅,我的军衔应该与我的职位相匹配……公众,尤其是军人,非常强烈地要求。"从来没有人相信,人们真的有这样的"要求",但是1976年勃列日涅夫晋升为元帅。到1979年为止,勃列日涅夫已经获得了60枚奖章,甚至超过了英雄元帅朱可夫。勃列日涅夫的回忆录出版后揭露了这样一个事实：二战期间，勃列日涅夫在苏联西南部城市诺沃西比尔斯克参加的一场微不足道的小规模战斗实际上是反法西斯战争的关键。这些回忆录均获得了列宁文学奖。勃列日涅夫因为盲目的个人崇拜经常成为人们的笑柄，而他自己也知道这种情况。他平静地告诉同僚："如果他们拿我开玩笑，那必然是因为他们喜欢我。"

勃列日涅夫一生嗜烟酗酒，衰老后身体和健康都出现了问题。中央委员会的争论浮现在他的脑海中。他的面容越来越苍老，一如他所统治的政府：无论多破损或是衰败，冒险改变会付出很大的代价。截至20世纪80年代初，政治局委员的平均年龄接近70岁。朝气蓬勃的米哈伊尔·戈尔巴乔夫不在此列，他被苏联年迈的领导集体震惊了。当他与安德罗波夫讨论这个问题时，安德罗波夫指出，"为了保证党和国家的稳定，以及国际的安定"，总书记现在还不能更换。1982年，勃列日涅夫公开露面的次数屈指可数。9月10日，他最终逝世了。《太阳报》发现勃列日涅夫临终前的几周都处于昏迷状态，于是将头版标题定为："揭秘：红色植物人统治俄罗斯。"

苏联的停滞状态仍将持续，前克格勃领导尤里·安德罗波夫成为新的领导人。安德罗波夫68岁，曾带领军队粉碎匈牙利起义，因而他不可避免地与旧体制下的原则有关联。尽管如此，西方媒体都认为他是一名自由主义者、改革者和爵士爱好者。在位的15个月，他试图终止勃列日涅夫时代的腐败和管理不善。但是，当1984年2月他逝世时，人们才发现他是克格勃共产党员式的自由主义者，面对需要全面改革的经济，他只做出了微不足道的尝试性改变。此外，他讨厌爵士。

康斯坦丁·契尔年科上台后，将安德罗波夫实施的所有改革都恢复到了之前的模样。契尔年科72岁，是勃列日涅夫最亲密的伙伴，坚定不移地执行勃列日涅夫的相关政策。上任时，契尔年科已是体弱多病，几乎没有办法在安德罗波夫葬礼上致悼词。12个月之后，他也去世了。不到3年，苏联已经更换了三位领导人。罗纳德·里根得知契尔年科的死讯时，跟他的妻子南希打趣道："如果苏联的领导人接二连三地去世，我要如何跟他们打交道呢？"

自1979年苏联入侵阿富汗后，美苏之间的关系一直处于冻结状态。两国均抵制了在对方国家举行的奥运会（1980年莫斯科奥运会和1984年洛杉矶奥运会），并且美国不断为阿富汗的圣战游击队提供武器和训练。此外，里根总统决定推进开发激光反导防御体系——"战略防御倡议（SDI）"，即是人们熟知的"星球大战计划"。SDI引发了苏联当局的恐慌：若美国借助SDI可以成功拦截弹道导弹，那么"恐怖平衡"就会被打破，苏联一击即溃。然而，苏联财政预算紧张，已经无法承受新的军备竞赛。但正因为对SDI的恐惧，安德罗波夫和契尔年科才都同意增加军费支出。冷战帷幕即将落下。

三

克里姆林宫的政治总是隐藏在迷雾中。要想预知谁能得势，必须寻找一些深奥隐秘的信息，譬如拍摄照片时站立的位置，红场阅兵时是否站在总书记身边以及名字是否经常出现在《真理报》上等。领导层的意见通常是一致的，这更加增加了辨别哪位领导人掌控政治路线的难度。此外，个人的私生活、爱好、家庭——有时甚至婚姻状况——都会影响个人的升迁。

因此，1984年12月，担任政治局委员的戈尔巴乔夫正式访问英国，并携漂亮美丽的妻子在公开景点露面时，引起了广泛的关注。戈尔巴乔夫夫妇充满敬意地重走了列宁和马克思经常去的地方。戈尔巴乔夫与英国首相玛格丽特·撒切尔会晤期间，赖莎·戈尔巴乔娃则在牛津街购物。虽然资本主义物质社会一直受到苏联的嘲讽批判，但它毕竟仍有可取之处，这一点无须明言。撒切尔夫人非常善于识人，短时间内就察觉到了戈尔巴乔夫夫妇各自的喜好。她在回忆录中写道：

> 赖莎·戈尔巴乔娃第一次来到西欧国家，并且只会简单的英语——据我所知，她的丈夫完全不会。但是，她穿着时髦的西式套装。衣服是灰色的，带着白色条纹，剪裁非常得体。我心里默默地想，这也是我自己会选择的款式。当时，我认为戈尔巴乔夫夫人是一名坚定的强硬派马克思主义者……但是，我后来才知道——下台之后——她的祖父是位富农，斯大林时代因为农业强行集体化被杀害。她的家庭没有任何理由相信共产主义的幻影。

就戈尔巴乔夫而言，撒切尔夫人在他正统而强硬的共产主义信念中发现了类似的隐藏在下面的微妙之处。

> 戈尔巴乔夫先生始终坚信苏联制度的优越性。苏联不仅有更高

的生产率，而且若我去了那儿，会发现人们生活得"很幸福"……如果只留意戈尔巴乔夫先生说话的内容，我可能得出这样的结论：他只是一名普普通通的共产主义者。然而，他的性格证明事实并非如此……他会微笑，会大笑，会运用手势进行强调，会改变音量，会坚持辩论到底——他是一名敏捷的辩论家。他非常自信。尽管他对契尔年科的评价充满敬意，但是他完全不会因为谈及高层政治中的争议领域而惴惴不安。他说出的话语与我料想的一致，而这就是他的风格。我感觉自己很喜欢他。当他向我告辞时，我希望他成为苏联的下一位领导人。正如我不断告知媒体的那样，戈尔巴乔夫是值得往来的人。

撒切尔夫人发现米哈伊尔·戈尔巴乔夫的性格有些复杂，而这种复杂的性格影响了戈尔巴乔夫未来的行为。与撒切尔夫人观察得出的结论一致，戈尔巴乔夫是共产主义的忠实信徒。（"我们都信奉本国的政治制度，"她肯定道，"他坚定地信奉他的，我坚定地信奉我的……"）但是她暗示说，戈尔巴乔夫对勃列日涅夫领导集体的"尊重"可能是被迫的。同时她发现了两个关键因素："对里根政府总体企图的不信任，更为重要的是，对战略防御倡议（SDI）的不信任。"由于这两个因素，戈尔巴乔夫认为要想挽救和巩固共产主义阵营必须实施重大改革。

撒切尔夫人接受BBC采访时说，戈尔巴乔夫反对SDI的原因是它加重了军备竞赛的支出，这会摧毁俄罗斯经济。继任的克里姆林宫领导人认为苏联必须能和美国的武器抗衡，但是戈尔巴乔夫指出，军备竞赛正在抑制国民经济发展，拉低人们的生活水平，国家有破产的可能。他告诉赖莎和亲近的同僚："我们不能再这样下去了。"要想阻止经济的一连串衰退，米哈伊尔·戈尔巴乔夫必须做出重大的决定，而实施过程中还要随时应对挑战。

1985年3月10日，康斯坦丁·契尔年科逝世后，中央委员会在24小时内召开特别会议，任命新的领导人。他们需要在维克多·格里申和米哈伊尔·戈尔巴乔夫这两个人中选择：是与前三任领导人相似的年迈的保守主义候选人，还是更年轻候选人？米哈伊尔·戈尔巴乔夫刚过完54岁生日，必然活力十足。何况，人们不认为他会进行激进的改革。戈尔巴乔夫是由资深的外交部长安德烈·葛罗米柯推荐的。安德烈·葛罗米柯是克里姆林宫资深的保守主义人士之一，非常赞赏戈尔巴乔夫的"党心"。当得知匿名投票中获胜时，戈尔巴乔夫发表了类似共产主义强硬派风格的回应："我们党有无限的潜力……我们必须坚守一直以来的政策。它是可靠的、正确的、真正的列宁主义政策！"葛罗米柯满意地评价道："这个男人的微笑很温和，但他的牙齿是铁的。"这评价与撒切尔夫人的结论相反，撒切尔夫人认为戈尔巴乔夫的微笑比他所宣称的正统共产主义更重要。

戈尔巴乔夫潜在的双重性格值得注意。在他的领导下，苏联从控制严格的一党专制国家变成混乱的类民主自由国家，从集中调控的经济变成市场不规范的资本主义，从纪律严明的多民族联盟变成由相互竞争的准国家组成的向心体。尽管改变的结果是没有争议的，如何从A变成B的过程却颇具争议。一些西方历史学家认为戈尔巴乔夫是始终如一的自由改革者，上台之时就胸怀改革的目标，并且坚决贯彻执行。就算没有事先规划好的蓝图，至少这些改革与他怀有的自由民主信念相符合。这种观点与撒切尔夫人的直觉彼此附和，戈尔巴乔夫所展现的对正统共产主义的忠诚是伪装和烟幕，掩盖了他社会民主主义者的身份。相对的，苏联的作家则赞同葛罗米柯的观点，戈尔巴乔夫是一名共产主义者，并且保持着共产主义者的身份。尽管他的一些行为促进了改革，但是他也只是出于让苏联共产主义制度现代化和发展壮大苏联共产主义的目的，并无其他意图。①

在俄罗斯，我完整地经历了戈尔巴乔夫时代。在我看来，苏联经济太糟糕了，戈尔巴乔夫有义务进行改革。但是，戈尔巴乔夫只打算进行"体制内"改革，通过提倡主动、活力和创新来复兴苏联。苏联的领导人从来不认为本国的制度有缺陷，因此戈尔巴乔夫实施相关计划时不愿意使用"改革"这个字眼，而是用"加速"或者"重建"代替。

当改革的政策遇到政党阶层内部的特权阶级抵抗时，他越过这些人，直接向公众表达自己的诉求。公开政策让民众了解到他们需要知道的一些信息，比如他采取的措施都是有利的。同时，他谴责了那些反对"重建"计划的人。

---

① 历史学家阿奇·布朗认为戈尔巴乔夫清楚地知道自己在改革苏联的制度，是一名"制度改革者"。与此相反，季马·伏尔科戈诺夫则认为戈尔巴乔夫是并且一直是正统的共产主义者，他采取的行动带来的结果是出乎他自己意料之外的。

戈尔巴乔夫此举目的是动员全社会支持经济和组织结构现代化的改革，而令人意外的是，人们居然利用新的赋权要求实施更激进更快速的改革。

此后，如果说戈尔巴乔夫改革进程是列"火车"，那么公众的意见就是不断加速的"火车头"，并且"火车头"的燃料还是他自己添加的。直到苏联的整个制度崩塌时，才有流言说戈尔巴乔夫讨厌专制的情况可以扭转。尽管改革始自戈尔巴乔夫，并且苏联变强、复兴、统一、共产主义化后，他仍然占据掌舵的位置，但是制度崩塌的结果完全违背了他原有的意图。

戈尔巴乔夫上台并没有引起很大的轰动。3个星期后，在莫斯科的美国大使亚瑟·哈特曼向里根总统简要地描述了戈尔巴乔夫：思想狭隘，墨守成规，非常关注自己的政权。现在看来哈特曼的判断荒谬可笑，但是在1985年，几乎没有人会预料到我们即将经历伟大的历史时代之一——"命运不羁的时代"。这个时代发生的事情有可能改变俄罗斯千年的历史，并且影响深远。

米哈伊尔·戈尔巴乔夫于1931年出生于苏联南部斯塔夫罗波尔地区的一个农民家庭。他不但留有这个地区独特的口音——G的发音很轻（他把自己的名字念成"霍巴乔夫"），而且还有南部温暖的性格，随时带着微笑，幽默十足。童年时期，他天资聪颖，非常循规蹈矩。上学后，他的"政治意识"受到了表扬，是苏联共产主义青年团的模范成员。18岁时，年轻的戈尔巴乔夫成为共产党党员。他的父亲和祖父都是集体农庄的积极分子。学校假期期间，戈尔巴乔夫就在农庄工作，并因工作努力获得了红旗勋章。1950年，他在莫斯科国立大学攻读法律学位。彼时，赖莎正在完成毕业论文，主题是集体化制度下农民的生活。1953年两人结婚后，赖莎成为马克思主义理论讲师，戈尔巴乔夫则开始了党内生涯。戈尔巴乔夫在斯塔夫罗波尔的共产主义青年团曾经担任领导职位，展现管理才能的同时，还结交了一些有影响力的朋友。他35岁时，是斯塔夫罗波尔地区的第一书记，专门负责农业。一年后，他加入了苏联中央委员会，定期到莫斯科参加会议。他遇到了前克格勃领导尤里·安德罗波夫，并被其招致麾下。安德罗波夫主张让苏联经济走向现代化，戈尔巴乔夫成了这一理念的追随者。1984年，时任领导人的安德罗波夫病危时，计划让戈尔巴乔夫接任自己的位置，但是没有成功。

一年之后，当戈尔巴乔夫真正成为领导人的时候，他在讲话中几乎没有透露任何改革的迹象：1985年他在中央委员会全体会议的第一次讲话是典型的正统——明显很真诚的——马克思列宁主义式的讲话。他告诉与会代表:"整个历史进程,都证明了列宁主义思想的正确性。它是我们前进道路上一切行为的指导原则,是所有战略的灵感和指南针。"戈尔巴乔夫明确认同列宁创造的国家原则:以在全世界建立共产主义为目标,实行一党专制和计划经济,并致力于阶级斗争。①

戈尔巴乔夫执政伊始,就有迹象表明他的领导方式可能不同。通过抨击勃列日涅夫和契尔年科的领导方式,戈尔巴乔夫试图证明自己跟他们是不同的。1985年4月,他告诉政治局,前几任党内领导人遗留下来的"炫耀、傲慢、颂扬和谄媚"等行为必须禁止。对领导人的奉承恭维和赞美歌颂必须留在过去。戈尔巴乔夫宣布要展开对党内官员腐败行为的斗争,减少不必要的特殊待遇和权力。最初几年,一大批官员的职位发生了调动。

初始阶段的改革是实验性的,存在误区。戈尔巴乔夫毫不掩饰自己的意图——复兴经济和社会,问题是他不知道怎样才能实现目标。在1985年4月对党内官员的讲话中,戈尔巴乔夫公开赞同安德罗波夫未实施的让工厂财政更加独立的计划。但同时,他也沿袭斯大林时代的集中经济和计划控制措施。他清楚表明不支持自由的市场经济机制,对东欧的"兄弟"国家说道:

> 你们许多人认为解决问题的方法是用市场机制取代直接控制,还有一些人把市场看作经济的救星。但是,同志们,你们不要胡思乱想了。你们要注意脚下的船:我们的船是共产主义。

戈尔巴乔夫迅速在中央集权的计划经济结构下,引入了有限的几个自由企业。1987年,《国有企业法》颁布实施,为提高生产率,工厂经理被赋予更

---

① 在整个政治生涯中,戈尔巴乔夫反复强调自己始终是一名共产主义者和列宁主义者。第一次与罗纳德·里根会晤时,他告诉随从人员,美国总统是"我们阶级斗争的敌人"。1987年,他向政治局指出:"列宁的辩证法是我们解决现有问题的关键。"两年后的列宁诞辰纪念日,戈尔巴乔夫公开指责第一任苏联领导人的罪行和过失。"抛弃列宁,"他在1990年4月的一次讲话中说道,"意味着破坏整个社会和国家的根基,摧毁人类的心脏和灵魂。"甚至到1991年8月被正统共产主义军队软禁和羞辱时,他仍然不愿指责共产党,警告鲍里斯·叶利钦提防"反共产主义狂潮和政治迫害"。他所宣称的共产主义信念不是精心设计的演出。他改革的目的是为了振兴和巩固共产主义,并没有企图破坏它。

多的自由。他们有权做出相关决定,制定价格和生产指标时也有少量的回旋余地。尽管如此,中央控制的计划经济总体框架依然存在,而资本主义制度中的盈利动机仍然缺失。结果并不令人满意。

1988年,戈尔巴乔夫增加了改革的力度。《合作社法规》规定,在经济活动的某些领域,主要是服务产业、小型的私人企业可以存在。这类企业的规模和营业额受到很多限制,员工人数也受到严格的控制,并且企业是所有员工共同所有。除此之外,"共同所有人"都要缴纳重税。但很显然,一种新的公司精神诞生了。莫斯科和其他一些城市中新开了许多饭店,私人面包店、理发店和出租车公司也如雨后春笋般冒了出来。与国外的新闻媒体一样,我深深着迷于合作社。我在参观的每一家企业里,都发现人们截然不同了:他们决定努力工作并且要做好。[①]这是自列宁1921年实行新经济政策以来,资本主义首次出现,而且似乎满含希望。

人们希望经济限制会逐步取消,自由企业会随后出现。不过,戈尔巴乔夫有其他的想法。他声称要坚持计划经济,而生产资料也属国家所有。戈尔巴乔夫不想让苏联变成市场经济体制,但却希望通过不显眼的资本主义手段让萧条的控制经济恢复活力。

然而,即使如此严格限制的"资本主义"手段,也遭到了党内保守主义人士的强烈反对。正如1920年列宁的新经济政策面临的情况,戈尔巴乔夫的军事和外交政策改革遭到同样的抵制。他是第一位严肃对待削减军费开支的苏联领导人(三分之一以上的国家资源都投入到了军事领域),处境艰难。他与美国就限制和削减武器生产问题协商的次数越多,受到的苏联军工业团体的高级领导人的反对就越多。

戈尔巴乔夫决定从阿富汗撤军后,批评随之增加。阿富汗战争持续的时间超过二战,苏联花费巨大,并且伤亡人数达到好几千。早在1986年,戈尔巴乔夫就发布了撤军计划,但是国防安全局的强硬派人士一直反对。直到1989年2月,最后一支苏联军队才完成撤离。就算到了那个时候,军队中一

---

① 我还发现有组织的犯罪在增加。苏联一直存在强大的犯罪集团,但是强行向小企业征收保护费的违法行为剧增。拒绝支付保护费的人们会遭到报复。譬如,我去过的一家开张不久的面包房连续被炸,而另一家不得不卖掉自己的企业来筹集赎金交换被绑架的女儿。

些人士仍然毫不掩饰他们的愤怒。①

面对保守主义的抵抗，戈尔巴乔夫采取了前所未有的行动：直接呼吁公众支持自己的政策。比起在赫鲁晓夫和安德罗波夫时期已经出现过的加速或重建，公开化严重背离了苏联的传统。共产党人一直把信息控制视为权力的重要组成，不能把历史或者现在的真实情况告诉人民，因为这些信息可能会鼓舞民众反抗政府。改革初期，媒体受到了非常严格的审查，报纸只能刊登克里姆林宫认为"有用的"信息，文学和艺术被迫为当局服务，而历史遭到公然篡改，删掉了不合适的事实。米哈伊尔·戈尔巴乔夫花费了很少时间，就放松了信息管制。他允许出版先前的禁书，包括索尔仁尼琴的《古拉格群岛》、帕斯捷尔纳克的《日瓦戈医生》和格罗斯曼的《生活与命运》。出版这些书并不难，因为它们写的是斯大林时代的罪行，与现在无关。先前，党对信息的垄断阻止了某些事实，工农业生产问题以及与灾难、失败、政治不满或国家犯罪和腐败相关的新闻暴露在公众面前。因为关于外国出版物的一道禁令，以及国家对英国广播公司俄罗斯新闻、美国自由电台和美国之音的干扰，苏联人民完全不知道西方社会取得的成就。

经过最初的犹豫之后，戈尔巴乔夫放松了许多的限制。党内的反对派——一群夸夸其谈却不做实事的人——让他感到非常痛苦，于是他试图寻找路径避开这些抵制。他在党的第二十七次大会上说："加大信息公开程度是一项重要的举措，这是个政治问题。公开化会给民众带来民主意识和政治创新，鼓励他们参与政府建设。"戈尔巴乔夫知道自己这样做的目的：唤起公众舆论是为了瓦解党内对改革的抵制。他没预料到的是，言论自由一旦放开了，就很难控制。

两个意料之外的事件坚定了戈尔巴乔夫斗争的决心。1986年4月26日，切尔诺贝利核电站的核反应堆爆炸，导致数名工人死亡，大量放射性物质泄漏到空气中。当局采取了与以前相同的应对措施：封锁相关消息。事故发生

---

① 我跟随最后一支苏联军队离开阿富汗，至今印象深刻。圣战游击队炮轰走在我们前面的军队来庆祝胜利，年轻的士兵们走到苏联的边界城镇铁尔梅兹才松了一口气。军队指挥官鲍里斯·格罗莫夫走到最后一个边界时，我问他的一名副官回家的感觉怎么样，他痛苦地说："这是耻辱，叛徒戈尔巴乔夫出卖了我们。"和其他人一样，我知道戈尔巴乔夫的改革遇到很多阻力。然而，直到此时我才真正意识到一些苏联当权者对戈尔巴乔夫发自内心的轻视根深蒂固。

两天后，苏联电视台才报道了这次爆炸。此时，已经有数千人遭受致命的核辐射，同时外国监测站检测到辐射尘正飘过苏联边界。切尔诺贝利事故暴露了苏联体制中许多的结构缺陷，而这些缺陷也是戈尔巴乔夫一直抱怨的。他利用此次惨剧——以及克里姆林宫面临的尴尬——极力主张信息更加透明化。他说道，切尔诺贝利事故"充分表明苏联整个体制存在许多缺陷。我们过去几年形成的一切都在这次事故中一一出现：隐瞒封闭事故和其他的坏消息、不负责任、疏忽、粗制滥造和大规模的头脑不清楚"。

1987年5月28日，年轻的德国人马蒂亚斯·鲁斯特驾驶一架塞斯纳172轻型飞机从赫尔辛基飞到莫斯科市中心，在红场降落。鲁斯特在苏联境内飞行了数百英里，并且一直没有被发现或怀疑过。西方国家认为鲁斯特事件只是一个男孩独立探险的故事，但是对苏联领导层来说却意味着苏联的防空网被突破了，苏联颜面尽失。戈尔巴乔夫立刻召集所有的军队指挥官。"那架冒犯的飞机在第六军防区飞行了两个半小时，你们怎么竟然没有发现？"他质问彼得·卢舍夫将军，"有人汇报过这一情况吗？""没有，"将军答道，"飞机在莫斯科降落后，我才知道的。""我估计是交通警察告诉你的吧！"戈尔巴乔夫回击说。会议结束前，莫斯科空防区的首领、国防部长和防空军总司令都被撤职了。到1990年为止，苏联撤换了100多名将军和上校，戈尔巴乔夫趁机任命了一些赞同改革的军官。

戈尔巴乔夫接任总书记后的数月内，开始把自由主义盟友安排到重要的职位。葛罗米柯和格里申等保守派高官不再任职，而那些帮助制定改革和公开政策的可靠的军官则进入了领导核心。爱德华·谢瓦尔德纳泽是格鲁吉亚共产党第一书记，也是戈尔巴乔夫的心腹。尽管他只有一点或完全没有外交经验，但是1985年7月他接替了葛罗米柯担任外交部长。8月，亚历山大·雅科夫列夫成为意识形态和外交政策方面的高级顾问。他是苏联驻加拿大大使，坚定支持西方化。此外，鲍里斯·叶利钦接替格里申担任莫斯科市委第一书记。叶利钦来自乌拉尔山区的斯维尔德洛夫斯克市（后来恢复为之前的名字叶卡捷琳堡），是一位非常有魅力的政治家。在20世纪70年代中期，戈尔巴乔夫就和叶利钦有所往来。戈尔巴乔夫认为叶利钦活力十足，虽然有时难以揣摩，但是站在改革的一边。1985年，叶利钦成为改革的天然盟友。

雅科夫列夫、谢瓦尔德纳泽、叶利钦与顾问乔治·沙赫纳扎罗夫、阿贝尔·阿甘贝格彦、塔缇娜·扎斯拉夫斯卡娅、安纳托利·切尔亚耶夫一道,组成改革的先锋部队。其他那些自由精神比前者少的人士也带来了一定的影响力。叶戈尔·利加乔夫是银发蓝眼的西伯利亚人,年长戈尔巴乔夫10岁,他被任命为苏联共产党第二书记,成为党和国家的二把手。利加乔夫总是带着友善的笑容,非常乐意与外国记者交谈。他看上去慈祥温和,政治上却非常强硬。尽管支持戈尔巴乔夫惩治腐败反对空谈,但利加乔夫很快被认为是党内保守派领导。他甚至连《合作社法规》允许的有限私营企业都反对,正如他两年后在一次演讲中所说的:

> 公有制团结人民,而私有制分配人民的利益,会导致社会分层……改革是为了什么?是为了挖掘社会主义所有的潜能!私营企业会改善社会主义的发展吗?它不会。振兴社会主义的唯一途径是党的领导。没有党的领导,改革必然失败……我们国家里有人反对社会主义,反对党的领导。他们行动积极,并且利用大众媒体。他们为削弱社会主义,削弱党的努力而欢呼。他们把这叫作"改革"。

类似的反对改革的言论仅在20世纪80年代后期才开始出现。早期,改革派和强硬派的斗争一直在幕后进行,紧张激烈。一方面,鲍里斯·叶利钦不断呼吁加速激进改革的脚步;另一方面,利加乔夫和其他保守人士反对前者的每一步行动。戈尔巴乔夫不得不考虑两方相互抵触的要求,而他的"中间政策"两派都不满意。

1986年是安德烈·萨哈罗夫流放到高尔基的第6年,那儿距莫斯科东部250英里。萨哈罗夫和妻子叶连娜·波纳是反对苏联独裁政治的象征,受到国际支援,并且重振了国内的反对党。戈尔巴乔夫最初对萨哈罗夫流放的评论,让人联想到旧共产主义的不妥协。1986年2月,他告诉法国共产主义报纸《人道报》:"萨哈罗夫承认了自己的罪行,审判公正,判决也很适当。"当年年底,在激进派和保守派之间犹豫了数月后,戈尔巴乔夫决定表明自己的态度。12月15日,一名电工出现在萨哈罗夫的住所,声称接到命令来安装电话。第二天早晨电话响了,另一端传来戈尔巴乔夫的声音。戈尔巴乔夫告诉萨哈罗夫,流放结束了。萨哈罗夫提到其他政治犯人的案子,请求也将他们释放了。

戈尔巴乔夫对此不置可否，萨哈罗夫放下了听筒。他将在新年的时候返回莫斯科，并立刻重整政治活动。最终，他与鲍里斯·叶利钦和其他激进人士结成同盟，敦促苏联实行完全的民主和自由。

保守派人士对释放安德烈·萨哈罗夫的反应很大。党组织中的强硬派发表相关报道，故意阻碍戈尔巴乔夫的改革。党组织控制着苏联社会的各个领域，只要他们不贯彻执行政策法案，那么改革就会失败。戈尔巴乔夫向中央委员会抱怨说改革的速度在减慢，并指出了那些妨碍改革的机构。截至1987年初，他公然呼吁民众支持他的法案，反对阻碍改革的党内官僚。在莫斯科的一次工会演讲中，他公开提及党内高层领导对改革进度的争议。

叶戈尔·利加乔夫在萨拉托夫市的演讲中做出回应，毫不掩饰地呼吁要减缓改革的进程。他没有谴责原有的领导方式引起的"停滞期"，反而要求现代的政治家看到原有领导方式的积极成就。一月的全体会议上，戈尔巴乔夫建议实行不记名投票的差额选举决定工厂的领导，但是遭到了保守派的反对，戈尔巴乔夫最终让步。

以鲍里斯·叶利钦为首的自由派人士向戈尔巴乔夫表达了不满。1987年10月中央委员会的秘密大会上，两人发生了激烈的争吵。叶利钦指责戈尔巴乔夫没有就加快改革运动做出回应，还对他的品格展开了尖锐的人身攻击。他说："最近，奉承——我只能用这样的词——第一书记的政治局成员越来越多……这种情况是绝对不能容忍的……奉承的风气会导致新一轮的'个人崇拜'。这是必须严令禁止的。"戈尔巴乔夫的回应也相当严厉。他说："鲍里斯·叶利钦，你太虚荣自傲了，竟然把党的利益放到了你的雄心之后。改革正进行到紧张的时刻，我认为你这样是不负责任的行为。"叶利钦非常生气，声称自己在政治局里感到不自在，继而辞职了。戈尔巴乔夫没有把叶利钦赶出政治舞台，而是让他担任国家建设委员会副主席，级别是副部长。叶利钦接受了，但是在大会上发生冲突后感受到的羞辱转变成对戈尔巴乔夫的憎恶。之后3年，他对戈尔巴乔夫的攻击和要求即刻实施激进改革的方式都越来越极端。战线已经出现了，最终的较量不久就会来临。

自由派和强硬派都对改革不满意，并且都在拉拢戈尔巴乔夫。1988年3月，戈尔巴乔夫到南斯拉夫访问时，《苏维埃俄罗斯报》发表了一篇类似宣言的强硬派抵制改革的信。信是由一位叫妮娜·安德列娃的老师从列宁格勒寄来的，题目是"我不能放弃原则"。在利加乔夫以及盟友的命令下，报社决定刊登这封信。信的内容总结了数百万党员的不满，他们认为改革是令人厌恶的。

《真理报》三周后就妮娜·安德列娃的信发表回应，并且很多人猜测强硬派人士在克里姆林宫的权力斗争中占据了优势地位。戈尔巴乔夫认为自己必须抓住主动权。他是苏联共产党的总书记，这一职位是共产党任命的，同样也是可以撤销的。为了应对强硬派潜在的挑战，戈尔巴乔夫必须扩展自己的权力基础，而授予自己权力的源头最好不能轻易撤销授权。1988年6月第十九次共产党大会上，他提议设立新的机构，即人民代表大会，取代旧的"橡皮图章"议会最高苏维埃。人民代表大会将设立主席，主席是苏联的国家首脑，职位名称是总统。为了给予新体系衡量民主合法性的措施，人民代表大会将在一定范围内实行自由选举，每年召开两次会议。会议间隔期间，从人民代表大会的成员中选择一些人组成更小型的机构，该机构将作为半永久的议会。

苏联共产党领导人的一些职权将转移给国家总统，包括外交控制权，安全与防御权，全权负责颁布新法规，制定经济战略和任命总理的权力。总统——所有人都以为是戈尔巴乔夫——可以同时兼任共产党总书记，但是只有人民代表大会有权将其免职。戈尔巴乔夫认为这样就可以不再遭遇与赫鲁晓夫同样的命运，后者被一小派党内精英人士免去了共产党总书记（兼国家领导人）的职位。

尽管存在一些担忧，党的大会基本通过了戈尔巴乔夫的议案——"关于——苏联社会民主化和政治体系改革"。保守派代表仍然希望以后利用程序复杂化和延迟等有效手段，使议案作废。然而，戈尔巴乔夫出了一个高招：大会即将结束，代表们正准备回家的时候，他从口袋里掏出了一张皱巴巴的纸。他用实事求是的口吻说道："顺便说一下，我这儿有个有关议案的时间表。我们可以投票表决吗？"代表们看上去一头雾水，但举手通过了。戈尔巴乔夫对他们表示了感谢，宣布会议结束。苏联历史上第一次差额选举在1989年3月展开，稍后立即召开人民代表大会选出新的总统。

显然，选举人民代表大会代表的规则不是西方式的民主规则。只有共产党可以提名候选人，并且三分之一的席位是由苏联共产党官方认可的成员占领。戈尔巴乔夫强调自己的目标是实现"社会主义多元化",在共产党内部提供不同的政治平台[①],而不是一般的多元化(成立多党体制,并且该体制下,苏联共产党只是党派之一)。

戈尔巴乔夫在共产党大会上的睿智表现给人们留下的印象是,他仍然领导和控制改革进程。然而,1989年的选举却标志着戈尔巴乔夫失势,大众民意登上舞台。[②]在选举日来临前几个月,一直畏缩顺从的民众大肆宣泄着活力、激情和愤怒。民众在莫斯科广场、田野和汽车公园举行大规模的集会,萨哈罗夫、叶利钦、谢尔盖·斯坦科维奇、加夫里尔·波波夫和所有自由主义运动的明日之星都发表了演讲。当我参加这些集会时,我感受到大众民主的光辉开始照耀苏联。每一位活动人士都携带了大量的政治宣传册来发放,成千上万的民众把他们团团围住,争相阅读他们的观点;每一位演讲者,无论内容多么晦涩难懂,民众都会仔细倾听、讨论、喝彩或是发出嘘声。人民的热情被唤醒,他们在展现自由存在的权利。不久,人民革命的浪潮被克里姆林宫抑制。

如果戈尔巴乔夫把人民代表大会当作巩固自己和党的合法性的手段,那么结果不仅仅是这样。在莫斯科、列宁格勒、基辅和明斯克,许多党的候选人处境尴尬。虽然共产党规定一些席位对立的独立候选人无权参加竞选,但是许多选民划掉选举名单上唯一名字,让其达不到获得选举所需的50%的选票。对于独立联盟来说,独立候选人大获丰收。在立陶宛,萨尤迪斯运动的追随者获得联盟院42个席位中的31席;在拉脱维亚,人民阵线的支持者获得29个席位中的25席;在爱沙尼亚,独立候选人获得21个席位中的15席。在莫斯科,戈尔巴乔夫最主要的批评人士鲍里斯·叶利钦大获全胜,狂扫90%的选票。

此后,戈尔巴乔夫最大的竞争对手将不再是共产党中的强硬派人士,而是那些希望改革比他容许的程度要更深速度要更快的激进人士。苏联人民听

---

① 因而废止了第十次共产党大会在1921年由列宁颁布的"党派主义"禁令。
② 戈尔巴乔夫完全赞同阿历克西·德·托克维尔的名言,民众会利用独裁统治的让步要求更多改革。"我注定要前进,只能前进。"1989年改革高潮时他对自己的顾问安纳托利·切尔尼耶夫说,"我已经没有回头路了。如果我回头,我就会死亡……"但是当改革步伐加速的时候,戈尔巴乔夫忘记了原先说过的话。他没有前进,反而犹豫着是不是要阻止改革浪潮。

到了激进派对自由和民主的呼声，他们正向激进派靠拢。

戈尔巴乔夫对选举的结果没有立即做出反应。选举3天后，他仍然试图维护共产党，为党的糟糕表现辩护。他依然相信共产党体系是可以改革的，不考虑实施政治多元化。在苏联建立多党制，他说："在现在的情况下是不合理的。"

1989年5月，新选出的人民代表大会代表到克里姆林宫就任。人民代表大会比苏联历史上任何一个议会形式都更加多元更具影响力，但是一大部分代表是保守派人士。84%的代表是共产党党员，2,250名代表中仅有约300人是自由改革的真正支持者。

大会根据相关程序选举戈尔巴乔夫担任主席（即让他担任国家总统）。然而，许多自由派人士心存疑惑。戈尔巴乔夫说设立新的议会和总统制度的理由是为建立一个对人民负责的政府统治的法治国家。人民选举人大代表的方式在党组织中是前所未有的。但是，戈尔巴乔夫自己没有面对民主监督：他是党指定的人民代表大会代表之一，而人民代表大会又反过来选举他为总统。自由主义人士开始质询，为什么倡导民主的人本身没有参与民选。

大会选出542名代表组成一个更小的常设议会。与人民代表大会一样，常设议会也是由共产党领导的。鲍里斯·叶利钦没有获得足够多的选票，只有当另一名代表为了他而让出席位的时候，叶利钦才进入常设议会。

人民高度关注人民代表大会召开的会议。第一次会议持续了两周时间，并且在全国电视上直播。很多民众不去上班，守在家里收看前所未有的大会直播。来自全国各地的代表们畅所欲言，他们所阐述的事实是民众一直想说却不敢说的。代表一个接一个地发表讲话，指责苏联制度中不公正和缺陷之处，抨击克格勃、军队、审查员、篡改史实者，甚至批评了戈尔巴乔夫。作为一名西方观察员，在国会大厦的那些天可以听取辩论，在走廊徘徊，与以前的不同政见者——萨哈罗夫、叶利钦、罗伊·麦德维杰夫——和以前难以接触的克里姆林宫官员公开见面，真是异常兴奋。多年来我们报道的镇压和集权的苏联突然打开闸门，这让人匪夷所思。自由主义的精灵已经从瓶中飞了出来，我们认为无论怎样镇压都不能让它再回去了。

反对党被禁止，于是以叶利钦、萨哈罗夫和自由主义历史学家尤里·阿法纳西耶夫为首的激进代表成立了改革者联盟——地区间代表团（IRGD）。

代表团7月举行成立大会，吸引了2,250名人大代表中的316人加入，团结一致支持基本民主化。政治多元化、取消一党专制以及赋予独立的苏联联盟自决权是他们的主要纲领。此外，建立市场经济体制和保护私有财产权也包括在纲领中。

戈尔巴乔夫对IRGD表示了担忧。对于他们的宣言，他说道，"是不负责任、带有煽动性的"，他们的领导人"几乎就是一群匪徒"。戈尔巴乔夫公开说明，除苏联共产党外，不允许成立任何政治组织。1989年我和鲍里斯·叶利钦有过交谈，当时他是反对派中最引人注目的发言人，在承认自己的真实目的时非常小心谨慎。"一些人认为我没有试图改善现有制度，而是破坏它。"他说道，"呃，这点我不能赞同。但是我可以说我赞成整个一系列事物发生完完全全的改革。"如同我和叶利钦过去大多数的谈话一样，这些话他仍然是用暗语说的。不同政见者担心被国家逮捕，所以有些话被迫用暗语表达。但现在，国家不再是全知全能的。成千上万的民众在莫斯科的街头对叶利钦表示支持，沃尔库塔和顿巴斯的煤矿工人开展罢工，要求政治和经济特许权。当我问他有没有准备好结束共产主义专制的时候，他谨慎地答道：

> 实行多党制民主是个非常严肃的问题，我们不仅要听取戈尔巴乔夫和叶利钦的意见——这不那么重要，而且要询问人民的意见。如果整个社会都希望多党制民主，那么这就是个非常严肃的问题。多党制民主不应该是禁忌：人民有权讨论它，然后我们再得出具体的结论……

叶利钦和其他激进人士拥护多党制民主，而戈尔巴乔夫、利加乔夫和克里姆林宫坚决反对。多党制即将成为国家未来的决定性战场。从20世纪30年代开始，共产党对权力的垄断一直记载在苏联宪法中。现行宪法第六条规定：

> 苏联共产党是苏联社会的领导力量和指导力量，是苏联社会政治制度以及国家和社会组织的核心。苏联共产党为人民而存在，并为人民服务。以马克思列宁主义学说为指导的苏联共产党规划社会发展的总前景，制定苏联的内外政策路线，领导苏联人民……为取

得共产主义的胜利而斗争。

安德烈·萨哈罗夫领导了废除第六条法规的运动,得到了全国各地的响应。1989年12月,他在人民代表大会上表达了自己的诉求。萨哈罗夫展示了硬纸板箱中的60,000份签名和电报,要求戈尔巴乔夫否认法规的合法性。他说:"苏联必须决定,是要专制还是民主。"大会正在电视直播,戈尔巴乔夫惊骇地看着这意外的一幕。萨哈罗夫说:"过来,我让你看看另外的许多电报——"支持你,我们不要再恐吓对方了,安德烈·德米特里耶维奇。我们也爱你了。"当戈尔巴乔夫试图平息这次意外情况时,下面传来了倒彩声。戈尔巴乔夫据理力争要求维持一党专制,大会代表中占多数的保守派也表示赞同,他们以1,138票对839票的胜利成功反对废除第六条法规的提议。投票结束后,萨哈罗夫在走廊上对记者说:"如果可能的话,我们要保护改革免受某些改革发起人的伤害,因为他们渐渐反对改革或者不合理地阻止改革。"

两天后,安德烈·萨哈罗夫去世了。12月14日晚上,当他在准备一篇讲话以回应戈尔巴乔夫的不妥协时,致命的心脏病发作,在桌前去世。我与80,000名哀悼者一起站在萨哈罗夫的灵柩旁,聆听悼词,向"国家良心的声音"致敬。叶甫根尼·叶夫图申科把他和俄罗斯历史上伟大的人道主义者托尔斯泰、陀思妥耶夫斯基和契诃夫相提并论。他说:"萨哈罗夫是俄罗斯传统知识分子所有优点的化身。"莫斯科人民手举写着"萨哈罗夫,原谅我们"的标语牌,字是手写的。他们因缺乏勇气支持萨哈罗夫关于公民权利的立场而道歉。萨哈罗夫的灵柩上放着一份要求多党制民主讲话的复印件。

那是一个庄严肃穆的时刻,戈尔巴乔夫似乎也受到了影响。他向萨哈罗夫的遗孀叶连娜·波纳表达了自己的敬意,赞扬了萨哈罗夫对改革的贡献。支持废除第六条法规的游行越来越多——包括1990年25万人在克里姆林宫外的集会——戈尔巴乔夫不得不废除该法规。3月14日,宪法修正案通过:"苏联共产党和其他政党以及劳动、青年和其他公开组织和群众运动积极参与制定国家政策……"70多年后,苏联变成了多党制国家。

1990年春,戈尔巴乔夫失去对政治改革控制的事实显而易见。五一国际劳动节,我们和往常一样聚集到红场,观看每年的游行。国家领导们登上列宁陵墓上方的检阅台，我们记者则待在旁边围着的区域，在克里姆林宫墙壁的前面。接受检阅的队列开始按常规行进，先是快乐的孩子和彩车，庆祝苏联幸福的生活。随着游行继续进行，我们发现队伍中发生了骚乱。不时有人高喊"戈尔巴乔夫下台"，还能听到有组织的要求民主和自由的口号。我们得知，一部分叶利钦的支持者跟在工人队伍的后面。令人震惊的是，这些支持者竟然被允许进入红场，真的从政治局官员的鼻子下走过。在我们上方，戈尔巴乔夫的手指焦虑不安地轻敲着陵墓的护栏。然后，一瞬间，他和其他同僚一起冲下台阶，羞愧地退到了克里姆林宫里。

自此以后，苏联的形势几乎完全脱离了戈尔巴乔夫的掌控。他提出一项巩固总统权力的议案：根据新的规则，苏联总统享有的权力与美国和法国总统相似。但是，他再度拒绝通过投票对这项议案进行表决。在人民代表大会上，戈尔巴乔夫再次当选总统。

四

波罗的海加盟共和国的流血事件给1991年的新年蒙上了阴影。军队撤退后，没有人相信军事政变的威胁会随之消失，克里姆林宫的密谋者只不过在等待时机。那年的最初几个月，发生了一系列不寻常的事件，局势更加白热化。

一月，总理瓦伦丁·巴甫洛夫宣布，所有50、100卢布面额的纸币停止流通。民众可以在国家银行兑换一定的数额，超过的部分予以没收。这样做的目的是为了惩罚黑市商人，因为他们的非法利润都是以高面额纸币的形式持有的。但是罪犯找到了规避的途径，而普通民众却看着一生的积蓄化为灰烬。人民被无能的政府激怒了，党内的强硬派人士则都指责米哈伊尔·戈尔巴乔夫。

更糟糕的情况接踵而至。莫斯科商店的基本物资经常短缺。人们在面包店前排着长队，而面包店需要的材料一直没有送来。一些限制供应的商品一旦出现，就会引起恐慌性抢购，还有争吵和打斗。社会动荡的威胁似乎真的存在，并且情形与1917年的圣彼得堡非常相似，当时因为面包短缺从而引发了二月革命。政治家们依然记得那时的情形。莫斯科成立了一个由改革派组成的市议会，由市长加夫里尔·波波夫领导。有流言说，物资短缺是为了削弱市长的权威而策划的。于是，管理农村地区的人被指控故意扣留物资，因为这些地区生产的食物供应给城市。一开始是牛奶，然后是鸡蛋，再接着是肉类，突然都消失了。有些时候，市中心大型食物商店的货架上只有沙丁鱼罐头，其他什么都没有。

每过一段时间，就会有莫斯科郊区军事集结的传言，官员都陷入恐慌中。叶利钦向俄罗斯议会报告说他非常担心军队的意图，而巴甫洛夫一度召开新闻发布会表明自己的恐惧。他告诉我们："我们了解的信息，是一群极端分子正准备采取军事行动。强硬派政治势力可能以此为理由，要求宣布国家进入紧急状态。"

苏联陷入债务危机，工资均没有发放，提高退休金和福利的预算也遭遇搁浅。民众的不满情绪增加，总统受到指责。当戈尔巴乔夫到伦敦游说工业化国家组成的G7集团投资苏联经济时，被断然回绝。在美国、英国和日本的敦促下，G7拒绝借出任何资金。在莫斯科，戈尔巴乔夫的对手熟练地打着羞辱牌。他们把戈尔巴乔夫塑造成导致苏联卑躬屈膝的罪魁祸首，是他把苏联从超级大国变成"一堆麻烦"，践踏了民族尊严，还削弱了昔日强大的军事力量。强硬派人士含蓄地暗示说，这一切都不是偶然发生的，而是戈尔巴乔夫精心策划的。因为他是一个受雇的代理人和阴险的卖国贼，专门为邪恶的西方服务，所以要摧毁国家。戈尔巴乔夫到美国、英国和其他欧洲国家访问时，兴奋的民众表示了热烈的欢迎。然而，"戈尔巴乔夫热"的电视画面却被用来证明他是西方的傀儡。他在西方受欢迎程度越高，苏联民众对他的厌恶程度越深。自戈尔巴乔夫上任以来，这些民众亲历了生活水平的急剧下降，亲历了国家自尊心遭到破坏。

1989年之后数年，苏联"失去"了东欧。这对许多人而言打击巨大，因为他们把莫斯科对"兄弟国家"的统治当作苏联影响力的体现。同时，放任华沙条约组织解散的戈尔巴乔夫受到人们的嘲笑，因为他意志薄弱或背信弃义地把东欧交到了西方的手中。当戈尔巴乔夫的发言人开玩笑说勃列日涅夫主义已经被辛纳屈主义（东欧国家有权按照"自己的方式"做决定）取代时，西方媒体认为苏联优雅地接受了地缘政治的现实[①]，而共产党的忠诚支持者却气愤地认为辛纳屈主义是戈尔巴乔夫与资本主义敌人勾结的证据。戈尔巴乔夫没能阻止柏林墙的拆除、德国的统一和苏联卫星的"背叛"都是致使保守主义反对他和改革的至关重要的因素。

当其他加盟共和国开始效仿东欧阵营国家，给莫斯科施加压力要求也能"按照自己的方式做决定"时，戈尔巴乔夫似乎意识到形势严重失控。他已经因为对波兰、匈牙利等国家态度温和而被对手嘲弄，若他认可拉脱维亚、立陶宛或爱沙尼亚等苏联完整领土的一部分丧失，那些对手必然更加愤怒。

"民族问题"在沙皇俄国时代就已经存在，在布尔什维克统治下也一直没

[①] 事实上，政治局讨论过军事介入阻止"兄弟国家"离开苏联阵营的可能性，但是戈尔巴乔夫清楚表明不支持使用武力。早在1988年6月，他就在第十九届共产党大会上指出："'新思维'意味着认同选择自由……武力政策已经过时了。"

有消失。即使莫斯科有时诉诸极端手段，譬如斯大林时期的大规模镇压和驱逐出境，但在国家大一统专制的情况下，问题仍处于可控状态。然而，当戈尔巴乔夫的"新思维"引起人民对国家谋杀和镇压的怀疑时，当公开化给普通民众了解历史真相的途径时，独立主义分子找到了新的勇气。从波罗的海到格鲁吉亚、摩尔达维亚、亚美尼亚和乌克兰，要求脱离苏联"自愿"联盟的呼声日渐高涨。

激怒保守主义人士最决定性的因素是苏联即将解体的可能性。甚至在镇压拉脱维亚和立陶宛之前，克里姆林宫领导层的强硬派人士就已经派兵粉碎格鲁吉亚和阿塞拜疆的民族主义游行。1989年4月，军队在第比利斯杀死20名支持独立的示威者；1990年1月反美大屠杀后，苏联军队在阿塞拜疆首都巴库杀死100名阿塞拜疆人。纳戈尔诺—卡拉巴赫、摩尔达维亚境内德涅斯特河沿岸地区和乌兹别克斯坦的有争议的地方发生了种族动乱，加剧了保守主义人士的恐慌，苏联正被允许解体。暴力给军队带来压力，指挥官们无比怨恨那些把他们派到前线的平庸政治家，他们认为这些政治家既软弱又无能。

为了纪念《苏德互不侵犯条约》签订50周年，立陶宛、爱沙尼亚和拉脱维亚的200万人民手拉着手组成人链进行抗议。当初，苏联正是通过该条约取得这三个国家的统治权。截至1991年1月，立陶宛、爱沙尼亚和拉脱维亚都相继宣布独立，其他国家纷纷准备仿效。

俄罗斯社会亦变得不安定。俄罗斯联邦传统上一直是苏联最重要的组成部分：俄罗斯人作为高级官员被派遣到其他14个加盟共和国，以确保这些国家对莫斯科效忠；他们是苏联其他民族人民的"大哥"，享有其他民族没有的权利和特权；俄语在整个苏联普及，俄罗斯文化是用来削弱当地潜在民族主义身份的工具。但是，俄罗斯人始终对俄罗斯的统治权从属于苏联中央权威感到不满。

戈尔巴乔夫努力使苏联团结一致，鲍里斯·叶利钦对此却漠不关心。在二元权力结构下，他专注于和戈尔巴乔夫争夺统治权，而且把俄罗斯民族主义当作王牌之一。他们两个人之间的冲突与加盟共和国反抗中央的斗争密不可分，因为俄罗斯独立问题——和各加盟共和国独立的权力——是叶利钦政治纲领中的核心议题。这是对戈尔巴乔夫维护苏联的蓄意挑战，并导致了冲突的暴力终结。

每当提及青少年时期，叶利钦总是把自己塑造成挑战权威的年轻人，和老师、伙伴、政治导师发生争论。但是，他在回忆录中清楚地写明，在所有的冲突中，他认为自己都是正确的，而对方总是错误的。如果争论失败，那是因为自己受到了不公正的陷害。他会记住这些陷害，争取报复。他拥有不可一世的自信，但这很容易转变成威逼；对于遭受的不公，他都会暗下决心要讨回公道，无论是真的发生还是在想象中；他渴望个人认同，甚至是别人的谄媚；而一旦敌人被击倒，他对他们始终冷酷无情。

叶利钦身材高大强悍，像一头西伯利亚大熊，脾气暴躁而又魅力十足。女子为他倾倒，男子因他天生的威信而折服。他的脸庞酷似重量级拳击手，神情威严。然而，他笑起来的时候，却宛如淘气的孩子般。米哈伊尔·戈尔巴乔夫看上去像一名知识分子，头脑敏捷，但是相比叶利钦缺少潜在的压迫感。"如果你不同意我的决定，"叶利钦的眼睛似乎在说，"我就让你粉身碎骨。"生气的时候，戈尔巴乔夫是脸色发红，而叶利钦却是一脸平静，冷冷地发泄怒火，直直地盯着你。他可以巧妙地动员一群民众，也可以激发出同等程度的珍贵罕见的忠实和无法磨灭的仇恨。

叶利钦出生于1931年，只比戈尔巴乔夫早4周。青年时期，他加入了国家唯一允许存在的政党。他渴望并且需要认同，党内地位扶摇直上。到1976年，他已经在家乡斯维尔德洛夫斯克州担任地区党委书记。从20世纪70年代到80年代初期，他所有的讲话没有展现一丝稍后出现的激进自由主义迹象。他在斯维尔德洛夫斯克州五一游行时说："人们心怀感激，感谢勃列日涅夫同志做出的巨大努力。他在完善和实施国内外方方面面的国家政策的过程中，贡献突出，我们表示由衷的感谢。"然而，鲍里斯·尼古拉耶维奇·叶利钦长期渴求的升迁却是一位新的苏联领导人给予的。这位领导人是米哈伊尔·戈尔巴乔夫。戈尔巴乔夫1985年把叶利钦调到莫斯科担任中央委员会书记，随后1986年2月任命他为政治局候补委员。叶利钦为戈尔巴乔夫团队工作了2年，然后他准备大展雄心。1987年10月，两人在大会上发生争吵，至少部分原因是叶利钦对感知到的怠慢过分敏感了。他在一封写给戈尔巴乔夫的信中叙述了自己的委屈，认为戈尔巴乔夫没有足够重视他和他的想法："我清楚地感觉到您态度的改变。以前，您给予我友好的支持；现在，您对莫斯科事务漠不关心，对我个人也非常冷淡。"

叶利钦在大会上受到羞辱后，亲近的同事汇报说他试图自杀。几个星期后，他从医院被召回，得知自己党内的职务被解除了。由于这次侮辱，叶利钦永远无法原谅他的前保护人。接下来的3年，复仇之心点燃了叶利钦。他以戈尔巴乔夫的痛苦为乐，而抨击改革步伐的缓慢亦增加了他的快乐。当戈尔巴乔夫指出政治和经济改革路上的阻碍时，叶利钦用最尖酸刻薄的语言表示了嘲笑。叶利钦的平民主义之所以能够蛊惑人心，是因为他做出很多承诺，虽然从未兑现。他的动力就是让对手尴尬，贬低他们。机密文件里，美国政府认为他"古里古怪"。

尽管如此，人民站在叶利钦这边。当克里姆林宫控制的媒体指责他在美国的演讲之旅处于醉酒状态时，如大多数俄罗斯人所预测的那样，他奋起反击了。当他局促地拿着一束鲜花时，人们微笑着点头，顽皮地暗示说嫉妒的男人肯定会在夜里偷偷抱怨。在某个场合，我们拍摄他检阅伞兵的训练流程，其中一项内容是演示如何从高楼上跳入一个汽油正在燃烧的池子。"我在想，我是不是会跳到火里。"他对着镜头若有所思地说，"或许不会，但谁也无法预料——我本身就是个流氓，可能就跳了。"

恰恰就是这一丝流氓气质，让他深受许多俄罗斯人的喜爱。他们钦佩他的勇气，也尊重他的思想独立。当军队进驻拉脱维亚和立陶宛的时候，叶利钦飞到里加，承诺俄罗斯支持民族自决，并呼吁士兵不要对平民开火。每到一地，他都告诉那里的人民应当"争取尽可能多的统治权"，从而赢得了各地独立运动的人心。当他决定贬低戈尔巴乔夫和他的政策时，叶利钦宣称，克里姆林宫现在支持镇压、结束改革和强行推行苏联统治。他在俄罗斯议会上说："但是，我们有阻止反对派势力的勇气，我们有能力让苏联当局避免陷入无法律状态，让苏联停止使用武力。我们必须证明，民主是不可逆转的。"

叶利钦宣布，他希望通过自由公开的选举方式赢得俄罗斯总统的职位。新政府将给予在职者广泛的行政权力，并且——与米哈伊尔·戈尔巴乔夫不同——新总统将会从人民手中获得民主授权。

戈尔巴乔夫迅速意识到危险。他动员俄罗斯议会中的共产主义力量设法反对这项法案。1991年3月28日，斗争公开化。鉴于新总统议案受到政治对手的阻挠，叶利钦召开俄罗斯人民代表大会特别会议，要求将法案编入法规书中。会议期间，成千上万的叶利钦支持者聚集到一起。下午时分，宪法危机仍未解决。25万民众冲上莫斯科的主要干道高尔基大街，威胁要向克里姆林宫前进。

随着民众大量涌上街头，一队队的防暴警察来到现场阻挡他们前进：戈尔巴乔夫和叶利钦之间由来已久的决战似乎将要转变为暴力事件。然而，当第一列队的示威者摆好与警察对抗的架势时，危机却莫名其妙地解除了。双方好像都在最后关头接到了后退的命令。尽管当天晚上仍有些微冲突，但是一场潜在的大屠杀没有发生，而政治转折点到来了。叶利钦获胜，总统选举定在1991年6月12日。伴随着民众的欢呼，叶利钦轻松战胜对手，包括克里姆林宫候选人前总理尼古拉·雷日科夫。叶利钦有关民主、自由市场经济和允许苏联加盟共和国民族自决的纲领为他赢得了民众压倒性的支持。事实无可争辩，俄罗斯议会授予叶利钦依法统治的权力。如果要在遵守叶利钦的法令和戈尔巴乔夫的法令中选择，选举已经揭示了答案。苏联总统别无他法，只好寻求结盟。

停战最显著的结果是戈尔巴乔夫同意将苏联更多的权力转移给各加盟共和国。在与叶利钦和8位其他加盟共和国领导人协商的过程中（波罗的海国家、摩尔达维亚、格鲁吉亚和亚美尼亚拒绝参加），他提议在7月苏联最高苏维埃召开前成立新的联盟。根据戈尔巴乔夫的结盟条约，即《苏维埃主权共和国联盟条约》，国家之间的联盟更加松散。各成员国拥有广泛的民族自治权，以及对石油、天然气和矿产等自然资源的控制权，并且本国法律优先于联盟国立法。作为苏维埃总统，戈尔巴乔夫保留国防和外交政策的控制权，但失去了大部分立法权。他的职责类似欧盟委员会主席，协调联盟内部关系。

虽然保守党成员存在疑虑，最高苏维埃仍通过了上述条约。戈尔巴乔夫宣布，条约将于8月20日正式签署。在此期间，他带着赖莎、两个女儿和两个孙女来到总统别墅享受难得的假期，别墅位于黑海海滨克里米亚半岛的度假胜地福罗斯。

戈尔巴乔夫的对手充分利用了这次机会。苏联领导层中的强硬派认为一些事实表明戈尔巴乔夫企图摧毁苏联，抛弃共产主义目标（新联盟的名称中，"主权"取代"社会主义"恰是证据），他们对此感到震惊，密谋了最后一击。最高苏维埃主席阿纳托利·卢基扬诺夫积极地组织同僚们反对《苏维埃主权共和国联盟条约》，联系这些人并确定他们准备走多远。20名"旧式"共产主义者举行了一系列秘密会议，他们打着爱国主义和自我牺牲的旗帜：祖祖辈辈努力建立的国家正面临解体；保卫国家是他们的职责所在，即使献出生命也在所不惜。签署《联盟条约》的日子越来越近，他们中的数十位提出成立国家紧急委员会。该委员会在苏联拥有合法权力，并且可以恢复"旧式"布尔什维克统治。所有的委员会成员都是戈尔巴乔夫任命的：副总统根纳季·亚纳耶夫、克格勃领导人弗拉基米尔·克留奇科夫、总理瓦伦丁·巴甫洛夫、内政部长鲍里斯·普戈和国防部长德米特里·亚佐夫元帅。戈尔巴乔夫赞扬并且信任他们，然而，他们却谋划着背叛他。

8月18日星期六下午，当警卫首领报告说莫斯科来了一名代表时，戈尔巴乔夫正在度假屋的书房里工作。他感到非常疑惑，决定在接待前打电话询问一下。他后来回忆说："我有很多的电话，政府电话、平时电话、战略电话、卫星电话等。当我拨打时，每一部都无法连接，连内部电话都被切断了。我被隔离了。"他把妻子、女儿和女婿都叫过来。"我知道将会有人试图威胁我，或者试图逮捕我并把我带到某个地方。任何事都可能发生……他们可能什么都试过了，甚至威胁到我的家人。"到目前为止，别墅被效忠于政变密谋者的克格勃军队和苏联边防人员包围着。戈尔巴乔夫自己的30名警卫在别墅内，宣誓他们会保护他到最后。军事冲突即将发生。赖莎认为丈夫正面对死亡的威胁，她晕倒了；孩子们则被迅速带到楼上。

密谋阵营的代表走进别墅，撒谎说叶利钦已经被捕。他们指出，紧急状态是唯一把国家从灾难中拯救出来的方法，并发出最后通牒：要么自己签署国家紧急宣言，要么签字把权力移交给新的自封为总统根纳季·亚纳耶夫。在第一种情况下，戈尔巴乔夫可以继续担任总统，但在克里米亚必须受到监视。根据戈尔巴乔夫自己对回应的复述，他不断发出咒骂，连那些来罢免他的强硬的政治家都感到震惊。"我告诉他们，他们和派遣他们的人就是赌徒和罪犯……他们的行动意味着他们的末日，也是整个国家的末日……只有那些一心想自杀的人才会提议在苏联建立如此集权的政权……"

戈尔巴乔夫拒绝签署任何文件。他似乎无路可走，但是很坚定。他告诉密谋者，他们的行动会引发内战，不可避免地导致流血和牺牲。他说，苏联人民将证明自己不再是受压迫的奴隶，因为公开化和自由已经改变一切。

"'如果你认为民众会做任何你命令他们去做的事那么就大错特错了，'我告诉他们,'如果你指望民众会屈服于即将到来的第一任独裁统治者,那么还是大错特错……'"

接下来的3天,戈尔巴乔夫和家人生活在地狱边缘。他希望被带到莫斯科,但是要求被无视。他担心密谋者会下毒,所以拒绝吃他们提供的食物。他唯一与外界的接触——后来他认为这在最黑暗的时候坚定了他的决心——是警卫临时组装的短波收音机,可以收听英国广播电视台对莫斯科事件的报道。当得知并不是所有的事情都在密谋者的掌控之中时,他无比振奋。

8月19日上午,我驾车到莫斯科市中心,发现一辆辆的坦克正朝着克里姆林宫前进。随后,我又去了一些重要场所,这些是任何想要控制苏联的人都必须占领的地方。苏联广播和电视台总部位于奥斯坦克诺郊区,主要大楼已经被装甲车包围。但是,俄罗斯白宫,即鲍里斯·叶利钦的俄罗斯议会所在地,却没受到影响——军事护卫队接连开过,进驻市中心。克里姆林宫周围是军队最集中的地方。国立酒店外,克里姆林宫墙下,坦克和装甲运兵车环绕红场一圈,封锁了各个进出口。我小心翼翼地走近在坦克周围巡回的士兵,拿出我的记者通行证,礼貌地询问我能不能通过。那名年轻的军官表示了歉意,解释说他接到命令,不让任何人通过。我问他是否知道为什么自己的军队部署在这儿,他回答道:"不是非常清楚。"不过,他证实武器中都装了弹药,若指挥官下令开火,他们会执行命令。

中午11点,国家紧急委员会发布了新的广播,宣布紧急状态将持续6个月。"我们的祖国危在旦夕。戈尔巴乔夫实施的改革政策已经走入死胡同……现有政府失去了人民的信任。他们只想进行政治操控,却不关心国家的命运。国家机构遭到公然嘲笑,国家变得难以统治。"委员会的目的是"为了处理各个领域根深蒂固的危机,政治、民族和文明的冲突、混乱,以及无秩序,从而使苏联人民的生活和安全免受威胁"。

当我和大街上的莫斯科人交谈时,我发现一些人认可政变的目的。这些人被他们的承诺吸引:复兴经济,消灭短缺,重建苏联超级大国的地位。与此同时,我也看到越来越多的反抗。一些平民正大声训斥着军队,或者站在行进的坦克前方。我还看到一幕,示威者爬上一辆装甲运兵车,试图把驾驶员从里面拖出来。年轻的士兵脸上满是恐惧,也许他们并没有怒气冲冲。

中午,目光所及之处都是军队。现在,一个重装部队正快速向白宫进发,一路喷射着刺鼻的烟雾。他们轰隆隆地通过莫斯科河的堤岸，路面上留下了深深的车轮印。流言四起。有人说，密谋者试图逮捕鲍里斯·叶利钦，但是他成功逃走了，正躲在大楼里避难。当看到一辆辆坦克在议会台阶上整装待发时，我意识到他们来这儿是为了占领议会，抓住叶利钦和其他反抗克里姆林宫的人。

然而，攻击的命令一直没有下达。关键时刻，叶利钦先发制人。他突然从议会的主进入口出来，下了台阶，大步走向方阵最前面的坦克。那一时刻，我们都屏住了呼吸。在狙击手的子弹前面，在试图逮捕他的军队前面，叶利钦毫无防范，不堪一击。他魁梧的身躯坚定地爬上了坦克的背部，爬到了炮塔。稍稍喘口气，他俯下身来，和坦克内呆呆盯着他的士兵一一握手。他扬起一丝微笑，爬起来高高地站在坦克上，敦促俄罗斯人民团结一致反对政变。他用坚定的语气说道：

> 俄罗斯人民！合法的总统已经被赶下台。我们正面对着反对改革、反宪法的右翼政变。预期明天签署的《联盟条约》引发了反动势力的怒火，迫使他们采取了不负责任的犯罪行为。这次政变，让苏联在全世界人民的眼中名誉扫地。我们又回到了冷战时期。所谓的紧急委员会是不合法的。戈尔巴乔夫被隔离了，我无法与他交流。我们呼吁俄罗斯人民反抗政变，呼吁所有的战士和军人履行公民义务，拒绝参与反动政变。如果我们的要求得不到满足，我们呼吁举行全国大罢工。

在流血事件似乎无法避免的时刻，叶利钦的呼吁带来非凡的说服力。这是一次绚丽的演出，它激励人们奋起反抗。恰是人们的反抗运动，决定了之后几天的事态走向。反动势力没有办法利用媒体——他们的信息只能通过时断时续的电台广播——而叶利钦的演讲仿若一股电流走遍了莫斯科的每处角落。叶利钦一结束讲话，坦克部队就转身离开了。据说，坦克部队已被说服。不到一个小时，民众开始在议会大楼周围聚集。接下来的3天，人数越来越多。白宫成为民主的象征，俄罗斯人民誓死保卫它。

城市的另一边，政变领导人同样准备阐述自己的立场。新"总统"根纳季·亚纳耶夫和四名共谋者面无表情地坐在苏联外交部的会议厅里，接受各国媒体的采访。几个星期前，我曾经访问过亚纳耶夫，当时，他面带微笑，表示了对米哈伊尔·戈尔巴乔夫和改革的忠诚。然而，他只是表面上认同政治自由改革的典型共产党人士，这一点让我震惊。现在，他篡夺了主人的宝座，毫不掩饰对戈尔巴乔夫的轻视。[①]他说："苏联正面临解体，我们必须采取最严厉的措施来恢复法律和秩序，消灭街上的罪犯……我们坚决反对外国势力侵犯苏联的国家主权和领土完整。我们坚决维护民族尊严和爱国主义，并且我们决定把这种精神世代相传。"

当他号召苏联人民支持紧急委员会的时候，亚纳耶夫看上去很自信，很有控制力。但是，当问题转到鲍里斯·叶利钦要求反抗政变时，他的脸部开始抽搐，放在前面桌子上的手也紧张地扭曲起来。他说："如果叶利钦要求罢工，那么这是完全不负责任的行为。我们不会允许这样的事情发生。叶利钦和俄罗斯领导层正在玩一个危险的游戏，可能变成军事挑衅。国家紧急委员会有义务警告所有的苏联人民，这个游戏非常危险。"

若国家紧急委员会当政，亚纳耶夫承诺，经济将会立刻改善——住房更多，食物供给更好，价格更便宜，工资、退休金和福利也翻两番。1964年推翻尼基塔·赫鲁晓夫时，贿赂起了很大的作用。此时同样适用，并且似乎真的缓和了一些人对亚纳耶夫及其共谋者的态度。

俄罗斯实行了宵禁，夜里11点到凌晨5点禁止任何活动。俄罗斯被划分为33个军区，每个军区由一名军事指挥官控制，指挥官收到全权委托粉碎反对政变的图谋。士兵们有权占领任何威胁罢工的工厂，管理所有的公共交通和巡视公共生活的各个方面。莫斯科禁止任何车辆进入，同时军队对公寓、汽车和行人展开搜查。一旦发现任何武器或者"有关违反公共秩序的印刷或手写材料"，将采取"严厉的法律措施"。当然，示威、集会、聚会、游行和罢工都是禁止的，就连运动和公众娱乐，譬如进入剧院和电影院，都需要军区指挥官批准。如果政党和政治团体被认为敌视"正常化"进程，那么将责令立刻取缔。

[①] 现在想来，亚纳耶夫最后对我所说的话是一种警告。他说："我30年前加入共产党，我一直认为我的决定是正确的。我现在是，并且将来也始终是一名共产主义者。共产主义在苏联没有消亡……我告诉你：苏联的共产主义已经死了，这话你说得太早了。"

夜幕降临之时，我回到了叶利钦所在的白宫。我发现，那儿围着数千，可能上万名群众。男人和女人、年轻的学生、驼背的工人、年迈的退休老人和残疾人都站在这儿捍卫自己的权利。数年的改革并不是徒然无功的，这些民众就是鲜活的证明。1985年之前，这种现象肯定不会出现。但经历公开化之后，人们知道生活可以不一样，可以改变。他们不愿意自由的果实被抢夺走。

此时，人们都忙于设置临时路障和坦克陷阱，以便抵御即将到来的攻击。从公园长凳、混凝土石板、钢制水管到建筑工地上一切可以利用的东西，都被拿来应急。截至午夜，通往议会大楼的所有道路上都放置了某种形式的防御屏障。这些路障几乎难以延缓一次袭击，但是他们的士气得到了鼓舞，并且感觉更加安全。令人惧怕的坦克，正在缓缓到来。

人群中，一堆堆的篝火开始出现。人们在篝火边烤着香肠，共享食物和饮料。白宫保卫者手中举着巨大的俄罗斯三色旗，窗户和阳台上也悬挂着三色旗。这种革命前的旗帜代表着反抗。为了救治战斗中可能出现的伤员，人们设立了野战医院。民众斗志非常高昂。在我们上方，白宫本身也仿若黑暗中的苍白幽灵。

深夜时分，叶甫根尼·叶夫图申科从白宫来到英国广播电台的办公室。他刚刚在白宫和叶利钦一起出现在阳台上，鼓励群众并号召他们捍卫自由和民主。叶夫图申科带来了一首诗，潦草地写在一张传单的背面，传单的正面是叶利钦宣布政变非法的法令。他问了几个英语翻译的问题。一小时后，他向全世界广播道：

> 今日之荣耀，
> 将传唱于歌曲与民谣。
> 今日我们是人民，
> 不是愚人，
> 乐于被愚。
> 萨哈罗夫，活过来吧，
> 再度与我们一起，
> 羞涩地擦拭，

被群众弄碎的眼镜。
坦克亦生出良知，
叶利钦从炮塔上崛起，
身后，
不是克里姆林宫之幽灵，
而是我们单纯的人民。
表面上单纯，
仍未消亡，
和疲惫的俄罗斯妇女，
无数战争的受害者。
不，
俄罗斯不会再次跪下！
普希金、托尔斯泰与我们一起，
人民与我们一起，
永远清醒。
俄罗斯议会，
仿若受伤的自由之大理石天鹅，
在人民的保护下，
游向永生。

回想起当前的那一幕，叶夫图申科笑着对我说，那首诗是"最后也是最坏之诗"。8月革命的情绪深深感染了他，叶夫图申科说，他就说了一些错误的豪言壮语。但是在1991年，他们是在正确的时候说出的正确的话。那一夜，每一个在莫斯科的人都感觉到，莫斯科正走在一条前所未有的自由、宽容和民主的新道路上。尽管那些希望之光此后迅速熄灭了——事实的确如此——那一个时刻却一直闪耀在人们的记忆中，闪耀在诗人的词句里。叶夫图申科告诉我，他感到既骄傲又惭愧。"是的。我非常浪漫地，带着点儿愚蠢，把俄罗斯议会比作白天鹅——受伤的白天鹅——你杀了我吧！现在看来，它太愚蠢（原文如此），但当时很完美。诗歌就像火花，你知道的，就像某一个时刻明亮的星星；然后，它就降落了，落到地球，随之死去……"

鲍里斯·叶利钦那次戏剧化的出现，标志着权力平衡的关键转折开始了。推行党内改革和国家重建的戈尔巴乔夫时代即将终结，叶利钦时代即将开始。从1991年起，改革不再是单一的，而是激进的。

接下来两天，苏联和世界都静静观望着政变密谋者和莫斯科人民之间的平衡，不敢轻举妄动。亚纳耶夫、亚佐夫、普戈和巴甫洛夫在街道上部署了更多的坦克。一个武装分队正在莫斯科环形公路上行进，人们推测他们的目的地是白宫。这一消息迅速传到保卫者的耳朵里。但是，一群平民在美国大使馆附近的地下通道里把坦克拦截住了。冲突随之爆发，三名年轻人或被射杀或被碾死。

流血终于发生。在白宫，鲍里斯·叶利钦和其他反对派领导人来到阳台上，对前来保卫他们的50,000名民众发表讲话。爱德华·谢瓦尔德纳泽与亚历山大·雅科夫列夫、加夫里尔·波波夫和谢尔盖·斯坦科维奇一同站在叶利钦旁边。斯坦科维奇描述了群众的愤怒之情。他说："我很高兴发生了这次政变，我很高兴，因为现在我们明白了谁是我们的敌人；现在我们看到了那些企图破坏民主的混蛋的真面目！当我们取得胜利时，相信我，我们将把他们全部送进监狱！"人群中爆发出雷鸣般的掌声。

鲍里斯·叶利钦的声音稍微低沉些，人群恢复了安静。

> 我们国家已经被黑暗笼罩，欧洲和世界同样如此。但是，我告诉你们一件事。我誓死与这些人斗争到底！我誓死打败克里姆林宫的这些篡权者！①我誓死这样做，并且呼吁你们一起行动！没有你们的帮助，我什么都做不了……但是与你们一起，与俄罗斯人民一起，我们必能完成最伟大的英雄壮举！我们一起打败叛徒！我们一起确保民主的胜利！

那天晚上，叶利钦的工作人员把外国记者邀请到白宫。英国广播电台和美国有线电视新闻网在俄罗斯仍然对外广播，报道再通过卫星发送回苏联。我们参观了几个已经加强安全措施的办公室，叶利钦则在一个又一个走廊之

---

① 叶利钦的用词是"篡权者"，弦外之音是指俄罗斯历史上冒充统治者或是觊觎统治位置的人。这些人敢于篡夺权力，最终都是血腥的结果。

间不断移动。我们得知他和他最亲密的助手有一个密室，是非常坚固的地堡。如果出现军事袭击，这个密室将是最后的避难所。一些议员正忙着搬运机关枪，他们中的大多数人看上去都惊慌失措，力不从心。叶利钦的副总统亚历山大·鲁茨科伊曾担任苏联空军中校，相对更镇定。他在8月政变期间的表现是无可挑剔的——在白宫内部组织防御，指导示威人群在白宫周围筑成人墙——但俄罗斯政治的发展动向总是变幻莫测的，谁也没有预料到两年后鲁茨科伊会是叶利钦最强劲的对手。

白宫外面，组织者们正在告诉民众如何面对坦克来袭，建议他们手拉手组成一道人墙后坚定地站在那儿。民众不知道的是，叶利钦已经联络上俄罗斯空降兵司令帕维尔·格拉切夫，至少与部分俄罗斯军队取得了合作。六辆装甲车抵达白宫并就位，人们发出了欢呼声。

又是一个24小时，人们悄然等待着。8月21日星期三，人们开始保持谨慎的乐观。政变密谋者曾经有机会派遣部队过来，但是并没有抓住机会。现在，他们似乎终于看到了聚集在白宫周围的成千上万的民众们，似乎看到了军队中即将发生的分裂，似乎看到了不得不面对的顽强抵抗，他们的信心一点点瓦解。流言再一次传播开来。据说，政变领导人内部发生分裂，不断争吵；巴甫洛夫心脏病发作，亚纳耶夫和普戈醉得不省人事，亚佐夫已经辞职。

下午两点，坦克出现在列宁格勒大街。列宁格勒大街是高尔基大街的延伸，在俄罗斯城区之外。此时，军队正在离开克里姆林宫。一个小时后，装甲部队从伏努科沃公路撤离市区。又过了一小时，俄罗斯广播电台证实政变部队正全面撤退。亚佐夫元帅好像衡量了一下攻击白宫的代价，在流血事件必然发生之前，退缩了。他命令坦克部队回到军营。

俄罗斯议会加固的会议室里，叶利钦召集忠实的自由派代表，发表声明。讲话结束后，房间内一片混乱。他说："一群游客，在去机场的路上被人发现。政变密谋者们，正在逃亡，他们的汽车在大街上的坦克方阵中四处穿行。"我们后来发现，他们在飞往福罗斯，试图与仍被监禁着的米哈伊尔·戈尔巴乔夫达成协议。一到那儿，他们就不断道歉，为自己的行为辩护。戈尔巴乔夫对此不屑一顾，命令警卫逮捕他们。国家紧急委员会的大多数成员，以及安纳托利·卢基扬诺夫和其他数十人，被捕入狱。鲍里斯·普戈害怕受到严厉的惩罚，开枪杀死妻子后自杀了。谢尔盖·阿赫罗梅耶夫元帅虽然是政变的支持者，但没有过多参与其中，也在办公室上吊自杀了。

8月22日星期四凌晨，米哈伊尔·戈尔巴乔夫乘坐苏联空军飞机抵达莫斯科郊外的飞机场，一步一步走下阶梯。他穿着一件开领衬衫，头发蓬乱，满脸疲倦，似乎难以相信发生的巨大改变。苏联人民成功地抵抗了这次政变，他说，因为数年来的公开化和改革教会他们要自己思考。"我们自1985年以来所做的工作结出了果实。人民和社会都改变了，这就是反抗政变取得胜利的主要原因……我向苏联人民表示祝贺。这是改革的伟大胜利。"他的分析是正确的，但是似乎太急于为自己邀功，太迟于承认对手鲍里斯·叶利钦的重要作用。他现在的所愿，仿佛就是政治生活只要重回原有轨道就好。

在晚些时候的记者会上，戈尔巴乔夫情绪激动，说话断断续续，眼泪在眼眶打转儿。他看上去真的对政变密谋者的身份感到震惊，那些是他从来没有怀疑过忠诚度的人。他指出："密谋者居然是领导层的核心人员，与我非常亲近，我一手提拔他们，相信他们，信任他们。"几分钟后，他开始为共产党辩护，仿佛不能接受政变的组织力量就来自共产党本身这一事实。"有些人全盘否定共产党，有些人认为共产党是反动势力，以上观点我都不赞同。共产党人中，许多人是真正的民主主义者……我相信，在党的新政策指导下，全社会最优秀最进步的人都会团结到一起。"

戈尔巴乔夫不认同对中央委员会的批评。但据后来查证，中央委员会竟然指示苏联各党支部支持政变。即使有证据表明党内高级官员参与策划了政变，戈尔巴乔夫仍然拒绝谴责他们。戈尔巴乔夫说，他自始至终都是一名共产主义者，忠于党的理想和创立者弗拉基米尔·列宁。形势很严峻了，戈尔巴乔夫却并没有意识到。

叶利钦把握时机，参加了莫斯科街头一系列庆祝胜利的活动。得益于政变中的英勇行为，他受到了如潮水般的感激和恭维，并且予以充分的利用。当戈尔巴乔夫让人们警惕反共产主义迫害时，叶利钦正在欢庆民主的胜利，准备复仇。他承诺："所有参加政变的人，都将受到法律的严惩。任何支持政变或者没有参与反抗的官员，都不值得怜悯！"他下令开除了几十名党内官员，并且宣布将对苏联电视台进行肃清，直接纳入自己的控制之下。苏联电视台曾经帮助政变人士进行宣传。军队和克格勃中所有的共产党基层组织都将予以解散，因为他们要求与政变人士合作；独立的俄罗斯国民军即将成立，以便"保卫俄罗斯，抵制独裁统治"。叶利钦宣布8月22日为国家节日，同时原先的俄罗斯红蓝白三色带的旗帜取代由共产主义铁锤和镰刀组成的苏联旗帜。

当晚，克格勃总部外，卢比扬卡广场上，高耸的费利克斯·捷尔任斯基铜像遭到挥舞着铁锤和镐的群众的攻击。费利克斯·捷尔任斯基是克格勃组织的创建人，被人们厌恶。当民众一直没能推倒铜像时，莫斯科市长加夫里尔·波波夫派出一支专业的营救队来协助他们。营救队把缆索绕到铜像的脖子上，顺利拽倒了它。卢比扬卡广场本身是数十年镇压、拷打和谋杀的象征。人们打碎了所有的窗户，在墙上画满了涂鸦。与此同时，推翻东欧国家政权的反共产主义怒焰也达到了顶点。

这一周将要结束的时候，决定国家未来的最后政治较量终于拉开帷幕。8月23日星期五中午，叶利钦邀请戈尔巴乔夫出席俄罗斯议会全体会议。这是一个陷阱：交锋中，叶利钦把戈尔巴乔夫逼到了无力回击之地，然后羞辱了他。这一切都在全国电视上实况转播。看到戈尔巴乔夫顽固地一再维护苏联共产党时，叶利钦慢慢走过演讲台，把一摞资料举到戈尔巴乔夫鼻子下。"你应当看看这些文件的内容，米哈伊尔·谢尔盖耶维奇。"他傲慢地说。戈尔巴乔夫困惑地看着那些文件，辨认出它们是政变第一天内阁会议的会议记录。这些记录表明，每一位政府成员都是戈尔巴乔夫任命的，并且都给政变密谋者提供了一些支持。戈尔巴乔夫非常尴尬，他轻轻地说："看了这个，我同意解雇所有的政府官员，我们必须成立一个新的政府……"但是叶利钦不会轻易放过他。叶利钦指出，所有这些遭人唾弃的部长，都是苏联总统亲自任命的，他难辞其咎，他现在能接受共产党这个整体吗？尽管如此，戈尔巴乔夫依然没有抛弃共产党。"党内是有一部分反动分子，他们必须被清除。可是，我永远不会承认千百万工人，好的工党主义者，是罪犯。我不会！"

第二天，8月24日星期六，叶利钦和戈尔巴乔夫均出席了三个年轻人的葬礼。他们在试图阻止坦克向俄罗斯白宫前进的路上被杀害。数千名群众站立在道路两边，叶利钦情绪激动地发表了讲话，因未能拯救三个年轻人的生命向他们的父母乞求原谅。这一时刻仿佛是精神的重生：一个不应该道歉的人愿意担负起责任。

当叶利钦在享受大众英雄的光环时，戈尔巴乔夫回到克里姆林宫，进行了深刻的思考。星期六下午晚些时候，他录制了一个简短的讲话，对全国人民广播。考虑到过去一周所发生的事，戈尔巴乔夫宣布，他感觉自己不能再继续担任苏联共产党的总书记，同时建议苏联共产党中央委员会做出解散党组织的决定。

在我书房的墙上，有一个镜框中放着《真理报》的两个头版。第一个的日期是1991年8月20日，刊登的内容是国家紧急委员会宣布进入紧急状态，进行军事统治，并且呼吁世界各国政府和联合国承认他们的权威。页面的顶部是传统的《真理报》报头，已经历经数十年："真理报""苏联共产党中央委员会机构；世界工人联合！"以及——报头边上，人像侧面素描上方——"V.I.列宁于1912年5月5日成立"。

第二个头版是两天后的。报头换成了"一般政治报纸"，头条新闻的配图是面带微笑的米哈伊尔·戈尔巴乔夫和神情严肃的鲍里斯·叶利钦。页面的右上角一直都刊登的是报纸的致歉信。《真理报》编委会声明"，该版页面上写着："最近，一部分人试图在我们国家实行非法的、反宪法的政变。《真理报》与某些报纸一样，报道'支持政变'有失客观。我们坦承，导致这样的原因之一是长时间以来，报纸印刷的内容都听从于相关命令。对此，高级编辑部需要承担很大的责任。因此，高级编辑部将进行人员更替。"

就在那短短的数日，有些改变已经一锤定音。政变失败后的几天内，所有的苏联加盟共和国均宣布脱离苏联。10月，他与8位加盟共和国的领导人签署了一项经济合作协议。12月1日，绝大多数乌克兰人投票坚持独立，戈尔巴乔夫仅存的保持苏联帝国完整的希望破灭了。（正如戈尔巴乔夫承认的："没有乌克兰，联盟就不是联盟。"）在没有向戈尔巴乔夫咨询的情况下，鲍里斯·叶利钦与乌克兰和白俄罗斯领导人在明斯克附近举行了会晤，同意三国组成一个联盟，名称为"独立国家联合体（CIS）"。叶利钦在联盟的公报上，邀请其他共和国加入CIS。戈尔巴乔夫宣布："苏联将不再是国际法和地缘政治现实主体。"戈尔巴乔夫认为叶利钦的所作所为是非法的。到12月17日，他接受了这一不可逆转的事实——自己努力维护和复兴的国家已不复存在。12月25日，戈尔巴乔夫在电视上发表了感慨万千的演说，宣布苏联解体，同时他辞去苏联总统一职。他告诉众多的观众："我诚惶诚恐地离开了总统职位，但是，我满怀希望。我相信你们，相信你们的智慧和精神力量。我们继承了伟大的文明。而现在，创造新的现代化和高质量的生活是我们每一个人的责任。"

1991年12月31日午夜，苏联旗帜从克里姆林宫塔楼上缓缓降落，俄罗斯旗帜则冉冉升起。此时，戈尔巴乔夫的旧办公室里，鲍里斯·叶利钦正襟危坐。他已经准备好带领俄罗斯进入新的时代，民主、自由、经济市场化。叶利钦是俄罗斯的未来，但是他带来的改变与戈尔巴乔夫大同小异。

戈尔巴乔夫是——并且始终是——一名忠实的共产主义者。他曾尝试改革复兴共产党，以便巩固党的领导地位。然而，他有限改革的计划引发了民众的政治变革意识，最终导致改革失去控制。正如俄罗斯将军和历史学家季马·伏尔科戈诺夫所说，戈尔巴乔夫历史地位的矛盾性在于他是一名矛盾的共产主义者。虽然并非出自本意，他却亲手埋葬了共产主义制度。

五

　　1991年圣诞节，米哈伊尔·戈尔巴乔夫发表了最后一次电视讲话。不久，美国总统乔治·布什亦发表了全国演讲。布什的圣诞讲话不似戈尔巴乔夫的悲伤与犹豫，而似刚夺得世界大赛冠军的棒球教练般兴高采烈。

　　根据布什讲话中透露的信息，我们仿佛感到推翻苏联统治的功劳应该全部归功于美国，而弦外之意是"美国价值观"胜利了，俄罗斯此后也应该采纳这种价值观。西方国家以为可以把俄罗斯领导人塑造成"与我们一样"的优秀的资本主义者，这种盲目的自信决定了西方在接下来的9年对待俄罗斯的方式。

　　许多俄罗斯民众都听说过西方社会的自由和繁荣，并且自然而然地希望变成跟西方一样。为了建立资本主义社会，他们急匆匆地丢弃共产主义剩余的一切：国歌重新谱写，国旗重新设计，一些名称恢复到从前——譬如列宁格勒改为圣彼得堡，莫斯科的高尔基大街改为原来的名字特维尔大街，马克思大街改为奥克霍亚德路等。我到高尔基公园参加了一个奇异的活动，莫斯科共产党时代的雕像——所有的列宁和勃列日涅夫雕像，以及在卢比扬卡广场上被推倒的捷尔任斯基铜像——都乱七八糟地倒在一块低矮的草坪上。莫斯科市长加夫里尔·波波夫声称这是"社会主义历史露天博物馆"。他对群众说："一个历史时代终结了，现在我们必须创造一段新的历史。"

　　尽管如此，要想完全清除俄罗斯社会中的共产主义却不容易。苏联共产党不仅仅只是一个政党；历经70多年的发展，它实际上已经成为国家的一部分。就苏联共产党被推翻后国家运作和民众心中出现的"空白"，戈尔巴乔夫的发言人维塔利·伊格纳坚科谈论了一些看法。

　　　　过去几十年，党负责分配社会资源，供应社会需求。所有的一切都是党操控的。我还记得一个年轻的姑娘刊登在《共产主义青年报》上的一首诗。它是这样说的："冬天走了；夏天来了——感谢共产党。"这首诗现在读来非常幼稚好笑，可是在那些年代，我们把一切都归功于共产党。突然，我们意识到共产党消失了，它不会再告诉你要怎样生活，怎样构建未来了……

虽然有很多俄罗斯人在期盼建立于民主和资本主义之上的新社会，仍有一些人——主要是老一辈，但不全部都是——怀念曾经的共产党。爱德华·谢瓦尔德纳泽警告人们，共产党不会轻易消亡，复兴势力依然很活跃。他说："1991年8月，我们打败了那些笨蛋，现在共产党正在寻找更聪明的领导人，共产主义力量仍然强大。有人认为共产党已经完全从历史舞台上消失了，这种想法太幼稚。如果我们内部出现分裂，他们就会赶超我们。"

强大的共产主义势力可能抓住任何时机卷土重来，而新政权则相对脆弱。脆弱的新政权反而有利于叶利钦巩固权力，把个人的价值观灌输到俄罗斯的社会结构中。同时还意味着，当华盛顿就如何在最短的可能时间里建立市场、民主的基础提供建议时，叶利钦会乐于接受。

苏联解体后的几个月，所谓的华盛顿共识基本形成：资本主义经济模型已被证实可行，是世界新兴经济体未来的唯一道路。著名理论学者被派往东欧宣扬相关政策措施，譬如价格自由化，减少政府赤字，放松贸易管制，出口带动经济增长和融入世界经济等。由哈佛大学杰弗里·萨克斯领导的一队西方经济学家已经在波兰开展了一些演说，结果总体让人满意。现在，他们来到莫斯科。受其影响，叶利钦决定实行"经济休克疗法"。

实行"经济休克疗法"的目的是为了把俄罗斯从共产主义计划经济的停滞期拯救出来，建立竞争与私营企业共存的经济体制。竞争和私营企业将会给俄罗斯带来新的活力。哈佛经济学家们与俄罗斯政府中的经济自由主义人士一道让叶利钦相信，延迟执行计划会增加风险规模，并且变革必须在共产主义重组、再次掌权前全部完成。只有在体制中让新的商务精英和中产阶级参加政治活动，他们才能确保共产主义者不会重掌大权。改革者承认，改革速度——有史以来最大规模最快速度的私营化计划——将导致短期内阵痛，但他们认为从长期获得的利益来看，阵痛是值得的。

不久，阵痛就开始了。1992年2月，克里姆林宫宣布，除最必需的生活用品和服务外，一切其他的物价都将自由化。因为数十年来价格一直由国家控制并实行补贴，所以突然取消管制后物价飞涨。第一个月，通货膨胀达到400%；一些民众的积蓄仅能购买几天的食物。很快，大街上乞丐纷纷出现，人们不得不卖掉财产来养活家庭。为了平衡国家预算，政府削减开支并提高税收。当免费医疗保健减少时，几乎没有人能够负担新系统下的收费。疾病和婴儿死亡率上升，酗酒和自杀人数也在增加。到20世纪90年代中期，男性预期寿命降低到57岁。

自1991年8月后，叶利钦非常受民众欢迎。现在，他的高人气则开始下滑。民众普遍抱怨"休克疗法"带来的影响，而政府却几乎没有向他们解释采取"休克疗法"的原因——苏联共产党统治的最后一段时间，国家已经濒临破产；俄罗斯的国债数额巨大，其他国家不再借钱给它；俄罗斯必须"喝苦药"。盖达尔、丘拜斯和他们年轻的经济学家团队受到许多责难。叶利钦的副总统亚历山大·鲁茨科伊也加入了指责的人群，把改革者描述成"穿着粉红色短裤和黄色靴子的年轻男孩"。鲁茨科伊曾在俄罗斯白宫被围攻时，表现英勇。叶利钦认为国家财产私有化是重中之重的措施，是释放开拓精神和活力的关键，是市场民主价值观的体现。他下令禁止将国家财产卖给外国买家，然而，几乎没有国内投资者拥有足够的资金购买这些在售的庞大的国家工业。因而，1992年下半年由盖达尔和丘拜斯主导的私有化尝试变为代用券体验，目的是为了将国家工业"赠送"给人民。每一位公民都领到了价值10,000卢布（约60美元）的代用券，每一张代用券代表着国家经济中一份很小的股份。这种举动就是希望在一夜之间建立一个共同持股的中产阶级，但这等同于异想天开。所以尝试失败了，因为真正有钱的人和知道代用券可以在未来创造无数财富的内幕人士——譬如鲍里斯·别列佐夫斯基、罗曼·阿布拉莫维奇和米哈伊尔·霍多尔科夫斯基等企业家——都在大规模收购代用券。每处街角都有小贩举着告示牌，上面写着"收购代用券——价格实惠"。试验的理想目标幻灭了，甚至连数学运算都似乎有悖逻辑。俄罗斯大约有1.5亿人，因而发行了1.5亿张代用券……也就是说，俄罗斯大部分经济的价值表面上只有90亿美元，难怪未来的寡头决心大范围收购代用券。

私有化让大部分人比以前更加贫困，却让一小部分人获得了巨大财富。后来，别列佐夫斯基厚颜无耻地夸耀说，俄罗斯排名前七的商人控制着全国经济的50%。普通民众特别鄙视这些寡头们，控诉他们"抢劫国家财产"，而大部分寡头是犹太人的事实，更是加深了众怒。

叶利钦时代刚拉开序幕之时，人们寄予厚望，现在却每况愈下。1992年，食物产量下降9%，工业产量下降18%。大多数民众的生活水平处于二战以来最差的境地。工资迟迟不付，通货膨胀失去控制；无家可归和贫困人数之多前所未有。副总统亚历山大·鲁茨科伊成为反对叶利钦统治的领先声音，认为那些政策是"经济灭绝"。与此同时，一小部分群体正在积聚庞大的财富。新俄罗斯人穿着古驰和普拉达，带着保镖，开着梅赛德斯和劳斯莱斯，与贫穷的俄罗斯街头格格不入，亦是对新自由主义无声的控诉。随着大部分财富被抢夺一空，抢劫、贪污和暴力开始盛行。

如果说经济自由化未能成功实施，那么新时代的另一个承诺——民主化——也命运多舛。由于私有化计划赤裸裸地把巨大的财力送入寡头的手中，不久，这些寡头将焦点转移到政治权力的掠夺上，数名寡头要求并得到了政府职位。鲍里斯·别列佐夫斯基与克里姆林宫关系密切，在暗处指挥政策决定。据说，他是叶利钦宝座背后的力量。财阀新秩序开始形成，商业和政治精英密不可分。这种情况可能变成浮士德式的交易，每一方都认为对方在自己的掌控中。

1991年后的岁月是俄罗斯的"命运契机"之一。这段时间里，俄罗斯挣脱了独裁统治的枷锁，尝试了自由民主的价值观。然而，最初的乐观消失后，人们开始醒悟。经济持续崩溃，俄罗斯已经失去超级大国的地位，种族暴力在俄罗斯联邦的大地上不断酝酿。对此，叶利钦没有任何回应。1992年年末，反对派的呼声达到爆发点。此时，叶利钦却要求扩大权力，直接发布总统命令。他试图规避议会的审查，像真正的独裁者一样进行统治。现在，民主的倡导者正在谋求独裁统治的途径，虽然这样的统治方式是他曾经努力推翻的。这种讽刺的现状不是不经意间形成的，而是因为独裁统治的传统在俄罗斯根深蒂固，一夕之间很难彻底摆脱。

俄罗斯议会、人民代表大会及其常设立法机构最高苏维埃否决了叶利钦的提议，同时任命叶戈尔·盖达尔为总理。两个否决议案都是对当前经济政策的抗议，因为国家正处于水深火热之中，而长期利益却几不可见。于是，叶利钦诉诸国民公决，要求俄罗斯人民在他和议会之间进行选择，在更高程度的经济自由化和恢复原有的政策之间进行选择。国民公投在1993年4月举行，问题的措辞蕴含着不选择叶利钦必然导致某种灾难的意味，对非叶利钦政策的第二种选择不利。叶利钦赢得了大多数投票者的支持，但是鲁茨科伊和最高苏维埃主席卢斯兰·哈斯布拉托夫领导下的议员们仍然否决了他的改革措施。叶利钦威胁要解散议会。总统和立法机构之间的分歧，导致政府运作面临瘫痪。《消息报》一针见血地评论说："总统颁布法令，似乎最高苏维埃是不存在的；最高苏维埃取消法令，似乎总统是不存在的。"9月下旬，叶利钦宣布停止对新章程的协商，要求再次举行国民公投并解散最高苏维埃。议会以弹劾总统作为回应，宣布亚历山大·鲁茨科伊为总统。二元权力结构再度回归，俄罗斯前途未卜。

10月初，示威人士开展游行支持议会。议会承诺停止经济改革，恢复国家控制，稳定物价。莫斯科街头不时爆发武装冲突；警察和军队出现分裂，一部分人忠于总统；另一部分人则支持反对派。为了占领位于奥斯坦克诺的俄罗斯电视台总部，两派进行了激烈的战斗，致使62人死亡。[①]

当时，议员对议会大楼进行了加固，同时呼吁莫斯科人民前来援助。议会大楼就是俄罗斯白宫，1991年8月叶利钦在此成功打败了强硬的共产主义人士。1991年，50,000名群众保护了叶利钦；然而，鲁茨科伊和哈斯布拉托夫的护卫者显然更少。1991年，强硬派对攻击白宫犹豫不决；然而，叶利钦却没有丝毫顾忌。1993年10月4日凌晨，俄罗斯军队的坦克对议会大楼展开持续炮击。到上午10点左右，大楼的上面几层都着火了。中午，俄罗斯特种部队攻入议会，开始一层一层进行强扫。大楼里有上百名全副武装的反对派人士，但是难以跟军队相提并论。数小时后，死者都被摆放在走廊里，而被包围的议员们正在争论如何采取下一步行动，绝望的情绪开始蔓延。下午晚些时候，他们挥舞着白旗走出来。此次冲突，死亡人数超过200名，伤者则更多。这是自1917年以来，莫斯科发生的最暴力的事件。

鲍里斯·叶利钦谴责了议员的反抗行动，声称它是"由共产主义复仇者、法西斯分子和前议员们策划的"一场阴谋。他说："组织者都是罪犯和土匪，一小撮政治家雇用了习惯暴力和谋杀的唯利是图人士，试图通过武力把他们的意志强加给整个国家……这些曾经挥舞红旗的政治家再一次用鲜血染红了

[①] 死者包括自由电视摄影师罗里·佩克，之前一直为英国广播电视台工作。

俄罗斯。"但显然，反对派议员既不是复仇者，也不是法西斯分子。他们不是领导1991年8月政变的共产主义保守人士，而是对叶利钦自由改革持不同意见的政治家。他们在民主议会论坛上表达了自己的观点，却被搁置不理。或许鲍里斯·叶利钦拥护自由和民主，但是他采用高压手段来实行；或许他曾与旧时代的独裁统治做斗争，但是他现在运用了同样的方法。俄罗斯白宫，1991年成为民主的象征——叶夫图申科的"白天鹅"——如今已经化成碎片。

在十月事件的余波中，鲁茨科伊和哈斯布拉托夫被捕入狱。叶利钦促使新的宪法议案被通过，并创立了一个两院制的立法机构，即国家杜马和联邦议会。这两个机构的权力显然弱于原有议会：总统有权依法统治，任命总理和解散杜马；禁止弹劾总统，并且只要在下议院获得多半数支持，总统有权否决议会立法。现在的俄罗斯，很多权力集中于总统，而议会的权力被削减。这不是鲍里斯·叶利钦所倡导的民主，而仅仅是民主的一个缩减版。与叶卡捷琳娜二世一样，叶利钦也认为如果不需要分享权力，民主的理想非常完美。西方式的自由主义价值观试验正在掺杂水分，而更糟糕的情况还在后面。

1993年12月，新杜马选举，叶利钦和盖达尔的政党位列第三，极端民族主义、反西方的自由民主党高居第一。该党派的领导人弗拉基米尔·日里诺夫斯基是民粹主义的煽动者，宣称要派遣部队进军阿富汗和波斯，直到俄罗斯士兵可以"在印度洋里洗脚"。两年后，也就是1995年杜马大选，最大的赢家是重建并复兴的共产党，获得了压倒性的胜利。它阐述了很多有关民众对政府和总统的清醒认识。在不可靠的西方资助的"休克疗法"和鲍里斯·叶利钦失败的经济管理的双重打击之下，俄罗斯预算赤字严重。国家只收取了一部分用于偿还债务的税收，学校老师、公务员和警察没有工资，退休人员领不到养老金，工业慢慢停止发展。在摩尔曼斯克西北部港口的核潜艇基地，海军发现因为6个月未缴纳燃料费，供电被切断了，潜艇上的核反应堆面临着泄漏的危险。整个国家一片乌烟瘴气。更糟糕的是，第二年将进行总统选举，而新领导人根纳季·久加诺夫带领下的共产主义者气势如虹，声称要通过投票重新掌权。

叶利钦和同僚都惊慌失措了。如果他们想要赢得选举，就需要将一大笔资金注入经济领域来维持运行。此外，他们需要寡头的帮助来挫败共产主义者的挑战，寡头目前控制了国家的大部分媒体。同样，对寡头们来说，共产主义取得胜利的前景并不让人满意,因为他们必然会面对重新国有化、贪污审判和政治报复。两位寡头弗拉基米尔·波塔宁和米哈伊尔·霍多尔科夫斯基率先提议,俄罗斯大企业家集资借给总统18亿美元。有了这笔资金,克里姆林宫可以偿还拖欠的工资和养老金,还可以为选民提供一些经济便利。寡头们还将利用媒体舆论来支持叶利钦。然而,波塔宁和霍多尔科夫斯基索取的回报很高。既然担保了资金,他们要求政府将剩余的国家工业同样实行私有化,包括钢铁、天然气和石油等关键领域。这项计划就是著名的"贷款换股份"。鉴于破产的政府几乎不存在偿还贷款的可能性,这些寡头们显然将获得这些关键领域的控制权。但是第一步,他们必须利用资金和影响力帮助叶利钦再次当选:若共产党人当选,一切将回到从前。私有财产不复存在,寡头不复存在,叶利钦亦不复存在。

得益于资金的输入和媒体的普遍支持,叶利钦的支持率激增。1996年7月,他在第二轮选举时战胜了共产党候选人久加诺夫。于是,寡头们索取奖励的时间到了。9月,俄罗斯举行了一系列不同寻常的拍卖,拍卖对象是给寡头贷款做抵押的国有企业。每一件资产的拍卖都只有唯一的竞标者,那就是选举前贷款给叶利钦的寡头。波塔宁选择的是制造戈比的重要的镍和铝企业;别列佐夫斯基和他的合伙人兼追随者罗曼·阿布拉莫维奇一起,拍到西伯利亚石油公司;霍多尔科夫斯基则得到尤科斯石油集团的大部分股权。当时,尤科斯石油集团是俄罗斯第二大制造商,拍卖以3.09亿美元的廉价成交。

叶利钦因与寡头的交易而名誉扫地,而围绕他的顾问和家人的贪污指控也开始带来不良影响。他是一名冲动的政治家,行为像尼基塔·赫鲁晓夫一样难以预测。美国中央情报局对他的评价"古里古怪"似乎得到证实:与波兰的莱赫·瓦文萨一样,叶利钦也是经历剧变的总统,但是他毫无疑问不适合持久的日常政治。他有很长的酗酒历史,并且经常发生令人尴尬的事,包括醉酒后派遣军乐队出访德国,在与各国领导人见面的记者会上摇摇晃晃以及讲话时读了三次同一段落,直至被助手制止。1996年选举前我与他交流时,他面色红肿,口齿不清,并且似乎不知道自己对选民的讲话内容。后来,他从公众视野前消失了。

有传言说,叶利钦身患重病。克里姆林宫断然否定了这一消息。然而,1996年总统大选的开始几周,叶利钦一直没有出现。突然,他又回来了。他在家乡斯维尔德洛夫斯克州的一个选举音乐厅露面，跳上舞台表演了伦巴舞，激情四射，韵律感很强。过了几年，我们才知道真相：叶利钦当时患了严重的心脏病，并且此后4年病发了数次。医生建议他远离政治，休息一段时间。但在选举团队的坚持下，他不断注射肾上腺素，行为随之恢复正常。长期而言，这种疗法危害非常大。他执政的最后一段时间，没有人知道有多少事情是他自己做主，又有多少事情是在强大的"顾问团"的操控之下。这些顾问均来自寡头阶层。

因为经济和政治环境恶化，叶利钦对自由民主的承诺打了折扣。此外，他先前声明的支持俄罗斯少数民族获得自由，也没有兑现。他曾建议民族主义者"能拿多少主权就拿多少"，如今这建议却让他痛苦不堪。1991年后，种族冲突不断增加，不同的民族地区要求叶利钦说到做到。苏联空军指挥官焦哈尔·杜达耶夫当选车臣新总统，宣布从莫斯科独立。居住在车臣共和国的俄罗斯人接连受到歧视，导致多次暴力冲突。叶利钦有3年时间避免使用武力，委托代表与独立分子协商。然而，1994年12月，车臣的内战一触即发。克里姆林宫宣布派遣军队到当地"重建秩序"。国防部长帕维尔·格拉乔夫夸下海口说战争虽然不能在几个小时内结束，但是几天内必然结束。然而，他的地面部队遭受了一连串难堪的挫折。随着死亡人数的不断攀升，俄罗斯战俘被折磨和处死的消息不断传出，莫斯科决定实施报复性的地毯式轰炸。这是自二战德累斯顿被西方盟军摧毁之后最残酷的战争。一个月后，俄罗斯军队占领车臣首都。此时，这座城市几乎面目全非。总统府成为废墟，不计其数的平民死亡。

根据多个世纪的经验，俄罗斯知道征服北高加索山脉那一大片领土不是轻而易举就可以完成的。接下来的两年，零星的战争一直持续着。杜达耶夫声称车臣战争是一场圣战，因而武装分子大规模涌向车臣。游击队不时骚扰莫斯科军队，给他们带来严重伤亡。战争双方都是暴行肆掠，对待战俘没有丝毫怜悯，对待平民也是一样。车臣分遣队经常挟持人质，最多的一次是1995年6月占领了俄罗斯南部布琼诺夫斯克地区的一座医院。1996年4月，杜达耶夫被一枚俄罗斯导弹击中而亡，但是战争依然持续。8月，双方同意停火。在第一次车臣战争（1994—1996）中，100,000名车臣人死亡，绝大多数是平民。叶利钦作为民主人士的形象彻底破碎，而自由主义政府统治俄罗斯的可行性显然也受到质疑。

20世纪90年代，支持俄罗斯试行民主似乎是符合西方利益的。毕竟，它结束了冷战，停止了代价高昂的军备竞赛，并且把俄罗斯从一个令人恐惧的对手变成了一个心甘情愿的盟友。西方国家历经数十年，希望结束集权统治和政治压迫，现在终于成功。叶利钦的大胆改革受到华盛顿和伦敦的赞扬，但现在他却遇到了困难。他希望西方国家可以帮助支撑俄罗斯政府。然而，无论是乔治·布什1991年的圣诞讲话，还是其他国家领导人类似的讲话，都表明不再为俄罗斯担心，更不用说花费巨资支持叶利钦政府，不管它是多么亲西方。

俄罗斯已经加入G7集团，即现在的G8集团。并且，国际货币基金组织（IMF）同意提供价值100亿美元的经济刺激方案。然而，进一步的援助则姗姗来迟。1992年10月，叶利钦开始对西方的不支持表示失望。"俄罗斯不是一个总在接待室里等待的国家。"他说道。与此同时，克里姆林宫希望尽快融入西方社会。叶利钦多次暗示，俄罗斯要求加入欧盟、世界贸易组织，甚至是NATO（北约）。但是，所有的请求都被断然拒绝。NATO继续在东欧的苏联卫星国家中扩张，接纳了波兰、匈牙利和捷克共和国。莫斯科开始变得警觉，担心乌克兰、格鲁吉亚和波罗的海国家等苏联加盟共和国也会被接纳。

20世纪90年代末，俄罗斯和西方关系冷淡。叶利钦公开谴责NATO在未经联合国授权的情况下，入侵塞尔维亚和科索沃。比尔·克林顿则回击说，克里姆林宫重新在车臣展开军事活动。在欧洲安全与合作组织的一次会议上，克林顿总统用手指着叶利钦，要求他停止轰炸格罗兹尼，叶利钦愤怒地离开了现场。不久，叶利钦表达了自己的失望。他说："昨天，克林顿总统试图向俄罗斯施压。那一瞬间，那一秒，他也许忘记俄罗斯有满满军火库的核武器。他已经忘了吧。"这仿佛再现了赫鲁晓夫和肯尼迪之间让人不安的言论。

1998年世界经济危机，俄罗斯的经济失调暴露在镁光灯下。由于石油、天然气、金属和木材的价格大幅下滑，莫斯科无法继续依赖无节制地出口自然资源来负担持续加剧的预算赤字。8月，克里姆林宫宣布卢布贬值，推迟偿还外国债务。金融市场对俄罗斯拖延还贷产生恐慌，导致股价暴跌。年末，银行纷纷破产，成千上万名群众失去了所有的积蓄；数百家公司和企业倒闭；通货膨胀达到88%，商店的货架再度空空荡荡。示威者出现在莫斯科和其他大城市的大街上，要求停止自由经济改革。于是，叶利钦解雇了总理，并解散了政府。他告诉人们，改革已经暂停，俄罗斯的西方式自由民主试验处于停顿状态。

1999年8月，危机依然没有缓和的迹象，但是叶利钦任命了一位新总理。他是弗拉基米尔·普京，是一位鲜为人知的官僚。前一年，他正式接任俄罗斯联邦安全局局长。联邦安全局的前身是克格勃。很多人曾预计，普京担任总理的任期不会很长。普京为克里姆林宫带来了新的冷酷作风；他崇尚武力，声称将用武力解决持续的车臣冲突；他不但支持叶利钦的改革，而且带来了一种信仰：相较于民主，俄罗斯更需要实力和稳定。

20世纪90年代的大多数时间，克里姆林宫没有实行独裁统治，允许政治参与和经济自由。叶利钦时代，人们相信俄罗斯可能脱离"亚洲"身份并且加入"欧洲"国家的阵营，但最终未能如愿。1999年新年除夕，迎接千禧年之时，鲍里斯·叶利钦在电视上发表了出人意料的讲话。这位年迈、疾病缠身的总统宣布，他6个月前就准备辞职。

"亲爱的朋友们，我亲爱的人民，"他说，"今天，我最后一次向你们致以新年的祝福。今天是即将过去的一个世纪的最后一天，我宣布退休。"叶利钦讲话时，情绪非常激动；有时，他不得不停下来喘口气。尽管他阐述了对未来的期望，他最想传递的信息是承认一次失败——从1991年8月开始的试验失败了。在那时，俄罗斯似乎抛弃了千年的独裁传统，开启了新的自由和民主历程。"今天，对我来说意义非凡，"他继续说道，"我请求你们的原谅。我之所以请求原谅，是因为我们的许多梦想还未实现，是因为我们原以为易如反掌的事实际上却举步维艰。有些人相信我们可以摆脱灰色的、停滞的、集权的过去，进入明亮的、富有的、文明的未来，但我未能完成这些梦想，请原谅我。我曾经认为我们可以做到的。然而，它并不是简简单单就能做到……你们所承受的痛苦，在我的心里同样如此……在我退休之前，我签署了一项法令，把俄罗斯总统的工作托付给弗拉基米尔·弗拉基米罗维奇·普京……"

这位臃肿的老人眯着眼睛看着提词机，说话含糊不清，眼皮无力下垂——20世纪俄罗斯最后一次伟大的"命运契机"并不尽如人意。

六

  电视转播了交接过程：一个低调、拘谨的小仪式，年迈的"国王"——穿着斜纹呢外套，迫不及待地离开权力舞台——挥手示意年轻的继承人进入新办公室，喃喃道："这是你的办公桌。"在俄罗斯教堂大牧首的严密监视下，鲍里斯·叶利钦将核公文包移交给普京。随后，他慢慢地走回轿车，摘下裘皮帽，坐在后座上。

  在对全国人民的新年讲话中，普京要求所有的俄罗斯人举杯欢迎"新时代"。他说："权力真空不会出现，任何超出宪法规定的行为将严惩不贷……对俄罗斯来说，重要的是变得强大和独立……"这种语调让人耳目一新，很严厉，而叶利钦一贯和蔼慈祥；俄罗斯人民终于知道代总统作风强硬。

  1952年，弗拉基米尔·弗拉基米罗维奇·普京生于列宁格勒。祖父曾担任斯大林的厨师，父亲在苏联卫国战争中因表现英勇而被授勋，母亲在德国封锁列宁格勒期间生活艰辛。普京称自己在一所狭窄的集体公寓里长大，那儿老鼠经常出没。青少年时期，他曾有短暂的犯罪行为（"我是一个小流氓，而不是少先队员"）。后来，他决定毕生致力于保卫祖国。16岁，他走到列宁格勒克格勃总部，声明已经准备好为国家服务。在2000年总统大选的一段简短的自我介绍中，普京宣称自己的决定源于对武术的激情，是武术教导他要自律和努力工作；源于对流行电影《剑与盾》的喜爱，影片里勇敢的克格勃人员冒着生命危险为保卫苏联与纳粹做斗争。遗憾的是，克格勃告诉普京，他太年轻了，他应该读大学，并等待克格勃的电话。普京完成了法律学习，1975年加入克格勃。但是，他的职业生涯非常普通。他唯一的驻外工作是在东德德累斯顿的一个不起眼的克格勃站点。1989年柏林墙倒塌时，他还在当地，不断焚烧敏感文件直至焚化炉坏掉。他所受到的羞辱让他对苏联共产主义深感失望，并且认为苏联必须再次强大起来。1991年，普京离开克格勃，而在克格勃学到的价值观将伴随他一生。他后来说："克格勃官员从不辞职，你可以加入，但永远不会离开。"

20世纪90年代经济和政治不稳定时期，普京为圣彼得堡市长工作，被评价为一个认真做事的人。得益于这份工作，叶利钦在1998年任命他为联邦安全局局长，到1999年提升他担任总理。之前的大部分总理人选都只在这一职位工作了几个月，但普京决定要有所作为。1999年9月，莫斯科和俄罗斯南部居民区遭遇连续轰炸，导致数百人死亡。普京的机会来了。

克里姆林宫立刻宣称居民区轰炸是车臣恐怖分子所为。叶利钦1994年至1996年在车臣的战争中没有彻底粉碎该共和国独立的企图，也没有重新建立当地秩序。腐败官员和有组织犯罪团伙抽走了格罗兹尼的重建资金，而不计其数的绑架案使车臣成为敲诈勒索和谋杀中心。俄罗斯人认为暴力犯罪就来源于那里。

9月17日，普京召开联邦议会紧急大会。他提议采取果断的行动"保护俄罗斯"，包括在车臣边境设置防卫警戒线和空袭车臣领土等。他在电视上宣布，将用最强硬的手段对付车臣的"强盗基地"。他说："那些基地必须全部消灭，我们别无选择。"俄罗斯没有逮捕任何有关居民轰炸袭击的嫌疑犯，而车臣游击队也一直保持沉默，没有像以往一样宣称对行动负责。但是，普京确信车臣人应该对此负责的形象给选民留下了深刻印象：落后2%的支持率跟随他严肃的论调上升了。在一次精心设计的讲话中，普京誓言："不论恐怖分子逃到哪儿，都要抓住他们；如果他们在机场，就在那儿击杀他们；如果——请原谅我的用词——我们发现他们正坐在马桶上，我们就在盥洗室消灭他们。这就是我们所要做的，问题解决了。"普京的这番话与1940年温斯顿·丘吉尔的讲话颇为相似，"在沙滩上打败他们"。

1999年10月4日，俄罗斯军队第二次入侵车臣。截至12月，格罗兹尼已经被包围，独立分子仍然负隅顽抗，但再也没有居民区轰炸了。普京的支持率高涨到60%以上。2000年3月总统大选，他轻轻松松赢得胜利。选民认为他与叶利钦完全不同。叶利钦脚步蹒跚，长期酗酒，普京则年轻，奉行禁酒主义。此外，普京还坚决恢复由俄罗斯失败的改革试验引起的混乱秩序。

普京最重要的手段是全面进行车臣战争。一些俄罗斯媒体质疑，因为居民区轰炸重开战火是不是有点太小题大做。调查性报纸《新报》的一名记者将疑问直接抛向普京，问是不是俄罗斯蓄意炸毁公寓以便为入侵找到正当理由。普京坚决否定了这一质疑。"什么？你说我们自己炸毁了自己的居民区?"他反驳道,"胡说八道!胡言乱语!情报局没有一个人会承认犯下这样的罪行。你的问题很唐突无礼,是对我们的诽谤。"

尽管如此,类似的指控并没有消失。据说,有3名联邦安全局的官员遭到窃听,他们计划轰炸莫斯科南部梁赞的一个居民区。那个区域的民众都进行了转移,30,000名居民当夜露宿在户外。有人质问梁赞事件时,联邦安全局局长尼古拉·帕特鲁舍夫辩解说,那次袭击是安全部队"演练"的一部分,是虚拟的。同时,他对当地居民在"演练"曝光后展现的警觉性表示赞扬。克里姆林宫的发言受到政治对手的嘲笑,前安全局人员亚历山大·利特维年科就是其中之一。"联邦安全局计划炸毁梁赞、图拉、普斯科夫和萨马拉的居民建筑,"利特维年科断言,"联邦安全局需要尽快将俄罗斯拖入车臣战争,从而在总统大选时,大规模武装冲突也正在进行。这是一个阴谋,目的是为了让前克格勃掌权……联邦安全局成功了,它的候选人当选了总统。普京完全符合《苏联大百科全书》中关于'暴君'的定义:'权力建筑于专横与残暴之上的统治者。'"利特维年科是最强硬的阴谋理论家,因为他的指控,新总统一直很憎恶他。

普京曾自豪地说,他卧室的墙上贴了一张费利克斯·捷尔任斯基的照片,这张照片见证了他的成长。并且,他从未忘记自己是克格勃人。在安全局庆祝他成功当选的聚会上,普京开玩笑说:"有人指控安全局企图控制政府,现在安全局已经完成了这项任务的第一步。"

2000年,普京在一份文件中记录了他所认为的"任务"。"站在千禧年转折点上的俄罗斯"清楚知道自由主义民主在本国行不通。俄罗斯要想繁荣,需要借助强大的国家统治。他写道:"俄罗斯不可能成为另一个,譬如说,美国或英国,在这些国家,自由主义价值观有深厚的历史传统。自古以来,俄罗斯政府及其制度和结构都在国家和人民的生活中发挥了特别重要的作用。对俄罗斯人来说,强大的政府并不是必须摆脱的异常事物。相反,它是秩序的来源……"

文件传递的信息一目了然:叶利钦时代不幸偏离了正轨,西方式政府试验与之前所有的尝试一样都证明这样的体制不适合俄罗斯;俄罗斯需要强硬的政府来进行管理,如果没有专制统治,国家将失控。普京的观点和康斯坦丁·波别多诺斯采夫一致,要求维京人留里克统治自己的早期斯拉夫人也持有相同的看法。此外，他增加了一项重要的说明，"现代俄罗斯不认为强大高效的政府就是集权主义的政府"。俄罗斯可能正在恢复专制统治的潜在传统，但是以往的恐怖状态不会一并回归。

普京最直接的目的是将国家从叶利钦时代的经济崩溃中拯救出来，重建社会秩序，制止街头暴力和犯罪，让俄罗斯重回世界强国之列。（叶利钦把苏联帝国的解体视为一生伟大的成就，普京却认为苏联的终结是"20世纪最大的地缘政治悲剧"。）普京完成了所有的目标，并且绝大多数俄罗斯人民对他表示感激。可是，普京的批评者抱怨说他的成功是以牺牲民主为代价的。在他执政期间，议会的职能受到削弱，总统的权力被加强；俄罗斯89个联邦地区的领导人不再通过选举决定，而是由克里姆林宫任命。虽然杜马的席位和总统职位仍旧通过全国大选决定，但是反对党派受到歧视和骚扰，媒体也不予以报道；政治集会遭到驱散，抗议人士也被监禁；国家限制新闻自由，克里姆林宫控制着电视新闻。

"有管制的民主"是普京对自己施政风格的描述。对此，评论家有不同的见解，如卡耐基莫斯科中心的丽莉娅·谢夫索娃说："我们国家正在建立仿民主。"她这样写道：

> 民主的外在特征都一样，如选举、议会等，但实质绝对不同。就俄罗斯而言，我们面对的情况是……故意建立类似于波将金村的民主机构来遮掩传统的权力安排……已经形成的政治体制与20世纪60年代和70年代拉美体制的"官僚权威主义"非常相像。这种体制具备如下所有特点：权力个人化、社会官僚制、民众不参与政治……而且情报机构活跃（拉美国家则是军队）。

对于上述描述，普京自身的态度很矛盾。他一直将自己定义为民主人士，却公开宣称只有强大的政府才能让俄罗斯找到失去的荣耀。如果一些公民自由在此过程中遗失，那就是应该付出的代价。他指出："俄罗斯正处于历史上最艰难的时期之一。"

> 在最近二三百年，俄罗斯第一次真正面临掉入第二世界国家的

危险，甚至可能掉入第三世界。我们几乎没有时间避免危险的到来。我们必须充分利用一切知识、物质和精神力量。我们需要团结协作，共同创新。没有人会替我们完成。所有的事情都只取决于我们自身——我们预测威胁规模的能力，联合各种力量的能力，以及完成耗时、艰难工作的能力。

2001年新年讲话时，普京表明新"集权"政策已经取得第一阶段的胜利。他说："我们有时要经历困难的时期，有时要做出艰难的决定，不过，一年之前看似不可能的事情如今真的发生了。社会、政治和经济领域都出现稳定的迹象，这种情况非常难得。我们已经知道如何维护国家尊严和价值观……"

普京的国际影响力得到爱国人士的赞扬。历经10年的经济疲软和军事软弱，他们乐于接受一位强硬的领导人。普京恢复了许多苏联时期的仪式，包括苏联国歌（虽然替换了新词）和红场阅兵。阅兵时，导弹方阵、坦克方阵和游行方阵依次前进，并高喊口号。学校教室和公共建筑均悬挂着普京的照片。除此之外，他还喜欢盛大的典礼，在嘹亮的喇叭声中踏着红地毯入场。对于媒体的批评，他的反应非常愤怒。当一档流行的电视讽刺节目——英剧《酷肖》——把他的形象描绘成老鼠时，普京取缔了该节目。

环绕普京的个人崇拜没有达到斯大林的程度。到陆军和海军基地视察时，他喜欢穿着军装，有时坐在战斗机的副驾驶座上或站在坦克旁边。拍摄官方宣传照时，普京腰部以上全裸，或是在阳光照耀下的河边钓鱼，或是在山区地带骑马。这些照片广受女性选民好评。《共青团真理报》将照片刊登在第一版，并配上了引人注目的标题"跟普京学学！"随后，一首名为"普京是个强而有力的人"的流行歌曲迅速在音乐排行榜上蹿红。一名爱好者甚至要求将彼得堡改为普京堡。

普京凭借"硬汉"形象避免了公关灾难，而其他领导人都未曾幸免。2000年的夏天，载有118名船员的库尔斯克号核潜艇在巴伦支海沉没。当时，普京正在索契的南部度假区休假。英国和挪威海军主动提出展开营救，但都被拒绝。对此，最大的可能性是因为莫斯科不希望西方国家接触到这艘潜艇的核技术。事情发生5天后，普京仍然在度假，也没有发表任何声明。潜艇最终被打捞上来时，所有的船员都已经罹难。一些俄罗斯媒体——鲍里斯·叶利钦时代被私有化,独立时间非常短暂——批评说,相对于船员的生命,普京更注重政治利益。当一位年轻船员的母亲在电视采访中试图公开谈论儿子的死亡时,一名官员强行对她进行注射,导致她失去意识。各国都转播了这一场景,而普京被指控不宽容和压迫人民。

俄罗斯媒体上有关库尔斯克号爆炸的新闻全部遭禁。针对克里姆林宫对爆炸事件的处理,寡头弗拉基米尔·古辛斯基旗下的电台进行了最严厉的抨击。普京曾经见证鲍里斯·叶利钦因第一次车臣战争的不利报道而形象受损,因而决心不重蹈覆辙。他对古辛斯基施加压力,逼迫古辛斯基把媒体控制权转交给国家。在签名转让前,古辛斯基一直被关在监狱中。释放后不久,他移民去了以色列。

普京对寡头们的打击行动亦提高了他的支持率。这些企业大亨控制着俄罗斯的工业,并且在背后不断对政府施加影响力。大多数俄罗斯民众非常鄙视他们。所以,当普京宣布他计划"清算寡头阶层"时,人们普遍鼓掌庆祝。普京还故意提到了斯大林处理富农的方式。一开始,他必须慎重地行动:几个重要的寡头曾资助他的竞选活动,鲍里斯·别列佐夫斯基曾是他所在政党——统一俄罗斯党的主要赞助人。别列佐夫斯基希望成为普京的"灰色主教"来进行幕后操控,正如他与叶利钦的关系一样;其他寡头则希望普京可以对大选期间获得的支持表示感激和尊重。这些人的梦想注定要破灭。

2000年7月,普京把几个重要的寡头召集到克里姆林宫,向他们解释游戏的规则以及对他们的期待。他说,只要他们同意远离政治,他既不会干涉那些商业活动,也不会让私有化过程逆转。这些人财富的积累都归功于私有化。他们不能资助政党,不能追逐个人政治权力,但最重要的是不能质疑或批评总统。

一些寡头对此发出严厉控诉。别列佐夫斯基感觉自命不凡的普京是在侮辱自己,他认为,普京掌权得益于自己的扶持,而普京也曾保证允许反对派的存在。2001年,他跟随古辛斯基的脚步流亡国外,最后定居伦敦。虽然身在伦敦,他却并没有停止痛批普京。罗曼·阿布拉莫维奇则同意了普京的要求。他在莫斯科一直很受欢迎,在英国,他因为经营一支足球队而声名大噪。然而,让普京最头疼的人是米哈伊尔·霍多尔科夫斯基。霍多尔科夫斯基认为,他可以与普京一较高下,并且会取得胜利。

1996年，霍多尔科夫斯基借助鲍里斯·叶利钦暗箱操作的私有化取得尤科斯石油公司的控制权。随后几年，他把这家公司发展成为本国石油领域最强大的企业，同时也是世界上实力最强的企业之一。他资产雄厚，赞助了俄罗斯议会的数个政党，并公开宣告自己希望利用这些政党入驻克里姆林宫。他邀请美国人——现在被认为是全球竞争对手，甚至是敌人——购买尤科斯石油，此举点燃了普京的怒火。此外，他开始为竞选俄罗斯总统做准备。在普京办公室，两人苦涩地摊牌了。他们相互挖苦，愤怒地指责对方的腐败。

　　普京知道，若打压霍多尔科夫斯基并没收尤科斯，他将被自由主义人士和西方当作妖怪；他将被视为一个反复无常的人，会吓退投资者。尽管如此，他也知道石油关乎国家的未来。2003年10月，他派遣荷枪实弹的军队在西伯利亚机场拦截霍多尔科夫斯基的专机。他们给这位俄罗斯最富有的人戴上手铐和面罩后，把他押送到莫斯科。克里姆林宫根据偷税漏税的指控宣布尤科斯破产并将其资产充公，而霍多尔科夫斯基则被判8年有期徒刑。这样做的目的是让他远离政治，无法阻挡普京的仕途。

　　西方和俄罗斯自由主义反对派对此次司法制度的滥用表示强烈谴责。不过实事求是地说，为了俄罗斯，普京的确有必要重新掌控石油资源。飞涨的能源价格很大程度上巩固了普京的权威：俄罗斯的经济摆脱糟糕状态，开始获利；莫斯科再次在国际舞台上展示实力，重回世界强国的行列。

　　尤科斯事件有重要的政治影响。第一次开始执政，普京延续了鲍里斯·叶利钦时代的部长和官员团队。他们都是支持改革的人。普京自己的第一任政府由亲西方的总理米哈伊尔·卡西亚诺夫领导，同样具有自由主义特征。不久后，普京开始把自己的人拉进克里姆林宫。这部分人是他在圣彼得堡的同事，很多人是前克格勃官员。以俄罗斯总统助理维克托·伊万诺夫、伊戈尔·谢钦和新国防部长谢尔盖·伊万诺夫为核心，他们形成一个名叫作"西罗维基"或"铁腕"的强大派系。[①]这个派系很快就和克里姆林宫的自由主义人士产生了冲突。

　　西罗维基派成员是最靠前最重要的"中央集权论者"：他们认为政策制定最主要也许唯一的指导原则是国家利益。他们认为叶利钦的私有制改革给

[①] 据统计，截至2002年，联邦高层中至少一半的职位由前克格勃和前联邦安全局人员占据。

俄罗斯带来灾难,并且对寡头们有一种与生俱来的憎恶。寡头们因为叶利钦"出售国家"而获利。普京安排朋友伊戈尔·谢钦对付石油大亨。谢钦担任国有控股公司俄罗斯石油公司的总裁,目的是让国家重新主导石油供应。

以卡西亚诺夫为首的克里姆林宫自由主义者继续为与西方达成自由市场和经济一体化的目标而奋战。他们认为,富有的商人是正常运转的经济体制中一个自然的组成部分。2003年,他们的对手抢占了上风。谢钦和普京共同决定打压霍多尔科夫斯基,这意味着西罗维基派获得胜利。自此以后,政府控制着战略产业,并利用它们挑战西方而不是展示友善。普京"复兴俄罗斯"的使命导致国际关系出现新的紧张局面:莫斯科的言论越来越强硬,而邻国均遭到俄罗斯切断或威胁切断石油和天然气供应的勒索。

霍多尔科夫斯基被逮捕得到公众的拍手称赞,而卡西亚诺夫等剩余的克里姆林宫自由主义人士则都辞职以示抗议。尤科斯事件后,政府对待民主抗议的态度明显越来越严苛——知名人士以米哈伊尔·霍多尔科夫斯基的命运为戒远离政治舞台,试图抗议或集会的普通民众发现自己站错了位置。

为了反击俄罗斯对车臣的占领,车臣极端分子把目标瞄准一些俄罗斯城市。2002年,包括几名妇女在内的40名恐怖分子挟持了莫斯科歌剧院里的850名人质。两天的无效协商后,俄罗斯特种部队向剧院内释放毒气,强攻进入大楼。所有的恐怖分子都被歼灭,130名人质因受到毒气影响而死亡。[①]

2003年,艾哈迈德·卡德罗夫成为莫斯科在车臣共和国的傀儡统治者,莫斯科全权委托他重建当地秩序。一年后,卡德罗夫被刺杀身亡,他的儿子拉姆赞·卡德罗夫随之出任车臣新政府第一副总理。拉姆赞·卡德罗夫以行事残暴闻名。据说,为了镇压反对派,他成立政府暗杀小组来进行拷打和谋杀。他的一名前指挥官莫夫拉迪·巴萨罗夫评论说,卡德罗夫行事作风"宛若中世纪的暴君。他为所欲为,他会随意带走一个女人,怎么高兴怎么来……他的行为没有受到任何惩罚。我知道他下令处死了很多人,也知道这些人埋在哪儿……如果有人揭露相关真相,那就是自取灭亡"。2006年11月,巴萨罗夫在莫斯科被暗杀,距离克里姆林宫不到一英里。

普京一直支持卡德罗夫。卡德罗夫残酷的统治方式是为确保俄罗斯安全

[①] 导致人质死亡的部分原因是俄罗斯军队拒绝告诉医生毒气的种类——他们说,那是一个军事秘密。

而必须存在的邪恶。卡德罗夫告诉英国记者,他的职责是"保卫整个俄罗斯,让莫斯科和圣彼得堡的人民生活于和平之世"。他说:"普京非常完美。他应该把总统作为一生的职业。我们需要强硬的统治,民主不过是美国的幻想。"

然而,卡德罗夫的保卫工作不可能面面俱到。2004年,车臣的"黑寡妇"在莫斯科地铁站、火车和两架飞机上引爆了炸弹,导致数百人死亡。"黑寡妇"由丈夫被俄罗斯军队杀害的妇女组成。随后,游击队占领别斯兰的一所学校。别斯兰是北奥塞梯北部高加索地区的一座城市。整整3天,恐怖分子把100多名学生和老师关在学校体育馆里。与此同时,焦急的父母与特种部队一起包围着这栋大楼。一些父母携带了武器。9月3日下午,俄罗斯军队使用坦克、火箭和重武器攻入学校。在随后的枪战中,体育馆被大火吞没。大部分人质失去了生命,并且大多是学生。

弗拉基米尔·普京认为别斯兰政府应该承担全部责任,呼吁加强安全措施。他说:"我们已经展现了弱点,而弱者必然挨打。"他声称许多劫匪是阿拉伯人,俄罗斯正在进行一场与西方相同的战争,即打击国际恐怖主义。虽然西方批评俄罗斯在车臣的暴行,但经历此事后,他可以忽略那些批评了。在2006年的一次记者会上,乔治·W. 布什敦促莫斯科效仿"伊拉克等国家的……制度改革,实现新闻自由和宗教自由"。普京轻蔑地回应道:"开诚布公地说,我们绝不希望拥有伊拉克国家那样的民主。"

车臣始终是普京的心头大患。以俄罗斯平民为目标的袭击依然持续着,包括在莫斯科地铁站放置更多的炸弹。尽管如此,普京坚决不同意车臣独立。他试图说服西方相信反车臣"恐怖主义"运动与英美两国武装干涉阿富汗和伊拉克在道义上等同,但是没有成功。

莫斯科意识到西方正在干预苏联加盟共和国和东欧卫星国——俄罗斯的"近邻",对此表示强烈不满。NATO在2004年扩张到波罗的海国家后不久,美国支持的候选人亦在乌克兰和格鲁吉亚的总统大选中胜出。俄罗斯公开谴责华盛顿干涉自己传统的"影响力圈"。经过对五角大楼在波兰和捷克共和国部署美国导弹防御系统这一问题的激烈辩论后,普京在慕尼黑的国际安全会议上说:

> 美国在各个方面都逾越了本国的界线。它强迫其他国家接受它

的经济、政治、文化和教育政策。谁喜欢这样？谁会为此开心？这是极端危险的，没有人可以感觉安全。我想要强调一下——没有人感觉安全！因为没有人觉得国际法在保护他们。美国这样的政策必然引发军备竞赛。

叶利钦时代，俄罗斯默许事情的发生；但是，普京领导下的俄罗斯重新找回了先前的自信。2008年夏天，当亲美的格鲁吉亚政府宣布控制阿布哈兹和南奥塞梯的争议领土时，克里姆林宫派出军队深入格鲁吉亚境内，并且炮轰其首都第比利斯。面对乌克兰的"变节"（投向NATO和西方的怀抱），俄罗斯的回应是提高石油和天然气价格。

西方一直批评莫斯科在人权方面的强硬立场。然而，因为欧洲的能源供应依赖俄罗斯，所以语气比较缓和。无论德国、希腊、芬兰、意大利、奥地利和法国，还是前东欧国家，都大量使用俄罗斯天然气。因此，几乎没有国家公开指责俄罗斯。国际能源价格的上涨与俄罗斯巨大的供应量也增加了普京与美国周旋的筹码。20世纪90年代经济崩溃后，普京主导经济复兴。借此，俄罗斯在国际舞台上拥有了真正的影响力。1998年金融危机，GDP大幅下降。但是，普京遏止了下滑趋势，并让民众的生活水平恢复到20世纪90年代比较高的时候。工资上涨，通货膨胀在可控制的范围内。俄罗斯采取13%的低单一税来鼓励人们按时纳税，不逃税漏税，因而国家的税收增加了。不过，仍有问题存在。尽管平均财富水平相比以往有所提高，穷人和富人之间的差距还在不断拉大。经济始终依靠原材料的出口，政府不注重增加或改善其他领域的生产率，特别是农业，生产率长期低下。截至2008年，石油和天然气占俄罗斯预算收入的一半，是1999年数据的两倍多。

得益于经济上的成功，普京的支持率一直很高，通常在80%左右浮动，从未跌至65%以下。2007年议会选举时，他所在的政党赢得三分之二的选票，让人印象深刻。虽然有清晰的迹象表明选举中出现违规行为（包括99%的车臣支持率），但是普京真的很受欢迎。如果可以修改宪法让他连任第三届总统，没有人会觉得惊讶。不过，他选择了继承人，相对默默无闻的德米特里·梅德韦杰夫。据传，若梅德韦杰夫成功当选总统，普京将出任总理。一张描绘两人肩并肩站立的竞选海报上写着："一起，我们将会胜利。"他们熟练地操作着权力的交接。2008年3月大选,当梅德韦杰夫凭借70%的选票成功当选时,人们一点都不惊讶。梅德韦杰夫成为俄罗斯联邦的第三任总统。当时他只有42岁,是尼古拉二世以来最年轻的领导人。

与普京一样,梅德韦杰夫也毕业于圣彼得堡大学法律系。2005年担任普京的副总理之前,他也曾为圣彼得堡市的市长工作过。毋庸置疑,他是普京的亲信。他身高5英尺2英寸,比他的保护人普京(5英尺6英寸)稍矮,这一点同样让人满意。不过,他没有普京的克格勃背景,因而若忽略执政实质,他的风格与后者不同。在最紧迫的施政方针中,新上任的梅德韦杰夫确立"依法治国"的发展战略。他宣称:"我认为最重要的目标是保护公民和经济自由,我们必须真正尊重法律,摆脱法律虚无主义。法律虚无主义严重阻碍俄罗斯的现代发展。"

表面上看,这番言辞是要回到"公民社会",让民众享有更多的自由。"依法治国"与一个由来已久的传统相对,即法院听从官员和政治家的命令行事。一直以来,凡涉及政府或国家经济的案件,克里姆林宫拥有最终决定权。这种做法一般被叫作"电话司法",法官在电话边等候需要传达的判决。现在,梅德韦杰夫似乎希望克里姆林宫放弃一部分专制权力,让司法制度更加独立。

高调测试梅德韦杰夫真诚度的时机来了,2009年米哈伊尔·霍多尔科夫斯基接受第二次审判。鉴于2012年将举行总统大选,克里姆林宫不希望看到潜在的政治对手从监狱释放出来。针对霍多尔科夫斯基,他们提出新的指控——他从自己的公司窃取了数百万吨石油——审判时间延长了。一些指控非常牵强附会,就连俄罗斯媒体都知道这是政治公诉。如果梅德韦杰夫尊重司法自由,允许法官做出公正决定,那么毫无疑问应该是无罪判决。但是,指控成立了。法官的判决逐字逐句地引用公诉人的意见书,法庭同意了公诉方提出的14年有期徒刑判决。梅德韦杰夫不希望或者也许无力改变原有的做事方式。

官员贪污不仅仅存在于司法系统。俄罗斯的新"集权"政府模式下,克里姆林宫的"强人"官员都在重要的经济领域占有一席之地。伊戈尔·谢钦接手米哈伊尔·霍多尔科夫斯基的尤科斯公司资产后,仍然是石油巨头俄罗斯石油公司的总裁;谢尔盖·伊万诺夫掌控着国家最大的军工厂;德米特里·帕特鲁谢夫（联邦安全局局长的儿子）领导着国有出口银行；弗拉基米尔·亚库宁控制铁道部；而梅德韦杰夫自己是国有天然气垄断企业俄罗斯天然气工业股份公司的前主席。上述所有公司的财务状况都非常不透明，而账簿上每天都是几十亿美元的进出。聚敛个人财富的机会经常出现在眼前，俄罗斯评论员控诉克里姆林宫官员趁机予以利用，特别是弗拉基米尔·普京，据说他已经为退休生活积累了充裕的资金。①

关于梅德韦杰夫总统和普京总理之间的关系众说纷纭。从梅德韦杰夫的讲话来看，他倾向于民主和自由市场经济的自由主义价值观，而普京一直是强硬的中央集权论者。可是这样的猜测根本无法证实，并且梅德韦杰夫上台后，克里姆林宫的政策几乎一成不变。政治评论员可能夸大了梅德韦杰夫的"自由主义"，或是因为普京仍然保有重要问题的最终决定权。普京称呼梅德韦杰夫为一般的"你"，梅德韦杰夫对普京却是尊称"您"，由此来看普京资格更老。尼基塔·赫鲁晓夫的孙女妮娜·赫鲁晓娃认为梅德韦杰夫是"第一夫人……就是为了保持曝光率"。

梅德韦杰夫把"现代化"作为总统任期的口号。他不希望俄罗斯继续依赖石油和天然气出口，呼吁贸易更加多元化，尤其是提高高科技产品比重。结束加利福尼亚访问回国后，他有了赫鲁晓夫式的乐观，下令俄罗斯必须建造自己的硅谷。有些时候，他暗示说经济现代化应该伴随着政治自由化和民主改革。他在2009年11月指出："我们必须摆脱原料型经济，创造新型经济模式，发明独特的知识、新颖实用的产品和科技，我们将改变过时的社会，领导人不再替人民思考和做决定，从而建成一个人民聪明、自由和负责的国家。"梅德韦杰夫的新论调受到华盛顿欢迎；美国总统奥巴马要求"重启"并改善两国关系，放弃令俄罗斯不满的导弹防御系统。然而，梅德韦杰夫掌权

---

① 前克里姆林宫人士斯坦尼斯拉夫·别尔科夫斯基已经和"强人"朋友分道扬镳。他说，尽管普京官方上只领取微薄的薪水，他的银行账户却有400亿美元。"我关注这个问题两年半了，"他2008年1月告诉我，"所以我非常熟悉。我估计弗拉基米尔·普京实际控制的资产至少达到400亿美元。其中，苏尔古特石油天然气公司有37.5%的股份，俄罗斯天然气工业股份公司有4.5%，还包括石油经销商贡沃尔集团的股份。贡沃尔集团是石油和金属离岸交易商。这一切9年前还不为人所知，它与普京的密友和商业伙伴根纳季·季姆琴科有关。因此，我预测普京控制下的资产肯定比我了解的要多，至少是400亿美元……俄罗斯精英层里的很多人都知道这些数据……"

后，俄罗斯的人权纪录几乎没有任何进步，施加于民主派政治对手的压力也没有减少，"依法治国"继续维护俄罗斯社会，经济增长缓慢，北高加索的动荡局面下仍然有不少受害者。2011年1月，莫斯科的国际机场发生自杀式爆炸，35名俄罗斯人和外国人死亡。

预测未来不是历史学家的职责。前面所叙回溯了俄罗斯历史的基本模式，我认为应该思考这些模式是否会继续。

面对欧洲的呼唤和亚洲的挽留，俄罗斯一直难以决定自己的民族身份。每一个地区都有一套社会价值观——"欧洲"是参与式政府，提倡个人和经济自由的公民社会；"亚洲"是集权、权威统治，不崇尚个人自由。

为什么"亚洲式专制"紧抓着俄罗斯不放？基辅罗斯曾孕育了参与式政府的萌芽，是"欧洲"公民价值观的惊鸿一瞥，但是它没有成功。基辅失败的原因是权力由城市国家的君主控制，通过他们下放给人民，导致缺少强大的权威来保护民族统一和民族自卫。蒙古人带来不同的国家概念，只认同国家权利，其他权利一概忽略。蒙古人离开后，莫斯科变得繁荣，因为它采用了相似的模式。正是源于此，俄罗斯人急于信奉强大的统治者。

当独裁统治不再可行时，由于缺少成熟的公民社会，改变不可能"自下"开始。除非发生革命，否则人们没有改变的途径。因此，几乎所有的改革试验都是"从上"（从俄罗斯的统治者）而来。独裁统治受到威胁，统治者不得不进行改革。

1917年2月，"自下"的革命真的发生了。它承诺进行彻底变革，将俄罗斯的历史范式扭转为自由议会制度。然而，这一进程被革命中断。列宁和斯大林复活了俄罗斯救世主使命的神话；莫斯科第三罗马变成莫斯科第三国际，用新的共产主义信仰拯救世界。

同样，戈尔巴乔夫的改革也是被迫进行的。正如彼得大帝和叶卡捷琳娜大帝的改革是为了巩固沙皇专制，戈尔巴乔夫的目的是要维护并重振政党。现在，情形不同了。俄罗斯人民不再满足于听从上面的指示；他们已经学会自己思考。改革不可能自下而上，发生的陈旧信念已经消失，而1991年8月发生的政变是人民在要求自由和民主。这是一个根本的转变，未来的事情或许将不同以往。

得益于全球化、信息革命以及戈尔巴乔夫认可的公开化，改变才会发生。

刚开始在莫斯科工作的时候，我不可以携带复印机到办公室，因为他们唯恐不法分子用来复印反苏联的宣传资料。如果想要收听英国广播电台上我自己的报道，我必须手上拿着短波收音机，身子探出六层楼公寓的窗户——干扰台一直干扰西方的广播。克里姆林宫禁止民众接触外部世界，因而民众始终认为苏联是天堂，资本主义世界是地狱。科技打破了共产党的信息垄断，戈尔巴乔夫不得不允许使用电脑，以免俄罗斯陷入经济落后状态。墙壁开始倒塌。不久，俄罗斯就有了卫星电视台，然后又有了因特网；民众开始到西方旅游，而民主和自由市场的成功再也无法隐藏。俄罗斯看着东欧的社会主义国家学习西方，并且更加繁荣。20世纪90年代，俄罗斯似乎选择了同一条路。

不过，繁荣和自由没有到来。相反，俄罗斯经济崩溃，犯罪增多，民族冲突加剧。结果，俄罗斯迫不及待地回到了原来的道路。俄罗斯人民要求秩序，不关心普京取得的过程。普京禁止了一部分公民权利，并取消了叶利钦的自由放任经济政策。强硬统治者归来，俄罗斯人民欢欣鼓舞。

20世纪90年代自由主义试验终结，新的问题随之产生。此时，专制统治的回归是在人民的支持下进行的，而不是强加给他们的。普京政府和普京—梅德韦杰夫政府真的非常受欢迎。俄罗斯很少有人希望回到叶利钦时代；俄罗斯的自由主义反对派几乎毫无影响力，也没有追随者。所以，20世纪90年代自由主义的失败仅仅是因为推行的方式不合适，被旧体制削弱了，还是没有得到西方的支持？或者说，有更深层的原因？是不是向心的俄罗斯真的只能由强硬统治者来统治？

西方乐观主义人士认为，俄罗斯依赖于美国和欧洲的投资与科技，这种依赖将把俄罗斯束缚在西方政治和文化的价值观中——如果俄罗斯想要借钱，它将不得不遵守我们的法律和公民权利的准则。这是一个自欺欺人的观点，没有事实可以证明。

当弗拉基米尔·普京选择夺取尤科斯石油公司的资产并把所有者关进监狱时，招致伦敦、柏林和华盛顿的批评。评论员预测，西方资金将逃离专制统治。尤科斯倒闭，霍多尔科夫斯基两次接受审判并均被定罪，这是对"西方价值观"蓄意的回击，但是西方投资者依然来到俄罗斯希望快速获利。英国石油公司与俄罗斯石油公司签署了数十亿美元的交易协定。国际贸易商好像并没有说服俄罗斯仿照欧洲国家行事，而是让它按照自己喜欢的方式。

有近1000年的时间，俄罗斯是一个扩张的帝国，一开始由独裁君主统治，之后是专制的政党。对邻国来说，它的面积和权力既是挑战，也是警告。统治者要求人民的服从，相对的，人民则从辽阔的土地和古老丰富的文化中寻找到慰藉。然后，帝国灭亡，留下缩减而破碎的俄罗斯。领导者们根本无法理解这件事，更不用说控制事情的发展了。

　　1991年的人民革命没有让俄罗斯通向自由。现代的经济贵族窃取国家财富，用这些财富支撑一个不能真正做主的总统。新的混乱时代来了，直到一名个子不高但威慑力十足的男子出现。弗拉基米尔·普京没有重新恢复俄罗斯强国的地位，但是带来了恢复的幻象；没有恢复国内的和平和安全，但是带来了安全的幻象。克里姆林宫强大、遥远、腐败，仿若罗曼诺夫家族。俄罗斯人民知道自己别无选择，所以在21世纪的头10年只能躬身听命。1991年圣诞节，乔治·布什说俄罗斯不久将"和我们一样"。这番话当时是错误的，现在亦不正确。

大事年表

862	留里克成为诺夫哥罗德的第一任古罗斯王子
882	留里克之子奥雷格占领基辅,基辅成为古罗斯领土的首都
911	奥雷格与君士坦丁堡签订第一份贸易条约
10世纪	采用西里尔字母(约860年,由西里尔与默多狄创造)
988	弗拉基米尔将东正教引入罗斯国
1019	鲍里斯和格列布被兄弟斯维亚托波尔克杀害
1054	东西方基督教分裂;约1110年,内斯特完成《原初编年史》
1156	莫斯科建立
1185	伊戈尔·斯维雅托斯拉维奇与鞑靼人作战,创作《伊戈尔在战中》
1240	拔都可汗率军劫掠基辅,开始长达200多年的蒙古奴役
1242	亚历山大·涅夫斯基在楚德湖打败条顿骑士团
1325	伊凡·卡利塔诞生;说服大主教彼得来到莫斯科
1380	德米特里·顿斯科伊在库利科沃会战中取得胜利
1471	伊凡三世把诺夫哥罗德纳入莫斯科控制下
1480	蒙古奴役结束
1533	伊凡四世三岁即位
1547	伊凡四世首次统一俄罗斯
1555—1561	莫斯科圣巴西尔大教堂是伊凡雷帝为了纪念其对喀山汗国、阿斯特拉罕汗国的征服而建造的

1564	伊凡雷帝创建特务机关，以清除所有富人和政敌；俄国第一个秘密警察机构
1570	特务机关洗劫诺夫哥罗德
1571	克里米亚鞑靼人洗劫莫斯科
1582	萨克头目叶麦克征服西伯利亚
1584	伊凡雷帝去世，费奥多一世继位
1598	费奥多去世，留里克王朝结束；鲍里斯·戈都诺夫加冕沙皇
1601—1603	大饥荒，动乱时期开始
1604	伪德米特里进军莫斯科
1605	鲍里斯·戈都诺夫去世；伪德米特里加冕沙皇
1606	伪德米特里去世
1610	波兰人攻占莫斯科
1612	库兹马·米宁和迪米特里·波扎尔斯基将波兰人赶出莫斯科
1613	米哈伊尔·罗曼诺夫被选为沙皇，罗曼诺夫王朝开始，统治俄国直到1917年
1654	佩列亚斯拉夫会议将沙俄和乌克兰联合起来
1670	斯捷潘·拉辛起义
1682	阿瓦库姆·彼得罗夫被烧死在火刑架
1696	彼得大帝成为沙皇，罗曼诺夫王朝第一位"大帝"，开始在俄罗斯帝国推行改革
1698	起义被镇压
1703	兴建圣彼得堡
1708	布拉温叛乱
1712	彼得大帝将首都从莫斯科迁到圣彼得堡
1721	彼得成为俄罗斯帝国第一个皇帝
1722	颁布"官秩表"，把全部文武官员分为14级，破除了门第观念，论功取仕
1725	彼得大帝去世；俄国科学院在圣彼得堡成立
1730	伊凡五世的女儿安娜·伊凡诺夫娜在位；改革专制制度实验失败
1741	彼得一世的女儿叶丽萨维塔·彼得罗夫娜继位

1754	罗蒙诺索夫创办俄国的第一所大学——莫斯科大学；圣彼得堡建成冬宫
1755	俄国参加反抗普鲁士的七年战争
1762	彼得三世继位，结束七年战争；凯瑟琳大帝宫变夺权
1764	冬宫博物馆落成
1767	凯瑟琳大帝召开新法典编纂委员会会议
1774—1775	普加乔夫起义
1783	沙皇政府宣布克里木汗国合并于俄国
1785	贵族宪章颁布
1790	拉季舍夫写出《从彼得堡到莫斯科旅行记》
1795	瓜分波兰；圣彼得堡建成国家图书馆
1796	凯瑟琳大帝去世；保罗一世继位
1801	保罗一世遇刺；亚历山大一世继位
1807—1812	亚历山大一世拒绝引进斯佩兰斯基提出的改革；同拿破仑签订《提尔西特条约》；拿破仑入侵俄国；波罗季诺战役扭转局势；拿破仑大军被击败
1814	俄军进入巴黎
1816—1818	伊尔莫罗夫将军在高加索作战；格罗兹尼（车臣共和国首府）初建
1816—1826	卡拉姆津写作《俄罗斯国家史》
1825	亚历山大一世去世，尼古拉一世继位；镇压十二月党人起义，处死或流放其领导人
1826	在1812年建立的"皇帝陛下办公厅"下设第三厅，掌管高级警察事务，其执行机关是宪兵团
1831	普希金的《叶甫根尼·奥涅金》开创了俄国文学的黄金时代
1836	恰达耶夫的《哲学书简》、格林卡的《为沙皇献身》问世
1840	莱蒙托夫的《当代英雄》问世
1842	果戈理的《死魂灵》问世
1848	马克思和恩格斯的《共产党宣言》问世
1854	英法联军登陆克里米亚

1855	尼古拉一世去世，亚历山大二世继位
1856	《巴黎条约》签订，克里木战争结束
1861	亚历山大二世颁布《解放农奴宣言》
1862	屠格涅夫的《父与子》问世
1863	车尔尼雪夫斯基的《怎么办？》问世
1864	托尔斯泰的《战争与和平》出版
1866	陀思妥耶夫斯基的《罪与罚》问世
1867	阿拉斯加被卖给美国
1872	陀思妥耶夫斯基的《群魔》问世
1881	民意党在圣彼得堡刺杀亚历山大二世；亚历山大三世继位，发布《专制制度不可动摇》的宣言
1883	列宾的《库尔斯克省的宗教行列》问世
1889	引入土地队长制
1891	跨西伯利亚大铁路工程启动
1894	亚历山大三世去世，尼古拉二世继位
1896	"贺登卡"（贺登灾难）惨案
1898	俄国社会民主工党成立，于1903年分裂成布尔什维克和孟什维克两派
1904—1905	俄日战争打响
1905	流血星期日引发莫斯科和圣彼得堡街头革命；《十月宣言》许诺立宪民主制社会
1906	第一次杜马会议召开，不久解散；斯托雷平任内务大臣和大臣会议主席
1911	斯托雷平在基辅遇刺
1912	《真理报》在圣彼得堡开始合法出版第一期
1914	第一次世界大战爆发
1917	二月革命颠覆了沙皇统治，统治俄国300多年的罗曼诺夫王朝结束；十月革命结束临时政府；列宁领导的布尔什维克抓住先机，解散国民代表大会，夺取政权；契卡成立
1918	与德国签订《布列斯特—立托夫斯克和约》退出第一次世界大战，割让大片土地；尼古拉二世及家人被谋杀

1918—1920	布尔什维克和白军内战；"红色恐怖"；乡间农民起义
1919—1920	苏波战争
1921	镇压喀琅施塔得海军起义；党内禁止拉帮结派，第十次共产党代表大会提出新经济政策
1922	苏维埃社会主义共和国联盟（简称"苏联"）正式成立，列宁被选为领导人；斯大林任苏联共产党中央委员会总书记
1924	列宁去世；苏联宪法出台
1925	托洛茨基被任命为海陆军人民委员；爱森斯坦的《战舰波将金号》问世
1928	新经济政策结束；第一个五年计划开始；沙赫特工程师案；农业集体化开始
1929	托洛茨基被驱逐出国
1930	马雅可夫斯基自杀
1932	斯大林的妻子娜杰日达自杀
1932—1933	乌克兰和俄罗斯南部发生大饥荒
1933	威克斯公审
1934	第十七届共产党代表大会（"胜者的大会"）召开；基洛夫遇刺；第一次苏联作家代表大会将社会存在主义定为主流思潮
1936	大清洗运动开始；第一次莫斯科审判秀，季诺维耶夫和加米涅夫被定罪、枪毙；"斯大林"宪法出台；《真理报》发表《混乱代替音乐》的专论，全盘否定了这部作品并谴责肖斯塔科维奇
1937	第二次莫斯科审判秀；耶卓夫时期——"最黑暗的时期"
1938	21人审判秀，包括布哈林和雅戈达在内均被处死；贝利亚取代雅戈达成为苏联秘密警察头子；俄语成为各学校，包括非俄语共和国的主要语言；爱森斯坦的《亚历山大·涅夫斯基》问世
1939	《苏德互不侵犯条约》签订；苏军入侵东波兰
1939—1940	苏联和芬兰的"冬季战争"
1940	立陶宛、拉脱维亚和爱沙尼亚被迫加入苏联；"卡廷森林惨案"；托洛茨基遇刺

1941	希特勒发动"巴巴罗萨计划",引发"卫国战争";900天围攻列宁格勒
1941—1942	莫斯科保卫战
1942—1943	斯大林格勒保卫战;227号命令"严守阵地,不后退一步"
1943	库尔斯克会战;德黑兰会议;驱逐外国人出境
1944	《牢不可破的联盟》取代《国际歌》成为苏联国歌
1945	雅尔塔会议;苏军攻下柏林,结束欧洲战场;波斯坦会议,波罗的海诸国被国际公认为苏联一部分;联合国成立
1946	"日丹诺夫主义"开始,艺术自由主义结束;阿赫玛托娃被苏联作家协会除名
1947	共产党和工人党情报局成立;冷战开始
1948—1949	柏林封锁
1949	苏联第一颗原子弹爆炸;"列宁格勒事件";中华人民共和国成立
1950	朝鲜战争爆发
1953	《真理报》揭幕"医生阴谋案";斯大林去世;贝利亚被处死;赫鲁晓夫成为第一书记
1955	华沙公约签订
1956	第二十届共产党代表大会,赫鲁晓夫做秘密报告;镇压匈牙利起义
1957	发射人造卫星;反党集团被挫败;帕斯捷尔纳克的《日瓦戈医生》问世
1959	赫鲁晓夫成为第一个访美苏联领导人;格罗斯曼的《生存与命运》问世
1960	美国U-2间谍机被击落
1961	加加林成为第一个太空人;柏林墙竖起
1962	古巴导弹危机;新切尔卡斯克动乱;索尔仁尼琴的中篇小说《伊凡·杰尼索维奇的一天》问世
1964	赫鲁晓夫下台;勃列日涅夫成为苏联共产党中央第一书记
1966	辛亚夫斯基和丹尼尔审判案
1968	苏联及其华约盟国入侵了捷克斯洛伐克,镇压了布拉格之春

1972	（美苏之间的）限制战略武器会谈，美苏关系缓和；勃列日涅夫统治后期，苏联经济停滞
1974	索尔仁尼琴被流放
1975	赫尔辛基协议签订；萨哈罗夫获得诺贝尔和平奖
1979	苏联入侵阿富汗
1982	勃列日涅夫去世，安德罗波夫上任
1984	安德罗波夫去世，契尔年科上任
1985	契尔年科去世，戈尔巴乔夫上任
1986	乌克兰切尔诺贝利核泄漏；苏联的公开化和改革开放时期
1989	柏林墙倒塌；支持独立的示威者被苏军在第比利斯剿灭；阿富汗战争结束
1990	戈尔巴乔夫获得诺贝尔和平奖；苏军和阿塞拜疆示威者发生暴力冲突；立陶宛宣布脱离苏联，拉脱维亚和爱沙尼亚紧随其后
1991	拉脱维亚和立陶宛的示威者被政府镇压；叶利钦当选为俄罗斯联邦第一任总统；强硬派反戈尔巴乔夫行动失败；苏联解体
1992	俄罗斯联邦实行"休克疗法"式的激进经济改革
1993	叶利钦解散最高苏维埃；下令政府军进攻议会大厦，莫斯科接连发生暴力事件；新宪法推行
1994	俄罗斯军队入侵车臣
1995	俄国"债转股"私有化运动；寡头崛起
1996	叶利钦成功连任总统；第一次车臣战争结束
1998	经济下滑，"卢布危机"，俄罗斯拖欠外债
1999	叶利钦辞职，普京根据俄罗斯宪法规定出任代总统；恐怖袭击引发第二次车臣战争
2000	普京赢得总统选举；库尔斯克号潜艇失事
2002	莫斯科歌剧院劫持事件
2003	霍多尔科夫斯基被审讯关押
2004	普京再次当选总统；别斯兰人质危机
2006	俄罗斯特工亚历山大·利特维年科在伦敦被谋杀

2008	梅德韦杰夫当选总统,任命普京为总理;俄罗斯—格鲁吉亚战争
2009—2010	霍多尔科夫斯基第二次审判
2011	莫斯科多莫杰多沃国际机场恐怖袭击案,37人遇难